# AQA French

exclusively endorsed and approved by AQA

Higher

# Voilà! 4

OLIVER GRAY AND
MARIE-THERESE BOUGARD

SERIES EDITOR:
JULIE GREEN

Nelson Thornes
a Wolters Kluwer business

Published in 2006 by:
Nelson Thornes Ltd
Delta Place
27 Bath Road
CHELTENHAM
GL53 7TH
United Kingdom

06 07 08 09 10 / 10 9 8 7 6 5 4 3 2 1

A catalogue record for this book is available from the British Library

ISBN 10: 0-7487-7852-7
ISBN 13: 978-0-7487-7852-2

Illustrations by: Mike Bastin, Jim Eldridge, Tony Forbes c/o Sylvie Poggio Artists Agency, Tim Harries, kja-artists.com, Peter Lubach, Angela Lumley, Dave Russell, Graham Smith

Series editor: Julie Green

Page make-up by eMC Design, www.emcdesign.org.uk

Printed in Croatia by Zrinski

# Table des matières

## Table des matières

# L'essentiel

- understand and use the 'basics': letters, numbers, times and classroom language

You have already met all these 'basics' in earlier books, but use these activities to check how much you remember.

***Voici les copains de* Voilà. *Ils habitent en Champagne.***

## 1 L'alphabet

**1 a Écoutez et répétez les lettres de l'alphabet français.**

**Grammaire: Accents**

Accents are part of spelling words in French: *accent aigu (é)*, *accent grave (è)*, *accent circonflexe (î)*, *cédille (ç)*, *tréma (ë)*.

Listen again to the recording and notice how they are said.

To spell double letters, e.g. *a**rr**ive*, you can say *r-r* or *deux r*.

Try to spell out these names: *François*, *Anaïs*, *Jérôme*, *Benoît*, *Michelle*.

**1 b Écoutez. Recopiez et complétez les fiches.**

**Location de voitures**
Nom: M.
Adresse:
Ville:

Hôtel:
Adresse:
Ville:

Restaurant:
Adresse:
Ville:

## 2 Les chiffres

Look at page 205 for a list of numbers. French numbers go crazy between 60 and 100. Make sure you know them with confidence.

**2 a Écoutez et notez les chiffres et les dates. (1–18)**

Exemple: **1** 45

**2 b À deux.**

Test your partner by calling out ten French numbers for him / her to note down. Try to use them in sentences. Check that the answers are correct. If not, why not? Did you say it incorrectly or did your partner get it wrong?

**2 c À deux. Posez des questions sur les parents de Nicolas et d'Émilie et répondez-y.**

Exemple:
**A** Quel âge a Bruno Perret?
**B** Il a quarante-cinq ans.
Et quel âge a Étienne Letort?
**A** Il a... (etc.)

Les parents de Nicolas et d'Émilie:
Bruno Perret, 45 ans
Jeanne Perret, 42 ans
Étienne Letort, 50 ans
Sylvie Letort, 48 ans

# 3 L'heure

**3 a** Écoutez et notez l'heure. (1–10)

Exemple: **1 7.35**

To revise time, look at page 206.

**3 b** À deux.

In pairs, think of as many questions as you can to do with time, such as:
**À quelle heure commence… ?**
**À quelle heure part… ?**
**Quand est-ce que tu… ?**

Now use these questions in activity **3c**.

**3 c** À deux. Regardez les heures 1–10 et faites des dialogues.

Exemple: **A Quelle heure est-il?**
**B Il est six heures vingt-cinq.**
**A C'est le numéro 6.**
**B À quelle heure commence le film?**
**A À …**

1 05:30

2 

3 

4 

5 

6 

7 

8 

9 

10 

# 4 Dans la salle de classe

Help to maintain a really 'French' atmosphere in the classroom by talking as much French as you can, both to your teacher and to your friends.

**4** À deux. Comment ça se dit en français?

Exemple: **1 Pouvez-vous m'aider?**

1. Ask your teacher for help.
2. Find out the English word for *calculatrice*.
3. Ask how *cahier* is spelt.
4. Ask your friend if you can borrow a pencil.
5. Ask if you can go to the loo.
6. Ask for a new exercise book.
7. Find out how to say 'digital camera' in French.
8. Explain that you have forgotten your book.
9. Find out what page you are on.
10. Say you don't know.
11. Explain that you haven't got any paper.

# 1A Famille et amis

## Présentations

- greet and introduce people
- use *tu* and *vous*
- say your age and birthday

Alors Nicolas, je te présente tout de suite mes parents. Voici ma mère...

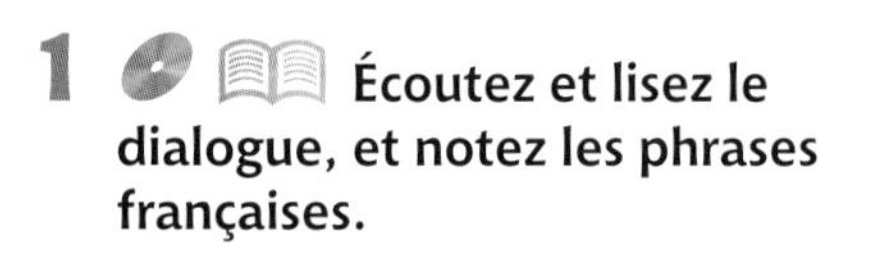

**1 Écoutez et lisez le dialogue, et notez les phrases françaises.**

1. Welcome to our home.
2. How are you? *(familiar form)*
3. I'm very well, thank you.
4. What's your name? *(familiar form)*
5. How are you? *(polite form)*
6. Pleased to meet you.
7. This is my father.
8. And I'd like to introduce my brother as well.

**Mère:** Bonjour, Nicolas. Ça va?
**Nicolas:** Oui, ça va bien, merci. Comment allez-vou
**Mère:** Très bien, merci.
**Émilie:** ... et voici mon père...
**Père:** Enchanté, Nicolas. Bienvenue à la maison!
**Émilie:** Ça, c'est ma sœur Anne...
**Anne:** Salut, Nicolas!
**Émilie:** ... et je te présente aussi mon frère.
**Nicolas:** Comment tu t'appelles?
**Clément:** Clément. Bonjour, Nicolas. Comment ça va
**Nicolas:** Ben, ça va très bien, merci, Clément. Et toi?

**2 À deux. Présentez ces familles. Adaptez la conversation de l'activité 1.**

1. **A** père / mère / frère (Mohammed) / sœur (Zarina)
   **B** mère / père / sœur (Pauline) / frère (Thibault)
2. **A** beau-père / mère / sœur (Christelle) / demi-frère (Kévin)
   **B** père / belle-mère / frère (Arthur) / demi-sœur (Chloé)

### Stratégies! *Answering a greeting*

To vary your replies to the question *Ça va?*, you can use *Ça va bien* (I'm well), *Très bien, merci* (Very well, thanks), *Pas mal* (Not bad) or *Pas très bien* (Not very well).

**3 Écoutez Nicolas. Recopiez et complétez la fiche.**

VOYAGE SCOLAIRE:
BULLETIN D'INSCRIPTION
Prénom: _ _ _ _ _ _ _
Nom de famille: _ _ _ _ _ _
Domicile: _ _ _ _ _ _
Âge: _ _ _ _ _
Anniversaire: _ _/_ _

| | | |
|---|---|---|
| Je te présente<br>Je vous présente | mon | père / beau-père / frère / demi-frère / oncle / grand-père / cousin. |
| | ma | mère / belle-mère / sœur / demi-sœur / tante / grand-mère / cousine. |
| | mes | parents / cousins / frères et sœurs. |

Bonjour! Salut! Bienvenue! (Comment) ça va?

**4 Cinq personnes se présentent. Écoutez et notez leurs nom, âge et anniversaire.**

**extra! Notez d'autres détails.**

Exemple: **Jérémie – 16 ans, le 23 juin**
**Habite à Troyes, dans l'est de la France.**

**5** À deux. Jouez les conversations 1–5.

| Comment tu t'appelles? | Je m'appelle... |
|---|---|
| Où habites-tu? | J'habite à... |
| Comment ça s'écrit? | Ça s'écrit... |
| Quel âge as-tu?<br>Quel âge a-t-il / elle? | J'ai (15) ans.<br>Il / Elle a (12) ans. |
| C'est quand, ton / son anniversaire? | Mon / Son anniversaire, c'est le premier mai / le trois octobre. |
| janvier / février / mars / avril / mai / juin / juillet / août / septembre / octobre / novembre / décembre | |

Exemple: **1 A Comment tu t'appelles?**
**B Je m'appelle Bruno Plumey.**
**A Comment ça s'écrit?**
**B B – R – U – N – O P – L – U – M – E – Y.**
**A Où habites-tu?**
**B J'habite à Valenciennes.**
**A Comment ça s'écrit?**
**B V – A – L – E – N – C – I – E – N – N – E – S.**
**A Quel âge as-tu?**
**B J'ai 16 ans.**
**A Et quelle est la date de ton anniversaire?**
**B C'est le 21 mai.**

1. Bruno Plumey, Valenciennes, 16 ans, 21/5
2. Caroline Martin, Troyes, 15 ans, 7/12
3. Frédéric Cordon, Saint-Brieuc, 17 ans, 1/4
4. Paul Lebrun, Nantes, 16 ans, 31/3
5. Éloïse Hardin, Montpellier, 18 ans, 6/7

**Grammaire: tu *and* vous**

Use *tu* to young people and people you know well, but *vous* to adults and people you don't know.

| | |
|---|---|
| *Je vous présente...* | May I introduce...? |
| *Comment allez-vous?* | How are you? |
| *Comment vous appelez-vous?* | What is your name? |
| *Où habitez-vous?* | Where do you live? |

Also use *vous* if talking to two or more people you would call *tu*.

➤➤ p.196

**6** extra! ***Do two of the interviews in activity 5 again, as if you were a police officer interviewing a suspect. Use vous and change ton to votre.***

***Salut!***

Je m'appelle Diego. J'ai 15 ans et mon anniversaire, c'est le 12 février. Je suis en 3ème et j'aimerais correspondre avec des filles entre 15 et 17 ans de tous pays mais parlant espagnol. J'aime le football et l'informatique. Réponse assurée. À bientôt.

*Diego, Uruguay*

***Salut à tous!***

Je m'appelle Stéphanie et j'ai 15 ans (mon anniversaire, c'est le 23 mars). Je voudrais correspondre avec des filles ou des garçons entre 14 et 16 ans. J'aime beaucoup la musique. Si vous voulez correspondre, envoyez-moi votre photo, merci.

*Stéphanie, Avignon*

***Bonjour***

Je m'appelle Carl et je suis moldave. Je suis étudiant à l'université de Cahul. Ma spécialité: la langue et la littérature françaises. J'aimerais correspondre avec des Français. J'ai 19 ans et mon anniversaire, c'est le 7 décembre. Faites caler la mobylette du facteur!

*Carl, Cahul*

**7 a** Lisez les annonces de Diego, Stéphanie et Carl. Qui...

1. habite en Moldavie?
2. veut correspondre avec des filles ou des garçons?
3. ne veut pas correspondre avec des garçons?
4. cherche des correspondants qui parlent espagnol?
5. veut recevoir des photos?
6. fête son anniversaire en décembre?
7. aime beaucoup la culture française?
8. est née au mois de mars?

***Can you work out the meaning of the final sentence in Carl's letter?***

**7 b** extra! **Choisissez une personne de l'activité 7a et faites une interview comme dans l'activité 5.**

**7 c** **Écrivez une annonce (voir l'activité 7a). Mentionnez votre nom, votre âge, vos passe-temps.**

# En famille

- give information about your family and pets
- use the present tense of *avoir* and *être*
- use possessives and plurals of nouns
- develop writing skills

***Jérémie et Charlotte présentent leur famille.***

Ma famille n'est pas très grande. J'ai une sœur qui s'appelle Sandrine. Elle a 25 ans. Elle a un fils qui s'appelle Vincent mais elle est séparée. Ma mère a 44 ans et mon père, qui s'appelle Charles, a 46 ans. Mes grands-parents habitent dans le nord de la France. Nous n'avons pas d'animal domestique, car on habite dans un appartement.

***Jérémie***

*Mes parents sont divorcés depuis huit ans et ma mère s'est remariée. Maintenant, j'ai un demi-frère et une demi-sœur. Mon demi-frère s'appelle Thibault, il a cinq ans. Il est mignon, je trouve, mais je ne m'entends pas très bien avec ma demi-sœur. Elle s'appelle Christelle et elle a 13 ans. Elle est difficile! Christelle a un hamster et moi, j'ai une chienne qui s'appelle Victoria.*

***Charlotte***

**1** **Lisez les textes, puis répondez en français (phrases complètes).**

1 Quel âge a la sœur de Jérémie?
2 Est-ce qu'elle a des enfants?
3 Est-ce qu'elle est divorcée?
4 Comment s'appelle le père de Jérémie?
5 Est-ce que Jérémie a un animal à la maison?
6 Comment s'appelle le demi-frère de Charlotte?
7 Quel âge a sa demi-sœur?
8 Est-ce que Charlotte a un hamster?

**Grammaire: avoir *(to have) and* être *(to be) (rappel)***

It's vital that you learn the present tense of *avoir* and *être* (see pages 208–209). Remember: *avoir* is used to say someone's age.

**2** **Recopiez, complétez l'adjectif et choisissez le bon verbe.**

1 M… petit frère a / est Thomas.
2 M… cousine est / a 12 ans.
3 M… parents ont / sont deux enfants.
4 T… père est / a sympa, je trouve.
5 T… sœur a / est les cheveux longs. Je n'aime pas ça.
6 À mon avis, t… grands-parents ont / sont gentils.
7 Camille aime bien s… grands-parents. Ils ont / sont sympas.
8 S… chien est / suis assez petit.
9 S… mère est / a 42 ans.
10 S… frères sont / sommes bêtes.

**Grammaire: *Possessives***

Remember there are three different ways of saying 'my','your' and 'his / her'.

| | masculine | feminine | plural |
|---|---|---|---|
| my | *mon* | *ma* | *mes* |
| our | *ton* | *ta* | *tes* |
| his / her | *son* | *sa* | *ses* |

➤➤ p.195

## 3 a Écoutez et notez les détails.

Exemple: **père, Bruno, 45 ans**

## 3 b Recopiez et complétez le mail d'Émilie avec les détails de l'activité 3a.

De: emilie.letort@hotmail.com
À: corinne.lopez@yahoo.fr
Objet: Mon copain

Salut Corinne!

J'ai un nouveau copain qui ... Nicolas. Il ... vraiment sympa. Il m'a déjà parlé de ... famille. Son père ... 45 ans et il s'... Bruno. ... mère s'... Jeanne et elle ... 42 ans. Nicolas ... une sœur qui s'... ... et un frère qui s'... Théo.

... grands-parents s'... Pascal et Frédérique. À la maison, ils ... deux chiens qui s'... Racine et Voltaire.

Bisous,

Émilie

## 3 c Écrivez un mail comme celui de l'activité 3b. Inventez les détails.

Mon père / Ma mère s'appelle (Robert / Sandra).
Mes parents / grands-parents s'appellent (Paul et Jenny).
J'ai un frère / une sœur qui s'appelle (Kevin / Kelly).
Je suis fille / fils unique.
J'ai deux sœurs / frères / demi-sœurs / demi-frères qui s'appellent...
Mark / Sarah est marié(e) / divorcé(e) / séparé(e).
Mes parents sont divorcés.

| | |
|---|---|
| J'ai / Nous avons | un oiseau / un chat / un chien / un cheval / un hamster / un lapin / une souris / une chatte / une chienne / des poissons. |

Use *une chatte* and *une chienne* for a female cat and a female dog.

### Grammaire: *The third person* – il / elle, ils / elles *(rappel)*

When talking about other people, use the third person.

Singular:

| | |
|---|---|
| ***il / elle** s'appelle...* | he / she is called... |
| ***il / elle** a... ans* | he / she is... years old |
| ***son** anniversaire, c'est le...* | his / her birthday is on... |

Plural:

| | |
|---|---|
| ***ils / elles** s'appellent...* | they are called... |
| ***ils / elles** ont... ans* | they are... years old |
| ***leurs** parents sont gentils* | their parents are nice |

➤➤ p.196

## 4 Écoutez et notez en anglais les neuf animaux mentionnés.

Exemple: **rabbit, ...**

### Grammaire: *Plurals*

Most French nouns form their plurals by adding an –*s* to the end, as in English: *des chien**s**, des chat**s**, des lapin**s***. Do not pronounce the –*s*.

- Exceptions: –*al* becomes –*aux*, e.g. *un anim**al**, des anim**aux***.
- Most nouns ending in –*u* add an –*x*: *un châtea**u**, des châtea**ux***.

## 5 Notez les pluriels.

un frère, un oiseau, un hamster, un cousin, un cheval, une maison, un journal, un jeu, un garçon, un hôpital, un chou

➤➤ p.192

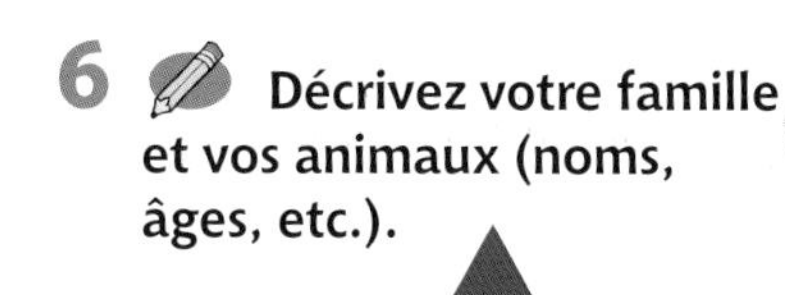

## 6 Décrivez votre famille et vos animaux (noms, âges, etc.).

### Stratégies! *Writing skills*

- Look back at the texts in this spread for language to use.
- Check your work for accuracy when you have finished.
- Learn it for a mini-presentation.

# Ils sont comment?

- describe family and friends
- make adjectives agree
- use 'qualifying' words

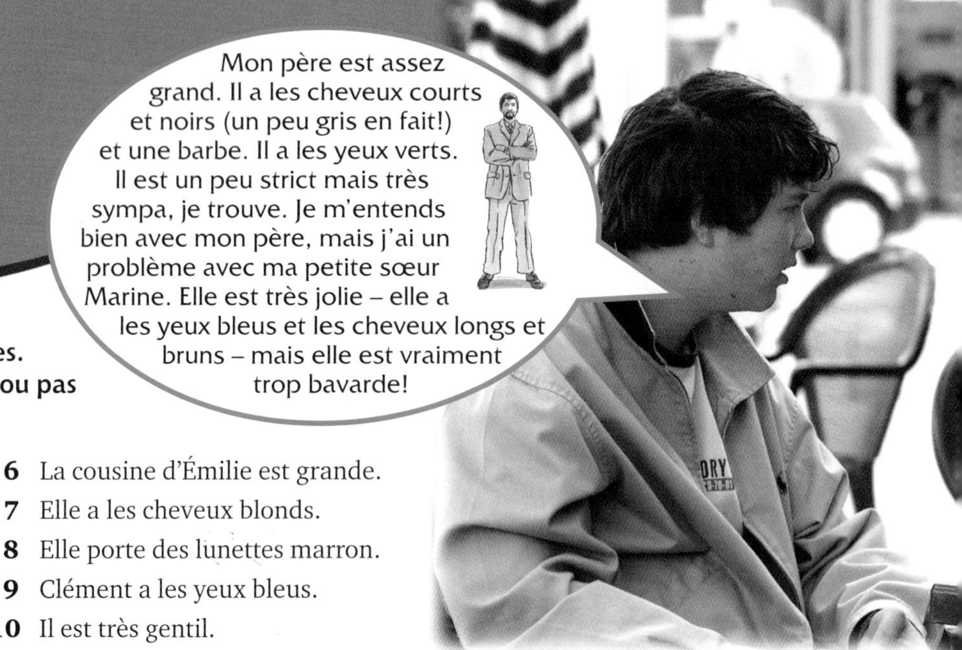


**1**  **Écoutez et lisez les bulles. Lisez les phrases 1–10. Vrai, faux ou pas mentionné?**

**1** Le père de Nicolas est très petit.
**2** Il a les cheveux noirs et gris.
**3** Il a une moustache.
**4** Il est très, très strict.
**5** Marine porte des lunettes.
**6** La cousine d'Émilie est grande.
**7** Elle a les cheveux blonds.
**8** Elle porte des lunettes marron.
**9** Clément a les yeux bleus.
**10** Il est très gentil.

**2** ***Use qualifying words to make this sentence more interesting.***

Ma sœur est petite mais elle est aussi énervante. Mon frère est bavard et il est aussi sportif.

**Stratégies! *Qualifying words***

You can 'qualify' your descriptions and opinions by using words like *très* (very), *assez* (quite), *un peu* (a bit) and *vraiment* (really) before adjectives: *Il est assez strict et un peu énervant.*

*Vachement* (fantastically) is a colloquial word used a lot in speaking.

| | | | |
|---|---|---|---|
| Il / Elle<br>Mon frère / Ma sœur | est | assez / très | grand(e) / petit(e) / strict(e) / sympa / bavard(e) / amusant(e) / gentil(le) / énervant(e). |
| | a | | les cheveux longs / courts / noirs / blonds / bruns.<br>les yeux bleus / verts / marron.<br>une moustache / une barbe. |
| | porte | | des lunettes. |

**Grammaire:** ***Agreement of adjectives***

Adjectives agree with what they are describing.

- masculine singular, add nothing: *noir*
- feminine singular, add –e: *noir**e***
- masculine plural, add –s: *noir**s***
- feminine plural, add –es: *noir**es***

Example: *Elle est petit**e** et elle a les cheveux noir**s** et les yeux bleu**s**.*

There are exceptions (including common adjectives like *beau*, *nouveau* and *vieux*): see pages 193–194.

**3** **Recopiez les phrases en mettant les adjectifs au féminin (*Elle(s)*...).**

**1** Il est vraiment gentil et assez intelligent.
**2** Ils sont grands mais assez gentils.
**3** Il est bavard mais très sympa.
**4** Il est vraiment sympa mais aussi un peu énervant.
**5** Ils sont très beaux et amusants.
**6** Il est très vieux et assez strict.

**4 a** **À deux. Faites quatre conversations différentes.**

Exemple: **A Elle est assez petite. Elle est très bavarde et elle a les cheveux blonds et les yeux bleus.**

**B C'est Anne!**

**1** Anne: petit / bavard / cheveux blonds / yeux bleus
**2** Clément: assez grand / vachement énervant / cheveux bruns / yeux verts
**3** Théo: très grand / vachement gentil / cheveux noirs / yeux marron
**4** Marine: petit / cheveux noirs / yeux verts

**4 b** extra! **Décrivez Anne, Clément, Théo et Marine.**

Exemple: Anne est petite. Elle est... Elle a...

Ma cousine Julie est très petite et elle a les cheveux longs et blonds, comme ma sœur Anne. Elle a les yeux marron et elle porte des lunettes. Elle est très gentille, je trouve. Mon frère Clément est moins gentil! Il est vachement énervant.

**5 a** **Écoutez et regardez les dessins a–f. C'est qui? Notez les noms dans l'ordre mentionné. (1–6)**

Exemple: **Pauline, ...**

**5 b** **Décrivez les personnes a–f.**

Exemple: **a** Florent est très grand et il a une barbe.

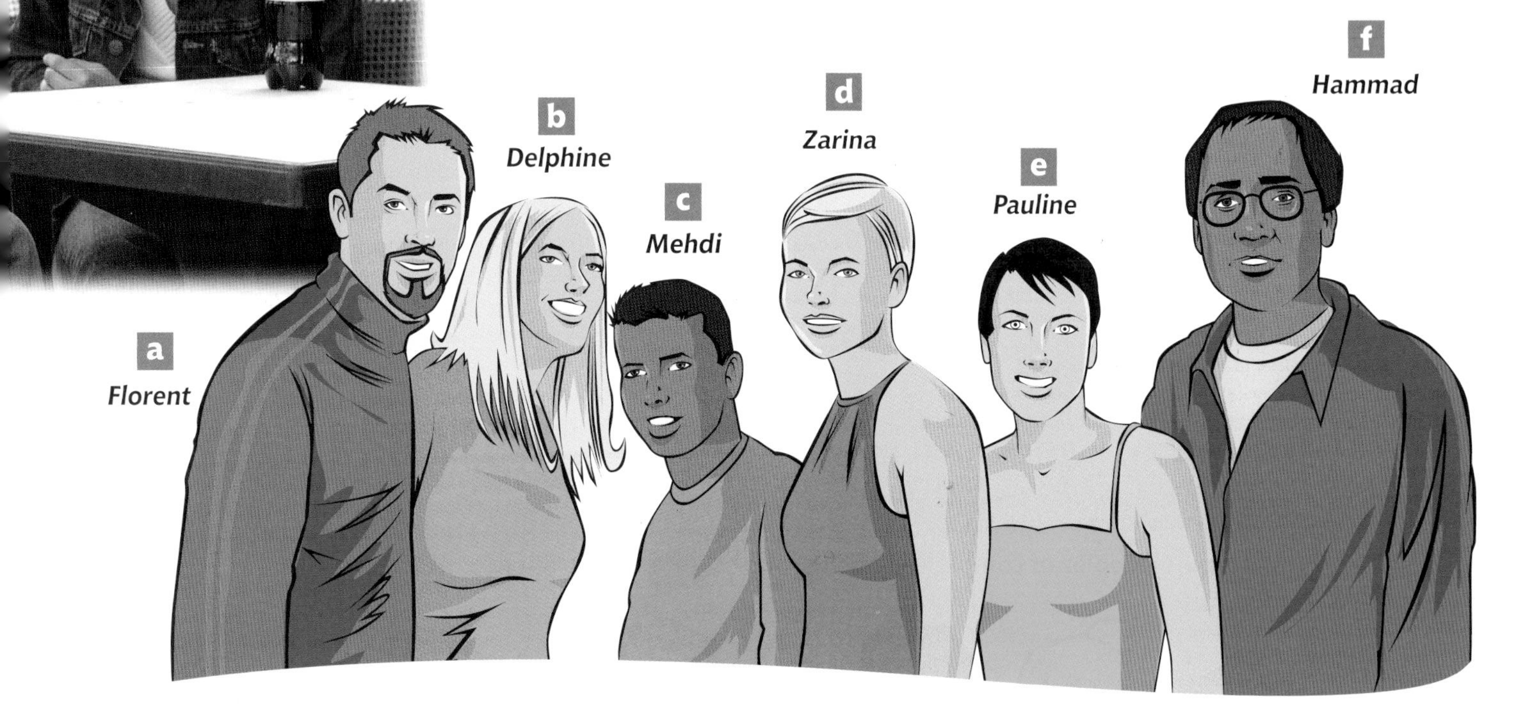


**6** **Décrivez deux ou trois membres de votre famille, ou deux ou trois copains. Donnez votre opinion!**

Exemple: Ma mère est grande. Je pense qu'elle est gentille...
Mon copain Tarik a les cheveux... et les yeux...

**7** **Lisez et expliquez les chiffres en anglais.**

Exemple: **1 31: It's the percentage of French people with blue or grey eyes.**

**1** 31
**2** 1,75
**3** 76
**4** 55
**5** 44
**6** 50
**7** 63
**8** 1,62

# Les Français en chiffres

- La taille moyenne des Français, c'est un mètre soixante-quinze pour les hommes et un mètre soixante-deux pour les femmes.
- Le poids moyen des Français, c'est soixante-seize kilos pour les hommes et soixante-trois kilos pour les femmes.
- Cinquante-cinq pour cent des Français ont les yeux marron ou noirs et trente et un pour cent ont les yeux bleus ou gris.
- Plus de cinquante pour cent des Françaises ont les cheveux courts.
- Quarante-quatre pour cent des jeunes ont changé la couleur de leurs cheveux.

# Qu'est-ce qu'il fait dans la vie?

- talk about jobs and nationalities
- paraphrase unknown words

## Offres d'emploi

Cherche vendeur / vendeuse pour petite confiserie au centre-ville. Tél. 05 74 34 83 27

Boulanger / Boulangère. Boulangerie *Au Bon Croissant*, 18 rue Martin. Tél. 05 62 74 89 12

Le salon Dubois a besoin d'un coiffeur / coiffeuse (lundi – vendredi, 09.00 – 13.00). Tél. 02 53 74 63 22

Supermarché Interclerc, Ste-Savine, offre poste de caissier, €1500 par mois. Tél. 05 22 31 96 52

Hôpital St-Jacques, rue Centrale, cherche infirmier / infirmière qualifié(e) trois jours par semaine (lundi – mercredi). Tél. 02 73 59 25 41

Talon et Cie cherche ingénieur pour travailler dans notre bureau central. Tél. 05 27 84 57 32

Êtes-vous professeur de langues diplômé(e)? Nous avons besoin d'un prof pour enseigner le français à des groupes d'élèves anglais pendant les grandes vacances. Tél. 05 33 62 11 47

**1** **Lisez les annonces. Trouvez et notez un emploi pour ces personnes. (1–6)**

1 Je dois me lever de bonne heure pour fabriquer du pain.

2 J'aime travailler avec des jeunes.

3 Je voudrais travailler dans un magasin à la caisse.

4 Moi, je voudrais travailler au centre-ville.

5 Je cherche un emploi mais je ne peux pas travailler le jeudi ou le vendredi.

6 *Mon travail, c'est couper les cheveux des clients, et je cherche un emploi.*

**2** **Écoutez, puis recopiez et complétez la fiche.** *extra!* **Notez d'autres détails.**

| Nom | Profession | *extra!* Autres détails |
|---|---|---|
| Michel Marceau | agriculteur | travaille dans le sud de la France |
| | | |

| | | |
|---|---|---|
| Je | suis | agent de police.<br>boulanger / boulangère.<br>caissier / caissière.<br>coiffeur / coiffeuse.<br>dentiste.<br>facteur / factrice.<br>agriculteur / agricultrice.<br>hôtesse de l'air.<br>infirmier / infirmière.<br>vendeur / vendeuse.<br>ingénieur / professeur / secrétaire. |
| Mon père<br>Ma mère<br>Il / Elle | est<br>travaille comme | |
| Il / Elle est au chômage. | | |

**Grammaire:** ***Talking about jobs***

When saying what someone's job is, don't include an article (*un* or *une*). In English, we say 'He is **a** farmer'. In French, it's simply *Il est agriculteur*.

Don't forget that many words for jobs have feminine forms (see list in the blue box on page 14). ➤➤ p.192

**3** **Décrivez les emplois des personnes de l'activité 2.**

Exemple: Michel Marceau est agriculteur.
Nadia Ribeiro...

**4** **Posez des questions à trois personnes. Répondez avec deux détails.**

Exemple: **A** Que fait (ton père) dans la vie?
**B** (Mon père) est... / travaille dans...

**Stratégies! *Paraphrasing unknown words***

- If the job isn't listed here, say where the person works, e.g. *Il travaille dans un bureau à Leeds*. If in doubt, ask your teacher.
- If the job you want to describe is unusual, give an approximate description.

**5** **Écoutez, puis notez la nationalité de ces personnes.**

Exemple:

| Nom | Nationalité |
|---|---|
| Zinedine Zidane | français |
| Luis Figo | |
| Justine Henin-Hardenne | |
| Robbie Williams | |
| Martina Hingis | |
| Bryan Adams | |

| | |
|---|---|
| Je suis<br>Il / Elle est | allemand(e) / américain(e) / anglais(e) / belge / canadien(ne) / écossais(e) / espagnol(e) / français(e) / gallois(e) / grec(que) / irlandais(e) / portugais(e) / suisse. |

**Grammaire:** ***Nationalities***

- Words describing nationality do not begin with a capital letter (although the names of the countries do).
- Remember the female forms: they usually add an –e.

➤➤ p.194

**6** **extra! Écrivez les phrases de l'activité 5.**

Exemple: **1** Zinedine Zidane est français.

## Jeu de rôles

**À deux, puis changez de rôles.**

*Use full sentences whenever you can.*
*Whenever you see the **!** sign, respond appropriately to your partner.*

**1 a You are talking to a new friend, exchanging information about yourselves. A starts.**

**A**
- Comment vas-tu?
- Tu as quel âge?
- Tu habites où?
- Ça s'écrit comment?
- Merci.

**B**
- comment tu vas
- âge et date d'anniversaire
- ville: nom et deux détails
- !

**1 b Refaites l'activité en utilisant la forme *vous*.**

## Conversation

**2 À deux, puis changez de rôles. Posez les questions et répondez.**

*Adjust the questions to suit your partner's actual family. Maybe he / she has a stepfather, hasn't got a brother / pet, etc.*
*Always include opinions, explanations and details if you can.*

- Tu as des frères et des sœurs?
- Décris ta mère / ta sœur (cheveux, yeux, caractère, taille).
- Comment s'appelle ton père?
- Quel âge a-t-il?
- Qu'est-ce qu'il fait dans la vie?
- Et ta mère? (nom, âge, travail)
- Et ton frère / ton père?
- Est-ce que tu as un animal à la maison?

Look at the *Sommaire* box below for prompts to help you with the conversation and presentation.

## Présentation

**3 Préparez une présentation (une minute et demie) sur vous et votre famille.**

Utilisez vos réponses à l'activité 2 et ajoutez des détails.

## Sommaire *Now you can:*

- **welcome and introduce someone:** *Je te présente (mon frère). Je vous présente (ma sœur).*
- **say 'welcome', 'hello', 'hi', 'how are you?':** *Bienvenue! Bonjour! Salut! Ça va?*
- **spell words in French:** *Ça s'écrit (T–R–O–Y–E –S).*
- **ask someone's name and give yours:** *Comment t'appelles-tu? Comment vous appelez-vous? – Je m'appelle (Émilie).*
- **ask someone's age and give yours:** *Quel âge as-tu? Quel âge avez-vous? – J'ai (15) ans.*
- **ask where someone lives and say where you live:** *Où habites-tu? Où habitez-vous? – J'habite à (Troyes).*
- **ask when someone's birthday is and say when your birthday is:** *C'est quand, ton / son anniversaire? – Mon anniversaire, c'est le (premier mai).*
- **describe your family:** *J'ai (un frère). J'ai (deux sœurs).*
- **give information about your family and other people:** *Il / Mon père s'appelle (Robert). Elle / Ma mère a (45) ans. J'ai (un demi-frère) qui s'appelle (Callum). Mark est (marié / divorcé). Sarah est (séparé(e) / célibataire). Mes parents sont divorcés.*
- **talk about your pets:** *J'ai (un chat). Nous avons (une chienne).*
- **describe people's appearance and character:** *Il est (grand). Elle est (gentille). Elle a les cheveux (bruns). Il a les yeux (marron). Il a (une moustache). Elle porte (des lunettes).*
- **say what someone's job is:** *Il travaille comme (ingénieur). Elle est (agricultrice). Il est (au chômage).*
- **give someone's nationality:** *Je suis (anglais). Il est (suisse). Elle est (écossaise).*

**1** **Lisez les textes. C'est Hugo, Amélie, Ben ou Salah? Qui...**

1. a deux sœurs?
2. a une sœur de 26 ans?
3. n'a pas de frère et sœur?
4. a beaucoup d'animaux à la maison?
5. n'aime pas trop les enfants de sa belle-mère?
6. aime bien son frère et sa sœur?
7. n'aime pas ses sœurs?
8. adore sa sœur?

**Hugo** Date 15/01/05

Les frères et sœurs, aïe! aïe! aïe! J'ai 14 ans. Je n'ai pas de frères, mais j'ai deux sœurs qui sont stupides! Je déteste ma famille. Et vous? 

**Amélie** Date 16/01/05

Salut, Hugo. J'ai 16 ans et, moi aussi, je trouve ça dur, la vie de famille. Mes parents sont agriculteurs et ils adorent les animaux. Ils ont un cheval, deux gros chiens et trois petits chats. En plus, mon petit frère de six ans a un hamster horrible et ma petite sœur de huit ans a deux lapins affreux. Berk! J'aime bien mes parents et mon frère et ma sœur, mais j'ai horreur de la campagne, je n'aime pas les animaux et je déteste la vie de famille! 

**Ben** Date 16/01/05

J'ai 16 ans et j'ai une sœur qui s'appelle Delphine. Elle est beaucoup plus âgée que moi (elle a 26 ans), mais je l'adore. Elle est infirmière dans un grand hôpital, elle est très gentille et assez marrante. Malheureusement, elle habite à Paris et, moi, j'habite à Marseille, alors je ne la vois pas souvent et elle me manque beaucoup. C'est nul! 

**Salah** Date 16/01/05

Bonjour, tout le monde! Hugo, je suis d'accord avec toi: c'est pas marrant, la vie de famille! Moi, j'ai 15 ans. Je n'ai pas de frère et sœur, mais ma belle-mère a deux enfants: Clara qui a 13 ans et Mickaël qui a sept ans. Clara a les cheveux bruns et les yeux verts, elle est très jolie, mais elle est trop bavarde et elle a des copines détestables. Mickaël est petit et il adore le foot, mais il n'est pas très sympa. Il déteste mon père et il est très désagréable avec lui. 

**2** Stratégies!

***Working out meaning***

You often don't need to understand every single word to get the gist of a passage. It is, however, a good idea to train yourself to guess either the meaning of unfamiliar words / phrases or the kind of information that is conveyed. Here are a few techniques that can help you.

First ask yourself the following questions:

- What kind of word is it? A noun? A verb? An adjective? An adverb? etc.
- Does the word (or part of it) look like any English or French word you know?
- Does the context give you clues as to the kind of information the word / phrase conveys? For instance, at this point in the text, would you expect a price? A description? An opinion?

Following your instinct can help too! Ask yourself:

- In this particular context, what word / phrase would you have used in English? Would that fit in here?

Given all that, can you guess the meaning of the following phrases?

1. la vie de famille
2. j'ai horreur de la campagne
3. malheureusement
4. je ne la vois pas souvent
5. elle me manque beaucoup
6. tout le monde
7. je suis d'accord avec toi
8. il est très désagréable avec lui

**3** **Et vous? Que pensez-vous de votre famille? Écrivez un message à Hugo.**

# 1B Loisirs

## Grammaire: le présent

- use the present tense

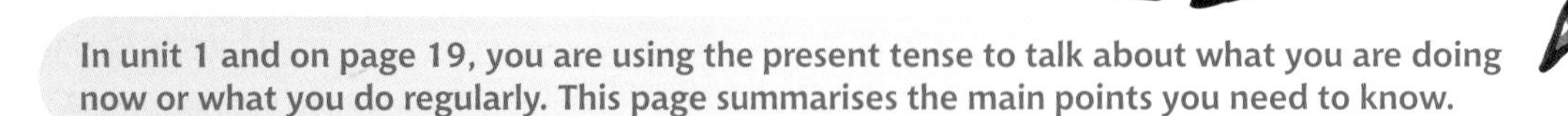

**In unit 1 and on page 19, you are using the present tense to talk about what you are doing now or what you do regularly. This page summarises the main points you need to know.**

- A common 'regular *–er*' verb is *regarder* (to watch). Look at the list below. This list is called a 'paradigm'. Many people find that learning a paradigm by heart is the best way to remember a verb.

| | |
|---|---|
| *je regard**e*** | *nous regard**ons*** |
| *tu regard**es*** | *vous regard**ez*** |
| *il / elle / on regard**e*** | *ils / elles regard**ent*** |

**A Following the pattern above, write out the paradigms of *jouer* (to play) and *aimer* (to like).**

- The other two common verb patterns end in *–ir* (e.g. *finir* – to finish) and *–re* (e.g. *vendre* – to sell). Look at the verb tables on page 207 for their present tense paradigms.

**B Following the patterns on page 207, write out the present tense of *choisir* (to choose) and *attendre* (to wait).**

- Many essential verbs in French do not follow a standard pattern. They include *avoir* (to have), *être* (to be), *aller* (to go) and *faire* (to do / to make). Look at the verb tables (pages 208–210) and learn the present tense of these four verbs by heart.

**1 Recopiez et complétez les phrases.**

Exemple: **1** Nous regardons un film au cinéma tous les samedis.

1. Nous (regarder) un film au cinéma tous les samedis.
2. Mon frère (aimer) sortir avec ses copains.
3. Normalement, j' (écouter) la radio dans ma chambre.
4. Pierre (jouer) au tennis au centre sportif en ville.
5. Le dimanche, mes parents (rester) à la maison.
6. Je reste à la maison aujourd'hui, parce que je (être) malade.
7. Le week-end, mes amis et moi, nous (aller) en ville.
8. Joël et Élodie (aller) au cinéma tous les week-ends.
9. Souvent, on (faire) du shopping.
10. Nous (faire) du sport, mais pas très souvent.

**2 Reliez les moitiés de phrases.**

Exemple: **1** Romain est très grand.

| | |
|---|---|
| **1** Romain | aimez faire des jeux vidéo. |
| **2** Nous | ai un gros chien à la maison. |
| **3** Vous | est très grand. |
| **4** M. et Mme Letort | as un frère et une sœur. |
| **5** Tu | regardent la télé tous les soirs. |
| **6** J' | faisons du sport le week-end |

To make any sentence negative, put *ne* or *n'* before the verb and *pas* after it:
*Je **ne** fais **pas** de sport.*
*Je **n'**aime **pas** les carottes.*

**3 Écrivez ces phrases à la forme négative.**

Exemple: **1** Hassan n'est pas grand.

1. Hassan est grand.
2. Nous mangeons à six heures.
3. Je vais au collège
4. Mon frère joue au foot.
5. Elles aiment le sport.

Do activities 4 and 5 once you have completed page 19.

**4 À deux. Posez cette question à votre partenaire.**

**A** Qu'est-ce que tu fais normalement le week-end?

**B** Le samedi, je vais... , j'écoute... , je regarde...

**5 Écrivez un paragraphe avec vos réponses à la question de l'activité 4.**

# Mes passe-temps

- talk about evening and weekend activities
- give more detailed answers

**1** Le lundi, d'habitude, je reste à la maison et je joue aux jeux vidéo, mais le week-end, je vais toujours au centre sportif avec mon frère et je joue au foot.

*Mehmet*

**2** Moi, normalement, le week-end, je vais en ville avec ma famille et on va au cinéma. Mais pendant la semaine, le soir, je reste à la maison et je regarde la télévision avec mes parents, ou je lis un magazine dans ma chambre.

*Nadia*

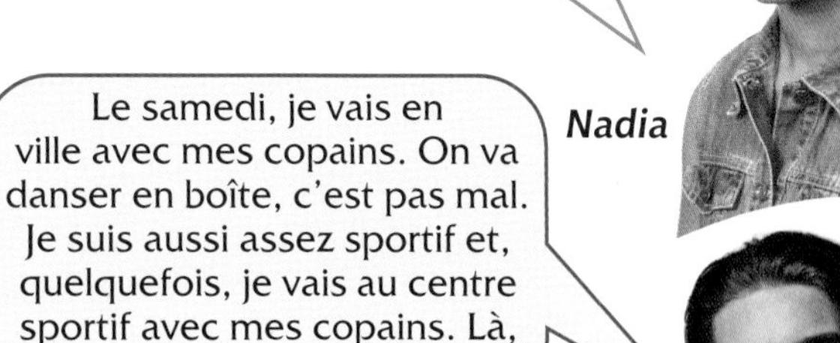

**3** Le samedi, je vais en ville avec mes copains. On va danser en boîte, c'est pas mal. Je suis aussi assez sportif et, quelquefois, je vais au centre sportif avec mes copains. Là, je fais de la natation.

*Olivier*

**4** J'écoute la radio dans ma chambre tous les jours. J'aime la musique et ça m'aide à faire mes devoirs! Quelquefois, je me promène en ville avec ma famille.

*Anne*

a b c d

e 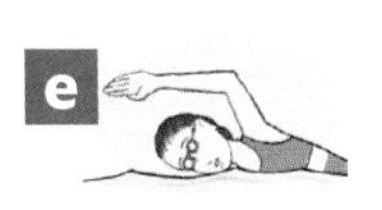

f 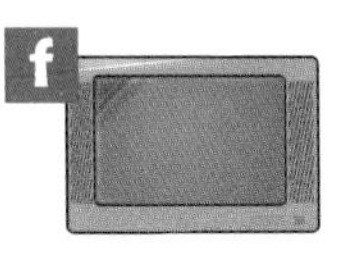

g 

h 

i 

**1 a** Lisez les bulles et regardez les dessins a–i. C'est qui?

Exemple: **a Mehmet**

**1 b** Recopiez et complétez la grille en français pour chaque personne (1–4).

Exemple:

| | Quoi? | Où? | Avec qui ? | Quand? |
|---|---|---|---|---|
| Mehmet | jeux vidéo, … | à la maison | | |
| Nadia | | | | |
| Olivier | | | | |
| Anne | | | | |

**2** Écoutez. Recopiez et complétez les phrases.

1. Je reste chez … tous les … et je … la télé avec mes … .
   Le week-end, je vais … et je joue au … avec mes … .
2. Le … , je vais en … avec mes … et on va au … .
   Et puis, le … , je vais en … avec mes … . On va … en boîte.
3. Le … , j'écoute des … dans ma … avec ma … .
   Quelquefois, je me … en … avec ma … .

**3** À deux. Jouez les deux conversations.

Exemple: **1 A** Je fais de la natation. Je vais… . Et toi?
**B** Moi, je reste à la maison et je… , parce que… .

1. **A natation:** où, quand, avec qui. Et toi?
   **B télé:** où, quand, avec qui, pourquoi
2. **A foot:** avec qui, où, quand. Et toi?
   **B cinéma:** où, quand, avec qui, pourquoi

| | |
|---|---|
| Je joue | au foot / au hockey / aux jeux vidéo. |
| Je vais | au cinéma / en ville / au centre sportif / (danser) en boîte. |
| J'écoute | la radio / des CD. |
| Je fais de la natation. / Je regarde la télé(vision). / Je me promène. / Je lis un magazine. / Je reste à la maison. | |
| Quand? | quelquefois / parfois / tous les jours / le lundi (etc.) / le week-end / le soir |
| Avec qui? | avec ma famille / seul / avec mes copains / avec mes copines |
| Où? | dans ma chambre / à la maison / en ville / au centre sportif / chez moi |

**Stratégies!** ***Giving more detailed answers***

- include extra information (*avec qui*, *quand*, *où*, etc.)
- use expressions of time (*quelquefois*, *parfois*, etc.)
- use contrasts (*mais*, *par contre*, etc.)
- give reasons (*parce que…*)

# Grammaire: le passé composé

- use the perfect tense

**To get good marks in your exam, it is vital that you learn how to talk about events in the past, using the *passé composé* (known in English as the 'perfect tense').**

There are two parts to the *passé composé*:

– a part of *avoir* or *être*
– the past participle.

- **Past participles** of regular verbs are formed as follows:

| | infinitive | past participle |
|---|---|---|
| *–er* verbs | *jouer* | *joué* |
| *–ir* verbs | *fin**ir*** | *fin**i*** |
| *–re* verbs | *vend**re*** | *vend**u*** |

Some common verbs have an irregular past participle:

| | | |
|---|---|---|
| *avoir* – ***eu*** | *écrire* – ***écrit*** | *prendre* – ***pris*** |
| *boire* – ***bu*** | *faire* – ***fait*** | *venir* – ***venu*** |
| *dire* – ***dit*** | *lire* – ***lu*** | *voir* – ***vu*** |

- ***avoir* verbs**

Most verbs take *avoir* in the perfect tense.

| | |
|---|---|
| *j'ai joué*<br>*tu as joué*<br>*il / elle / on /* (name) *a joué* | *nous avons joué*<br>*vous avez joué*<br>*ils / elles ont joué* |

**A Look at the full pattern of *jouer*, then write out the full pattern for *regarder* and *faire*.**

- ***être* verbs**

A few very common verbs take *être* in the perfect tense. They are mostly verbs of movement. See pages 199–200 for a list. They include these ones:

| | | | |
|---|---|---|---|
| *aller* | to go | *rester* | to stay |
| *arriver* | to arrive | *sortir* | to go out |
| *partir* | to leave | *venir* | to come |
| *rentrer* | to come back | | |

An important difference with *être* verbs is that the past participle must agree with the subject, as shown in the following paradigm:

| | |
|---|---|
| *je suis allé(**e**)*<br>*tu es allé(**e**)*<br>*il est allé*<br>*elle est allé**e***<br>*on est allé(**e**)(**s**)* | *nous sommes allé(**e**)**s***<br>*vous êtes allé(**e**)(**s**)*<br>*ils sont allé**s***<br>*elles sont allé**es*** |

**B Now write out the perfect tense paradigm of *sortir* and *venir* (remember that the past participle of *venir* is irregular: *venu*).**

## 1 Lisez les phrases et notez *présent* ou *passé composé*.

Exemple: **1 présent**

1 J'ai un grand chien.
2 J'ai acheté un grand chien.
3 On est allés à Paris.
4 Paris est une très grande ville.
5 Cédric et Nathalie ont fait du sport.
6 Nous faisons du sport.
7 Paul reste à la maison.
8 Pauline est restée à la maison.
9 Aimez-vous la viande?
10 Avez-vous mangé la viande?

## 2 Recopiez et complétez les phrases au passé composé.

Exemple: **1** Vendredi dernier, nous avons vu un film au cinéma.

1 Vendredi dernier, nous (voir) un film au cinéma.
2 Est-ce que tu (regarder) l'émission sur la drogue?
3 Cet après-midi, j' (écouter) la radio dans ma chambre.
4 Hier, Pierre (jouer) au tennis au centre sportif en ville.
5 Nous (finir) nos devoirs avant de regarder la télé.
6 Je (rester) à la maison hier parce que j'étais malade.
7 Nathan (habiter) aux États-Unis quand il était plus jeune.
8 Où (aller)-tu hier soir? En ville?
9 Joël et Élodie (aller) au cinéma mardi dernier.
10 Pendant les vacances, nous (faire) du sport.

## 3 Récopiez ces phrases à la forme négative.

Exemple: **1** Nous n'avons pas mangé au restaurant.

1 Nous avons mangé au restaurant.
2 Tu as regardé l'émission sur la drogue?
3 Cet après-midi, j'ai écouté la radio.
4 Hier, Pierre a joué au tennis au centre sportif.
5 Nous avons fini nos devoirs.

To make a perfect tense sentence negative, put *ne* or *n'* before *avoir* / *être* and *pas* after it.

# Qu'est-ce que tu as fait?

- talk about what you did yesterday, last week or last year
- use the perfect tense

***Top Hits* demande à Danielle Délice: "Qu'est-ce que tu as fait le week-end dernier? C'était comment?"**

**"Qu'est-ce que j'ai fait? Alors, vendredi soir, je suis restée à la maison et j'ai écouté mon nouveau CD, *Disco Danielle*. Ce disque est génial! Je suis contente de moi! Samedi matin, j'ai joué au tennis avec ma sœur et samedi après-midi, je me suis promenée avec mon petit chien Lulu. Lulu et moi, on s'entend super bien. Et ensuite, le soir, je suis allée au théâtre avec Mani. Oui, Mani Mustafa... À mon avis, c'est le plus grand rappeur du monde! On a vu *Le Costume*. C'est une pièce qui se passe en Afrique du sud. C'était pas mal mais un peu long. Dimanche, j'étais fatiguée et j'ai regardé la télé toute la journée. J'aime bien regarder la télé, moi, surtout quand il y a un film avec... moi!"**

## 1 **Lisez l'interview de Danielle. Recopiez et complétez les phrases 1–8.**

Exemple: **1 Danielle est restée à la maison.**

1. Danielle est ... à la maison.
2. Elle a ... un CD.
3. Elle a ... au tennis.
4. Elle y a ... avec sa sœur.
5. Elle s'est ... .
6. Elle est ... au théâtre.
7. Elle y est ... avec Mani.
8. Elle a ... la télé.

## 2 a **Qu'est-ce que Claire a fait? Écoutez et notez les dessins a–f dans l'ordre mentionné.**

Exemple: **d, ...**

## 2 b *extra!* **Réécoutez Claire et répondez en français.**

Exemple: **1 Elle a acheté le nouveau CD d'Eminem. Eminem, c'est son rappeur préféré.**

1. Pourquoi Claire était-elle contente ce matin? (deux détails)
2. Elle a fait quels devoirs? C'était facile?
3. Pourquoi a-t-elle gagné au tennis?
4. Avec qui est-elle allée en ville?
5. Qu'est-ce qu'elle a pensé de l'émission de télévision?
6. Qu'est-ce que ses parents ont pensé de *La Guerre des étoiles 5*?

| | |
|---|---|
| Hier,<br>Le week-end dernier,<br>La semaine dernière, | j'ai joué au foot / au tennis.<br>j'ai fait mes devoirs / du sport.<br>j'ai regardé la télé.<br>j'ai écouté de la musique / la radio.<br>j'ai vu un bon film.<br>je suis allé(e) au cinéma / au théâtre / en boîte / en ville.<br>je suis sorti(e).<br>je me suis promené(e).<br>je suis resté(e) à la maison. |

## 3 **À deux. A pose des questions. B invente des réponses.**

Exemple:
**A Qu'est-ce que tu as fait hier / le week-end dernier / la semaine dernière?**
**B Alors, d'abord, j'ai joué au tennis avec ma copine. L'après-midi, nous avons regardé un film à la télé et le soir, on est allés en boîte. C'était génial!**

# Invitations

- give and respond to invitations
- use *si on allait... ? / tu veux... ?* + infinitive

**1 a** **Écoutez et choisissez un poster (a–f) pour chaque conversation (1–6).**

**1 b** **Réécoutez et notez si la personne accepte (✓) ou n'accepte pas (✗) l'invitation.**

**2** **Lisez et écoutez, puis trouvez les phrases françaises (1–8).**

**A** Si on allait danser en boîte ce soir?
**B** Ah non, je n'ai pas envie.
**A** Tu veux aller au cinéma alors?
**B** C'est quel film?
**A** C'est *Amélie*. Il passe au Gaumont, dans la rue de la Paix.
**B** Oui, je veux bien. On se retrouve à quelle heure?
**A** Ben, on se retrouve à 20 heures devant le cinéma, si tu veux.
**B** D'accord. Oh, ... c'est combien, l'entrée?
**A** C'est dix euros, je pense.
**B** Ça va. À ce soir alors.

1. Yes, I'd like to.
2. What time shall we meet?
3. Shall we go clubbing?
4. No, I don't feel like it.
5. Do you want to go to the cinema?
6. How much is it to get in?
7. Let's meet at 8pm.
8. Which film is it?

**Grammaire: si on allait... ? / tu veux... ? + *infinitive***

Two ways of inviting someone out:
- *Tu veux...* (+ infinitive)? – Do you want to... ?
- *Si on allait...* (+ infinitive)? – Shall we go... ?

Examples: *Tu veux jouer au foot? Si on allait au cinéma?*

You have to use *au / à la / à l' / aux*, depending on the noun which follows. p.198

| | |
|---|---|
| Si on allait<br>Tu veux aller | en boîte? / à la boum? /<br>à un concert ? /<br>au match de foot? /<br>au tournoi de tennis ? /<br>au cinéma? |
| C'est où? | |
| C'est | au collège / au stade /<br>à l'hôtel de ville. |
| On se retrouve à quelle heure?<br>On se retrouve à (huit heures).<br>Oui, je veux bien.<br>Non, je n'ai pas envie.<br>C'est combien, l'entrée? | |

**3** **À deux. Faites cinq conversations différentes. Inventez les spectacles.**

**A** Si on allait... ? → **B** C'est où?
**A** C'est... **B** C'est combien, l'entrée?
**A** C'est... **B** Oui, je veux bien. On se retrouve à quelle heure?
**A** On se retrouve à...

**4 a** **Lisez les messages a–d et répondez aux questions en français.**

Exemple: **1** Le match de foot, c'est samedi.

1. Le match de foot, c'est quel jour?
2. Qui joue?
3. C'est combien, l'entrée?
4. Qui invite Nadia au théâtre?
5. Comment s'appelle la pièce?
6. Elles se retrouvent à quelle heure?
7. C'est combien, l'entrée au Club Magique?
8. Comment s'appelle la boîte de nuit?
9. Qui passe au Zénith?
10. C'est quand, le concert d'Eminem?

**a**

Cher Mehmet,
Si on allait au match de foot samedi? Marseille joue contre Paris Saint-Germain au Stade de France et l'entrée coûte 20 euros. Je crois que ça va. On se retrouve à quatre heures? Qu'en penses-tu?
Jérémie

**b**

*Nadia, si on allait au théâtre ce soir? On joue la pièce "Macbeth" de William Shakespeare, qui est excellente. On se retrouve à six heures et demie au Grand Théâtre? L'entrée coûte 15 euros.*
*Charlotte*

**c**

Nicolas, tu veux sortir en boîte demain? On se retrouve à onze heures au Club Magique? L'entrée coûte 16 euros seulement. J'attends ta réponse avec impatience!
Émilie

**d**

*Cher Jérémie,*
*Si on allait à un concert rock mardi prochain? Le rappeur américain Eminem passe au Zénith et l'entrée ne coûte que 45 euros. Pas mal, hein? On se retrouve à sept heures et demie?*
*Nicolas*

**4 b** extra! ***Which of the events seem to be good value, according to the writers?***

**4 c** **Écrivez deux invitations. Utilisez l'activité 4a comme modèle.**

Si on allait... ?
C'est... (place)
On se retrouve à... ? (time)
L'entrée coûte... euros. (price)

**5** **Lisez *Les loisirs des jeunes Français* et notez "vrai", "faux" ou "pas mentionné".**

1. En France, 40% des adolescents vont au cinéma une fois par semaine.
2. Le week-end, ils aiment aller danser.
3. Tous les jeunes Français boivent de l'alcool.
4. Cédric aime sortir en semaine.
5. Il aime regarder des feuilletons à la télé.
6. Il sort seul.
7. Le week-end dernier, il est rentré très tard.
8. Il est rentré en taxi.
9. Ses parents étaient ravis*.
10. Samedi prochain, il n'a pas le droit de sortir.

* **ravis** *delighted*

## Les loisirs des jeunes Français

Les jeunes Français adorent le cinéma! Six jeunes sur dix vont au cinéma une ou plusieurs fois par mois. Mais ils aiment aussi sortir en boîte, surtout le week-end. Beaucoup boivent de l'alcool, mais pas trop. On a demandé à Cédric (16 ans): qu'est-ce que tu aimes faire le week-end et le soir?

"Pendant la semaine, je préfère rester à la maison et regarder la télé ou des DVD dans ma chambre. Mais le week-end, j'aime sortir avec ma bande. On va en boîte, au cinéma, à un concert, peut-être, ou on se promène en ville. D'habitude, je rentre très tard. Samedi dernier, par exemple, on est rentrés à deux heures du matin. Mes parents n'étaient pas contents du tout! Samedi prochain, je dois rester à la maison... malheureusement."

# Hier et aujourd'hui

- use present and perfect tenses
- say more about hobbies, activities and invitations
- read more challenging texts

**1 a**  **Lisez l'interview de Nicolas et Mehmet. Répondez aux questions et expliquez votre réponse.**

*Attention: change* mon / ma *(my) to* son / sa *(his)*.

Exemple: **1 Non, parce qu'il dit que c'est barbant.**

**Nicolas**

1. À votre avis, est-ce que Nicolas est un fana de télévision? Pourquoi?
2. Pensez-vous qu'il aime faire de la playstation? Pourquoi?
3. Est-ce qu'il joue bien de la guitare?
4. Croyez-vous qu'il aime bien l'alcool?

**Mehmet**

5. À votre avis, est-ce que Mehmet est un fana de foot?
6. A-t-il aimé faire les courses?
7. À votre avis, est-ce qu'il est sportif?
8. Est-ce qu'il a aimé jouer aux cartes?

**Stratégies!** ***Reading more challenging texts***

Some reading activities at Higher Level require you to think more. You may not find the exact vocabulary or answer in the text, but you are expected to draw conclusions from what you understand. Make sure you understand the questions fully and then go back to the text to see what you can find out.

To say that something is better than something else, use *mieux que...* .
Find two examples of this in the text and invent two examples of your own.

## Les passe-temps des jeunes Français

Les passe-temps des adolescents peuvent être très différents d'un ado à l'autre. Nous avons demandé à Nicolas Perret: qu'est-ce que tu fais d'habitude le week-end? Voici sa réponse:

"Alors moi, le samedi matin, normalement, je regarde la télévision pendant deux ou trois heures, mais en général, les émissions sont très barbantes. Je suis toujours crevé après la semaine au collège. Puis, après avoir mangé, je joue à mon ordinateur. Ma passion, c'est les jeux vidéo. Plus tard, j'écoute de la musique sur ma chaîne stéréo, normalement de la musique pop, mais parfois aussi du jazz. À mon avis, la musique pop, c'est mieux que la musique classique. Je ne suis pas musicien, mais j'essaye de jouer de la guitare. Le soir, je prends mon téléphone portable et je bavarde avec mes copains, mais c'est cher! Après ça, normalement, je vais en ville avec ma copine Émilie. D'habitude, nous allons au café de la Poste pour prendre un verre – un coca, peut-être. C'est sympa."

Après, on a demandé à Mehmet, un copain de Nicolas: qu'est-ce que tu as fait le week-end dernier?

"Samedi matin? Ben, j'ai fait du sport, comme toujours! On est allés au centre sportif et on a joué au foot. C'est ma passion! Je joue dans une équipe qui s'appelle *Jeunes Troyens*. Oui, je sais que Nicolas reste à la maison, mais je trouve qu'il est paresseux, lui. Samedi après-midi, j'ai fait les courses avec mes parents. On est allés en ville pendant deux ou trois heures. Nous avons fait les courses au supermarché pour toute la famille, mais je dois dire que ce n'était pas très intéressant! Pour moi, le sport, c'est mieux que les magasins. Après ça, j'ai fait du jogging. Le soir, je suis resté à la maison avec mes parents. On a invité les voisins à dîner chez nous et après, nous avons joué aux cartes. C'était énervant! La télé? Oui, nous avons la télé mais on ne la regarde pas souvent."

**1 b** *extra!* **Qu'est-ce que Nicolas a fait le week-end dernier? Écrivez les phrases de Nicolas au passé.**

Exemple: Samedi matin, j'ai regardé la télévision...

Remember that
- you will have to take out some time markers such as *normalement*
- some things need to stay in the present tense to make sense, e.g. his likes and dislikes
- *c'est* becomes *c'était* in the past tense.

**1 c** *extra!* **Relisez le texte de Mehmet. Trouvez et notez les phrases qui sont au <u>présent</u>.**

**2 a** Écoutez Mehmet, Nadia, Nicolas et Jérémie et notez en français pour chaque personne:

1 quelle activité?
2 avec qui?
3 c'était combien?
4 à quelle heure?
5 opinion?

**2 b** À deux. Utilisez vos réponses à l'activité 2a et jouez des dialogues.

A Mehmet, qu'est-ce que tu as fait samedi? — B Jérémie et moi, on est allés…
A L'entrée a coûté combien? — B L'entrée a coûté…
A Ça a commencé à quelle heure? — B (Le match) a commencé à…
A C'était bien? — B Oui, / Non, …

**3** À vous de répondre aux deux questions de l'interview (activité 1).

- Qu'est-ce que vous faites d'habitude le week-end?
- Qu'est-ce que vous avez fait le week-end dernier?

**Stratégies! Accuracy**

When doing a writing task, what do you need to check?

- accurate spelling, including accents, etc.
- verb endings
- agreement: masculine / feminine / singular / plural

It can be useful to get a friend to check it for you.

**4** Lisez le texte *Mon passe-temps préféré*. Écrivez un résumé en anglais.

Mon passe-temps préféré

J'ai 18 ans et j'habite dans le nord de la France. Je m'intéresse beaucoup au cinéma. J'ai une grande collection de films sur DVD, et je vais au cinéma presque toutes les semaines. Mon film préféré, c'est *Les Évadés*, avec Tim Robbins et Morgan Freeman. Je les trouve excellents, ces acteurs. Le dernier film que j'ai vu, c'était *Starsky et Hutch*, c'était pas mal, mais *Les Évadés*, c'est mieux, à mon avis. Plus tard, j'espère travailler dans le monde du cinéma, peut-être comme acteur ou comme régisseur.

Hugo

## Jeu de rôles

**À deux, puis changez de rôles.**

*Use full sentences whenever you can.*
*Whenever you see the* **!** *sign, respond appropriately to your partner.*

**1 You are talking to a friend about hobbies. A starts.**

**A**

- Quels sont tes passe-temps?
- Où ça, et quand?
- Qu'est-ce que tu as fait le week-end dernier?
- Où? Avec qui?
- D'accord.

**B**

- deux activités
- où et quand
- activité le week-end dernier
- !

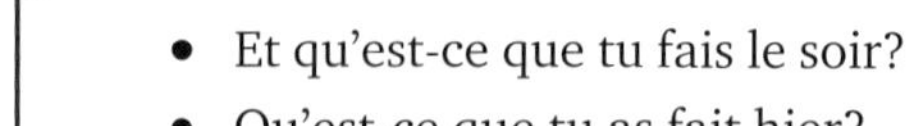

**2 You are talking to a friend, making plans to go to the cinema. A starts.**

**A**

- Qu'est-ce que tu veux faire samedi?
- D'accord. Qu'est-ce que tu veux voir?
- On se retrouve où et à quelle heure?
- Qu'est-ce qu'on va faire après?
- D'accord, super!

**B**

- suggestion
- sorte de film préféré
- rendez-vous: où + heure
- !

## Conversation

**3 À deux, puis changez de rôles. Posez les questions et répondez.**

*In the conversation, don't forget to include details and opinions.*

- Qu'est-ce que tu fais normalement le week-end?
- Et qu'est-ce que tu fais le soir?
- Qu'est-ce que tu as fait hier?
- Avec qui et où?
- Qu'est-ce que tu as fait le week-end dernier?
- Qu'est-ce que tu as fait pendant les grandes vacances?

## Présentation

**4 Préparez une présentation (une minute et demie) sur vos passe-temps. Utilisez vos réponses à l'activité 3 (présent et passé composé).**

Look at the *Sommaire* box below for prompts to help you with the conversation and presentation.

## Sommaire *Now you can:*

- **use and recognise the present and perfect tenses**
- **say what your hobbies are:** *Je fais (de la natation). Je joue (aux jeux vidéo). Je vais (au cinéma). Je regarde (la télé). J'écoute (des CD). Je lis (des magazines).*
- **say when and how often you do them:** *quelquefois, tous les jours, le lundi* (etc.), *le week-end, le soir*
- **say where and with whom you do them:** *dans ma chambre, à la maison, en ville, avec ma famille, avec mes copains, avec mes copines, seul(e)*
- **say when you did something:** *hier, la semaine dernière, le week-end dernier*
- **say what you did:** *J'ai joué (au tennis). J'ai fait (du sport). J'ai regardé (la télé). Je suis allé(e) (en ville).*
- **invite someone out:** *Si on allait (en boîte)? Tu veux aller (au match)?*
- **ask / say where it is:** *C'est où? – C'est (au stade).*
- **ask / say where you will meet:** *On se retrouve à quelle heure? – On se retrouve à (huit heures).*
- **ask the price:** *C'est combien, l'entrée?*
- **say whether you'd like to:** *Oui, je veux bien. Non, je n'ai pas envie.*

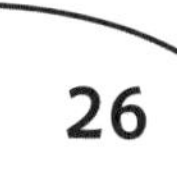

# L'invitation

***Antoine est amoureux de Laura. Il voudrait sortir avec elle, mais il est très timide. Il ne sait pas quoi dire. Il hésite.***

***Quelques minutes plus tard, c'est Laura qui fait le premier pas. Elle va parler à Antoine! Il est très content, mais il est surpris. Alors, il ne sait pas quoi répondre.***

***Après quelques secondes, Antoine répond enfin!***

**1 Trouvez le bon commentaire (1–6) pour les phrases a–f.**

- **a** "Je suis nul!"
- **b** "On va boire un café?"
- **c** "Euh... Ben... Je... Euh..."
- **d** "Tu veux venir avec moi?"
- **e** "Elle ne sait même pas que j'existe!"
- **f** "OK! On se retrouve à quelle heure?"

- **1** Antoine pense qu'il n'intéresse pas Laura.
- **2** Antoine est content, mais surpris!
- **3** Antoine voudrait inviter Laura.
- **4** Antoine pense qu'il est bête.
- **5** Antoine accepte l'invitation.
- **6** Laura invite Antoine.

**2 Choisissez le bon résumé.**

1. Antoine invite Laura à aller au cinéma, mais Laura déteste le cinéma. Elle voudrait aller à un concert ou écouter des CD. Zut!
2. Antoine aime Laura, mais il est trop timide. Il pense qu'il n'intéresse pas Laura. Mais surprise! Laura aussi aime Antoine et elle l'invite au concert de dimanche.
3. Laura voudrait prendre un café avec Antoine, mais elle est très timide. Heureusement, Antoine invite Laura. Ils se retrouvent samedi à trois heures pour aller au cinéma. Cool!

**3 Antoine et Laura se retrouvent à quelle heure? Où? Etc. Imaginez le reste de la conversation.**

Exemple: **Antoine: OK! On se retrouve à quelle he**
**Laura: ...**

# 1C Là où j'habite

## Mon adresse

• talk about where you live

De:

mehmet.aziz@tiscali.fr

Moi, c'est Mehmet. J'habite dans une petite maison dans un village qui s'appelle Bagnoles, près de Troyes. Mon adresse,

nicolas.perret@hotmail.com

Je m'appelle Nicolas Perret. J'habite dans une maison dans le centre de Troyes, en Champagne, dans l'est de la France. Mon adresse c'est 79, rue Michel.

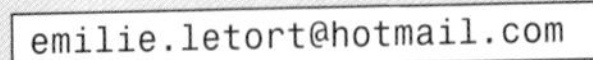

emilie.letort@hotmail.com

Je m'appelle Émilie Letort. J'habite dans un petit appartement dans la banlieue de Troyes, dans l'est de la France. Mon adresse, c'est 25, rue Deschamps. J'y habite depuis 10 ans.

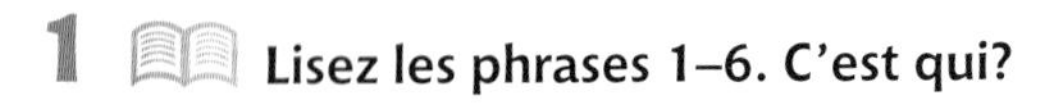

**1** **Lisez les phrases 1–6. C'est qui?**

1 Cette personne habite dans une maison mais pas dans un village et pas en ville.
2 Sa maison n'est pas grande.
3 Son appartement n'est pas dans le centre.
4 Cette personne habite en ville, mais pas dans un appartement.
5 Cette personne aime bien habiter dans son village.
6 Cette personne habite en banlieue depuis plusieurs années.

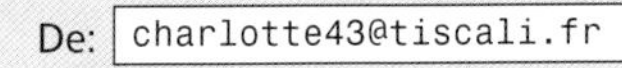

De: charlotte43@tiscali.fr

Je m'appelle Charlotte. Moi, j'habite dans une assez grande maison à la campagne près d'une ville qui s'appelle Troyes. Mon adresse, c'est 6, route de Bar.

**2 a** **Écoutez et notez l'adresse. (1–5)**

Exemple: **1 21, rue de la Paix**

M. Lachaise,
21, rue de la Paix,
75002 Paris

**2 b** *extra!* **Réécoutez et notez deux autres détails. (Quel logement? Où?) (1–5)**

Exemple: **1 une grande maison, au centre-ville**

French *départements* (which are a bit like counties in the UK) are numbered in alphabetical order from 01 to 95. These two figures are used as the first part of the five-digit French postcode. The number for people who live in central Paris is 75.

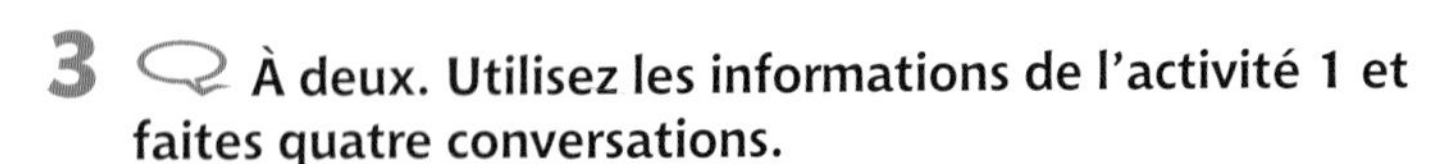

**3** **À deux. Utilisez les informations de l'activité 1 et faites quatre conversations.**

Exemple: **1 A Où habites-tu?**
**B J'habite** à Troyes dans une maison.
**A Tu habites** au centre-ville?
**B** Oui, au centre-ville.
**A Et quelle est ton adresse?**
**B C'est** 79, rue Michel.

| J'habite | à (Troyes).<br>au centre-ville / en banlieue / à la campagne.<br>dans le centre de (Troyes) / dans la banlieue de (Troyes).<br>dans un grand / petit appartement.<br>dans une grande / petite maison. |
|---|---|
| Mon adresse, c'est... | |

**4** **Écrivez un mail pour vous. (Voir activité 1).**

RappelRappelRappelRappel

# Ma ville

- describe where your town is situated
- use *depuis* and *y*

## 1 Lisez l'interview de Mani, puis recopiez et complétez les phrases.

1 Mani habite à…
2 Il habite dans une…
3 Il y habite depuis…
4 Marseille est une…
5 Marseille est situé…
6 Il n'aime pas…
7 Danielle habite à…
8 Mais elle… Marseille.

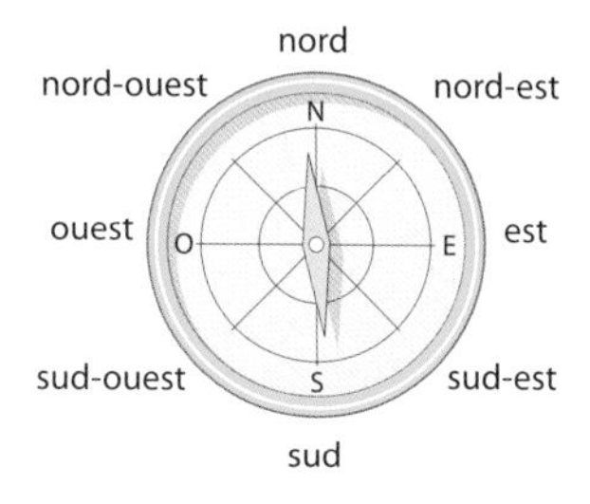

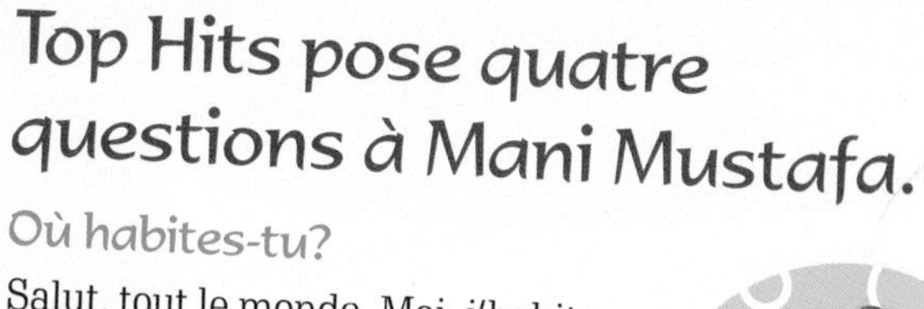


**Où habites-tu?**

Salut, tout le monde. Moi, j'habite dans une très grande maison dans le centre de Marseille.

**Depuis combien de temps?**

J'y habite depuis trois ans. J'aime bien Marseille, parce que c'est une grande ville industrielle et je n'aime pas la campagne, moi. Et en plus, c'est dans le sud de la France, où il fait beau en été.

**Quelle est ton adresse?**

Mon adresse, c'est 123, boulevard des Chênes… ha, ha, non, c'est pas vrai! Je ne révèle pas mon adresse dans un magazine… vous rigolez!

**Où est-ce que tu voudrais habiter?**

Alors, ma copine Danielle Délice habite à Paris, mais elle aime bien Marseille aussi. Nous espérons un jour habiter ensemble aux Antilles… peut-être à la Martinique.

## 2 Regardez les cartes de la France et du Canada. Écoutez et notez le nom des villes et depuis quand les personnes y habitent. (1–8)

Exemple: 1 La Rochelle, depuis cinq ans

**Grammaire: depuis *and* y**

To say how long you've been living somewhere, use the present tense plus *depuis*:

*J'habite à Newcastle. J'**y** habite **depuis** trois ans.*

Use *y* just before the verb to mean 'there' and avoid repeating the name of your town.

➤➤ p.204

## 3 À deux. Jouez les conversations 1–4.

Exemple: 1 **A** Où habites-tu?
**B** J'habite dans l'ouest de la France. J'y habite depuis cinq ans.
**A** Tu es Céline.
**B** C'est ça!

1 France / l'ouest – Céline (5 ans)
2 France / le sud-ouest – Paul (10 ans)
3 Canada / le centre – Guy (7 ans)
4 Canada / le nord – Sadik (6 mois)

| | | | |
|---|---|---|---|
| J'habite<br>Nous habitons | dans | le nord / le sud<br>l'ouest / l'est<br>le nord-ouest / le sud-ouest<br>le nord-est / le sud-est<br>le centre | de la France.<br>du Canada.<br>de l'Angleterre. |
| J'y habite / Nous y habitons depuis (sept) ans / mois. | | | |
| *Use* J'y habite depuis que je suis né(e) *to say you've been living somewhere since you were born.* | | | |

## 4 Et vous? Où habitez-vous?

**Stratégies! *Adapting texts (rappel)***

Remember you can adapt a model text for your own writing. Re-read Mani's answers in activity 1. Identify phrases you can adapt for your own use, then add your own information and opinions.

# Ma maison

- give details about your home
- use negatives
- write more complex texts

## Nicolas

Ma maison est assez grande. Au rez-de-chaussée, il y a une grande salle de séjour avec un canapé, trois fauteuils et un téléphone. Mais il n'y a pas de télévision. C'est une pièce très confortable.

Nous avons aussi une salle à manger avec une table et six chaises. C'est dans cette pièce qu'on mange ensemble, tous les soirs à 8 heures!

Dans la cuisine, aussi au rez-de-chaussée, il y a une cuisinière électrique, un frigo dans le coin et un four à micro-ondes. Ma mère n'aime pas les micro-ondes, elle pense que ce n'est pas bon pour la santé, mais moi, je trouve ça pratique. Heureusement, nous avons aussi un lave-vaisselle.

Au premier étage, nous avons trois chambres et une grande salle de bains, avec douche, baignoire et lavabo – et WC, bien sûr.

Au sous-sol, il y a une cave avec une machine à laver et, devant la maison, il y a un grand jardin avec une pelouse, des fleurs et des arbres. Je n'aime pas le jardinage, alors je voudrais une table de baby-foot dans le jardin, pour jouer au baby-foot en plein air. Un jour, peut-être!

| | | |
|---|---|---|
| Dans ma maison, | il y a | une cuisine / une salle de séjour / une salle à manger / une salle de bains / une cave / un garage / des toilettes. |
| Dans le jardin,<br>Dans la cuisine, etc. | | un frigo / un lave-vaisselle / un four à micro-ondes / une cuisinière électrique / une cuisinière à gaz.<br>une table / un canapé / des chaises / des fauteuils / un téléphone.<br>un lavabo / une douche / des WC / une machine à laver.<br>une pelouse / des fleurs / des arbres. |

**1** **Nicolas présente sa maison. Lisez le texte et écoutez. Notez les six différences dans l'enregistrement. (1–6)**

**2 a** **À deux. Jouez et continuez le dialogue.**

Exemple: **B Dans ma maison, il y a une cuisine avec un frigo, … .**
**Nous avons aussi une salle de séjour avec une télévision, … .**

**A** Elle est comment, ta maison?

**B** cuisine (machine à laver, frigo), salle de séjour (deux fauteuils, canapé, télévision). Et ta maison?

**A** salle à manger (table, 4 chaises), salle de bains (douche, lavabo, WC).

**2 b** **À deux. Décrivez VOTRE maison à votre partenaire.**

**2 c** *extra!* **Écrivez la description de votre maison.**

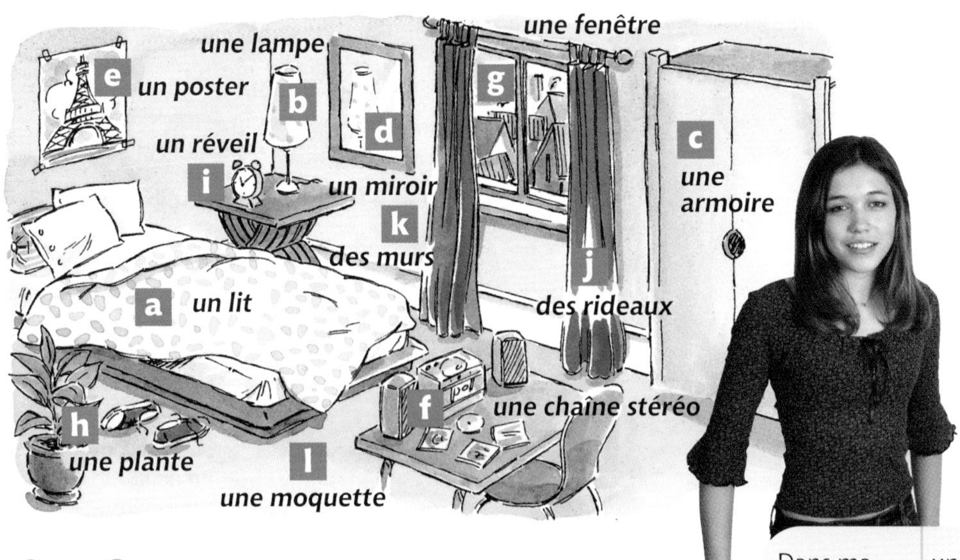


**3 a** Regardez le dessin, écoutez Émilie et notez les objets dans l'ordre mentionné. (a–l)

Exemple: j, ...

**3 b** *extra!* Réécoutez et trouvez cinq erreurs.

Exemple: 1 les rideaux – rouges, pas jaunes

**3 c** *extra!* Réécoutez. Recopiez et complétez les phrases 1–6.

1 Les rideaux sont...
2 Les murs sont...
3 J'ai une grande...
4 Je n'aime pas le...
5 J'ai un grand poster de...
6 Il y a une... pour mes vêtements.

**Grammaire:** ***Agreement of adjectives (rappel)***

Remember that adjectives have to agree with the noun they go with. ➤➤ pp.193–194

| Dans ma chambre, il y a | un lit / un miroir / un réveil / un poster / une lampe / une armoire / une chaîne stéréo / une fenêtre / une plante. |
|---|---|

Les rideaux / Les murs sont (verts).
La moquette est (verte).
Au mur, j'ai un poster.
Je partage ma chambre avec... mon frère / ma sœur.
Je ne partage pas ma chambre.

**4** Lisez la lettre de Nicolas, puis les phrases 1–8. C'est vrai ou faux? Corrigez les phrases fausses.

*Chère Émilie,*

*Ta chambre, je la trouve vraiment cool, tu en as de la chance! Moi, je n'aime pas beaucoup ma chambre. Le premier problème, c'est que je partage ma chambre avec mon petit frère Théo et je n'aime pas ça. Je m'entends assez bien avec Théo, mais il n'y a pas assez de place. Mon lit n'est pas assez grand. Je n'ai pas de plante et je n'ai pas de miroir non plus.*

*Les rideaux sont marron, parce que c'est la couleur préférée de mon frère. Berk! Moi, je déteste le marron, c'est une couleur horrible! Les murs de notre chambre sont bleus et la moquette est jaune... des couleurs affreuses!*

*J'ai aussi un poster de Londres et une chaîne stéréo avec les CD de Théo. Je déteste la musique de Théo, j'ai toujours envie de jeter ses CD à la poubelle! La fenêtre est petite et j'ai seulement une petite armoire pour mes vêtements, parce qu'il n'y a pas assez de place dans la chambre.*

*Nicolas*

1 Nicolas aime la chambre d'Émilie.
2 Nicolas s'entend bien avec Théo.
3 Le lit de Nicolas est trop grand.
4 Il y a un miroir dans la chambre.
5 Nicolas aime bien la couleur des rideaux.
6 La couleur préférée de Théo, c'est le marron.
7 Nicolas n'aime pas la couleur des murs et de la moquette.
8 Il a beaucoup de CD.

**Grammaire:** ***Negatives (rappel)***

*Il n'y a pas* **de**... + noun: *Il n'y a pas pas* **de** *miroir.*

*Je n'ai pas* **de**... + noun (no article):
*Je n'ai pas* **de** *chaîne stéréo.* ➤➤ p.202

**5** Écrivez le contraire.

Exemple: Il n'y a pas de réveil.

1 Il y a un réveil.
2 J'ai un lave-vaisselle.
3 Il y a un miroir.
4 J'ai un poster.
5 Il y a une chaîne stéréo.

**6** Décrivez VOTRE chambre.

Est-ce que vous partagez votre chambre?
Est-ce que vous êtes content(e) de votre chambre?

To do activity 6, use Nicolas's letter as a model.

# Troyes, la capitale de la Champagne

- give details about your home town
- place adjectives and make them agree
- use *on peut* + infinitive
- listen more effectively

## TROYES

La ville de Troyes est l'ancienne capitale de la Champagne dans l'est de la France. Il y a environ 65 000 habitants à Troyes. Troyes est une ville historique, assez grande et très très jolie, avec beaucoup d'attractions pour les touristes. Les monuments les plus intéressants sont la cathédrale et l'hôtel de ville. On peut faire la visite de la ville à pied sans problème.

Mais Troyes n'est pas seulement une cité pittoresque et intéressante, c'est aussi une ville industrielle. L'industrie principale est la fabrication des vêtements: à Troyes se trouvent les usines Lacoste, Benetton et autres marques célèbres. Comme ça, la ville attire beaucoup de jeunes qui viennent acheter des vêtements à petits prix dans les magasins d'usine.

Il y a beaucoup de choses à faire à Troyes. Par exemple, on peut visiter les musées (le musée d'Art Moderne est particulièrement intéressant), les églises pittoresques (par exemple l'église Sainte-Madeleine) et les rues historiques (par exemple la ruelle des Chats). Il y a aussi un tas de choses à faire pour les jeunes (voyez la page 33).

Visitez Troyes, située sur la Seine, à 165 kilomètres au sud-est de Paris.

**1** **Lisez les définitions 1–10 et trouvez le mot ou la phrase dans le texte sur Troyes.**

1. la ville principale
2. une région où on fabrique une boisson alcoolisée très renommée
3. les personnes qui habitent dans une ville
4. la grande église
5. jupes, pantalons, etc.
6. des commerces où on peut acheter des articles à prix réduit
7. ici on peut voir des peintures intéressantes
8. une petite rue pittoresque
9. beaucoup d'activités
10. le fleuve principal du nord de la France

**Grammaire: *Adjectives***

Most adjectives in French follow the nouns they are describing, e.g. *les églises pittoresques*.

However, a few important ones go before the noun, e.g. *petit, grand, bon, mauvais, beau / belle, jeune* and *vieux / vieille*.

They still have to agree with the noun: *un**e** grand**e** ville / un petit village*.

➤➤ p.194

**2** **Faites des descriptions.**

**Exemple:** 1 Le Havre est une grande ville moderne dans le nord-ouest de la France, qui a un port et une gare SNCF, bien sûr. Il y a environ 200 000 habitants.

1. Le Havre / grande / moderne / nord-ouest (France) / port / gare / 200 000
2. Nice / vieille / pittoresque / sud (France) / musées / plage / 340 000
3. Lyon / grande / industrielle / sud-est (France) / hôtel de ville / musées / 420 000
4. Montréal / grande / intéressante / sud-est (Canada) / port / banques / 2 300 000
5. Hammamet / belle / touristique / est (Tunisie) / plage / port / 12 000

| | |
|---|---|
| (Troyes) est une grande / petite / jolie ville | moderne / intéressante / historique / industrielle / pittoresque. |
| Il y a environ (65 000) habitants à (Troyes). | |
| À (Troyes), il y a | une cathédrale / une église / une banque / une plage / une gare (SNCF) / un hôtel de ville / un château / un pont / un port / des monuments / des musées. |

**Grammaire: *Linking words (conjunctions)***

Remember to use *qui* (which), *mais* (but) and *et* (and) to join sentences together.

➤➤ p.204

**3 a** Écoutez la pub radio pour Troyes et notez les six attractions pour les jeunes.

Exemple: **les magasins, ...**

| | |
|---|---|
| Il y a | un château / un cinéma / un club de tennis /un club de golf / un stade / des magasins / des musées / des boîtes de nuit / une piscine / une cathédrale. |

**Stratégies!** ***Listening skills***

In 3b, think in advance about what you might hear. Look at the sentences and think about what the French words might be.

Don't worry if you don't understand everything when you are listening.

After you have listened, look back at your answers and fill in any gaps by making sensible guesses.

**3 b** extra! **Réécoutez la pub et complétez les phrases (un mot par espace).**

1. Il y a beaucoup de … … … pour les jeunes.
2. Troyes est une ville … et …
3. On peut faire les …
4. Il y a plusieurs … … au centre-ville.
5. On peut aussi aller au …
6. Il y a beaucoup de bonnes … … … à Troyes.
7. Si vous aimez la musique "live", on peut voir des groupes … et …
8. On peut faire du sport, par exemple, aller à la … , jouer … … ou regarder … … … …

**Grammaire: on peut + *infinitive***

After *on peut...* (you can...) or *on ne peut pas...* (you can't), use the infinitive of the verb.

| | |
|---|---|
| *On peut* | *aller en ville / en boîte / au cinéma.* |
| | *jouer au golf.* |
| | *regarder un match de basket.* |
| | *faire du sport / les magasins.* |
| | *voir des groupes.* |

➤➤ p.198

**4** **À deux. Jouez les conversations 1–4.**

Exemple: **1 A Qu'est-ce qu'on peut faire?**
**B On peut aller au cinéma mais on ne peut pas jouer au golf.**

| | |
|---|---|
| **1** cinéma ✓, golf ✗ | **3** magasins ✓, tennis ✗ |
| **2** ville, ✓ foot ✗ | **4** sport ✓, boîte ✗ |

# Votre ville – top ou nul?

**Où j'habite, c'est nul pour les jeunes. Il n'y a rien! Un cinéma? Non. Une boîte de nuit? Tu rigoles! Un terrain de skate? Certainement pas. À Longueville, il y a une boulangerie, un terrain de boules (pour les papis!) et une école primaire. Super pour nous les jeunes, quoi!**

**J'aimerais mieux habiter à Reims. On peut faire du sport, aller en boîte, au cinéma ou au théâtre, faire du skate… À Reims, c'est pas mal du tout!**

**Mélina, Longueville**

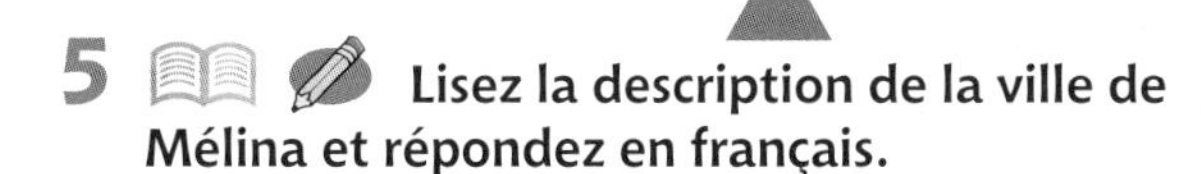

**5** **Lisez la description de la ville de Mélina et répondez en français.**

1. Pourquoi est-ce que Longueville, ce n'est pas bien pour les jeunes?
2. Pourquoi est-ce que Reims, c'est mieux?

**6** **Décrivez VOTRE ville.**

Qu'est-ce qu'il y a dans votre ville?

Qu'est-ce qu'on peut faire?

Qu'est-ce qu'on ne peut pas faire?

Include details and opinions:
*J'aime bien habiter à... parce que c'est intéressant.*

*J'habite à Easthampton. C'est pas mal. Il y a une église, un marché et beaucoup de magasins. On peut faire du shopping, mais on ne peut pas voir de film, parce qu'il n'y a pas de cinéma!*

• compare countries • read longer texts

# Vacances en France

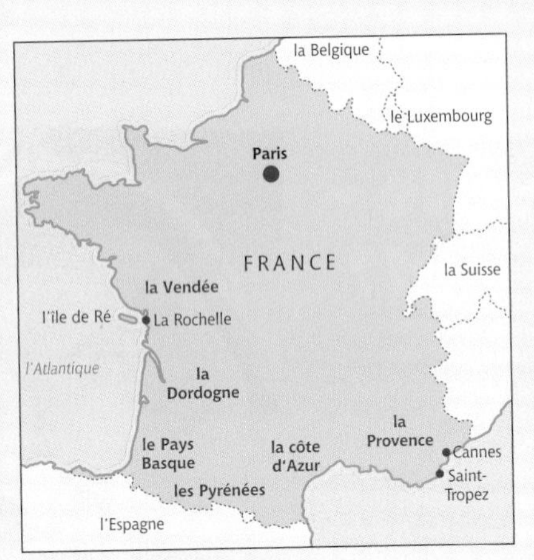


Beaucoup de familles britanniques aiment passer leurs vacances en France, parce qu'on y trouve beaucoup de régions intéressantes. La France est plus grande que la Grande-Bretagne. Dans le sud, la côte d'Azur est renommée pour ses belles plages, ses ports pittoresques et ses casinos. Les grandes vedettes d'Hollywood vont à Cannes pour le festival du film, et les familles riches passent leurs vacances sur leurs yachts à Saint-Tropez. En général, il fait plus chaud dans le sud de la France que dans le nord.

Le Pays Basque est une autre région du sud de la France. C'est là qu'on trouve les Pyrénées, les montagnes qui séparent la France de l'Espagne. Les plages ici sont belles et les traditions historiques sont très intéressantes, mais faites attention! La mer peut être agitée. En Vendée, la mer est moins agitée qu'au Pays Basque.

Beaucoup de familles aiment faire du camping en Dordogne (renommée pour sa rivière et ses vallées) ou en Provence (renommée pour son vin rouge, bien sûr!) La côte Atlantique est aussi parfaite pour le camping (mais moins chaude que la Provence). C'est là qu'on trouve La Rochelle, l'île de Ré et les meilleures plages de France.

Pour un week-end romantique, la ville idéale, c'est Paris. Montmartre, la tour Eiffel, les Champs-Élysées… tout le monde adore la capitale de la France. Là, on peut assister à un grand match de rugby au Parc des Princes, ou danser jusqu'à cinq heures du matin à Montmartre! Paris est beaucoup plus animé que les villages de Provence! Mais faites attention à la circulation: c'est un gros problème à Paris.

Si vous aimez parler français, visitez aussi la Belgique, la Suisse et le Luxembourg. Tous ces pays francophones d'Europe accueillent les touristes avec plaisir!

## Stratégies!

***Reading longer texts***

Use the following strategies to help you tackle this text.

- Look at the photos and questions first to get an idea of the content.
- Look through it and find as many words as you can which are very similar to English words (*région*, *intéressant*, …).
- You won't be able to guess all unknown words such as *agitée*, *renommée*, *assister*. Note down any words you have no idea about and look them up in the glossary or a dictionary.

**1 a Lisez et répondez en français.**

1. Nommez cinq régions de France où on peut passer ses vacances.
2. Dans quelle ville est-ce qu'on rencontre des vedettes de cinéma?
3. Où fait-il le plus chaud – dans le nord ou dans le sud?
4. Comment s'appellent les montagnes entre la France et l'Espagne?
5. Où la mer est-elle la moins agitée – au Pays Basque ou en Vendée?
6. Où sont les meilleures plages?
7. Quelle est la ville la plus romantique?
8. Qu'est-ce qui est le plus animé – la Dordogne ou Paris?
9. Où est-ce qu'il y a le plus de circulation – à Paris ou en Provence?
10. Nommez trois autres pays européens où on parle français.

**1 b** *extra!* **Écrivez un résumé de ce texte en anglais (10 phrases).**

**La France en statistiques**

Population: 59,2 millions
Touristes: 70 millions / an
Superficie: 550 000 km$^2$
Espérance de vie: 79 ans
Religions: catholiques (69,5%), musulmans (4,3%), protestants (1,8%), juifs (0,7%)
Étrangers qui habitent en France: 4 millions

**FRANCE**
- **Paris** (3 millions d'habitants)
- **le Mont Blanc** (4800m)
- **Troyes** (65 000 habitants)
- **la Loire** (1005 km)
- **Bordeaux** (250 000 habitants)
- **l'île de Ré** (7 900 habitants)

**GRANDE-BRETAGNE**
- **Londres** (7 millions d'habitants)
- **Snowdon** (1080m)
- **York** (110 000 habitants)
- **La Tamise** ('the Thames', 338 km)
- **Southampton** (250 000 habitants)
- **Jersey** (73 000 habitants)

**2** **Écoutez le cours de géographie, choisissez le bon mot et recopiez la phrase.**

Exemple: **1** Londres est plus grande que Paris.

1. Londres est moins / plus / aussi grande que Paris.
2. En France, les montagnes sont moins / plus / aussi hautes qu'en Grande-Bretagne.
3. Le Snowdon est moins / plus / aussi haut que le mont Blanc.
4. La Loire est moins / plus / aussi longue que la Tamise.
5. La ville de Southampton est plus / moins / aussi grande que Bordeaux.
6. L'île de Jersey est plus / moins / aussi grande que l'île de Ré.
7. La ville de Troyes est moins / aussi / plus petite que la ville de York.
8. La France est plus / moins / aussi grande que la Grande-Bretagne.

**Grammaire:** ***Making comparisons***

*plus... que* = more... than
*moins... que* = less... than
*aussi... que* = as... as

These can be used with any suitable adjective, but remember the adjective has to agree with the preceding noun:

*La France est **plus** grand**e** **que** la Grande-Bretagne.*

*Mon frère est **moins** intelligent **que** ma soeur.*

Two important comparative words are *meilleur que...* (better than...) and *pire que...* (worse than...) ➤➤ p.194

**3 a** **Comparez ces choses. Écrivez des phrases.**

1. éléphant / souris (grand)
2. un kilomètre / un "mile" (long)
3. Kylie Minogue / Madonna (jolie)
4. AC Milan / Manchester United (pire / meilleur)
5. *Neighbours / Hollyoaks* (pire / meilleur)

**3 b** *extra!* **Écrivez cinq phrases justes sur la France et la Grande-Bretagne.**

| | |
|---|---|
| La France<br>La Grande-Bretagne | est plus / moins / aussi grand(e) que... |
| Le mont Blanc /<br>Le Snowdon | est plus / moins / aussi haut que... |
| La Loire<br>La Tamise | est plus / moins / aussi longue que... |

**4 a** **À deux. A fait une phrase. B dit "vrai" ou "faux".**

Exemple: **1 A La Loire est plus longue que la Tamise.**
**B Oui, c'est vrai.**

1. la Loire, la Tamise
2. le mont Blanc, le Snowdon
3. Nantes, York
4. Marseille, Gloucester
5. Southampton, Bordeaux

Names (for example of people) often don't get translated, but some place names do. Examples are *la Grande-Bretagne* (Great Britain), *le pays de Galles* (Wales), *Londres* (London) and *la Tamise* (the Thames).

**4 b** **Écrivez les phrases de l'activité 4a.**

**4 c** *extra!* **Écrivez cinq phrases amusantes avec *plus / moins / aussi... que*.**

## Jeu de rôles

**À deux, puis changez de rôles.**

**1 You are talking to a friend about where you live. A starts.**

**A**
- Où habites-tu?
- C'est où, ta ville?
- Qu'est-ce qu'il y a d'intéressant à faire en ville?
- Qu'est-ce que tu penses de ta ville? Pourquoi?
- D'accord.

**B**
- ville: trois détails
- ville: où exactement
- deux activités intéressantes en ville
- !

## Conversation

**2 À deux, puis changez de rôles. Posez les questions et répondez.**

*In the conversation, don't forget to include details and opinions.*

- Où habites-tu?
- C'est où exactement?
- Tu habites là depuis quand?
- Qu'est-ce qu'on peut faire dans ta ville?
- Tu aimes y habiter?
- Est-ce que tu habites dans un appartement?
- Décris ta maison / ton appartement.
- Elle est comment, ta chambre?
- Est-ce que tu partages ta chambre?
- Tu aimes ta chambre?

## Présentation

**3 Préparez une présentation (une minute et demie) sur votre ville et votre maison.**

Look at the *Sommaire* box below for prompts to help you with the conversation and presentation.

## Sommaire *Now you can:*

- **say what town you live in and describe where it is:** *J'habite / Nous habitons à (Nice). C'est (dans le sud de la France).*
- **say exactly where you live:** *J'habite (dans une petite maison au centre-ville).*
- **say how long you've been living there:** *J'y habite depuis (trois) ans / depuis que je suis né(e).*
- **give your address:** *Mon adresse, c'est (27, rue de Marseille).*
- **say what rooms there are in your house:** *Nous avons / Il y a (trois chambres et une salle de bains).*
- **describe the rooms and what is in them:** *Il y a (une grande salle de séjour avec un canapé, trois fauteuils et un téléphone).*
- **give details about your bedroom and what it contains:** *Dans ma chambre, il y a (un lit et une armoire). Les (rideaux) sont (verts).*
- **say whether you share your room:** *Je partage ma chambre avec (ma sœur).*
- **describe a town in detail (type, population, features):** *(Troyes) est une ville moderne. Il y a (65 000) habitants. À Troyes, il y a (une cathédrale).*
- **say what there is to do there:** *On peut (aller au cinéma et faire les magasins).*
- **compare two places:** *La ville de (Londres) est plus grande que (Paris).*

# Bienvenue!

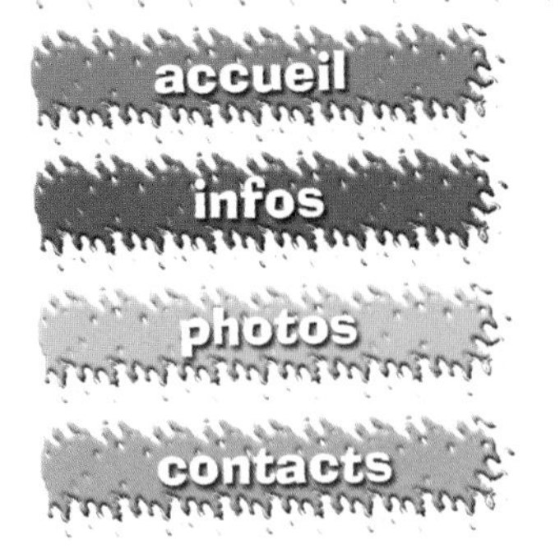


Bienvenue sur mon site Internet. Je m'appelle Arthur Poujade. J'habite à Sarlat, dans le département de la Dordogne. (Le code postal, c'est 24200.) C'est dans le sud-ouest de la France, à 565 kilomètres de Paris.

Sarlat est une petite ville de 10 423 habitants, mais c'est très touristique. D'avril à octobre, il y a beaucoup de touristes. On voit des touristes français, bien sûr, mais aussi des britanniques et des hollandais. Ils visitent la ville (l'office du tourisme organise des visites guidées), ils viennent pour les festivals (il y a un festival du film, un festival de théâtre et des festivals de musique), ils visitent les grottes préhistoriques de la région (la grotte de Lascaux est la plus connue) et ils mangent les produits de la région – le canard, les truffes et le foie gras.

J'aime habiter à la campagne, et j'aime ma région. On peut faire du canoë dans la rivière (la Dordogne). On peut jouer au foot et au rugby. On peut faire de l'équitation, ou du vélo. Le problème, c'est l'hiver. De novembre à mars, il n'y a plus de touristes et c'est trop calme! En plus, il n'y a pas de piscine couverte, il n'y a pas de salle omnisport, alors il n'y a rien à faire. C'est mort, on s'ennuie!

Vous connaissez ma ville? Qu'est-ce que vous en pensez? Envoyez-moi un mail.

Internet

**1** ***Look for the following expressions in the text and work out their meaning. Use the context, and similarity with English, to help you.***

1. bienvenue
2. des hollandais
3. les grottes préhistoriques
4. la plus connue
5. les produits
6. la rivière
7. pas de piscine couverte
8. pas de salle omnisport
9. on s'ennuie

**2 a Vrai ou faux?**

1. Arthur Poujade habite dans le nord de la France.
2. Il habite dans une grande ville.
3. À Sarlat, il y a beaucoup de touristes toute l'année.
4. L'une des attractions de la région de Sarlat, c'est les grottes préhistoriques.
5. Arthur déteste la campagne.
6. L'hiver, Arthur va à la piscine tous les jours.

**2 b Corrigez les phrases fausses.**

**3 Choisissez une photo et écrivez une ou deux phrases pour l'accompagner.**

# 1D Ma vie quotidienne

## Quelle heure est-il?

- talk about daily routine
- use reflexive verbs in the present tense

D'habitude, pendant la semaine, je me réveille à six heures et demie. Le réveil sonne et je ne suis pas contente du tout! Avec beaucoup de difficulté, je me lève à sept heures moins le quart et je me douche à sept heures moins dix. Cela dure cinq ou dix minutes. Avant de prendre mon petit déjeuner, je m'habille et puis je prends le petit déjeuner à sept heures (normalement, du pain avec de la confiture, et un petit café) et je quitte la maison à sept heures et demie.

Après les cours, je rentre à la maison à six heures. C'est une longue journée. Le soir, je fais mes devoirs, je regarde un peu la télé et je me couche à dix heures et demie. Et le lendemain, tout recommence!

If you need to revise times, turn to page 7 or page 206.

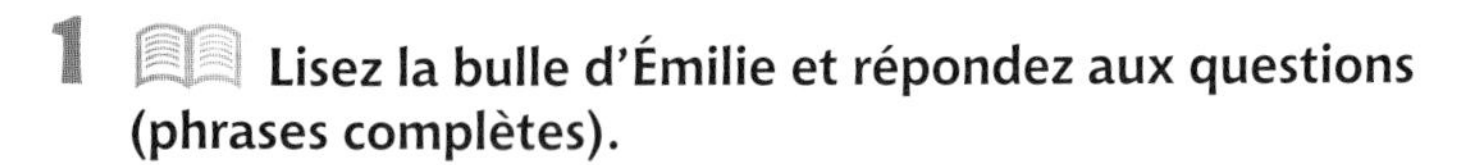

**1** **Lisez la bulle d'Émilie et répondez aux questions (phrases complètes).**

1. Émilie se réveille à quelle heure pendant la semaine?
2. À quelle heure est-ce qu'elle se lève?
3. Qu'est-ce qu'elle fait à sept heures moins dix?
4. Qu'est-ce qu'elle mange pour le petit déjeuner?
5. Elle quitte la maison à quelle heure?
6. À quelle heure est-ce qu'elle rentre après les cours?
7. Qu'est-ce qu'elle fait le soir?
8. À quelle heure est-ce qu'elle se couche?

**Grammaire: avant de + *infinitive***

*avant de* + infinitive = before doing (something):

*avant de manger* = before eating

Include some of these to help you gain more marks!

➤➤ p.198

**2** **Écoutez Émilie qui parle de son week-end. Recopiez et complétez les phrases.**

1. Le week-end, je me réveille à …
2. Ensuite, je … un peu.
3. Je me lève à …
4. L'après-midi, je …
5. Je rentre à la maison à …
6. Après le dîner, je …
7. Je prends un … pour rentrer.
8. Je … à minuit.

**Grammaire: *Reflexive verbs (present tense)***

Reflexive verbs have a pronoun (*me*, *te*, *se*, etc.) before the verb.

| | |
|---|---|
| *je* ***me*** *couche* | *nous* ***nous*** *couchons* |
| *tu* ***te*** *couches* | *vous* ***vous*** *couchez* |
| *il / elle / on* ***se*** *couche* | *ils / elles* ***se*** *couchent* |

Can you find four reflexive verbs on this page?

Note that, in front of *habiller*, *me*, *te* and *se* are shortened to *m'*, *t'* and *s'*. ➤➤ p.202

**3** **À deux. A pose les questions. B invente les réponses.**

Exemple: **1 B Je me lève à sept heures.**

1. Tu te lèves à quelle heure?
2. Tu te douches le matin?
3. Quand est-ce que tu t'habilles?
4. À quelle heure est-ce que tu prends le petit déjeuner?
5. Tu quittes la maison à quelle heure?
6. Tu rentres à la maison à quelle heure?
7. Qu'est-ce que tu fais le soir?
8. Tu te couches à quelle heure?

| | | |
|---|---|---|
| À quelle heure est-ce que tu te / t' | réveilles / lèves / laves / douches / couches / habilles? | |
| Je me / m'<br>Il / Elle se / s' | réveille / lève / lave / douche / couche / habille | à… heures. |
| Je prends le petit déjeuner.<br>Je quitte la maison.<br>Je rentre à la maison.<br>Je fais mes devoirs. | Je regarde la télé.<br>Je vais en ville.<br>Je fais du shopping.<br>Je vais en boîte. | |

# La journée de Mani

- talk about daily routine in the past
- use reflexive verbs in the perfect tense
- adapt a text

> La journée d'hier a été très difficile. Je me suis levé à cinq heures, parce que mon manager est venu me chercher en voiture. Affreux! À cause de ça, je n'ai pas pris de petit déjeuner, j'ai seulement bu une tasse de thé. J'ai eu faim toute la matinée! Je me suis lavé et je me suis habillé très vite. Le matin, j'ai eu plusieurs réunions barbantes et l'après-midi, je suis allé aux studios de la chaîne de télévision RTL. Là, j'ai enregistré une émission de télé, un quiz qui s'appelle *Un, deux, trois*. C'était marrant!
>
> Le soir, je suis rentré à six heures et demie; j'ai travaillé un peu mais je me suis couché à onze heures car j'étais très fatigué.

**1 a** 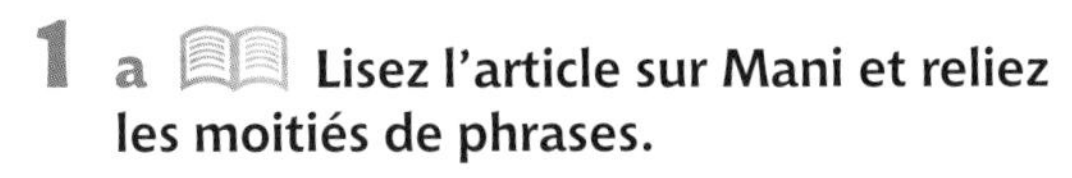 **Lisez l'article sur Mani et reliez les moitiés de phrases.**

1. Mani s'est levé
2. Pour le petit déjeuner, il a bu
3. Il s'est habillé
4. Pendant la matinée, il a eu
5. Il a enregistré
6. Il est rentré
7. Le soir,
8. Il s'est couché

| | |
|---|---|
| à onze heures. | du thé. |
| un café. | un quiz. |
| à cinq heures. | il a travaillé. |
| un concert. | des réunions. |
| très vite. | à six heures et demie. |
| à six heures. | |

**1 b** extra! ***Identify, in English, aspects of his day which were:***

1. boring
2. tiring
3. horrible
4. fun

| À quelle heure est-ce que tu t'es réveillé(e)? | | |
|---|---|---|
| Je me suis<br>Il / Elle s'est | réveillé(e) / levé(e) / lavé(e) / douché(e) / couché(e) / habillé(e) | à... heures. |

**Grammaire:** ***Reflexive verbs (perfect tense)***

All reflexive verbs take *être* in the perfect tense. The past participles need to agree with the subject:

| | |
|---|---|
| *je me suis levé(e)* | *nous nous sommes levé(e)s* |
| *tu t'es levé(e)* | *vous vous êtes levé(e)(s)* |
| *il / (name) s'est levé* | *ils se sont levés* |
| *elle / (name) s'est levée* | *elles se sont levées* |

➤➤ p.200, p.206

**2** **Vous êtes journaliste. Décrivez la journée de Danielle Délice. Utilisez l'article sur Mani et les notes suivantes.**

**Exemple:** Danielle Délice s'est levée...

- se lève 9h
- petit déj.: café, croissant
- se lave, s'habille lentement
- matinée: lit magazine (barbant)
- après-midi – ville (bon)
- shopping, rentre 5h
- soir: TV, se couche 24h (fatiguée)

**3** **Écrivez deux paragraphes.**

1. Et vous? Qu'est-ce que vous faites en semaine et le week-end? À quelle heure est-ce que vous vous levez et vous vous couchez normalement?
2. Décrivez ce que vous avez fait hier.

**Stratégies!** ***Adapting texts***

Look again at Émilie's text on page 38 and Mani's text at the top of this page.

- Copy phrases from the text that you want to use and change the details so that they are true for you.
- Add in any extra information you feel confident is accurate.
- Make sure you use the present and perfect tenses correctly. Check your verbs.
- Include expressions such as *avant de* + infinitive to gain more marks.
- Check your writing carefully and redraft if necessary. It's easier to redraft if you use a word processor.
- As usual – add opinions! There are some useful adjectives on this page.

**extra!**

- Extend your scope by using other 'persons', e.g. to describe what your family and friends do: *Mon père se lève à...*

# J'ai faim!

- talk about meals and food
- use *du / de la / des*; use *on*
- give opinions

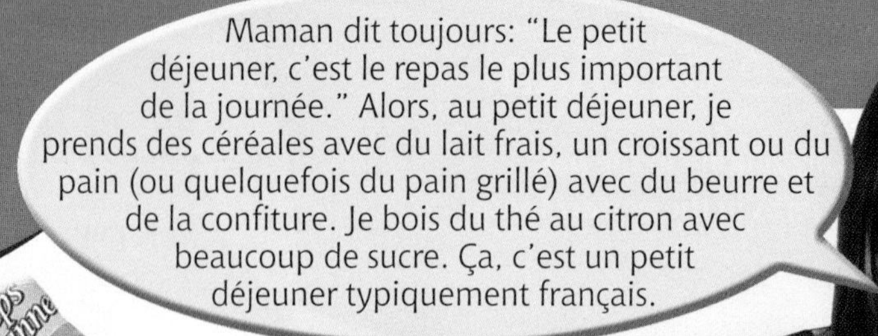

**1** Émilie

**3** Mehmet

**4** Nadia

Je suis demi-pensionnaire, ça veut dire que je reste au collège pendant l'heure du déjeuner et je mange à la cantine. En général, je prends du poisson ou peut-être de la viande avec des pommes de terre et d'autres légumes. Comme boisson, je prends du lait ou un jus d'orange.

**1** **Lisez les bulles 1–4, puis recopiez et complétez la grille.**

| Nom | Repas | Mange… | Boit… |
|---|---|---|---|
| Émilie | petit déjeuner | des céréales, ... | |
| | | | |

**2 a** **Faites quatre listes: petit déjeuner, déjeuner, goûter, dîner. Écoutez les trois jeunes et notez les aliments et les boissons mentionnés.**

Exemple: **petit déjeuner – un croissant, du café, …**

**2 b** extra! ***Identify four types of food or drink which are given the thumbs down. Can you work out why in each case?***

| | | |
|---|---|---|
| Au petit déjeuner<br>Au déjeuner<br>Au goûter<br>Au dîner<br>À la cantine<br>Pendant la récré(ation) | je mange<br>on mange<br>je prends<br>on prend | un croissant / un gâteau / un fruit / un sandwich / du poisson / du potage / du pain / du pain grillé / de la viande / de la salade / des petits gâteaux / des chips / des céréales / des frites / des pommes de terre / des légumes. |
| | je bois<br>on boit | du café / du vin / du jus d'orange / du thé / du lait / de l'eau (minérale). |

## Stratégies! Opinions

To express opinions, you can use *c'est / c'était* + adjectives.

Look at Mehmet's letter (activity 5) and pick out examples, e.g. *C'était affreux!*

Use a dictionary to find some more positive / negative adjectives to describe food.

**Grammaire:** ***Saying 'some' (rappel)***

| masculine | feminine | plural | words beginning with a vowel |
|---|---|---|---|
| *du* | *de la* | *des* | *de l'* |

After a negative, *du / de la / de l'* and *des* all become *de* (or *d'* before a vowel): *Je ne bois pas* **de** *thé.* ➤➤ p.193

**3** **Deux personnes déjeunent dans un restaurant chic. Recopiez et complétez les textes avec *du / de la / de l' / des / de / d'*. Consultez le glossaire pour trouver si le mot est masculin ou féminin.**

Pour commencer, je mange … pâté, puis je prends ... canard avec … haricots verts. Comme dessert, je voudrais ... salade de fruits et je bois ... champagne. Mais je ne prends pas … fromage.

Pour commencer, je mange … melon, puis je prends ... saumon avec … petits pois. Comme dessert, je voudrais … mousse au chocolat et je bois ... eau. Je ne bois pas … alcool.

**2 Nicolas**

Au goûter, je mange des petits gâteaux et je bois du coca. J'ai mes devoirs à faire ensuite, alors je n'ai pas le temps de manger grand-chose.

Au dîner, j'ai toujours faim! Je prends quelquefois de la viande avec de la salade et des frites et je bois un jus de fruits ou de l'eau minérale.

## 4 À deux. Jouez les conversations 1–5. Donnez aussi votre opinion!

Exemple: **A Qu'est-ce que tu prends normalement** au petit déjeuner?
**B D'habitude, je mange** du pain grillé **et je bois** du jus d'orange. **J'adore le jus d'orange, c'est rafraîchissant.**

1 A petit déjeuner?
B 

2 A récréation?
B 

3 A cantine?
B 

4 A goûter?
B 

5 A dîner?
B 

Chère Maman,

Tout va bien, mais ici à l'auberge de jeunesse, je ne suis pas très content. Il y a vraiment un gros problème avec les repas. Hier, on s'est levés à six heures et demie et on a pris le petit déjeuner à sept heures du matin! C'était affreux! Il y avait du pain grillé et du café, mais le café était dégoûtant! Je n'en ai pas bu. On a déjeuné à midi. Il y avait de la viande avec des frites, de l'eau et du jus d'orange. La viande était horrible, trop salée, et froide aussi! Je n'en ai pas mangé. On a dîné à sept heures. On a mangé du poisson (qui était trop épicé) et de la salade (qui n'était qu'un peu de laitue avec du concombre) et après on a bu du thé. Le thé, c'était délicieux (??!) Enfin, on s'est couchés à neuf heures – incroyable! Je rentre demain, heureusement!

Grosses bises,

Mehmet

## 5 Lisez la lettre de Mehmet et les phrases 1–8. C'est "vrai", "faux" ou "pas mentionné"? Si la phrase est fausse, donnez la raison.

Exemple: **1 Faux, parce qu'il y a un problème avec les repas.**

1 Mehmet est content à l'auberge de jeunesse.
2 Il n'aime pas se lever de bonne heure.
3 Il a bu du café.
4 À midi, il a mangé du bœuf.
5 La viande était délicieuse.
6 Il y avait un problème avec le poisson.
7 La salade était excellente.
8 Mehmet aime bien se coucher de bonne heure.

### Grammaire: *Using* on

*On* is very often used as a way of saying 'we': *on déjeune, on dîne, on mange* and *on boit* are ways of saying 'we have lunch', 'we have dinner', etc. For example, you can use *on* to talk about what you and your family usually do at mealtimes: *Chez nous, on mange...*

➤➤ p.196

## 6 *Find and note all the phrases using on in Mehmet's letter, e.g.* On s'est levés...

## 7 Écrivez des phrases avec *on*.

Exemple: 1 Chez nous, on dîne d'habitude à sept heures. On mange...

1 dîne, 7h, potage, salade, vin rouge
2 déjeune, 1h, viande, légumes, eau
3 dîne, 8h30, poisson, frites, vin blanc
4 déjeune, 12h30, pain, fromage, jus d'orange

## 8 Et vous? Qu'est-ce que vous mangez et buvez d'habitude (au petit déjeuner, au déjeuner, au goûter, au dîner, à la cantine, pendant la récréation)? Et à quelle heure? Qu'avez-vous mangé et bu hier? C'était comment?

When doing activity 8, use Mehmet's letter to help you and remember to include:

- *du / de la / de l' / des* with food items
- expressions with *on*
- opinions.

# Qu'est-ce que j'ai fait?

- talk about daily routine and meals in the past
- develop writing strategies

De: emilie.letort@hotmail.com
À: etienne.letort@hotmail.com
Objet: Mes vacances

Coucou, Maman et Papa! Mes vacances Interrail avec Julie continuent! Hier, nous sommes arrivées en Italie. Maintenant, je suis dans un café internet à Rimini. Ici, c'est vraiment génial! Hier, par exemple, je me suis levée à neuf heures et j'ai pris le petit déjeuner à neuf heures et demie – j'ai mangé un croissant et j'ai bu un jus de fruits. Après avoir mangé, je suis allée à la plage et je me suis baignée – la mer était très chaude.

Au déjeuner, je suis allée dans un café, où j'ai mangé du pain et des spaghettis. Les pâtes italiennes sont délicieuses.

Au dîner, j'ai mangé du poisson et j'ai bu du vin blanc. Le soir, après avoir fini mon repas, j'ai regardé un peu la télévision (mais je n'ai rien compris) et après ça, je suis allée en boîte. La musique était vachement forte, mais pas mal, et j'ai fait la connaissance de beaucoup de jeunes Italiens et Italiennes. Ils étaient tous très sympas.

Après être rentrée, j'ai pris une douche et je me suis couchée à minuit – j'étais vraiment crevée!

**1 a** **Lisez le mail d'Émilie et les phrases 1–10. C'est "vrai", "faux" ou "pas mentionné"?**

1 Émilie a passé la nuit dans une auberge de jeunesse.
2 Elle aime bien Rimini.
3 Elle a mangé une demi-heure après s'être levée.
4 Elle a nagé dans une piscine.
5 L'eau était froide.
6 Au déjeuner, elle a fait un repas typiquement italien.
7 Elle a trouvé que la télévision italienne était barbante.
8 En boîte, elle a détesté la musique.
9 Elle a bien aimé les jeunes Italiens.
10 Émilie s'est couchée à une heure du matin.

**1 b** *extra!* **Corrigez les phrases fausses.**

Look back to page 20 to revise the perfect tense.

**Grammaire: après avoir / après être + *past participle***

A useful expression, meaning 'after doing', which will gain you extra marks (pp = past participle).

| *avoir* verbs | *être* verbs | reflexive verbs |
|---|---|---|
| *après avoir + pp* | *après être + pp* | *après s'être + pp* |
| *après avoir mangé* | *après être rentré(e)(s)* | *après s'être levé(e)(s)* ➤➤ p.199 |

**1 c** **Écrivez ces phrases en français.**

1 After eating, I watched television.
2 After returning, I had dinner.
3 After finishing my meal, I went out.
4 After watching TV, I went to bed.
5 After getting up, I had breakfast.

**2** **À deux. Inventez les réponses.**

Exemple: **1 A Tu t'es levé(e) à quelle heure ?**
**B Je me suis levé(e) à (huit) heures.**

1 A Tu t'es levé(e) à quelle heure?
2 A Qu'est-ce que tu as mangé au petit déjeuner?
3 A Où es-tu allé(e)?
4 A Qu'est-ce que tu as mangé au déjeuner?
5 A Tu es rentré(e) à quelle heure?
6 A Qu'est-ce que tu as mangé au dîner?
7 A Tu t'es couché(e) à quelle heure?

## 3 a Écoutez le message de M. Letort et reliez les bonnes moitiés de phrases.

1. Le père d'Émilie s'est levé
2. Il a pris le petit déjeuner
3. Au petit déjeuner, il a mangé
4. Il a quitté la maison
5. Il a travaillé à l'ordinateur
6. Ils ont dîné
7. Au dîner, ils ont mangé
8. Ils se sont couchés

- à dix heures et demie.
- à sept heures et quart.
- pendant six heures.
- à dix heures.
- à six heures.
- des céréales.
- du pain grillé.
- à sept heures.
- pendant huit heures.
- du bœuf.
- à six heures et demie.

## 3 b *extra!* ***Did Émilie's father have a good day? Explain your answer in English (four details).***

## 4 Lisez l'article et répondez aux questions en anglais.

1. What sort of breakfast did Richard Virenque have?
2. How long did it take the riders to get to the summit?
3. Who were his closest challengers?
4. How did he celebrate his victory?

Aujourd'hui, le Français Richard Virenque a magnifiquement remporté la 14ᵉ étape du Tour de France au sommet du Mont Ventoux. C'était une journée difficile pour lui, bien sûr. Comme tous les cyclistes, il s'est levé de très bonne heure et il a quitté son hôtel à six heures du matin. Avant de commencer l'étape, Richard a mangé un peu de pain et a bu un petit verre de lait, mais c'est tout. L'étape a commencé à huit heures du matin et les coureurs sont arrivés au sommet du Mont Ventoux deux heures après. Malgré les efforts des deux favoris, l'Américain Lance Armstrong et le Français Laurent Jalabert, c'est Virenque qui a gagné cette étape, la plus difficile et la plus renommée du Tour. Mais qu'est-ce qu'il a fait le soir après avoir gagné? Est-ce qu'il est allé en boîte pour célébrer son succès avec un verre de champagne? Pas du tout! Le Tour continue demain et, pour rester en forme, Virenque, comme tous les autres coureurs, s'est couché de bonne heure.

## 5 Et vous? Qu'est-ce que vous avez fait samedi dernier / hier / le week-end dernier, etc.?

**Qu'est-ce que vous avez mangé? Et à quelle heure?**

### Stratégies! *Writing skills*

- When writing in the past, first make a list of useful verbs, e.g. *je me suis levé(e)*, *je suis allé(e)*. Use Émilie's email in activity 1 to help you in this.
- Remember the agreement of the past participles when using reflexives and *être* verbs.
- Then add some time markers, such as *après ça* (after that), *puis* (then), *ensuite* (afterwards).
- Try to use some expressions which will give you extra marks such as *après avoir / être* + past participle or *avant de* + infinitive.
- Always add in opinions as you go: *C'était affreux! / J'ai aimé ça.*
- **extra!** Say what other people did, using the third person: *Mes copains sont allés…*, *Ma mère est sortie…*. Remember that to talk about a group of people of both sexes, you use the *ils* form.
- Once your work has been marked, redraft it (easier if you work on a computer) and learn it by heart for a mini-presentation.

| | | |
|---|---|---|
| Hier,<br>Le week-end dernier, | j'ai pris le déjeuner<br>j'ai mangé du pain<br>j'ai bu du café<br>j'ai quitté la maison<br>j'ai regardé la télé<br>je suis allé(e) en ville / à la plage / en boîte<br>je suis rentré(e)<br>je me suis levé(e)<br>je me suis couché(e) | à … heures. |
| C'était<br>Ce n'était pas | génial / barbant / intéressant. | |

# Jeu de rôles

**À deux, puis changez de rôles.**

**1 You are talking to a friend about your daily routine. A starts.**

**A**
- Comment commence ta journée?
- Qu'est-ce que tu manges au petit déjeuner?
- Et après?
- Où est-ce que tu manges d'habitude au déjeuner? Pourquoi?
- Ah, très bien!

**B**
- heure du lever
- petit déjeuner: deux choses mangées
- heure d'aller au collège
- !

**2 You are talking to a friend about what you did yesterday. A starts.**

**A**
- À quelle heure est-ce que tu t'es levé(e) hier?
- Qu'est-ce que tu as mangé au petit déjeuner?
- Qu'est-ce que tu as fait le soir?
- C'était bien, ta journée?
- D'accord.

**B**
- heure du lever
- !
- deux activités le soir
- opinion de la journée et raison

# Conversation

**3 À deux, puis changez de rôles. Posez les questions et répondez.**

*In the conversation, don't forget to include details and opinions.*

- Décris tes habitudes le matin en semaine.
- Pendant la semaine, tu te lèves à quelle heure?
- Qu'est-ce que tu prends au petit déjeuner?
- Tu te couches à quelle heure?
- Et le week-end?
- À quelle heure est-ce que tu rentres à la maison?
- Qu'est-ce que tu prends d'habitude au dîner?
- Et ensuite, qu'est-ce que tu fais le soir normalement?
- Et hier, tu t'es levé(e) à quelle heure?
- Qu'est-ce que tu as mangé au petit déjeuner?
- Et qu'est-ce que tu as fait après le déjeuner?
- Qu'est-ce que tu as fait le soir?
- Et après ça, à quelle heure est-ce que tu t'es couché(e)?

# Présentation

**4 Préparez une présentation (une minute et demie) sur vos habitudes quotidiennes. Utilisez vos réponses à l'activité 3.**

Look at the *Sommaire* box below for prompts to help you with the conversation and presentation.

## Sommaire *Now you can:*

- **talk about your daily routine:** *Je... me réveille / me lève / me lave / me douche / m'habille / prends le petit déjeuner / quitte la maison / fais mes devoirs / me couche.*
- **talk about other people's routine:** *Il (se lève). Elle (se couche).*
- **say at what time:** *À quelle heure est-ce que tu (te lèves)? – À sept heures.*
- **talk about daily routine in the past:** *Je me suis levé(e) / couché(e) à (dix) heures. J'ai regardé la télé. Je suis allé(e) en ville.*
- **talk about meals and food:** *Au (déjeuner), je mange (de la viande). Au (dîner), on prend (du potage).*
- **use *on* to mean 'we':** *On dîne à huit heures.*
- **talk about what you ate and drank in the past:** *J'ai pris (le petit déjeuner) à (huit) heures. J'ai mangé (du pain) et j'ai bu (du thé).*

# Déjeuner du matin

**Il a mis le café**
**Dans la tasse**
**Il a mis le lait**
**Dans la tasse de café**
**Il a mis le sucre**
**Dans le café au lait**
**Avec la petite cuiller**
**Il a tourné**
**Il a bu le café au lait**
**Et il a reposé la tasse**
**Sans me parler**
**Il a allumé**
**Une cigarette**
**Il a fait des ronds**
**Avec la fumée**
**Il a mis les cendres**
**Dans le cendrier**
**Sans me parler**
**Sans me regarder**
**Il s'est levé**
**Il a mis**
**Son chapeau sur sa tête**
**Il a mis**
**Son manteau de pluie**
**Parce qu'il pleuvait**
**Et il est parti**
**Sous la pluie**
**Sans une parole**
**Sans me regarder**
**Et moi j'ai pris**
**Ma tête dans ma main**
**Et j'ai pleuré.**

*Jacques Prévert*, Paroles, 1946


**1 a Avant de lire le poème, notez l'équivalent français de:**

1 coffee
2 cup
3 milk
4 sugar
5 spoon
6 hat
7 coat

**1 b Lisez le poème et trouvez les mots de la liste (1–7).**

**2 Mettez les phrases dans l'ordre du poème.**

1 j'étais triste
2 il s'est habillé
3 il a pris son café
4 il a quitté la maison
5 il a fumé une cigarette

**3 Reliez chaque expression (a–f) à la bonne traduction (1–6).**

a sans me regarder
b sans me parler
c sous la pluie
d les cendres
e le cendrier
f il pleuvait

1 ashes
2 ashtray
3 in the rain
4 it was raining
5 without looking at me
6 without speaking to me

**4 Relisez le poème.**

a Que voyez-vous?
b Qu'entendez-vous?
c Que sentez-vous?

**5 À votre avis, quels adjectifs correspondent à ce poème?**

comique ennuyeux réaliste romantique sentimental sinistre touchant tragique triste

Jacques Prévert est né en 1900 et il est mort en 1977. Il a écrit beaucoup de poèmes, des paroles de chansons et des scénarios de films. En France, plusieurs collèges et lycées portent son nom.

# 1E L'école et après

## Les matières

- say which school subjects you have and when
- use ordinal numbers

| Emploi du temps | Lundi | Mardi | Mercredi | Jeudi | Vendredi | Samedi |
|---|---|---|---|---|---|---|
| 8–9h | Maths | Espagnol | ——— | Sciences | Espagnol | Musique |
| 9–9h50 | Français | Maths | ——— | Histoire | Informatique | Dessin |
| 9h50–10h05 | Récréation | | | | | |
| 10h05–11h | Musique | Géo | ——— | Anglais | Maths | Anglais |
| 11–12h | Biologie | Espagnol | ——— | ——— | Français | ——— |
| 12–13h30 | Pause-déjeuner | | | | | |
| 13h30–14h25 | EPS | Informatique | ——— | Français | Géo | ——— |
| 14h25–15h20 | EPS | Anglais | ——— | Dessin | ——— | ——— |
| 15h20–15h35 | Récréation | | | | | |
| 15h35–16h30 | Histoire | Français | ——— | Dessin | ——— | |

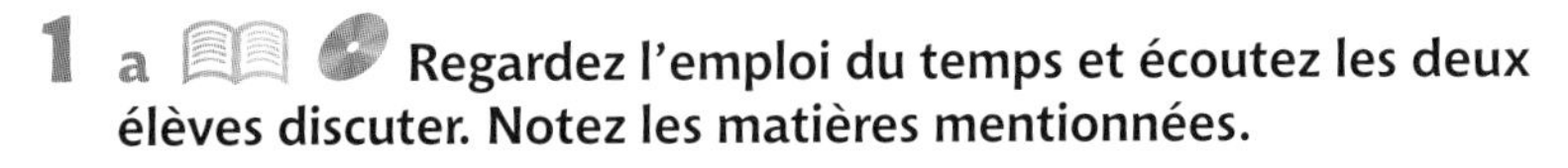

**1 a Regardez l'emploi du temps et écoutez les deux élèves discuter. Notez les matières mentionnées.**

Exemple: **maths, …**

**1 b Réécoutez et notez positif (✓) ou négatif (X) et la raison en anglais.**

Exemple: **maths – X, she's no good and teacher is too strict**

**2 a À deux. Regardez l'emploi du temps. Faites des conversations.**

Exemple:
**A C'est quoi, le premier cours lundi?**
**B C'est maths.**
**A Et ça commence à quelle heure?**
**B Ça commence à huit heures.**
**A C'est quoi, le troisième cours lundi? etc.**

**Grammaire: *Ordinal numbers***

8 – 9h = *le premier cours*
9 – 10h = *le deuxième cours*
10 – 11h = *le troisième cours*
11 – 12h = *le quatrième cours*

When saying 'second', 'third', etc., the word ends in *–ième* (see above). Exception: first = *premier* (masculine) and *première* (feminine). ➤➤ p.205

Le (premier) cours commence à (8h30).

| | | |
|---|---|---|
| J'aime bien (le français / les maths)<br>J'aime beaucoup (la chimie / la musique)<br>J'adore (la technologie / l'EPS / l'histoire)<br>Je n'aime pas tellement (l'informatique)<br>Je n'aime pas du tout (l'espagnol)<br>Je déteste (les sciences / le dessin)<br>Ma matière préférée, c'est (l'anglais)<br>Je préfère (la biologie / la géo) | parce que / car | c'est intéressant / facile / utile / difficile / barbant / important / marrant / passionnant. |
| Je trouve que / qu' | le / la prof est marrant(e) / trop strict(e).<br>il y a trop de devoirs. | |

Je suis nul.
Je n'aime pas le / la prof.

**2 b Écrivez les réponses à l'activité 2a.**

Exemple: Le premier cours lundi, c'est maths. Ça commence à…

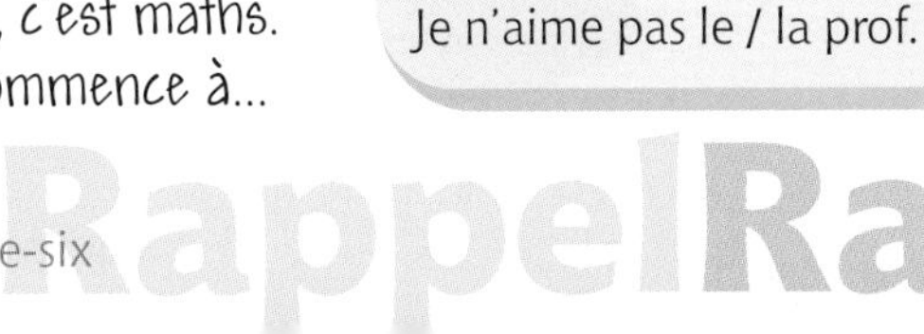

# Les maths, j'adore

• give opinions about school subjects

**1 a** **Écoutez les quatre élèves et notez les matières mentionnées.**

Exemple: **l'informatique, ...**

**1 b** *extra!* **Réécoutez et notez en anglais un autre détail pour chaque matière.**

Exemple: **l'informatique – you learn to design websites...**

**Grammaire: *Using* le / la / les *with school subjects***

When talking about liking / disliking your school subjects, include the definite article (*le / la / l' / les*) in front of the words. In English, you say 'I like French', but in French, you say *J'aime **le** français.*

**Stratégies! *Opinions and reasons***

You will always gain extra marks for expressing opinions and giving reasons. Here are some of the most common ways of doing that:

| Opinions | Reasons |
|---|---|
| ✓ *J'aime bien...* , | ***parce que** c'est intéressant.* (because) |
| ✓✓ *J'aime beaucoup...* , | ***car** c'est utile.* (because) |
| ✓✓✓ *J'adore...* . | ***Je trouve que** c'est facile!* (I find that) |
| ✗ *Je n'aime pas...* . | ***Je pense que** c'est difficile.* (I think that) |
| ✗✗ *Je n'aime pas du tout...* . | ***Pour moi**, c'est barbant.* (For me) |
| ✗✗✗ *Je déteste...* . | ***À mon avis**, c'est affreux!* (In my opinion) |

- You can simply use *c'est / c'était* + adjective. With a partner, list as many adjectives as you can that you could use in this way.
- Other useful expressions include:
  *C'est pas vrai!* (That's not true!) *Tu rigoles!* (You're joking!)
  *Oui, tu as raison.* (You're right.) *Je suis d'accord.* (I agree.)
  *Je ne suis pas d'accord.* (I don't agree.)

**2** **À deux. Discutez de vos matières.**

Exemple: **A** **Tu aimes le français?**
**B** **Oui, j'aime bien le français, parce que c'est intéressant et le prof est marrant. Mais je déteste les maths – je suis nul(le)!**

**3** **Lisez la lettre de Nadia et répondez aux questions 1–8 en français.**

1. Est-ce que Nadia est contente que le collège recommence?
2. Pourquoi est-ce qu'elle n'aime pas le français?
3. Quelle matière déteste-t-elle et pourquoi?
4. Pourquoi est-ce qu'elle aime les maths?
5. Est-ce que Nadia préfère l'espagnol ou le dessin?
6. Pensez-vous qu'elle aime les langues vivantes? Expliquez.
7. Quelle est la matière préférée de Nadia, à votre avis?
8. Est-ce qu'elle peut se lever tard demain matin?

Chère Grand-mère,

Merci beaucoup pour l'argent que tu m'as envoyé pour mon anniversaire. Tu m'as demandé comment ça va au collège. Alors, demain c'est la rentrée et je retourne au collège, hélas! En général, j'aime bien le collège, mais il y a plusieurs cours que je déteste. Le français, par exemple. Je n'aime pas la prof (elle est très stricte) et je trouve aussi cette matière difficile. Pour moi, la technologie, c'est affreux. C'est une matière que je déteste, ça, je t'assure, car c'est très barbant! Mais il y a une ou deux matières que j'aime bien: à mon avis, le dessin, c'est pas mal, et j'aime beaucoup les maths. Oui, je ne rigole pas, les maths, c'est très intéressant! J'aime ça, parce que c'est logique. Je n'aime pas l'espagnol (je ne suis pas forte en langues et, en plus, il y a trop de devoirs) mais j'adore la musique. Je pense que la musique, c'est une matière facile. Je suis passionnée de musique! Maintenant, je vais au lit, car je dois me lever de bonne heure demain.

Bisous, Nadia

**4** **Écrivez une lettre comme celle de Nadia (activité 3). Parlez des matières que vous aimez et que vous n'aimez pas. Pour vous aider, regardez *Stratégies* à la page 39.**

# Une journée typique au collège

- talk about school routine, times and extra-curricular activities

## Ma journée scolaire

Ma journée scolaire commence très tôt. Je me lève de bonne heure et je quitte la maison à sept heures et demie. Je vais au collège en autobus. En arrivant au collège Charlemagne, je retrouve mes amis dans la cour. On bavarde un peu et on finit nos devoirs (aïe!...), puis le premier cours commence à huit heures. Il y a deux cours, puis la récréation, qui commence à dix heures moins dix.

Ensuite, après la récré, il y a deux autres cours. À midi, il y a la pause-déjeuner. On peut rentrer à la maison ou manger un sandwich, mais moi personnellement, je mange à la cantine. C'est pas mal.

L'après-midi, il y a encore trois cours et je quitte le collège à quatre heures et demie. Je prends le bus et normalement je rentre à la maison à cinq heures environ. Je trouve que c'est une journée scolaire longue et fatigante, mais en général, j'aime bien le collège. Je trouve que les profs sont sympas.

**1** Lisez et écoutez le texte de Clément, puis répondez aux questions 1–8 en français.

1. À quelle heure est-ce que Clément quitte la maison?
2. Comment va-t-il au collège?
3. À quelle heure commence le premier cours?
4. La récréation commence à quelle heure?
5. Qu'est-ce qu'il fait pour le déjeuner?
6. Il y a combien de cours l'après-midi?
7. Il quitte le collège à quelle heure?
8. Et il rentre à la maison à quelle heure?

**2 a** Écoutez Anne, puis recopiez et complétez les phrases 1–8.

Exemple: **1 Anne quitte la maison à sept heures et quart.**

1. Anne quitte la maison à...
2. Elle va au collège...
3. Elle arrive au collège et elle...
4. Le premier cours commence à...
5. La pause-déjeuner est à...
6. Pour déjeuner, elle...
7. L'après-midi, il y a...
8. Elle rentre à la maison à...

**2 b** *extra!* Réécoutez et répondez en anglais.

1. Why is Anne's school day not the same as Clément's?
2. Why does she go straight into the classroom when she gets to school?
3. Why do you think she doesn't have lunch at school?
4. How many lessons are there each day?
5. How many hours are there between her leaving home and getting back?

To remind yourself about the paradigms of present tense verbs, see page 18.

**3** Posez les questions à votre partenaire.

Exemple: **1 B Je quitte la maison...**

1. Tu quittes la maison à quelle heure?
2. Comment vas-tu au collège?
3. À quelle heure commence le premier cours?
4. La récréation commence à quelle heure?
5. Qu'est-ce que tu fais pour le déjeuner?
6. Il y a combien de cours l'après-midi?
7. Tu quittes le collège à quelle heure?
8. Tu rentres à la maison à quelle heure?

**Stratégies! *Checking your partner's work***

You can use oral pairwork activities like activity 3 to evaluate each other's responses. Suggest ways your partner could make his / her answers longer and more interesting. Always try to say as much as you can with confidence.

D'habitude, je quitte la maison à (huit) heures.
Je vais au collège en autobus / à pied.
Le premier cours commence à...
Il y a (cinq) cours et la récréation commence à (dix heures et demie).
Pendant la pause-déjeuner, je mange à la cantine / à la maison.
L'après-midi, il y a encore (deux) cours.
Je quitte le collège à (quatre) heures.
Normalement, je rentre à la maison à (quatre heures et demie) environ.

**4** ✎ **Décrivez votre journée scolaire. Écrivez un paragraphe.**

Normalement, je quitte la maison à ... et je vais au collège ... . Le premier cours commence à ... . Il y a ... cours et la récréation est à ... . La pause-déjeuner commence à ... et je mange ... L'après-midi, il y a encore ... cours. D'habitude, je quitte le collège à ... et je rentre à la maison à ... environ.

**5 a** **Écoutez et faites une liste des activités mentionnées par Charlotte et Mehmet.**

Exemple: **Mehmet – CDI, devoirs, ...**

**5 b** ✎ *extra!* **Écrivez un paragraphe avec les réponses.**

Exemple: Mehmet va au CDI, où il fait ses devoirs.

| | | | |
|---|---|---|---|
| Après les cours, | je fais<br>il / elle fait | du sport /<br>de la musique. | mes devoirs.<br>ses devoirs. |
| | je joue<br>il / elle joue | dans un orchestre. | |
| | je vais<br>il / elle va | au club de tennis /<br>au club des jeunes / au CDI*. | |

* centre de documentation et d'information *school library*

**6** **À deux. Discutez de ce que vous faites après les cours.**

**A** Qu'est-ce que tu fais d'habitude après les cours?

**B** Normalement, je fais... et je joue... . Je vais aussi...

Always include as much detail as you can: what, who with, when, where.

**7 a** **Lisez le texte et faites une liste en anglais des activités au collège Charlemagne.**

# Collège Charlemagne

- accueil
- infos
- photos
- contacts

**Après les cours...**

Après les cours, il y a beaucoup d'activités. Le collège n'est pas seulement un établissement d'enseignement, pas du tout. Entre 13 et 14 heures (l'heure du déjeuner), le mercredi après-midi (quand il n'y a pas de cours) et tous les jours après les cours, on peut faire un tas de choses. Il y a une chorale et beaucoup de clubs: Internet, tennis de table, échecs, art, histoire. On peut aussi pratiquer beaucoup de sports: le tennis, le handball, le badminton, le judo… On organise des compétitions avec d'autres collèges. On fait du sport surtout le mercredi après-midi.

Il y a aussi d'autres possibilités: théâtre, arts plastiques, etc.

Internet

**7 b** ✎ **Écrivez une page d'accueil comme celle-ci pour VOTRE collège.**

# Le collège Charlemagne

- give information about your school: size, facilities and location
- use a variety of expressions

## Collège Charlemagne

accueil
infos
photos
contacts

Bienvenue sur le site de notre collège. Voici quelques informations:

**Directeur:** M. Alain Moreau

**Nombre d'élèves:** 950

**Nombre de professeurs:** 40

**Salles de classe:** 30

**Équipements:** Notre collège possède un CDI moderne (centre de documentation et d'information), une salle de documentation et une grande salle d'informatique avec 30 ordinateurs. Il y a aussi une salle de ping-pong, deux cantines où les demi-pensionnaires peuvent déjeuner, une grande cour de récréation et un théâtre / studio d'enregistrement où les élèves peuvent répéter des pièces de théâtre ou faire de la musique. Pour les sportifs, il y a une salle de sports (basket / handball / judo) et un terrain de football / rugby / hockey.

Internet

**1 a** **Lisez et répondez aux questions 1–8.**

1. Comment s'appelle le directeur?
2. Il y a combien d'élèves au collège Charlemagne?
3. Il y a combien de profs?
4. Qu'est-ce que c'est, le CDI?
5. Dans quelle salle est-ce que les élèves peuvent "surfer"?
6. Comment s'appellent les élèves qui mangent à la cantine?
7. Où est-ce que les élèves peuvent faire de la musique?
8. Faites une liste des sports qu'on peut pratiquer au collège.

**1 b** *extra!* **Écrivez une page web avec des informations sur votre collège.**

**2 a** **Écoutez Mehmet et Simon. Lisez les phrases 1–10. Vrai (V) ou faux (F)?**

1. Mehmet fait un échange scolaire.
2. Le collège de Simon se trouve au Canada.
3. Mehmet est en quatrième.
4. Au collège de Mehmet, il y a 800 profs.
5. Les profs sont horribles.
6. On peut manger à la cantine.
7. Il y a 20 salles d'informatique.
8. Les profs du collège de Simon sont sympas.
9. Au collège de Simon, il y a plus d'ordinateurs.
10. On joue au rugby dans le collège du Québec.

**2 b** *extra!* **Réécoutez et corrigez les phrases fausses.**

Exemple: **3 Mehmet est en troisième.**

**Grammaire: en**

To avoid repeating words, use *en*:

*Il y a combien d'élèves au collège?*
*Il y **en** a 650. (= Il y a 650 **élèves**.)*
*Tu as un animal à la maison?*
*Oui, j'**en** ai trois. (= Oui, j'ai trois **chats**.)*
*Tu as un frère?*
*Oui, j'**en** ai deux. (= Oui, j'ai deux **frères**.)*

➤➤ p.197

This is how you say what year you are in:
*Je suis en sixième.* – Year 7 *... cinquième.* – Year 8
*... quatrième.* – Year 9 *... troisième.* – Year 10 / 11
Notice that the years go down rather than up. At the *lycée* (where people go after the *troisième*), the final years are *seconde*, *première* and *terminale*. The years don't exactly coincide with the UK system, but the *lycée* is roughly equivalent to a sixth-form college.

## 3 À deux.

- A pose les questions 1–3, B répond.
- B pose les questions 4–6, A répond.
- Question 7: A et B répondent chacun à leur tour.

1 **A** Comment s'appelle ton collège?
**B** Mon collège...
2 **A** En quelle classe es-tu?
**B** Je suis en...
3 **A** Il y a combien d'élèves au collège?
**B** Il y en a...
4 **B** Il y a combien de profs?
**A** Il y en a...
5 **B** Vous avez combien de salles de classe?
**A** Nous avons...
6 **B** Qu'est-ce qu'il y a comme équipements?
**A** Il y a...
7 **A** Est-ce que tu aimes le collège?
**B** Oui / Non, ... . Et toi?

**Stratégies! *Variety of expressions***

When doing speaking activities, don't just give minimal answers.
Use expressions like:
*je pense que* – I think that *environ* – about *à peu près* – roughly
Use full sentences beginning:
*nous avons* – we have *nous avons aussi* – we also have
*il y a* – there is / are *peut-être* – perhaps
*je ne sais pas* – I don't know *je ne suis pas sûr(e)* – I'm not sure

Mon collège s'appelle...
Je suis en (troisième).
Dans mon collège il y a (environ) (900) élèves.
Nous avons (à peu près) (50) professeurs.
Il y a (50) salles de classe.
Nous avons aussi une salle de sports, deux cantines, un terrain de sports, un CDI, une salle de documentation, un théâtre, un studio d'enregistrement, deux salles d'informatique avec (60) ordinateurs.

## 4 Écrivez un paragraphe sur VOTRE collège. Utilisez vos réponses à l'activité 3.

## 5 a Lisez *Les collèges en France*. Quelles sont les différences principales entre les collèges britanniques et les collèges français? Faites deux listes.

| Grande-Bretagne | France |
|---|---|
| *commence à 8h45* | *commence à 8h* |

## 5 b extra! Vous préférez les collèges de quel pays? Pourquoi?

### Les collèges en France

Un collège typiquement français, c'est comme une "state secondary school" en Grande-Bretagne, mais il y a beaucoup de différences. Il y a aussi des différences entre les collèges, mais en général:

- La journée scolaire commence très tôt (à huit heures) et peut continuer jusqu'à 17 heures.
- La pause-déjeuner est longue – souvent deux heures. Les élèves peuvent déjeuner au collège.
- Les élèves n'ont pas de cours le mercredi après-midi, mais ils ont souvent cours le samedi matin.
- Il n'y a pas d'uniforme scolaire.
- Il n'y a pas beaucoup de "clubs" après les cours, mais il y a des activités pendant la pause-déjeuner.
- Il y a environ 30 heures de cours par semaine.
- Langues étrangères: 80% des élèves choisissent l'anglais comme première langue vivante, 15% l'allemand et 4% l'espagnol.
- Il y a beaucoup de vacances: une semaine fin octobre, deux semaines à Noël, deux semaines en février, deux semaines en avril et deux mois en été.
- Il y a beaucoup d'"écoles privées" en France. Cela veut dire que l'administration est privée, pas que les parents paient pour l'enseignement.

# À la fin de la troisième

- give information about your plans in the coming months
- use the immediate future

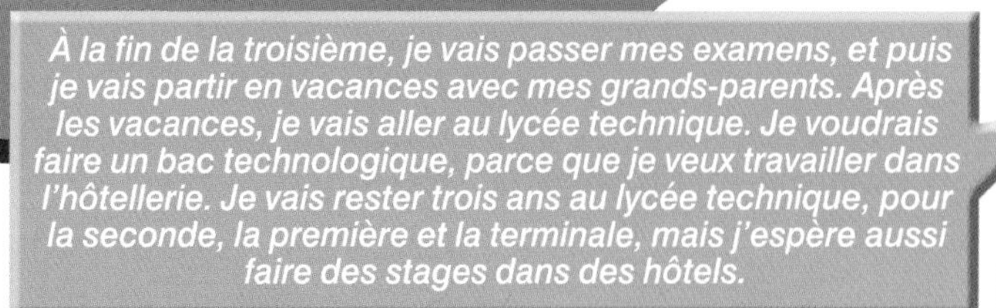

Moi, après le brevet, je vais chercher un petit boulot. Je pars en vacances au mois d'août, mais j'aimerais travailler au mois de juillet . Et puis, en septembre, je vais aller au lycée. Je voudrais faire un bac ES, un bac où les matières principales sont les maths, l'histoire-géo et les sciences économiques et sociales.

**1** **Lisez et écoutez Stéphanie et Adrien, puis trouvez la phrase française.**

1 I'm going to take my exams.
2 I'm going to go on holiday.
3 I'm going to a technical college.
4 I want to work in the hotel industry.
5 I'm hoping to do some work experience.
6 I'm going to look for a job.
7 I would like to work.

**2** **Écoutez Stéphanie, Lucie, Thomas et Adrien qui parlent de leurs projets. Choisissez une phrase pour chaque personne.**

1 Cette personne veut se reposer.
2 Cette personne veut avoir de l'argent.
3 Cette personne veut étudier.
4 Cette personne veut travailler pour avoir de l'expérience.

| | |
|---|---|
| Je vais<br>J'espère<br><br>Il va<br>Elle va<br>Il espère<br>Elle espère | aller au lycée (technique).<br>aller dans un lycée professionnel.<br>faire un bac (scientifique).<br>suivre des cours.<br>faire des stages.<br>faire anglais et musique<br>partir en vacances.<br>travailler.<br>chercher un job / un petit boulot.<br>passer mes examens. |

**Grammaire:** ***The immediate future***

The simplest way to say what you're going to do in the future is *je vais* + infinitive. Learn the full present tense paradigm of *aller* (see page 208).

If you want to say what subjects you'll be doing next year, use *je vais faire* + subjects:

*Je vais faire les sciences.*

Another useful expression is *j'espère* + infinitive, meaning 'I hope to'. ➤➤ p.201

**3** **En groupes. Discutez de vos projets.**

Exemple:
**A Qu'est-ce que tu vas faire à la fin de la troisième?**
**B D'abord, je vais partir en vacances. Après ça, je vais aller au lycée technique. Et toi?**
**C Je vais peut-être...**

**4** **Et vous? Qu'est-ce que vous allez faire l'année prochaine? Et qu'est-ce que vos copains vont faire?**

Je vais... J'espère... et après ça... Rachel va...

**5** **Faites un résumé de ce texte en anglais (huit phrases).**

## Au lycée

*On a plus de devoirs au lycée qu'au collège. Au lycée, les élèves ont des projets, des recherches. Tout ça prend beaucoup de temps.*

*Ici, c'est un grand lycée moderne. Il y a beaucoup d'installations sportives, par exemple, une grande salle de gym, un terrain de handball, de basket, de volley, de foot. Il y a des équipes sportives au lycée, et il y a aussi beaucoup d'espaces verts.*

*Au lycée, on est plus libre qu'au collège. Par exemple, quand on a une heure de libre entre deux cours, on peut sortir du lycée.*

*En général, les classes sont aussi plus petites. En troisième, la moyenne des élèves dans une classe, c'est 30 élèves. En seconde, nous sommes 20 seulement.*

*L'équipement informatique est très moderne. On a des ordinateurs très puissants, avec accès à Internet et notre propre adresse email. Moi, je trouve ça super parce que je m'intéresse beaucoup à l'informatique.*

## Jeu de rôles

**À deux, puis changez de rôles.**

**1 You are talking to a friend about school subjects. A starts.**

- Qu'est-ce que tu fais au collège?
- Et les devoirs?
- Quelles matières détestes-tu?
- Tu aimes le collège? Pourquoi?
- OK.

- matières étudiées
- devoirs: deux détails
- matière détestée et pourquoi
- !

## Conversation

**2 À deux. Posez les questions et répondez. Puis changez de rôles.**

*In the conversation, don't forget to include details and opinions.*

- Décris ton collège.
  Comment s'appelle ton collège?
  Il y a combien d'élèves?
  Il y a combien de salles de classe?
- À quelle heure commence le premier cours?
- Tu es en quelle classe?
- Comment vas-tu au collège?
- Décris ta vie quotidienne au collège.
- Quelle est ta matière préférée, et pourquoi?
- Quelles matières est-ce que tu n'aimes pas, et pourquoi?
- Quel est ton premier cours aujourd'hui?
- Est-ce que tu aimes le collège en général, et pourquoi?
- Qu'est-ce que tu fais normalement après les cours?
- Qu'est-ce que tu vas faire après la troisième?

## Présentation

**3 Préparez une présentation (une minute et demie) sur votre collège. Utilisez vos réponses à l'activité 2.**

Look at the *Sommaire* box below for prompts to help you with the conversation and presentation.

## Sommaire *Now you can:*

- **say when your lessons are:** *Le premier cours commence à (huit heures).*
- **say which subjects you have:** *J'ai (géographie, maths, EPS).*
- **give opinions about them:** *J'aime bien / J'aime beaucoup / J'adore / Je n'aime pas / Je n'aime pas du tout / Je déteste (l'informatique). Ma matière préférée, c'est (l'anglais).*
- **explain why:** *... parce que (c'est intéressant). Je trouve que (il y a trop de devoirs).*
- **describe your school day:** *Je vais au collège (à pied). Il y a (six) cours. Je mange (à la cantine). Je quitte le collège à (quatre heures et demie environ).*
- **describe after-school activities:** *Après les cours, je (fais du sport) / elle (fait de la musique).*
- **describe your school:** *Nous avons (50) professeurs. Il y a (50) salles de classe.*
- **say what year you are in:** *Je suis en (troisième).*
- **say what you are going to do next year:** *Je vais (aller au lycée). J'espère (faire un bac scientifique).*
- **say which subjects you are going to do:** *Je vais faire (anglais et musique).*

*Que pensez-vous de l'école?*

## L'AVIS DES ADOS

**Je suis en classe de quatrième. Mes matières préférées sont l'histoire-géo et les sciences. Je trouve ça intéressant, parce qu'on apprend beaucoup de choses. Par contre, je n'aime pas les profs dans mon collège, ils sont trop distants! Moi, je voudrais parler avec eux après les cours, mais ils disent qu'ils n'ont pas le temps...**

***Fred, 15 ans***

**Cette année, je suis en seconde au lycée. On a beaucoup de travail et c'est difficile! Si on est mal organisé, on a beaucoup de problèmes! Moi, je fais mes devoirs tous les soirs et le week-end. Il y a des matières très intéressantes, mais j'aimerais faire plus d'activités artistiques comme la musique, le cinéma et le théâtre.**

***Éloïse, 16 ans***

**Dans mon lycée, il y a des élèves horribles: ils trouvent les cours ennuyeux, alors ils arrivent en retard, ils ne font pas leurs devoirs, ils sont nuls! Moi, en troisième, j'ai eu une prof de maths super. Elle m'a encouragé à être organisé et responsable. Maintenant, je suis en première et je veux travailler pour réussir au bac et faire des études universitaires. Quand on a des diplômes, on a plus de chance de trouver un travail intéressant.**

***Salah, 16 ans***

**1** **Trouvez dans le texte:**

1 trois matières.
2 deux types d'écoles.
3 quatre classes.
4 trois adjectifs qui décrivent le travail scolaire.
5 six autres mots en rapport avec l'école.

**2** **Trouvez dans le texte l'équivalent français de:**

1 we learn a lot
2 after the lessons
3 they don't have time
4 if you're badly organised
5 they get in late
6 she encouraged me
7 you stand a better chance

**3** **Qui...**

1 adore les sciences?
2 est encore au collège?
3 veut aller à l'université?
4 fait ses devoirs régulièrement?
5 aimerait faire plus de musique?
6 aimerait discuter avec les profs?
7 a eu une très bonne prof de maths?
8 a des camarades de classe horribles?
9 pense qu'il est important d'être organisé?

**4** ***Read the article again and find the answer to these questions.***

1 Who has the most positive opinion of school?
2 Who is the most critical of teachers?
3 Who finds school work hardest?
4 Who do you identify with and why?

## Collège Anne-Frank

Adresse: 72 rue Marc-Sangnier, 72100 Le Mans
Téléphone: 02 43 86 86 35
Site internet: www.college-anne-frank.org

Nombre d'élèves: environ 100
Nom de la principale: Marie-Danielle Pierrelée
Date d'ouverture: septembre 2001
Signe particulier: collège expérimental

**Comme dans les autres collèges...**

- Il y a des garçons et des filles, c'est un collège mixte.
- Il y a des cours de maths, de sciences, d'histoire, de français, d'anglais, d'espagnol, etc.
- Les élèves passent le brevet à la fin de la troisième.
- Il y a des salles de cours, une salle d'informatique, une cour de récréation et une salle de sport.
- La journée commence à 8h30 et se termine à 16h30.
- La pause-déjeuner dure de 12h30 à 14h20.
- Les élèves sont libres le mercredi après-midi et le samedi.

**Les différences:**
Pourtant, le collège Anne-Frank est différent, parce que c'est un collège expérimental. D'abord, c'est un petit collège: il n'y a que 100 élèves et 12 professeurs. En plus, les élèves peuvent choisir leurs cours et leur emploi du temps. C'est un collège où on peut faire du yoga ou du théâtre, apprendre l'arabe ou le latin. On peut étudier les livres du Dr Seuss, l'architecture ou l'astronomie.

**Les commentaires des élèves:**
"On peut travailler à son rythme."
"On ne s'ennuie pas, il y a toujours des trucs intéressants à faire."
"Les profs sont sympas, ils nous écoutent."
"Ce que j'aime, c'est qu'on peut parler de tout avec les profs."
"J'ai eu de gros problèmes dans mon collège précédent: des problèmes de discipline, des problèmes avec les autres élèves. Heureusement, mes parents ont trouvé ce collège. Je suis arrivée ici l'année dernière et ma vie a changé!"

**1** **Lisez la description du collège expérimental Anne-Frank. Répondez aux questions avec des phrases complètes.**

**Comme dans les autres collèges...**

1. Qu'est-ce qu'il y a comme cours au collège Anne-Frank?
2. Qu'est-ce qu'il y a comme salles?
3. La journée commence et se termine à quelle heure?
4. La pause-déjeuner dure combien de temps?
5. Quels jours est-ce que les élèves sont libres?

**Les différences:**

6. Il y a combien de professeurs et d'élèves?
7. Qu'est-ce qu'on peut faire au collège Anne-Frank?
8. Qu'est-ce qu'on peut étudier?

**2** **Adaptez les réponses à l'activité 1 pour parler de votre collège.**

Exemple: **1** Il y a des cours d'anglais, de maths, de français, d'histoire, de sciences, etc.

**3** **Maintenant décrivez votre collège!**

## Tips!

- Use the headings at the top (section in white) to give basic details of your school.
- Use your answers to activity 2 to write some bullet points about your school (see section in blue).
- Say what's different about your school (section in green). Use the expression *on peut* + an infinitive to say what you can do there:

| On peut | faire du théâtre / du ski.<br>jouer au badminton.<br>danser.<br>jouer du saxophone.<br>aller au club de tennis. |
|---|---|

- Try to include some quotes from pupils (see section in yellow), e.g. *Les profs sont sympas / stricts / gentils. Ce que j'aime, c'est l'espagnol / les maths.*
- To get extra marks, try to include some perfect and future tenses, e.g. *La semaine dernière, je suis allé au club de tennis. Après la troisième, je vais continuer mes études.*
- Try to use a phrase with *avant de* + infinitive (before doing something), e.g. *Avant de venir au collège, ...*

## Fiche d'identité

| | |
|---|---|
| **Nom:** | Cissé |
| **Prénom:** | Djibril |
| **Nationalité:** | française |
| **Date de naissance:** | 12 août 1981 |
| **Lieu de naissance:** | Arles |
| **Taille:** | 1,82 m |
| **Poids:** | 78 kg |
| **Profession:** | footballeur |
| **Centres d'intérêt:** | le rap, la mode, les grosses voitures |
| **Son rêve:** | gagner la Coupe du Monde |

# Qui est Djibril Cissé?

**a** À l'école, Djibril n'aimait pas les maths, ses matières préférées étaient l'anglais et... le sport. Maintenant, il est footballeur professionnel. Et c'est une star!

**b** Djibril est d'origine ivoirienne, mais il est né en France. Ses parents sont nés en Côte d'Ivoire et ils sont arrivés en France dans les années 70. Après avoir divorcé, Mangué, le père de Djibril, est retourné en Côte d'Ivoire. Sa mère, Karidiata, est restée dans le sud de la France.

**c** Djibril a une grande famille. Il est le plus jeune d'une famille de sept enfants: il a deux sœurs et quatre frères. Ses sœurs s'appellent N'Ma et Damayé, ses frères s'appellent Abou, Seni, Fodé et Hamed. Djibril est aussi papa: il a une petite fille qui s'appelle Ilona-Céleste.

**d** Que fait Djibril quand il ne joue pas au foot? Il aime écouter de la musique (surtout du rap), il s'intéresse beaucoup à la mode (ses créateurs préférés sont Versace et Dolce & Gabbana) et il est passionné de grosses voitures.

**e** Et l'avenir? Est-ce que Djib va gagner la Coupe du Monde? Est-ce qu'il va continuer à jouer au foot le plus longtemps possible? Ce sont ses ambitions. C'est aussi ce que nous lui souhaitons!

**1** **Lisez le texte. C'est quel paragraphe? (a–e)**

**1** ses frères et sœurs
**2** l'avenir
**3** ses passe-temps
**4** ses parents
**5** son école

**2** **Lisez la fiche de Djibril, puis recopiez et complétez une fiche pour cette personne.**

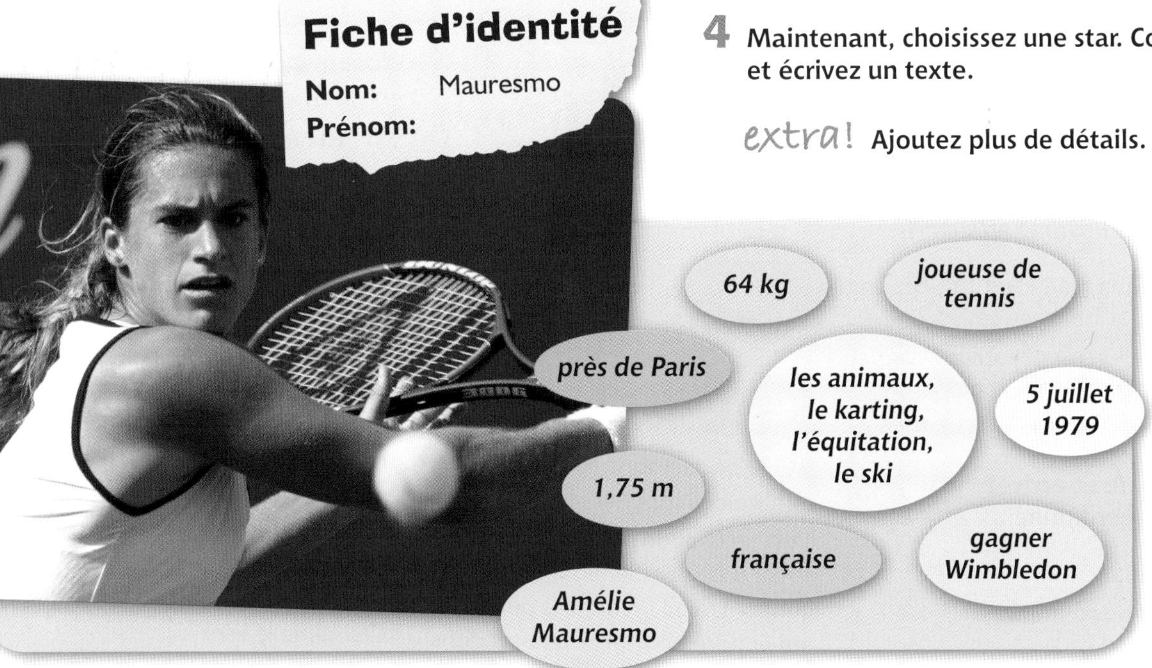


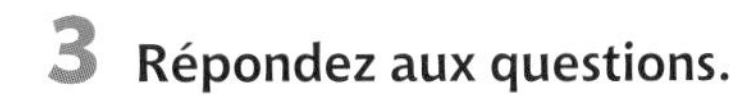

**3** **Répondez aux questions.**

**1** Djibril Cissé, qu'est-ce qu'il fait dans la vie?
**2** Où est-il né?
**3** Quand est-ce que ses parents sont arrivés en France?
**4** Qu'est-ce que sa mère a fait après avoir divorcé?
**5** Est-ce que Djibril a des frères et sœurs?
**6** Il a des enfants?
**7** Qu'est-ce qu'il a comme passe-temps?
**8** Qu'est-ce qu'il espère faire plus tard?

**4** **Maintenant, choisissez une star. Complétez une fiche et écrivez un texte.**

extra! **Ajoutez plus de détails.**

## Tips!

- Research information about your star, using the Internet if possible.
- Complete a *fiche d'identité* for them as in activity 2 and then use the five headings in activity 1 to plan your text.
- Use language you know. Use phrases from your answers in activity 3 and look in your *Voila! 4* Student's Book, Workbook or exercise book for anything else you might like to say.
- Check the spelling of any words you are not sure of in the glossary or in a dictionary.
- For extra marks, try to say one or two things about the past, e.g. *il est né / elle est née* (he / she was born), *ils sont arrivés* (they arrived), etc. (See page 20 for notes on the perfect tense.)
- Try to say something about your star's future, using *il / elle va (jouer en Italie / être riche / chanter en Australie / continuer à jouer pour Arsenal)*.
- Try to include an expression with *après avoir* + past participle, e.g. *après avoir gagné* (after winning). It will give you extra marks.
- Use a word processor to complete this. Type accents using the Alt key and the numbers on the right-hand side of your keyboard: ask your teacher for a list.

## Lire

**1 Lisez la brochure et choisissez la bonne réponse: a, b ou c.**

According to the information given in the brochure, in this town you can:

1 **a)** go to a casino **b)** get some money **c)** visit an art gallery
2 **a)** go to a burger bar **b)** get a meal **c)** visit a brewery
3 **a)** do some wine-tasting **b)** go to the cinema **c)** go to a nightclub
4 **a)** catch a train **b)** get your car repaired **c)** go sailing
5 **a)** get your toothache sorted out **b)** go into hospital **c)** go motor-racing
6 **a)** go swimming **b)** visit a physiotherapist **c)** hire a boat

**Stratégies! *Reading efficiently***

- Take your time and read carefully, bearing in mind the task that has been set.
- Make intelligent guesses based on 'cognates' and your knowledge of vocabulary.

**Les services que vous offre Tocane**

Ceux qui visitent la ville de Tocane y trouvent tous les commerces et aussi un bureau de poste et une banque (Crédit Agricole). En plus, chaque lundi, le marché a lieu sur la place de la Mairie.

Pour les jeunes habitants de la ville, Tocane offre trois écoles: une école maternelle, une école primaire et le collège Jean-Jaurès.

Pour ceux qui désirent manger à Tocane, le choix est vaste. Il existe cinq cafés-restaurants, un hôtel, un bar-tabac et une cave où on peut déguster les vins de la région.

Les automobilistes ont à leur disposition deux stations-services et trois garages. L'un de ces garages vous propose aussi la réparation et vente de vélos et mobylettes.

Côté santé, Tocane a une pharmacie, un centre médical, deux cabinets de dentiste, un masseur-kinésithérapeute, trois infirmières et, n'oublions pas les bêtes, un vétérinaire.

Finalement, pour votre sécurité, à Tocane il y a une gendarmerie. Des associations sportives et culturelles existent aussi. Renseignez-vous à l'office du tourisme.

**2 Lisez le texte et écrivez "vrai", "faux" ou "pas mentionné".**

Exemple: **1 faux**

1 MC Solaar est né en France.
2 MC Solaar est son vrai nom.
3 Sa famille a acheté une maison à Paris.
4 Il a passé son baccalauréat.
5 Il écrit des textes violents.
6 Il a chanté dans plusieurs pays.
7 Il habite maintenant aux États-Unis.
8 Il habite toujours chez ses parents.

MC Solaar est sans conteste le plus célèbre des rappeurs français.
Il est né Claude M'Barali le 5 mars 1969 à Dakar (Sénégal), mais quand il avait un an, ses parents ont émigré pour aller habiter dans la banlieue parisienne, où ils ont loué un appartement.
Après avoir passé son bac, Claude a étudié les langues à l'université. Il a commencé à écouter de la musique rap, mais il n'a pas aimé la violence du rap américain. Ses textes sont plutôt pacifistes.
MC Solaar a enregistré six albums et a donné des concerts en Europe, en Afrique et même au Japon. En France, il a vendu plus de 400 000 exemplaires de son premier album, *Qui sème le vent récolte le tempo*. Il habite toujours dans une maison près de Paris et il adore surtout le sport et la musique, bien sûr.

## Écouter

**1 Écoutez Mathieu raconter ce qu'il a fait hier et répondez en anglais.**

1 Why did Mathieu have to get up so early?
2 How does he feel about this?
3 What did he miss?
4 What was his teacher's attitude?
5 What did Mathieu do after school?

**2 Écoutez Mélanie parler de la musique et notez les lettres des quatre phrases qui sont vraies.**

a Mélanie aime beaucoup la musique.
b Mélanie partage sa chambre avec sa sœur Chloé.
c Chloé a acheté un CD hier.
d Chloé aime le sport à la télé.
e Chloé a regardé la télé hier.
f Chloé était contente d'écouter MC Solaar hier soir.

# Écrire

**1 Lisez la lettre de Marielle, puis répondez-y. Mentionnez:**

- quand et où vous êtes né(e)
- où vous habitez
- votre famille
- vos passe-temps préférés
- la ville où vous habitez
- une journée typique
- votre école et ce que vous en pensez
- ce que vous avez fait le week-end dernier
- ce que vous allez faire ce week-end

Bonjour!
Je m'appelle Marielle et j'ai 15 ans. Je suis née dans un village dans le nord de la France. J'habite toujours dans ce village.

J'ai une sœur et un frère. Mon frère s'appelle Grégoire et il a les cheveux bruns et les yeux verts. Moi, j'aime bien aller en ville et jouer au tennis. J'habite dans une petite maison avec trois chambres.

Je suis en quatrième. Au collège, j'adore l'anglais, parce que c'est facile, mais je déteste la physique, parce que c'est barbant. Normalement, je me lève de bonne heure et je prends le bus pour aller au collège. Hier, je me suis levée à sept heures et je suis allée au collège à sept heures et demie.

Samedi, je vais faire du shopping et dimanche, je vais faire mes devoirs.

Amitiés,
Marielle

# Parler

**1 Jeu de rôles.**

You are discussing going out with a friend. A starts.

**A**
- Si on allait au cinéma samedi?
- Alors, au concert de rock, peut-être?
- À la salle des fêtes.
- Chez moi à neuf heures. Tu veux dîner après le concert?

**B**
- ✗ + raison
- ✔ + où?
- rendez-vous où + quand?
- !

**2 Conversation.**

Répondez:

1. Parle-moi de ta famille.
2. Décris ta famille (apparence physique, caractère, etc.).
3. Décris ta maison / ton appartement et ta chambre.
4. Parle de tes passe-temps préférés.
5. Décris une journée typique.
6. Décris ton école (le bâtiment, les matières, les profs, etc.).

**Stratégies!** ***Help with writing and speaking***

To help you with your writing and speaking tasks, look back at the *Sommaire* pages for units 1A–1E. You can also refer to the key language boxes (in blue) on each spread for useful vocabulary and phrases. Remember to include details, opinions and different tenses.

**3 Présentation.**

Préparez une présentation sur le thème "Mon monde". Mentionnez votre famille, votre maison, vos passe-temps, une journée typique et votre école.

# 2A Trouver son chemin

## Pour aller à la gare?

- ask for and give directions
- use imperatives

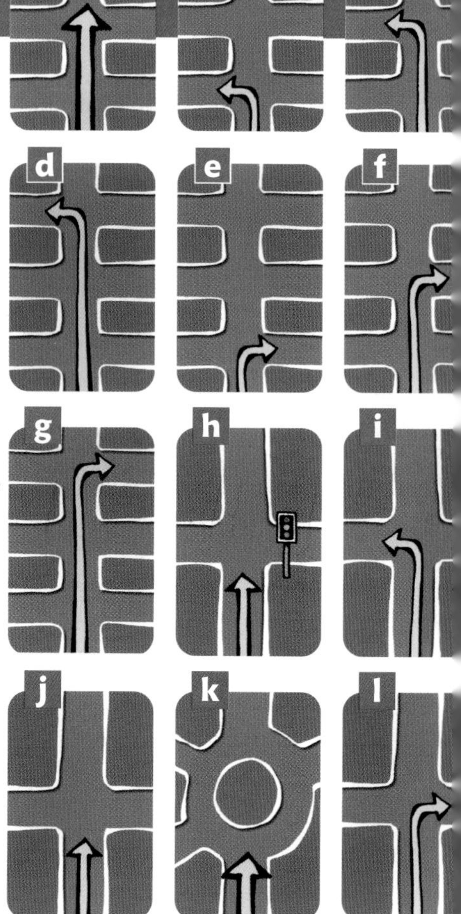


**1** **Écrivez une phrase pour chaque indication (a–l).**

Prenez la troisième rue à droite.
Prenez la première rue à droite.
Prenez la première rue à gauche.
Continuez jusqu'aux feux.
Continuez jusqu'au rond-point.
Allez tout droit.
Prenez la deuxième rue à droite.
Prenez la deuxième rue à gauche.
Allez jusqu'au carrefour.
Prenez la troisième rue à gauche.
Tournez (à droite / à gauche).

**2** **Écoutez les conversations 1–6 et notez les indications (a–l).**

**Exemple:** **1** e, j

| Excusez-moi,<br>Pardon, | monsieur /<br>madame /<br>mademoiselle. | Où est<br>Où se trouve | la gare / la gare routière / la station-service /<br>le stade / l'hôpital / l'hôtel de ville, s'il vous plaît? |
|---|---|---|---|
| | | Pour aller | à la (gare) / au (stade) / à l'(hôpital)? |
| Est-ce qu'il y a (une station-service) près d'ici?<br>C'est loin? | | | |

**3** **À deux. Jouez la conversation, puis adaptez-la deux fois.**

**Exemple:**

**A** **Excusez-moi, madame, où est la gare, s'il vous plaît?**

**B** **Allez tout droit et puis prenez la première rue à gauche.**

**A** **C'est loin?**

**B** **C'est à 500 mètres environ.**

**A** **Et est-ce qu'il y a une station-service près d'ici?**

**B** **Oui, prenez la deuxième rue à gauche et c'est à droite.**

**A** **Merci, madame.**

**Grammaire: *Imperatives (rappel)***

To give directions and instructions in a formal situation, use the *vous* form of the verb, without the *vous*, e.g.

*Prenez...* = Take...
*Allez...* = Go...
*Continuez...* = Continue...

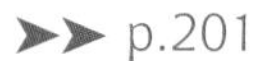
p.201

# En ville

- say where places are
- use prepositions

**1** **Lisez les descriptions 1–5 et notez le bâtiment.**

**1** Pour trouver le ★, prenez la première rue à gauche. Le ★ est à droite, à côté du café et en face de l'hôtel de ville. Ce n'est pas loin.

**2** Il y a une ★ pas loin de l'office du tourisme. Il faut prendre la première rue à droite, continuer jusqu'aux feux et tourner à gauche. La ★ se trouve à gauche, entre la boucherie (à droite) et la pâtisserie (à gauche).

**3** La ★ est près de l'office du tourisme et on peut y aller à pied. Allez tout droit et prenez la deuxième rue à gauche. La ★ est située dans cette rue, à droite, en face de la librairie.

**4** Pour aller à la ★, prenez la deuxième rue à droite. Vous voyez la ★ là, à gauche, à côté du supermarché et en face de la boulangerie.

**5** Si vous voulez aller à la ★, allez tout droit et continuez jusqu'au rond-point. Au rond-point, continuez tout droit et la ★ est devant vous, entre la gare routière (à droite) et la station-service (à gauche).

**2** **Écoutez les renseignements 1–6 et notez le bâtiment.**

Exemple: **1 C'est la librairie.**

**3** **À deux. Utilisez le plan. Jouez trois ou quatre conversations.**

Exemple: **A Où est (la gare routière), s'il vous plaît?**
**B Alors, allez tout droit, ... (Elle) est près de...**

**Grammaire: *Prepositions (rappel)***

With *à côté* (next to), *en face* (opposite) and *près* (near to), use:

| masculine | feminine | plural | words beginning with a vowel |
|---|---|---|---|
| *du* | *de la* | *des* | *de l'* |

Exemples: *près **du** café*
*à côté **de la** boulangerie*
*en face **de l'**hôtel de ville*

➤➤ p.204

**4 a** **Choisissez trois bâtiments et expliquez comment y aller.**

Exemple: Pour aller au restaurant, prenez...

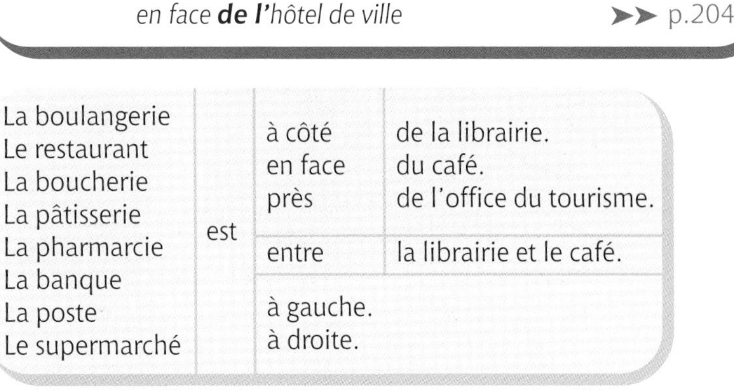

| | | | |
|---|---|---|---|
| La boulangerie<br>Le restaurant<br>La boucherie<br>La pâtisserie<br>La pharmarcie<br>La banque<br>La poste<br>Le supermarché | est | à côté<br>en face<br>près | de la librairie.<br>du café.<br>de l'office du tourisme. |
| | | entre | la librairie et le café. |
| | | à gauche.<br>à droite. | |

**4 b** *extra!* **Écrivez un mail à un(e) ami(e). Expliquez comment aller chez vous.**

# En train

- travel by train
- use the 24-hour clock
- listen for detail

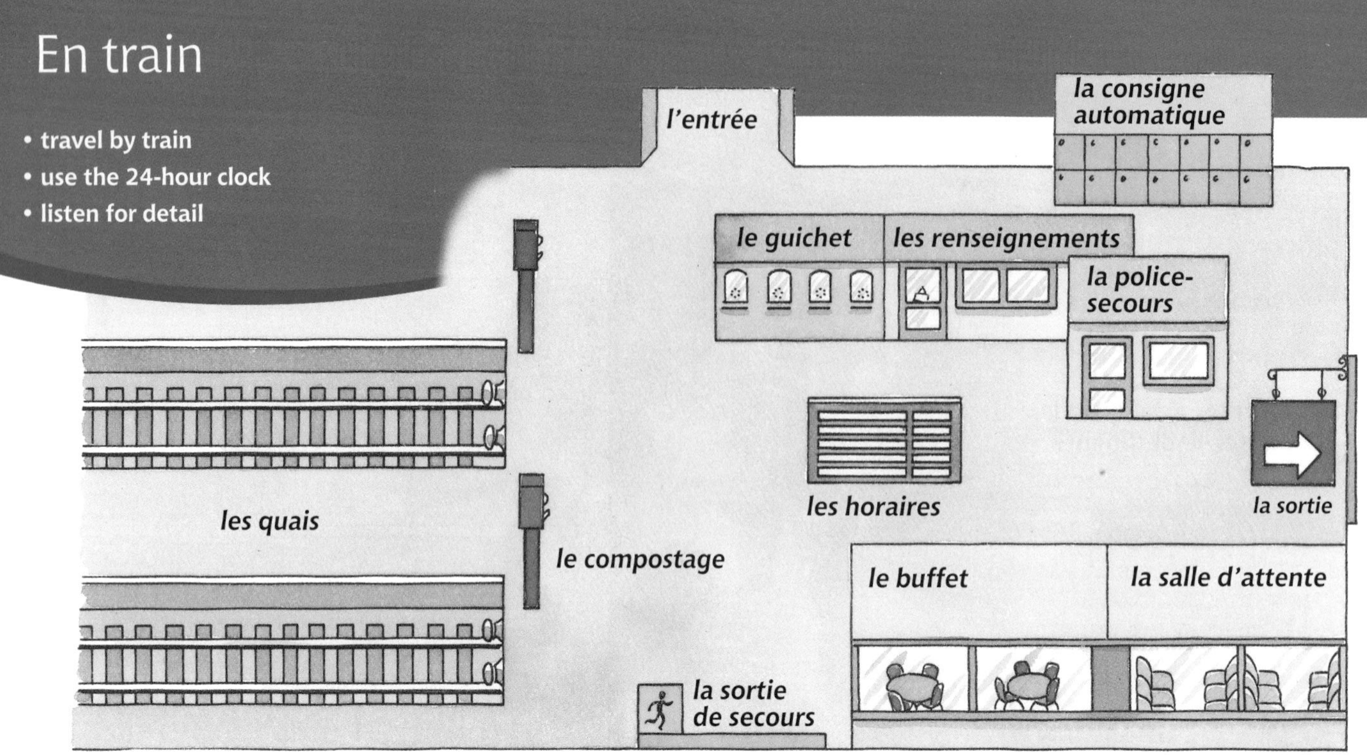


**1** **Écoutez les dialogues 1–6 et notez où sont les personnes.**

Exemple: **1 la consigne automatique**

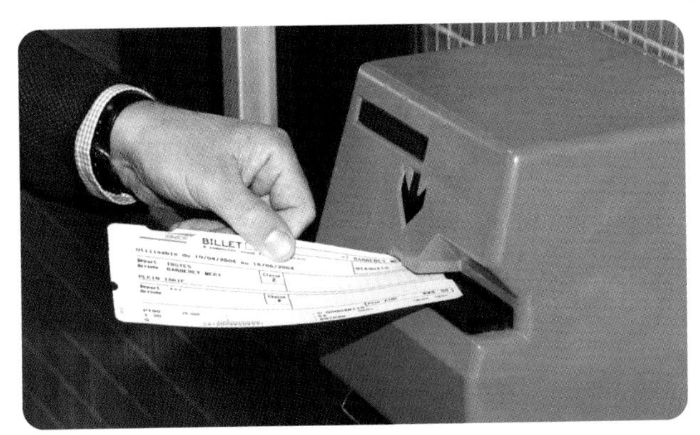


**Grammaire:** ***The 24-hour clock (rappel)***

Just as in English, when using the 24-hour clock, remember to say, e.g. for 6.30pm, *dix-huit heures trente* (not *et demie*).

➤➤ p.206

**2** ***Try saying these.***

20.30, 19.45, 21.15, 22.30, 23.15, 17.37, 18.52

**3** **Lisez et écoutez la conversation. Recopiez et complétez l'agenda de Nicolas.**

*Aujourd'hui j'ai pris le ... pour aller à .... Le train est parti de Troyes à ... heures .... J'ai pris un billet aller-... et j'ai voyagé en ... classe. J'ai payé ... euros et le train est parti du quai numéro ....*

Employée: Bonjour, monsieur. Je peux vous aider?
Nicolas: Oui, madame. À quelle heure part le prochain train pour Paris?
Employée: Pour Paris... Le prochain train pour Paris part à 15h44.
Nicolas: Et le train arrive à Paris à quelle heure?
Employée: Il arrive à la gare de l'Est à 17h18, monsieur.
Nicolas: C'est bon. Alors, je prends un billet pour Paris-gare de l'Est, s'il vous plaît.
Employée: Bien sûr... Désirez-vous un aller simple ou un aller-retour?
Nicolas: Un aller-retour, s'il vous plaît.
Employée: Et vous voulez voyager en quelle classe?
Nicolas: Seconde classe, s'il vous plaît, et dans un compartiment non-fumeurs.
Employée: Tous nos trains sont non-fumeurs. Voici votre billet, monsieur. Ça fait 44 euros.
Nicolas: Voilà, madame. C'est quel quai, s'il vous plaît?
Employée: C'est le quai numéro cinq. Et n'oubliez pas de composter votre billet!
Nicolas: Merci, madame, au revoir.

**4 a** Écoutez les conversations 1–5 et notez l'heure de départ, l'heure d'arrivée, le quai et le prix.

Exemple: **1 12h25, 14h15, 6, 42€,50**

**4 b** *extra!* **Réécoutez et notez le problème en anglais.**

Exemple: **1 The train will arrive too late for the person's meeting.**

| | |
|---|---|
| À quelle heure part le (prochain) train pour (Paris)?<br>Le train arrive à (Paris) à quelle heure? | |
| Un billet pour (Troyes),<br>Un aller simple en première classe pour (Paris),<br>Un aller-retour en seconde classe pour (Nantes),<br>Fumeurs / non-fumeurs | s'il vous plaît. |
| C'est quel quai? | |

## *Stratégies!* Listening for detail

The extracts in activity 4 are like in real life, i.e. spoken quite fast and with background noise. You don't need to understand every word; listen out for the information you need, in this case the times, the platform number and the price.

**5 a** À deux. Adaptez le dialogue de l'activité 3.

Exemple: **1 A À quelle heure part le prochain train pour Clermont-Ferrand?**
**B À 11h05.**
**A Et le train... ?**

1 **A** Clermont-Ferrand / ↔ / classe 1 / combien? / quai?
**B** 11.05 / 13.40 / 27€ / 3

2 **A** Nantes / → / classe 2 / combien? / quai?
**B** 13.14 / 15.02 / 42€ / 6

3 **A** Cherbourg / ↔ / classe 2 / combien? / quai?
**B** 9h12 / 10h37 / 39€ / 4

**5 b** *extra!* **Inventez deux autres dialogues. Choisissez les villes et les détails. Qui peut faire le dialogue le plus long?**

## LE MÉTRO DE PARIS

Beaucoup de grandes villes possèdent un système de transport souterrain, mais le métro parisien est particulièrement célèbre. En arrivant à Paris, beaucoup de touristes prennent le métro pour aller, par exemple, à l'une ou l'autre des grandes gares SNCF: la gare du Nord (d'où part l'Eurostar), la gare de l'Est, la gare Montparnasse, la gare d'Austerlitz ou la gare de Lyon. Il y a aussi un autre système de transports urbains, qui s'appelle le RER (*Réseau Express Régional*). On prend un train RER si on veut aller dans la banlieue de Paris.

Le savez-vous?

- Le métro, fondé en 1900, a 16 lignes et près de 300 stations.
- Il fonctionne 20 heures par jour. Il est ouvert de cinq heures et demie à une heure et demie.
- Il y a des pâtisseries et des cafétérias dans les grandes stations.
- Météor, la ligne la plus récente, est entièrement automatique. Il n'y a pas de conducteur!

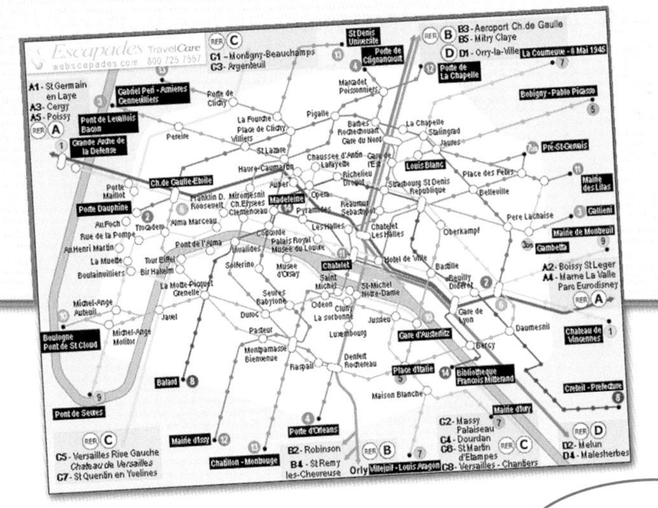

**6 a** Lisez l'article *Le métro de Paris* et répondez en français (phrases complètes).

1 Il y a combien de grandes gares à Paris?
2 De quelle gare part l'Eurostar?
3 Quelle sorte de train est-ce qu'on prend pour aller en banlieue?
4 Le métro existe depuis quand?
5 Il y a combien de stations de métro?
6 Est-ce que le métro est ouvert 24 heures sur 24?

**6 b** *extra!* **Écrivez un résumé de cet article en anglais. Mentionnez au moins 10 détails.**

# Un voyage à Paris

- talk about a journey you have made
- use the imperfect and perfect tenses
- use words of sequence

**1** **Nicolas décrit son voyage à Paris. Lisez son mail, puis recopiez les phrases 1–10 dans le bon ordre.**

*extra!* Ajoutez des expressions comme *ensuite*, *après ça*, *un peu plus tard*, etc.

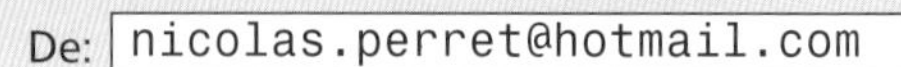

De: nicolas.perret@hotmail.com
À: emilie.letort@hotmail.com
Objet: Paris!

Me voilà dans un café internet à Montmartre! Enfin! Mon voyage a été un peu difficile. J'ai acheté mon billet, je suis allé sur le quai et je suis monté dans le train. Parfait! Le train est parti à l'heure à 15h44 et j'ai choisi un compartiment. Je me suis installé, j'ai dormi un peu et j'ai lu le journal. Je lisais tranquillement quand le train est entré en gare. J'ai regardé par la fenêtre: c'était Dijon. Dijon! Mais ce n'était pas la direction de Paris, pas du tout! J'étais dans le mauvais train! Alors je suis vite descendu du train, et une demi-heure après, le prochain train est arrivé. Finalement, je suis arrivé à Paris à 18h30, avec deux heures de retard! Mais c'était ma faute, parce que je n'ai pas fait attention.

1. Il est descendu du train.
2. Le train est entré dans une gare.
3. Nicolas a acheté son billet.
4. Il était à la gare de Dijon!
5. Il a dormi un peu et lu le journal.
6. Trente minutes après, il est monté dans un autre train.
7. Il est monté dans le train.
8. Le train est enfin arrivé à Paris à 18h30.
9. Il lisait son journal.
10. Le train est parti à 15h44.

**2 a** **Écoutez la voyageuse et notez les problèmes en français. (1–3)**

Exemple: **1 problème avec...**

**2 b** *extra!* **Notez d'autres détails en anglais.**

**3** **À deux. Posez les questions et répondez-y.**

**1** **A** Tu as fait bon voyage?
**B** Oui, c'était excellent. Je suis allé à... en...
**A** Tu es parti(e) à quelle heure?
**A** Et tu es arrivé(e) à quelle heure?
**A** Qu'est-ce que tu as mangé?
**A** Et qu'est-ce que tu as lu?

1. excellent, le train, Bordeaux, 5h, 6h15, une pomme, le journal
2. long, l'autocar, Nîmes, 12h, 16h35, un sandwich, une magazine
3. bien, l'autobus, Granville, 9h15, 10h30, des chips, un livre

B should give as much information as possible in answer to the first question. A only asks the remaining questions if B hasn't given enough detail.

**4** **Lisez la lettre de Nicolas et les phrases 1–12. Vrai, faux ou pas mentionné?**

1. Nicolas a dîné dans un restaurant chinois.
2. Le repas était affreux.
3. L'hôtel était excellent.
4. Damien était fatigué.
5. Nicolas est monté à la tour Eiffel.
6. La vue était très belle.
7. Le musée d'Art Moderne était dans le Sacré-Cœur.
8. Le musée était très intéressant.
9. Les jongleurs chantaient pour les touristes.
10. Nicolas a mangé chez Chartier.
11. Chartier est un restaurant marocain.
12. Le repas chez Chartier était très cher.

J'ai passé une excellente journée à Paris avec Céline et Damien. Le voyage a été pénible car j'ai pris le mauvais train, mais je suis finalement arrivé. J'ai trouvé mon hôtel, puis le soir, on a dîné dans un petit restaurant marocain, où j'ai mangé un couscous délicieux. En plus, il y avait de la super musique marocaine. Je voulais aller me promener, mais Céline était fatiguée et Damien avait froid, alors après avoir mangé, on est rentrés à l'hôtel.

Le lendemain, on est descendus dans le métro pour faire la visite de la ville. D'abord, je suis monté à la tour Eiffel, d'où la vue était vraiment fantastique! Ensuite, je suis allé à Montmartre pour visiter la basilique du Sacré-Cœur. Plus tard, je suis allé au Centre Pompidou pour visiter le musée d'Art Moderne. Devant le musée, il y avait des artistes et des jongleurs qui chantaient et jouaient pour les touristes. C'était marrant! Enfin, on a dîné au restaurant Chartier, un restaurant typiquement parisien où le repas était bon et pas trop cher.

*Nicolas*

| | |
|---|---|
| J'ai | acheté (un billet).<br>dîné...<br>mangé (du couscous).<br>regardé (par la fenêtre).<br>lu (le journal).<br>pris (le train). |
| Je suis | allé(e) à (Paris).<br>monté(e) (dans le train).<br>descendu(e) (du train).<br>arrivé(e)... |

Le train est parti / arrivé à...
Le voyage a été (pénible).
Je lisais (mon journal).
Je regardais (par la fenêtre).
J'étais (dans le mauvais train).
Il y avait (de la musique).
Le repas était (bon).
C'était (marrant).
Je voulais (me promener).
Il y avait (des artistes).
Les (artistes) chantaient / jouaient.

**Grammaire:** ***The imperfect tense***

- The **perfect** tense describes a single action which has been completed in the past (see page 20). The **imperfect** tense describes what was happening when something else took place, or is used to give impressions of past events.
- You already know two very common imperfect forms: *c'était* (it was) and *il y avait* (there was).
- To form the imperfect, you take the stem of the *nous* form of the present tense (or the stem *ét* in the case of *être*) and add the imperfect endings. See the paradigms of *finir* and *être*, page 200.
- Find three more examples of the imperfect in Nicolas's letter in activity 4 and write out the imperfect paradigms of the verbs you have found.

➤➤ p.200

**5** **Recopiez les phrases en utilisant l'imparfait.**

**Exemple:** **1** Je lisais quand il est arrivé.

1. Je (lire) quand il est arrivé.
2. Le film (être) affreux.
3. Les musiciens (jouer) devant le Centre Pompidou.
4. Tu (regarder) la télé quand j'ai téléphoné.
5. Nous (manger) quand Papa est rentré.
6. Un adolescent (fumer) quand je suis monté dans le train.

**6** **Inventez un voyage. Écrivez au moins 100 mots. Utilisez la lettre de Nicolas comme modèle.**

**Stratégies!** ***Writing skills***

- Make sure you include perfect and imperfect tenses.
- Use words of sequence to make your writing more flowing: *d'abord* (first), *plus tard* (later on), *enfin* (finally) and *le lendemain* (the next day).
- Use expressions such as *avant de* + infinitive and *après avoir / après être* + past participle to gain more marks.

# Jeu de rôles

**À deux, puis changez de rôles.**

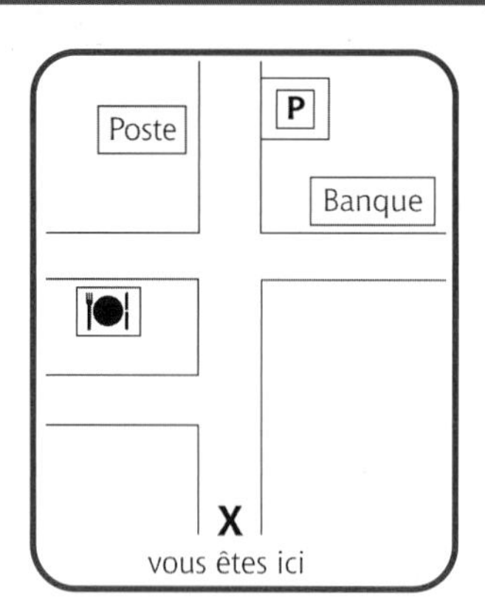


**1** **You are giving directions to a passer-by. A starts.**

**A**
- Excusez-moi, monsieur / madame, pour aller à la banque?
- Et où est la poste, s'il vous plaît?
- Où est-ce qu'on peut garer la voiture?
- On peut manger en ville?
- Merci beaucoup, monsieur/madame.

**B**
- directions à la banque
- directions à la poste
- !
- où manger en ville

**2** **You are buying tickets at a train station. A starts.**

**A**
- Oui, monsieur / madame?
- Vous voulez quelle sorte de billet?
- Voilà.
- C'est le quai numéro 3.
- Le train arrive à 11 heures.

**B**
- train: ville et heure
- !
- quai?
- heure d'arrivée?

# Conversation

**3** **À deux. Posez les questions et répondez. Puis changez de rôles.**

*In the conversation, don't forget to include details and opinions.*

- Décris un voyage que tu as fait.
- Le train est parti à quelle heure?
- À quelle heure est-ce que tu es arrivé(e)?
- Où as-tu dîné?
- Qu'est-ce que tu as mangé?
- Qu'est-ce que tu as vu?
- Qu'est-ce que tu as acheté?

Look at the *Sommaire* box below for prompts to help you with the conversation and presentation.

# Présentation

**4** **Préparez une présentation (une minute et demie) sur un voyage que vous avez fait.**

Utilisez vos réponses à l'activité 3.

## Sommaire *Now you can:*

- **ask where something is:** *Où est (la gare)? Pour aller (au stade)? Est-ce qu'il y a (une station-service) près d'ici? C'est loin?*
- **tell someone the way:** *Allez (tout droit). Continuez (jusqu'aux feux). Prenez (la première rue à gauche). Tournez (à droite).*
- **say where something is:** *Le restaurant est en face de (la poste) / à côté du (café) / près de (l'hôtel de ville) / entre (la banque et la librairie).*
- **ask when the train leaves:** *À quelle heure part le prochain train pour (Paris)?*
- **ask when it arrives:** *Le train arrive à (Nantes) à quelle heure?*
- **ask for a single or return ticket:** *Un aller simple / aller-retour.*
- **say what class:** *Seconde / Première classe.*
- **ask which platform:** *C'est quel quai?*
- **talk about a past journey:** *Je suis monté(e) (dans le train). Je suis parti(e) / arrivé(e) (à huit heures). Le voyage a été (pénible).*
- **say what you did:** *J'ai acheté (un billet). J'ai pris (le métro). J'ai dîné (dans un restaurant marocain). J'ai mangé (du couscous). J'ai lu (le journal).*
- **describe what it was like, using the imperfect:** *J'étais avec (un copain). Le repas était (excellent / affreux). Il y avait (de la musique). C'était (marrant).*

**1** **Trouvez sur la photo l'équivalent français de:**

1 the station
2 at the car park
3 opposite
4 at the sweets counter
5 on the same day
6 available for sale
7 every Wednesday
8 every night

**2** **Choisissez *a*, *b* ou *c* pour compléter chaque phrase.**

1 La pancarte propose
 a des tickets de parking.
 b des tickets de cinéma.
 c des billets de train.

2 Le parking s'appelle
 a Pathé.
 b Vinci.
 c Euro.

3 La place de parking
 a est gratuite.
 b coûte un euro.
 c coûte dix euros.

4 Le parking est
 a à côté du cinéma.
 b en face de la gare.
 c en face du cinéma.

5 Cette offre est valable
 a tous les jours de neuf heures à deux heures du matin.
 b tous les week-ends de neuf heures à 13 heures.
 c tous les soirs de 18 heures à deux heures + le mercredi et le week-end de neuf heures à 13 heures.

6 Au comptoir confiserie, on trouve normalement
 a des bonbons et du chocolat.
 b des billets de train.
 c des téléphones portables.

7 Pour avoir un ticket de parking à un euro, il faut
 a acheter un ticket de cinéma et un ticket de parking le même jour.
 b acheter deux tickets de cinéma le même jour.
 c acheter ses tickets de parking à la gare.

**3** **Recopiez et complétez le texte avec les mots de la liste. Attention: il y a deux mots de trop.**

cinéma douze euro gare
heures matins neuf parking
samedis soirs

Quand je vais au … Pathé avec mon frère, on met la voiture au … Vinci (en face de la … ). Avec les tickets de cinéma, on peut avoir des tickets de parking à un … . C'est comme ça tous les … à partir de 18 … et les mercredis, … et dimanches de … heures à 13 heures. C'est sympa!

# 2B Pluie, beau temps et vacances

## Grammaire: le futur

- use the future tense

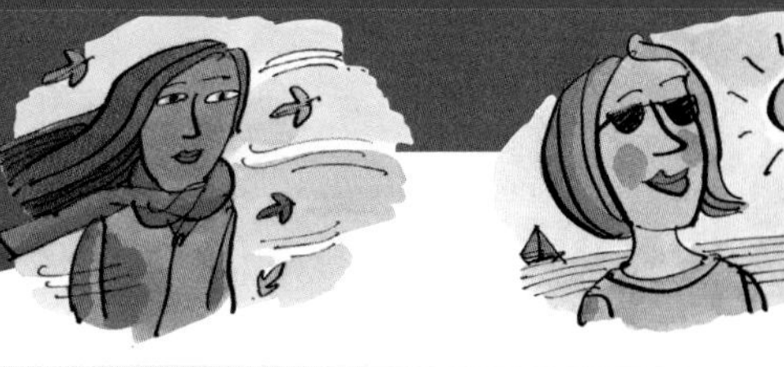

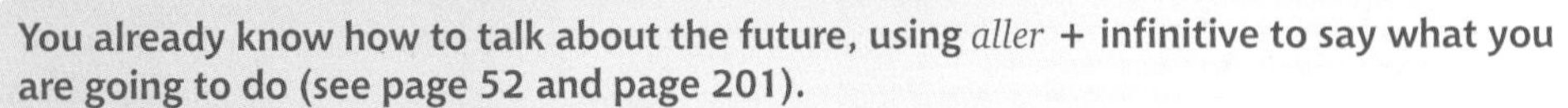

You already know how to talk about the future, using *aller* + infinitive to say what you are going to do (see page 52 and page 201).

The simple future tense is slightly different. It is used for predictions such as weather forecasts, horoscopes or fortune-telling and for saying what someone will do.

- **Regular verbs**

With regular *–er* and *–ir* verbs, the future is formed by adding a set of endings to the infinitive. Here is the future paradigm of *jouer* (to play).

| | |
|---|---|
| *je jouer**ai*** | *nous jouer**ons*** |
| *tu jouer**as*** | *vous jouer**ez*** |
| *il / elle / on jouer**a*** | *ils / elles jouer**ont*** |

With *–re* verbs such as *vendre* (to sell), the final *–e* is dropped before adding the ending: *je vendr**ai***, etc.

**A Write out the full future paradigm of *finir* and *vendre*.**

- **Irregular verbs**

You add the future endings not to the infinitive, but to irregular stems (in **bold** below). These are the most common irregular verbs.

| | | |
|---|---|---|
| *avoir* | *j'**aur**ai* | – I will have |
| *être* | *je **ser**ai* | – I will be |
| *aller* | *j'**ir**ai* | – I will go |
| *faire* | *je **fer**ai* | – I will do |
| *pouvoir* | *je **pourr**ai* | – I will be able |
| *venir* | *je **viendr**ai* | – I will come |
| *voir* | *je **verr**ai* | – I will see |

**B Choose two of the irregular verbs listed above and write out the future tense paradigm.**

### 1 Lisez les phrases et notez *présent* ou *futur*.

1. J'ai un grand chien.
2. J'achèterai un gros chien.
3. On ira à Paris.
4. Paris est une très grande ville.
5. Cédric et Nathalie feront du sport demain.
6. Nous faisons du sport.
7. Paul restera à la maison.
8. Pauline reste à la maison.
9. Peux-tu m'aider?
10. Pourras-tu m'aider ce soir?

Time markers can indicate that the sentence is about the future: *demain, après-demain, ce soir, demain matin / soir, samedi prochain, le week-end prochain*, etc. Look up their English meanings.

### 2 Reliez les moitiés de phrases.

**Exemple:** 1 Hammad rentrera à minuit.

| | |
|---|---|
| 1 Hammad | regarderons la télé demain. |
| 2 Nous | irez en boîte samedi. |
| 3 Vous | aurai un nouveau vélo pour mon anniversaire. |
| 4 M. et Mme Letort | pourras bientôt acheter une nouvelle chaîne stéréo. |
| 5 Tu | mangeront à sept heures ce soir. |
| 6 J' | rentrera à minuit. |

### 3 Recopiez et complétez les phrases.

**Exemple:** 1 Vendredi prochain, nous regarderons un film à la télé.

1. Vendredi prochain, nous (regarder) un film à la télé.
2. Est-ce que tu (voir) ton père ce week-end?
3. Cet après-midi, j'(écouter) la radio dans ma chambre.
4. Demain, Pierre (jouer) au tennis au centre sportif.
5. Je ne (sortir) pas demain parce que je suis malade.
6. Où (aller)-tu le week-end prochain?
7. Nous (finir) nos devoirs avant de regarder la télé.
8. Nous (être) en ville ce soir.
9. Élodie et Joël (aller) au cinéma mardi prochain.
10. Il ne (faire) pas beau en France demain.

You make a future sentence negative in the usual way, by putting *ne* or *n'* before the verb and *pas* after it: *Il **ne** fera **pas** froid ce soir.*

# Quel temps fait-il?

- talk about the weather in different countries
- understand weather forecasts
- use the future tense

**1 a** **Écoutez les prévisions et notez le temps pour chaque pays. (1–8)**

Exemple: **1 En Allemagne, il fait froid.**

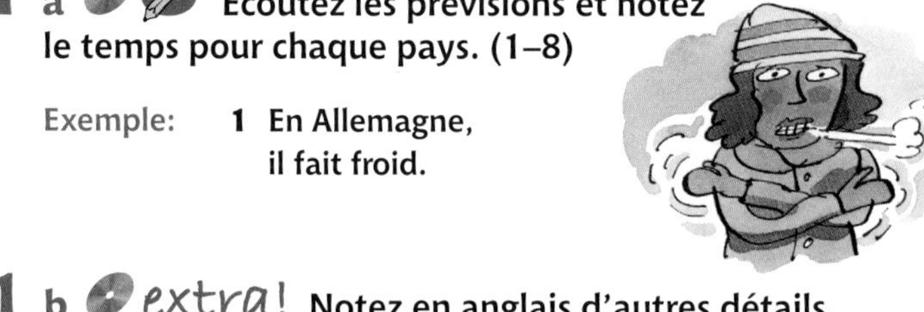

**1 b** *extra!* **Notez en anglais d'autres détails.**

**Grammaire: *'in' + countries (rappel)***

feminine: ***la*** *France* – ***en*** *France*
masculine: ***le*** *Portugal* – ***au*** *Portugal*
plural: ***les*** *États-Unis* – ***aux*** *États-Unis*

➤➤ p.204

**2** **À deux. Discutez du temps. Jouez les dialogues 1–5.**

Exemple: **1 A Quel temps fait-il en Suisse en hiver?**
**B À mon avis, en général, il fait froid en Suisse en hiver.**
**A Oui, je suis d'accord. Mais il fait chaud en été, je crois.**

1. la Suisse, hiver
2. l'Angleterre, automne
3. l'Allemagne, printemps
4. les Pays-Bas, hiver
5. le Portugal, été

| | |
|---|---|
| en | Allemagne / Angleterre / Suisse / Espagne / Belgique / Écosse / France / Grande-Bretagne / Grèce / Hollande / Irlande / Italie |
| au | Portugal / pays de Galles / Canada |
| aux | États-Unis / Pays-Bas |
| au | printemps |
| en | été / automne / hiver |

| Quel temps fait-il? | |
|---|---|
| Il fait | beau / chaud / mauvais / froid. |
| Il y a | du vent / du brouillard / du soleil. |
| Il | gèle / pleut / neige. |
| Il fait un temps | ensoleillé / pluvieux / nuageux. |

**3** **Lisez et écoutez les prévisions météo et trouvez les huit différences.**

Exemple: **1 demain – aujourd'hui**

Prévisions météorologiques pour la France pour demain, le 18 août.

Dans le nord de la France, il fera mauvais. Le temps sera pluvieux mais chaud. Au contraire, dans l'ouest de la France, il fera beau. Le temps sera ensoleillé. Dans le sud, il fera très chaud avec une température de 30 degrés. Et finalement, dans l'est de la France, il fera froid avec du vent.

**4** **Écrivez vos réponses à l'activité 1 au futur.**

Exemple: **1** En Allemagne, il fera froid.

| | |
|---|---|
| Dans le nord / le sud / l'est / l'ouest de la France, | il **fera** chaud.<br>il y **aura** du vent.<br>le temps **sera**… ensoleillé / nuageux / pluvieux.<br>il va… neiger / pleuvoir / geler. |

# Où aller en vacances?

- talk about holiday preferences
- use expressions with the infinitive
- adapt and write formal letters

**1** Moi, je voudrais aller au bord de la mer. Là, on peut se détendre.

**2** Je préfère rester en France, car je n'aime pas la cuisine à l'étranger!

**3** J'aimerais bien prendre l'avion pour aller aux États-Unis, parce que j'adore l'Amérique.

**4** On pourrait faire du camping. C'est moins cher que l'hôtel.

**5** Je voudrais louer un mobile home, parce qu'il fait trop froid dans une tente.

**6** Je voudrais aller à l'étranger. La France, c'est barbant.

**7** Je préfère aller à la montagne. Là, on pourrait se promener et l'air est pur.

**8** Je veux partir avec la caravane. On est libres avec une caravane.

**1 a** **Lisez les bulles 1–8. Reliez les bulles aux dessins a–h.**

**Exemple:** **1 h**

a 

b 

c 

d 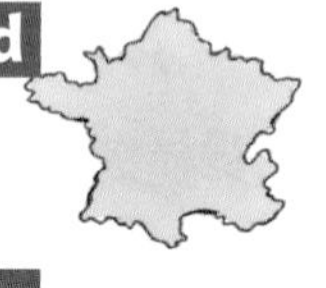
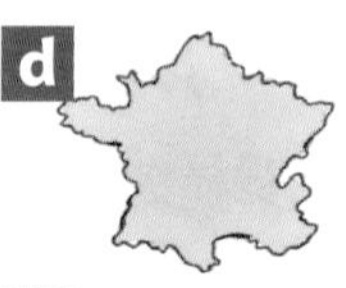

e

f

g 

h 

**1 b** *extra!* **Notez (en anglais) une raison pour chaque personne.**

**2 a** **Écoutez la famille Letort qui fait des projets de vacances. Reliez les moitiés de phrases.**

**Exemple:** **1 c La mère aimerait bien aller à l'étranger.**

| | | | |
|---|---|---|---|
| **1** | La mère aimerait bien | **a** | aller en Angleterre. |
| **2** | Clément préfère | **b** | manger de la paella. |
| **3** | Anne voudrait | **c** | aller à l'étranger. |
| **4** | Papa ne veut pas | **d** | aller à l'hôtel. |
| **5** | Clément n'aime pas | **e** | rester en France. |
| **6** | Émilie dit qu'on pourrait | **f** | louer un mobile home. |
| **7** | Clément dit qu'on pourrait | **g** | aller à l'île de Ré. |
| | | **h** | aller au Canada. |
| | | **i** | manger des "fish and chips". |
| | | **j** | les avions. |

**2 b** *extra!* ***Do you think that everyone in the family will be satisfied with the compromise decision? Listen again and make notes, then draw your conclusion.***

| | | |
|---|---|---|
| On pourrait<br>J'aimerais bien<br>Je voudrais<br>Je préfère | aller | à l'étranger.<br>à l'hôtel.<br>au bord de la mer.<br>à la montagne.<br>en Angleterre. |
| | rester | en France. |
| | prendre | le bateau / l'avion. |
| | faire | du camping. |
| | louer | un mobile home. |
| | partir avec | la caravane. |

**Grammaire:** ***Expressions using the infinitive (rappel)***

The following verbs are all followed by the infinitive:

| | | |
|---|---|---|
| *on pourrait* | we could | |
| *je voudrais* | I would like to | *aller / prendre / faire / louer /* |
| *je préfère* | I prefer to | |
| *j'aimerais bien* | I'd quite like to | |

➤➤ p.198

**3** **À deux. Discutez de vos préférences. Justifiez votre opinion.**

**Exemple:** **A** Qu'est-ce que tu aimes faire pour les vacances?

**B** Je préfère aller à l'étranger, parce que c'est plus intéressant.

**4** **Lisez la lettre d'Anne et répondez aux questions en français.**

1 Anne veut aller où, et pourquoi?
2 Quelle est l'idée de sa mère, et pourquoi?
3 Et Clément? Qu'est-ce qu'il voudrait faire, et pourquoi?
4 Finalement, qu'est-ce qu'ils vont faire?

Chère Samira,

Cet après-midi, on a parlé des vacances, mais avec ma famille, c'est toujours très difficile. Moi personnellement, je veux aller en Angleterre, car j'aime parler anglais, mais maman avait une autre idée: elle veut aller en Espagne (pour se bronzer au bord de la mer, bien sûr, pas pour parler espagnol). Mon frère Clément veut rester en France comme d'habitude (il n'aime pas les avions et il dit qu'il ne veut pas manger de paella!) et mon pauvre père, comme toujours, ne dit pas grand-chose, parce qu'il ne sait pas quoi faire... Oh là là! Enfin, on a décidé de faire du camping sur l'île de Ré. C'est pas très passionnant, mais peut-être pas mal. On verra.

Est-ce qu'il y a les mêmes problèmes de vacances dans ta famille?

Anne

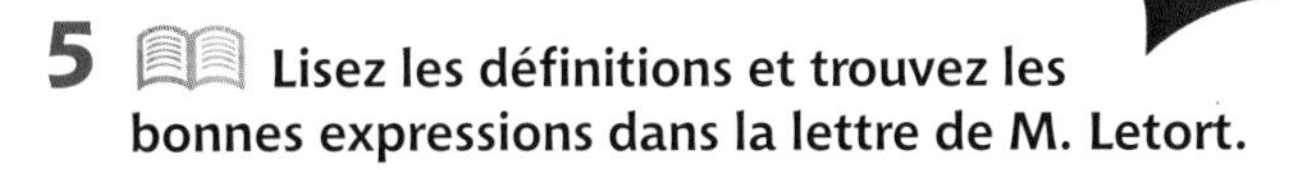

**5** **Lisez les définitions et trouvez les bonnes expressions dans la lettre de M. Letort.**

1 14 jours
2 occuper mais pas acheter
3 petite maison sur roues
4 pas loin de la mer
5 terrain avec des tentes
6 maisons de vacances
7 si cela existe
8 petits livres

27, avenue des Sapins
10000 Troyes

Office du tourisme
17670 La Couarde-sur-Mer

Troyes, le 24 avril 2005

Madame, Monsieur

Au mois de juillet prochain, je voudrais passer deux semaines à l'île de Ré avec ma famille. Nous désirons louer un mobile home près de la plage. Est-ce qu'il y a beaucoup de campings sur l'île? Pourriez-vous me faire parvenir une liste des campings et des hôtels ainsi qu'une liste des restaurants et des gîtes?

Je vous prie aussi de m'envoyer – si vous en avez – des dépliants et des brochures avec des renseignements sur l'île.

Je vous remercie d'avance.

Je vous prie d'agréer, Madame / Monsieur, l'assurance de mes sentiments distingués.

**Étienne Letort**

| | |
|---|---|
| Je voudrais | des renseignements sur (La Rochelle). |
| Pourriez-vous m'envoyer | une liste des... hôtels / campings / gîtes / restaurants / attractions?<br>un dépliant / des dépliants?<br>une brochure / des brochures? |

**6 a** **Écrivez une lettre à l'office du tourisme de Saint-Tropez.**

Vous voulez:
- passer une semaine à Saint-Tropez
- louer un gîte près du centre-ville.

Vous voulez aussi vous renseigner sur:
- les appartements
- la région
- les attractions
- les restaurants.

**Stratégies!** ***Writing a formal letter***

- Start formal letters with *Monsieur, ...* or *Madame, ...*
- Remember always to use the formal *vous* form, not *tu*.
- Learn these two endings by heart, and use one of them in all formal letters:
  *Je vous prie d'agréer, Madame / Monsieur, l'assurance de mes sentiments distingués.*
  *Veuillez agréer, Madame / Monsieur, l'expression de mes salutations distinguées.*

**6 b** extra! **Choisissez une autre région ou une autre ville de France et écrivez une lettre à l'office du tourisme. Inventez un problème.**

Exemples:
- **Vous voyagez avec un bébé.**
- **Il y a un(e) végétarien(ne) dans votre famille.**

# L'île de Ré

- describe a holiday area
- use *on peut* + infinitive

**1 a Trouvez dans le texte sur l'île de Ré une phrase pour chaque illustration (a–l).**

**1 b** *extra!* **Relisez le texte et notez si l'île de Ré convient à ces personnes. Donnez vos raisons en anglais.**

1 une personne qui aime se détendre à la plage.
2 une personne qui aime les boîtes de nuit
3 une personne sportive
4 une personne qui aime les sports nautiques
5 une personne qui voyage seule
6 une personne âgée

**L'île de Ré en chiffres**

| **L'île:** | **Le pont:** |
|---|---|
| longueur: 30km | construit en 1988 |
| largeur: 5km | longueur: 3km |
| nombre d'habitants: 16 000 | tarif: 16€,50 (une voiture, haute saison, aller-retour) |

**2 a Écoutez et notez:**

- cinq attractions
  **Exemple: musées, …**
- cinq choses qu'on peut faire.
  **Exemple: louer un vélo, …**

**2 b** *extra!* **Écrivez un paragraphe avec vos notes.**

*À l'île de Ré, on peut… Il y a…*

**Grammaire:** ***The present participle***

The phrase *en* ***prenant*** *le pont* contains an example of a present participle. The English equivalent can be 'crossing the bridge' or 'as you cross the bridge'. Try to include a present participle in your writing tasks. It will gain you extra marks. ➤➤ p.201

## L'île de Ré

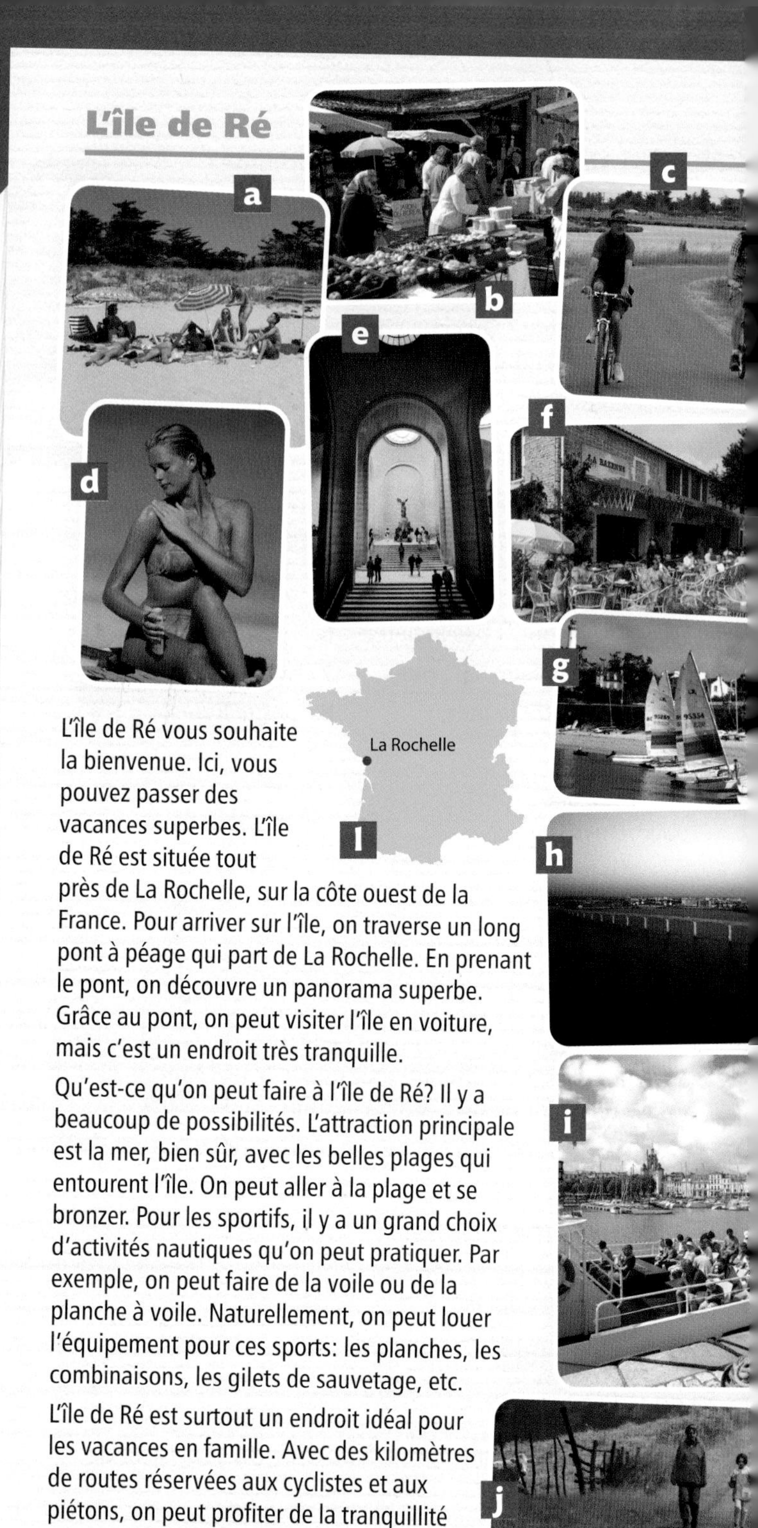


L'île de Ré vous souhaite la bienvenue. Ici, vous pouvez passer des vacances superbes. L'île de Ré est située tout près de La Rochelle, sur la côte ouest de la France. Pour arriver sur l'île, on traverse un long pont à péage qui part de La Rochelle. En prenant le pont, on découvre un panorama superbe. Grâce au pont, on peut visiter l'île en voiture, mais c'est un endroit très tranquille.

Qu'est-ce qu'on peut faire à l'île de Ré? Il y a beaucoup de possibilités. L'attraction principale est la mer, bien sûr, avec les belles plages qui entourent l'île. On peut aller à la plage et se bronzer. Pour les sportifs, il y a un grand choix d'activités nautiques qu'on peut pratiquer. Par exemple, on peut faire de la voile ou de la planche à voile. Naturellement, on peut louer l'équipement pour ces sports: les planches, les combinaisons, les gilets de sauvetage, etc.

L'île de Ré est surtout un endroit idéal pour les vacances en famille. Avec des kilomètres de routes réservées aux cyclistes et aux piétons, on peut profiter de la tranquillité pour louer un vélo ou faire une randonnée à pied sans avoir peur de rencontrer une voiture ou un camion.

On peut aller au marché. Il y en a plusieurs chaque semaine dans les villages de l'île. Il y a aussi plusieurs excursions qu'on peut faire, par exemple au Phare des Baleines. Vous pouvez aussi visiter le musée, et y acheter des souvenirs.

Et enfin, quand on a faim ou soif, on peut aller au café ou au restaurant. Il y en a beaucoup sur l'île!

**Grammaire: on peut + *infinitive* (rappel)**

Use *on peut* + infinitive to say what you can do in a place, e.g. ***On peut** aller à la plage.* See the blue language box for more expressions. ➤➤ p.203

Qu'est-ce qu'on peut faire à (l'île de Ré)?
Qu'est-ce qu'il y a à faire / à voir?

| | | |
|---|---|---|
| On peut | aller | au marché / à la plage / au café / au restaurant. |
| | faire | de la voile / de la planche à voile / des excursions / des randonnées à pied. |
| | se bronzer.<br>louer un vélo / de l'équipement.<br>visiter un musée.<br>acheter des souvenirs. | |

**3** **À deux. Choisissez une ville ou une région. Discutez de ce qu'on peut faire et de ce qu'il y a.**

Exemple:
**A** **Qu'est-ce qu'on peut faire dans le Devon?**
**B** **Dans le Devon, on peut faire des randonnées à pied. Il y a beaucoup de plages. On peut louer un vélo, etc.**

## Stratégies! *Speaking skills*

- Try to keep your conversation going for two or three minutes.
- Ask questions: *Est-ce qu'il y a des plages? On peut faire de la voile?*
- Use expressions to show interest and make your conversation sound natural: *Ah oui? Vraiment? Excellent! C'est génial, ça*, etc.

**4** **Lisez le texte sur le Québec, trouvez quatre festivals québécois et décrivez-les en anglais.**

Exemple: **Le carnaval de Québec: takes place in February, ...**

For help with reading longer texts, refer back to page 34.

## Le Québec

La capitale du Québec, c'est la ville de Québec. Mais la ville principale, c'est Montréal.

Les Québécois sont très accueillants. Ils aiment beaucoup s'amuser. Toute l'année, il y a des festivals culturels et sportifs. La fête la plus importante au Québec, c'est le carnaval de Québec, au mois de février. Il dure dix jours. Au programme, il y a des danses populaires, des courses de chiens, des compétitions de hockey sur glace, des défilés et des bals. Le roi du carnaval, c'est le Bonhomme Carnaval.

À Montréal aussi, il y a la fête des Neiges. Là, il y a des activités sportives, des concours de sculptures sur glace, des danses folkloriques et des spectacles culturels.

En été, la fête continue avec le festival international de jazz de Montréal. Le festival Juste pour rire (comédie), les FrancoFolies de Montréal (chants, danses, spectacles culturels et sportifs), le Grand Prix de Formule 1 et le marathon de Montréal.

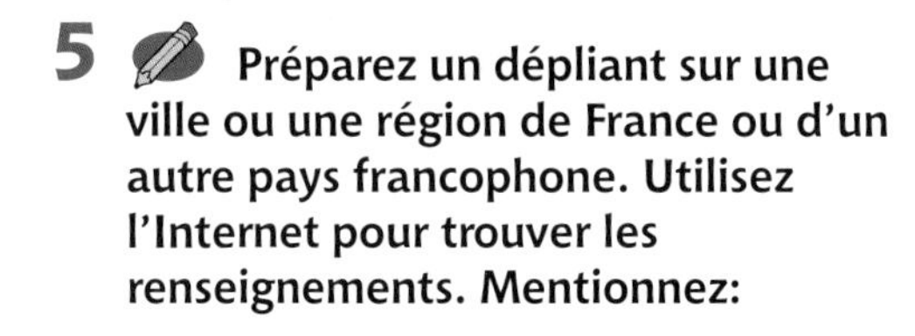

**5** **Préparez un dépliant sur une ville ou une région de France ou d'un autre pays francophone. Utilisez l'Internet pour trouver les renseignements. Mentionnez:**

- les transports
- les distractions
- la culture
- ce qu'il y a à faire
- ce qu'il y a à voir
- les logements, etc.

- Look at the texts on the île de Ré and Québec and pick out expressions which you can use or adapt: *C'est un endroit très..., Pour les sportifs...*
- Say what you can do, using *on peut* + infinitive.
- Do an internet search and find some statistics about your chosen area.

# Où as-tu passé les vacances?

- talk about a past holiday
- use the perfect and imperfect tenses

## Qu'est-ce que vous avez fait pendant les grandes vacances?

Maëlle Rosnay

Mes copines et moi, nous sommes allées en Espagne. Nous avons passé deux semaines dans un camping près de Barcelone. C'était tout à fait fantastique, parce qu'il a fait beau sans interruption, c'était incroyable. On y est allées en avion et on a loué un mobile home. C'était assez cher, mais beaucoup plus confortable qu'une tente. Pendant la journée, nous nous bronzions sur la plage et le soir, d'habitude, nous allions dans les bars ou en boîte. Nous avons essayé de parler un peu espagnol, mais tout le monde parlait anglais!

Aurélie Martin

*Mon frère et moi, on a passé nos vacances au Canada. Nous avons des cousins là-bas, qui habitent au Québec. Heureusement, tout le monde parlait français, alors nous n'avons pas eu de problèmes de langue. Nous avons fait la visite de Montréal, une ville sensationnelle, et nous avons fait des randonnées à pied et à cheval. Nous sommes restés trois semaines chez nos cousins, mais ce n'était pas assez long, car il a fait beau tout le temps.*

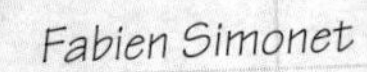


Nous sommes allés en Italie, ma famille et moi. C'était la première fois et nous y sommes restés 15 jours. On a fait du tourisme, bien sûr. Nous avons visité le Vatican, Rome, la tour de Pise et les canaux de Venise. C'était pas mal, mais c'était trop culturel pour moi, donc de temps en temps c'était un peu barbant. Il a fait beau et on a beaucoup aimé les pâtes et la pizza. Nous avons logé à l'hôtel.

**1 a Lisez les textes de Maëlle, Fabien et Aurélie. Attention: il peut y avoir <u>deux</u> bonnes réponses par phrase. Qui…**

1. a bien aimé faire des activités de plein air?
2. n'a pas passé les vacances dans un mobile home ni dans un appartement?
3. a voyagé très loin?
4. a visité beaucoup de lieux culturels?
5. a voyagé avec un groupe d'amis?
6. a eu de la chance avec le temps?

### Stratégies! *Reading activities*

- In reading activities in the exam, the words in the questions are not always the ones you meet in the text. For example, you do not find *activités de plein air* in the text, but think of what it means (outdoor activities) and look for someone who fits this description.
- Make sure you read the questions carefully and then look back to the text for the relevant information.
- Sometimes you have to draw conclusions from what you read.

**1 b À deux. Jouez des interviews avec Maëlle, Fabien et Aurélie. Adaptez les questions 1–8.**

**Exemple:** **1 A Maëlle, où es-tu allée?**
**B Je suis allée en Espagne.**

1. Maëlle, où es-tu allée?
2. Tu es restée combien de temps?
3. Tu y es allée seule?
4. Tu as logé à l'hôtel?
5. Est-ce qu'il a fait beau?
6. Qu'est-ce que tu as fait?
7. As-tu beaucoup parlé espagnol?
8. C'était bien?

| Je suis allé(e)<br>Nous sommes allé(e)s | en Espagne / en Angleterre. (See page 69.) | | | | |
|---|---|---|---|---|---|
| J'ai<br>Nous avons<br>On a | passé | une semaine<br>15 jours<br>un mois<br>les vacances | dans | un camping<br>un appartement<br>un hôtel<br>une caravane<br>un mobile home | au bord d'un lac.<br>au bord de la mer. |
| C'était… fantastique / incroyable / cher / confortable / pas mal / barbant / sensationnel. | | | | | |

**Grammaire:** ***Talking about the past***

Look back to pages 20 and 65 to revise the perfect and imperfect tenses.

- To describe the prevalent weather during a holiday, use the perfect tense:
  *Il a fait beau / mauvais / chaud / froid.*
  *Il a plu. / Il a neigé.*
- To give your general impression of how things were, use the imperfect:
  *C'était excellent / affreux / barbant / intéressant.*
  *Nous étions dans un bon hôtel.*
  *J'étais très fatigué(e).*

➤➤ p.200

## 2 À deux, puis changez de rôles. Jouez les conversations 1–5.

**Exemple:** **1 A Où as-tu passé tes vacances?**
**B J'ai passé 15 jours dans un camping en France, où il a fait chaud. En général, c'était excellent.**

1 je, 2 semaines, , France, chaud, excellent

2 je, 7 jours, 

, Belgique, froid, affreux

3 on, 21 jours, , Italie, beau, barbant

4 nous, 30 jours, 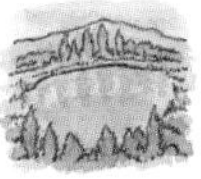, Suisse, mauvais, intéressant

5 je, week-end, , près de Calais, soleil, très bon

## 3 a Écoutez Sandrine et Olivier qui parlent de leurs vacances et choisissez la bonne réponse.

**Exemple:** **1 France**

1 Sandrine est en Belgique / Allemagne / France.
2 Les repas à l'hôtel étaient bons / excellents / mauvais.
3 Aujourd'hui, il fait beau / moyen / affreux à l'île de Ré.
4 Cet après-midi, elle fera du cyclisme / du camping / du shopping.
5 Olivier voyage avec son copain / sa femme / sa fille.
6 En Californie, ils étaient dans un hôtel / un camping / un appartement.
7 Olivier pense qu'il y a trop de bruit / de personnes / de forêts à New York.
8 Ils continueront leur voyage demain / après-demain / la semaine prochaine.

## 3 b extra! Réécoutez Sandrine et Olivier et notez pour chacun un aspect positif et un aspect négatif de leurs vacances.

**Exemple:** **Sandrine**
**positif – l'hôtel à La Rochelle**

**Grammaire:** ***Using*** **nous** ***and*** **on**

As well as using *je* (I), you will get more marks by using the *nous* form and the *on* form to say 'we'.

➤➤ p.196

## 4 Répétez l'activité 2 en utilisant les formes *nous* et *on*.

**Exemple:** **1 A Où avez-vous passé vos vacances?**
**B On a passé 15 jours dans un camping en France.**

## 5 Écrivez un paragraphe sur vos vacances (vraies ou imaginaires). Utilisez les textes de Maëlle, Fabien et Aurélie (activité 1) comme modèle.

- où et avec qui
- le temps
- les activités
- opinion

## Jeu de rôles

**À deux, puis changez de rôles.**

**1** **You are discussing the weather and future plans with a friend. A starts.**

**A**
- Quel temps fait-il aujourd'hui?
- Quel temps fera-t-il demain?
- Qu'est-ce qu'on fera demain?
- Qu'est-ce que tu feras pendant les grandes vacances?
- Super!

**B**
- temps aujourd'hui: deux détails
- temps demain: deux détails
- !
- idées pour vacances

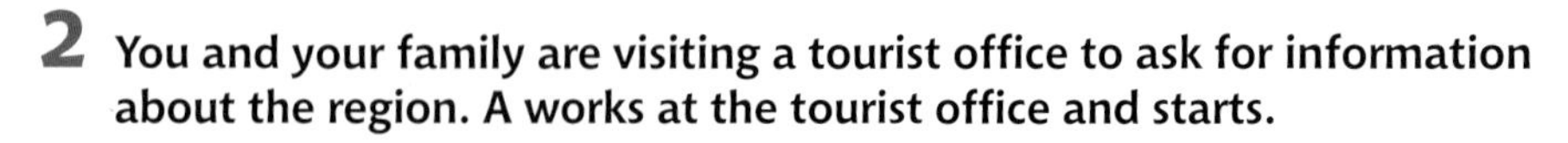

**2** **You and your family are visiting a tourist office to ask for information about the region. A works at the tourist office and starts.**

**A**
- Je peux vous aider?
- Il y a des adultes et des jeunes dans votre groupe?
- On peut louer des vélos. Ça vous plairait?
- Qu'est-ce que vous aimez faire le soir?
- Oui, d'accord.

**B**
- activités possibles?
- membres de famille
- louer des vélos: oui / non + raison
- !

## Conversation

**3** **À deux. Posez les questions et répondez. Puis changez de rôles.**

Décris un voyage que tu vas faire.
- Où veux-tu aller pendant les vacances?
- Comment vas-tu voyager?
- Qu'est-ce qu'on peut faire là-bas?
- Quelles sont les attractions?

Décris un voyage que tu as fait.
- Où es-tu allé(e) en vacances?
- Combien de jours es-tu resté(e)?
- Quel temps a-t-il fait?
- Qu'est-ce que tu as fait là-bas?
- C'était comment?

### Stratégies!

***Your oral exam***

In the conversation section of your oral exam, make sure that you answer the questions and add at least two of the following:
- an opinion
- a reason
- a full description
- a full account using at least three different verbs.

## Présentation

**4** **Préparez une présentation (une minute et demie) sur vos dernières vacances.**

## Sommaire *Now you can:*

- **say what the weather is like:** *En (Allemagne), il fait (mauvais). Au (Portugal), il y a (du brouillard). Aux (Pays-Bas), il (pleut). En (France), il fait un temps (nuageux).*
- **understand weather forecasts:** *Dans (le nord de la France), il fera (chaud). Dans (le sud), il y aura (du vent). Dans (l'est / l'ouest), il va (neiger).*
- **make holiday plans:** *On pourrait (aller à l'étranger). J'aimerais bien (faire du camping). Je voudrais (louer un mobile home). Je préfère (partir avec la caravane).*
- **ask for holiday information:** *Je voudrais des renseignements sur (Niort). Pourriez-vous m'envoyer (une liste des campings)?*
- **ask and say what there is to do:** *Qu'est-ce qu'on peut faire ici? – On peut aller (à la plage) / louer (un vélo) / visiter (un musée) / faire (des excursions).*
- **describe a previous holiday:** *Je suis allé(e) (en Espagne). Nous avons passé (une semaine) (dans un camping au bord de la mer). C'était (fantastique / barbant / affreux).*
- **talk about the weather in the past:** *Il a plu. Il a fait beau. Il a neigé.*

# À la Guadeloupe, il y a le ciel, le soleil et la mer… Mais ce n'est pas tout…

## géographie

La Guadeloupe est un groupe d'îles dans la mer des Caraïbes, à 6 756 kilomètres de Paris. Les deux îles principales sont Grande-Terre et Basse-Terre.

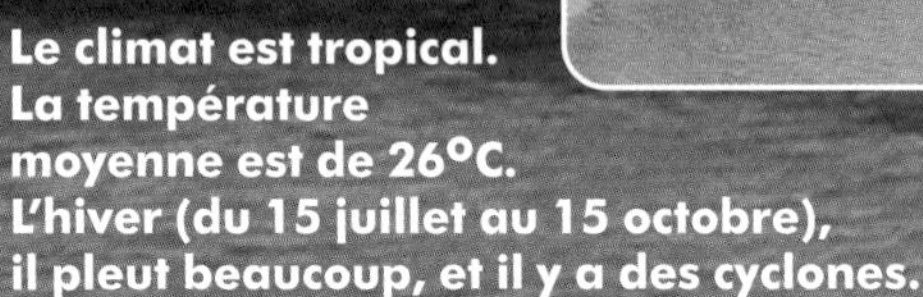

Le climat est tropical. La température moyenne est de 26°C. L'hiver (du 15 juillet au 15 octobre), il pleut beaucoup, et il y a des cyclones.

## histoire

1493: découverte de la Guadeloupe par Christophe Colomb

1946: la Guadeloupe devient département français d'outre-mer (DOM)

## langues

On parle français et créole. Le français est la langue officielle.

## carnaval

Le carnaval est l'une des fêtes les plus populaires de la Guadeloupe. Le carnaval de Guadeloupe commence à l'Épiphanie (le 6 janvier) et il se termine le soir du mercredi des Cendres (le premier jour du carême). Les derniers jours du carnaval sont les plus importants: on les appelle "les jours gras". Il y a des défilés de chars, des marathons de danse, des concours de costumes, de musique et de chansons.

## cuisine

À la Guadeloupe, on mange beaucoup de poisson et de fruits de mer. La cuisine créole est épicée. La sauce colombo, par exemple, est à base de cumin, de poivre, de coriandre, de piment et de gingembre. L'une des spécialités de la Guadeloupe est « le colombo de cochon » : du porc cuit avec des épices, des aubergines, des courgettes, des pommes de terre et des mangues vertes.

**1 a** **Dans quelles sections de l'article allez-vous trouver les équivalents français des mots à droite (1–11)? Devinez.**

| | géographie | histoire | langues | carnaval | cuisine |
|---|---|---|---|---|---|
| **1** Caribbean Sea | | | | | |
| **2** Christopher Columbus | | | | | |
| **3** costume competition | | | | | |
| **4** fish | | | | | |
| **5** ginger | | | | | |
| **6** island | | | | | |
| **7** Lent | | | | | |
| **8** mango | | | | | |
| **9** seafood | | | | | |
| **10** spices | | | | | |
| **11** procession of floats | | | | | |

**1 b** **Trouvez dans l'article les équivalents français des mots de la liste (1–11).**

Exemple: **1** Caribbean Sea = la mer des Caraïbes

**2 a** **Vrai ou faux? Devinez avant de lire l'article en détail.**

1. La Guadeloupe est une île située dans l'océan Indien.
2. La Guadeloupe a un climat tropical.
3. C'est Christophe Colomb qui a découvert la Guadeloupe.
4. On parle français à la Guadeloupe.
5. Le carnaval de Guadeloupe commence au mois de mars.
6. On ne mange pas de poisson à la Guadeloupe.

**2 b** **Lisez le texte pour vérifier vos réponses à l'activité 2a.**

**2 c** **Corrigez les phrases fausses.**

# 2C L'hôtel ou le camping?

## Où est la salle à manger?

- ask and say where places are in a youth hostel or hotel
- use prepositions

***Plan de l'auberge de jeunesse***

**1** **Écoutez la discussion à l'auberge de jeunesse et répondez aux questions (1–6).**

**Exemple:** **1 à chaque étage.**

**1** Où sont les toilettes?
**2** Où sont les douches?
**3** Où est la salle de bains?
**4** Où se trouve la salle à manger?
**5** Où est le garage?
**6** Où se trouvent les dortoirs?

| Où est / Où se trouve | la salle à manger / la salle de bains? l'ascenseur / l'escalier / le garage? | | |
|---|---|---|---|
| Où sont / Où se trouvent | les douches / les dortoirs / les toilettes? | | |
| La salle de bains | est / se trouve | au | rez-de-chaussée. premier étage. deuxième étage. troisième étage. |
| Les dortoirs | sont / se trouvent | | |
| Est-ce qu'il y a un garage? | | | |

**2** **À deux. Regardez le plan de l'auberge de jeunesse en haut de la page. Posez cinq questions et répondez.**

**Exemple:** **A Où est la salle de bains?**
**B La salle de bains est au troisième étage.**

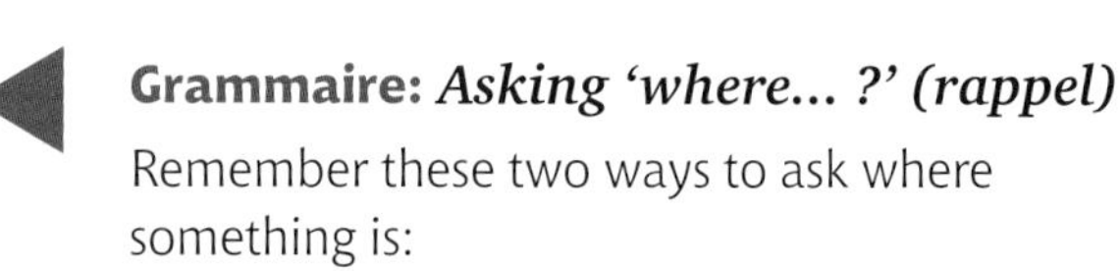

**Grammaire:** ***Asking 'where... ?' (rappel)***

Remember these two ways to ask where something is:

| singular | plural |
|---|---|
| *Où est... ?* | *Où sont... ?* |
| *Où se trouve… ?* | *Où se trouvent… ?* |

➤➤ p.202

**3** **Décrivez le plan de l'auberge de jeunesse. Où se trouvent les salles?**

**Exemple:** À l'auberge de jeunesse, la salle de bains se trouve…

**Grammaire: *Prepositions of place (rappel)***

Note and learn which prepositions take *du / de la / de l' / des*.

| | | |
|---|---|---|
| opposite<br>next to<br>on the right of<br>on the left of | *en face*<br>*à côté*<br>*à droite*<br>*à gauche* | *du / de la / de l' / des* |
| behind<br>in front of<br>between | *derrière*<br>*devant*<br>*entre* | *le / la / l' / les* |

**Exemples:**

*La salle à manger est* ***à côté de l'****ascenseur.*
*Le parking est* ***à gauche de l'****hôtel.*
*Le garage est* ***derrière l'****hôtel.*

➤➤ p.204

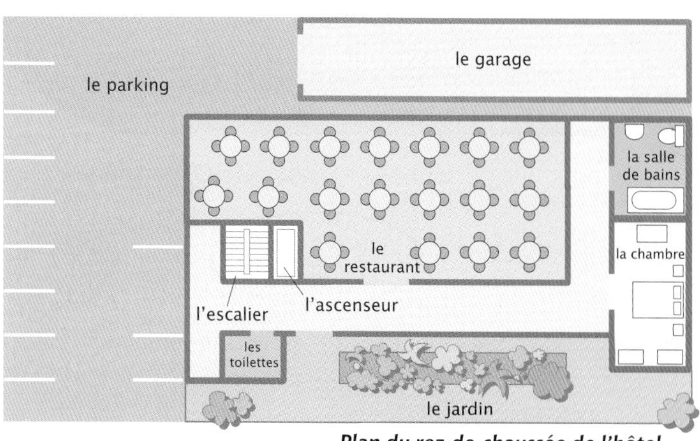


***Plan du rez-de-chaussée de l'hôtel***

## Hôtel des Sapins

Pour vous orienter: l'hôtel des Sapins vous offre un beau jardin qui se trouve derrière l'hôtel **(1)**. Vous avez à votre disposition un ascenseur, qui est situé entre le restaurant et l'escalier **(2)**. Pour les clients arrivant en voiture, il y a un garage derrière l'hôtel **(3)**. Il n'y a pas de chambres au rez-de-chaussée **(4)** mais vous trouverez des toilettes au rez-de-chaussée, en face de l'escalier **(5)**. Notre restaurant se trouve au premier étage, près des chambres **(6)**. Il y a un grand parking devant l'hôtel **(7)** et il y a un bar à côté du restaurant **(8)**.

**4**  **Regardez le plan du rez-de-chaussée de l'hôtel et la brochure sur l'hôtel des Sapins. Vrai ou faux? (1–8).**

**5** **À deux. Regardez le plan du rez-de-chaussée de l'hôtel. A donne une description, B devine l'endroit.**

Exemple:
**A** **Il est situé derrière l'hôtel.**
**B** **C'est le garage.**
**A** **Oui! Il se trouve entre…**

**6 a** **Trouvez dans la publicité pour les hôtels l'équivalent français de:**

1. a warm welcome
2. near to nature and the ocean
3. an idyllic holiday spot
4. its 33 bedrooms look out over the swimming pool
5. welcome you for relaxing moments
6. offers you our regional specialities

**6 b** **Identifiez l'hôtel: l'Escale ou Rivotel?**

1. C'est un hôtel trois étoiles.
2. C'est situé dans le centre d'un village.
3. Cet hôtel a un site Internet.
4. C'est la famille qui cuisine.
5. Cet hôtel n'a pas d'étoiles.
6. Ici on peut organiser des réunions.

**7** **Choisissez un hôtel de votre ville ou votre région et préparez une publicité pour cet hôtel. Cherchez sur Internet si possible.**

### L'ESCALE

**2, place des Tilleuls – La Noue**
**17740 SAINTE MARIE DE RÉ**
**Tél. 05 46 30 21 69**
**Fax 05 46 30 25 99**

Au cœur de Ste Marie, l'un des plus charmants villages de l'île, cet hôtel coquet et son restaurant vous offriront d'une part un accueil chaleureux et convivial et d'autre part une cuisine familiale du terroir et de la mer. Une grande partie des chambres surplombent un patio, baigné de la célèbre lumière de Ré, où vous aurez plaisir à vous retrouver, proche de la nature et de l'océan.

### RIVOTEL ☆☆☆

**154, avenue des Dunes**
**17940 RIVEDOUX PLAGE**
**Tél. 05 46 09 89 51**
**Fax 05 46 09 89 04**
**www.rivotel.com**
**e-mail: rivotel@wanadoo.fr**

Plein sud, face à la plage, cette demeure majestueuse constitue un lieu de vacances paradisiaque. Ses 33 chambres et suites ouvrent sur le grand large ou la piscine. Elles sont équipées de salle de bains, wc, télévision et tél. Salles de réunion et séminaire face à la mer, le bar et les terrasses vous accueillent pour vos moments de détente. Le restaurant, ouvert en saison, vous propose nos spécialités régionales, à déguster en terrasse face à l'océan.

# Avez-vous une chambre?

- book a hotel and campsite
- cope with unknown vocabulary
- write a formal letter

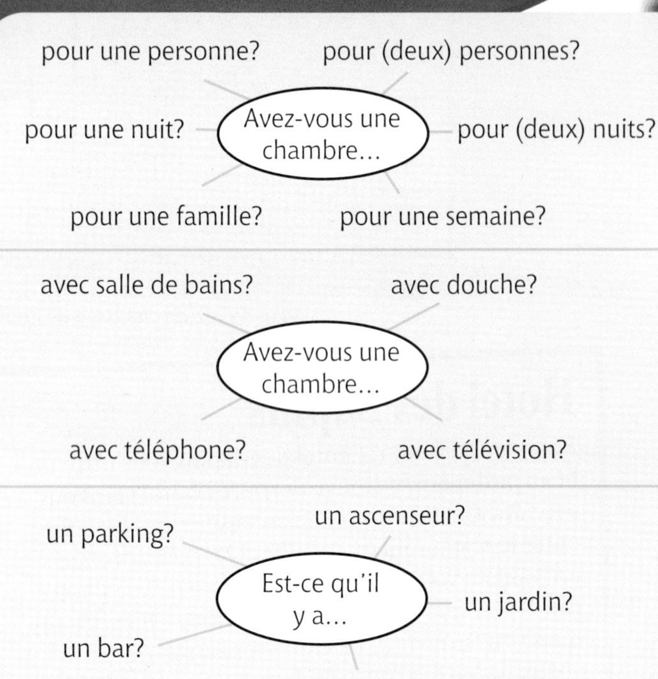

**1 a La réceptionniste d'un hôtel répond au téléphone. Écoutez et notez trois détails en français (chambre / date / prix) pour chaque conversation (1–5).**

Exemple: **1 chambre pour une personne, …**

| | |
|---|---|
| **Récept.:** | Hôtel Majestic, bonjour. |
| **Client:** | Ah, bonjour, madame. Je voudrais réserver une chambre pour une personne pour deux nuits, s'il vous plaît. C'est du 25 au 27 janvier. |
| **Récept.:** | Oui, il y a une chambre de libre. Vous voulez une chambre avec douche et téléphone? |
| **Client:** | Oui, s'il vous plaît. C'est combien, la chambre? |
| **Récept.:** | C'est 75 euros la nuit. |
| **Client:** | Est-ce que le petit déjeuner est compris? |
| **Récept.:** | Non, il y a un supplément de 25 euros pour le petit déjeuner. |
| **Client:** | Un supplément de 25 euros? Mais c'est vraiment trop cher, ça. Je pense que je vais chercher un autre hôtel. |
| **Récept.:** | Comme vous voulez, monsieur. |

**1 b *extra!* Réécoutez les cinq conversations et notez en anglais le problème.**

**2 À deux. Adaptez le dialogue de l'activité 1a.**

Exemple: **1 A Bonsoir, madame, je voudrais réserver une chambre pour une personne pour deux nuits. C'est pour les 7 et 8 juillet.**
**B Oui, bien sûr, une chambre avec douche et télévision?…**

1 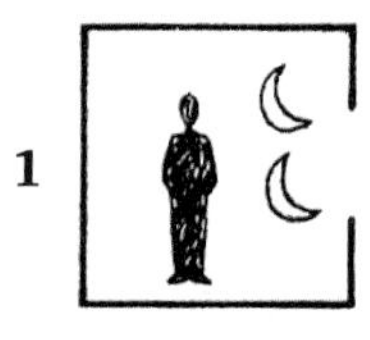 7–8 juillet  

2 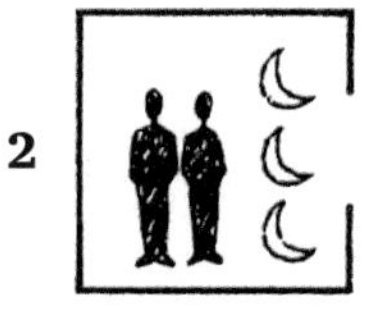 21–24 août  

**3 a Lisez la publicité pour le camping de l'Océan. Vrai, faux ou pas mentionné?**

1 La piscine ferme entre midi et deux heures.
2 La piscine est surveillée.
3 Il y a plus de 50 mobile homes.
4 Le supermarché est ouvert toute l'année.
5 On peut acheter des boissons alcoolisées au camping.
6 On peut aller à la plage à pied.
7 Il y a un musée à La Couarde.
8 On peut louer un bateau à La Couarde.

L'ambiance du **camping de l'Océan** est parfaite pour vos vacances à l'île de Ré. Nous avons 85 emplacements pour vos tentes et beaucoup de place pour vos caravanes. Nous vous offrons tout le confort avec les installations suivantes:

- Notre bar / restaurant (ouvert de neuf heures à minuit) vous permet de déjeuner ou de dîner dans une ambiance romantique.
- Vous pouvez commander des plats à emporter – moules-frites, pizzas, etc. (10h–22h)
- Notre piscine chauffée moderne est ouverte toute la journée et est surveillée par des maîtres-nageurs-sauveteurs qualifiés.
- Pour les jeunes, il y a une salle de jeux avec les jeux vidéos les plus récents.
- Vous pouvez louer des mobile homes (nous en avons 55).
- Notre supermarché est ouvert pendant toute la saison (mai–octobre) et vous propose un grand choix d'alimentation, vins fins et produits frais.

Le camping de l'Océan est situé à 100 mètres de la plage et à un kilomètre du village de La Couarde (avec marché, location de vélos et tous les commerces).

**Confirmez votre réservation dès aujourd'hui! Tél: 05 46 29 77 52**

## Stratégies! *Coping with unknown words*

- You can guess many of the words in the texts in activities 3 and 4 because they look like English words: *parfaite, mobile homes, saison, choix, produits, confirmez, réservation, handicapé, d'avance*
- Some you can work out from the context or because they are connected to a similar English word: *surveillée, commerces, fauteuil roulant*
- Others you might have to look up if you are unsure of the meaning: *emplacements, installations, plats à emporter, chauffée, maîtres-nageurs-sauveteurs, alimentation*

**3 b extra! Lisez encore la publicité pour le camping de l'Océan et répondez aux questions.**

1 À votre avis, est-ce que ce camping est bien pour ceux qui aiment les sports nautiques? Pourquoi?
2 À votre avis, est-ce qu'il est bien pour ceux qui n'aiment pas cuisiner? Pourquoi?
3 Est-ce que ce camping est bien pour les jeunes? Expliquez pourquoi.

## Stratégies! *Deducing*

Remember that Higher Level tasks often require you to deduce things from the text (see page 24). Make sure you read each question carefully and then look back to the text for related information.

**4 Lisez cette lettre de réservation. Écrivez une autre lettre. Inventez les détails.**

Je voudrais réserver (un emplacement).
Nous arriverons le (20 juillet).
Nous repartirons le (4 août).
Qu'est-ce que vous avez comme installations... ?

Monsieur,

Nous désirons passer deux semaines dans votre camping. Je voudrais donc réserver un emplacement pour une caravane. Nous arriverons le 20 juillet et nous repartirons le 4 août. J'ai plusieurs questions: est-ce qu'il y a de bons restaurants dans la région? Est-ce qu'il y a une piscine au camping?

Qu'est-ce que vous avez comme installations pour les personnes en fauteuil roulant, car notre fils (cinq ans) est handicapé?

Je vous prie de bien vouloir confirmer notre réservation.

D'avance, je vous remercie et je vous prie d'agréer, Monsieur, mes meilleures salutations.

*Vincent Malherbe*

# La douche est froide!

- complain in a hotel
- use negatives
- expand language in role-plays

## Les problèmes des hôtels de vacances!

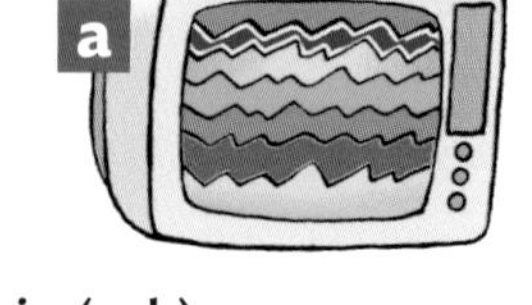

**1 a** 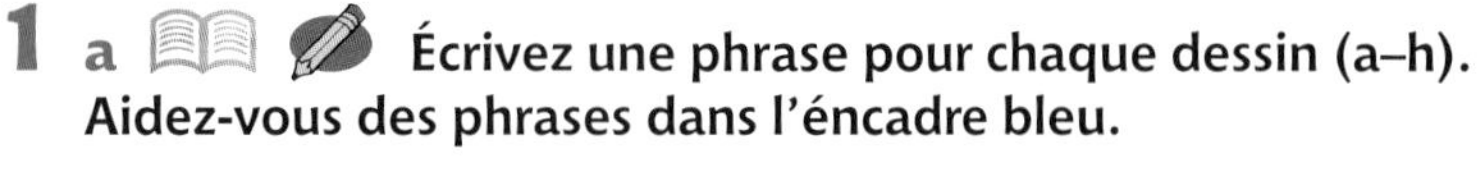 **Écrivez une phrase pour chaque dessin (a–h). Aidez-vous des phrases dans l'encadre bleu.**

Exemple: **a** La télévision ne marche pas!

**1 b** **Recopiez et complétez les phrases.**

Exemple: **1** Je ne peux pas regarder mon feuilleton préféré, parce que la télévision ne marche pas.

1. Je ne peux pas regarder mon feuilleton préféré, parce que…
2. Je n'ai pas envie d'utiliser les toilettes, parce que…
3. Je ne peux pas dormir, parce qu'…
4. Je ne peux pas téléphoner à ma femme parce que…
5. Je ne peux ni lire ni écouter les informations, parce qu'… et…
6. Il est impossible de prendre une douche, parce que… et… et... !
7. Il fait très froid dans la chambre, parce que…
8. Je voudrais un gin-tonic, mais c'est impossible, car…

La chambre est sale.
La douche / l'eau est froide.
Les toilettes sont sales.
La télévision / Le chauffage / Le minibar... ne marche pas.
Le téléphone est en panne.
Il n'y a pas de... serviette / savon / gel douche / radio / journal.
Il y a trop de bruit.
C'est... intolérable / inacceptable / insupportable / scandaleux.

**2** **Écoutez la cliente de l'hôtel Royal et choisissez la bonne réponse.**

Exemple: **1 un hôtel**

1. La dame est dans un hôtel / une auberge de jeunesse / un camping.
2. Elle est seule / avec son mari / avec son fils.
3. Dans la chambre, il y avait deux petits lits / un grand lit / un petit lit.
4. Il n'y avait pas de toilettes / téléphone / serviettes.
5. La douche était froide / chaude / en panne.
6. La télé était en panne / couleur / noir et blanc.
7. Au restaurant, ils ont tout / ont beaucoup / n'ont rien mangé.
8. La serveuse était polie / impolie / insupportable.
9. La dame a recommandé / va recommander / ne va pas recommander l'hôtel à ses amis.
10. Le patron de l'hôtel pense que c'est raisonnable / inacceptable / acceptable.

**3 a** **À deux. Jouez plusieurs conversations. Inventez deux problèmes pour chaque conversation.**

Exemple: **A Monsieur / Madame, j'ai un problème. La chambre est sale et la télé est en panne. C'est intolérable!**
**B Excusez-moi, monsieur / madame...**

### Stratégies! *Being more creative with role-plays*

**3 b** extra! ***Try to introduce some 'extra' language into your role-plays. Do activity 3a again, but with the hotel employee being casual or impolite, saying C'est pas grave or Tant pis ('Too bad'). How will you respond? Some ideas:***

- *Je voudrais parler au directeur.* – I'd like to speak to the manager.
- *Quel est votre nom?* – What's your name?
- *Je voudrais une autre chambre.* – I'd like another room.

**Grammaire:** ***Negatives***

| | | |
|---|---|---|
| *ne… pas* | general negative | *Il **n'**y a **pas** de serviettes.* |
| *ne… plus* | no more | *Il **n'**y a **plus** de savon.* |
| *ne… jamais* | never | *Je **ne** recommanderai **jamais** votre hôtel.* |
| *ne… rien* | nothing | *On **n'**a **rien** mangé.* |
| *ne… que* | only | *Il **n'**y a **qu'**une bouteille dans le minibar.* |
| *ne… ni… ni…* | neither… nor | *Il **n'**y a **ni** savon, **ni** serviettes.* |

- Remember that *du / de la / des / un / une* change to *de* or *d'* after negatives:
  *Il y a **des** serviettes. – Il n'y a pas **de** serviettes.*
  *J'ai **une** radio. – Je n'ai pas **de** radio.*
- In the present, imperfect and future tenses, the two parts of the negative go around the verb.
- In the perfect tense, the two parts usually go round the form of *avoir* or *être*. ➤➤ p.202

## 4 Écrivez les phrases au négatif.

**Exemple:** **1** Je n'ai pas pu prendre de douche, parce qu'il n'y avait pas de serviette.

1. J'ai pu prendre une douche, parce qu'il y avait une serviette. (ne… pas, ne… pas)
2. J'ai vu un hôtel comme ça! (ne… jamais)
3. Il y avait un téléphone. (ne… pas)
4. On a mangé. (ne… rien)
5. J'ai bu. (ne… rien)
6. Je vais passer une nuit dans cet hôtel. (ne… jamais)
7. Il y a de la bière dans le minibar. (ne… plus)
8. J'ai un journal dans ma chambre. (ne… pas)

## 5 Lisez la lettre de Céline Denis et répondez aux questions.

1. Combien de nuits Mme Denis a-t-elle passé à l'hôtel Royal?
2. Est-ce qu'elle était seule?
3. Décrivez le premier problème.
4. Qu'est-ce qui n'allait pas dans la salle de bains? (trois choses)
5. Il y avait un autre problème dans la chambre. Qu'est-ce que c'était?
6. Pourquoi le repas était-il immangeable?
7. Quel était l'autre problème?
8. Qu'est-ce que Mme Denis demande comme compensation?

Monsieur,

La semaine dernière, mon mari et moi avons passé une nuit très désagréable dans votre hôtel "Royal".

Nous avions réservé une chambre double, mais nous avons été étonnés de ne trouver qu'un petit lit dans la chambre. Je dois vous avouer que je n'ai pas dormi du tout.

En entrant dans la salle de bains, nous avons tout de suite remarqué qu'il n'y avait ni savon ni serviettes. En plus, la douche était froide et dans la chambre, la télévision ne marchait pas.

Nous sommes descendus manger dans votre restaurant, mais le repas était très décevant. D'abord, nous avons attendu pendant une heure. Ensuite, quand le repas est arrivé, il était immangeable, car la viande n'était pas cuite. Quand je me suis plainte à la serveuse, elle a répondu: "Ce n'est pas de ma faute, le chef a trop bu." C'était incroyable!

Nous voulons être remboursés immédiatement, et je peux vous assurer que nous ne recommanderons pas l'hôtel "Royal" à nos amis.

Je vous prie d'agréer, monsieur, l'assurance de mes sentiments distingués.

Céline Denis

## 6 Écrivez une lettre. Décrivez un séjour désagréable dans un hôtel, une auberge de jeunesse ou un camping. Donnez des détails.

**Stratégies!** ***Writing skills***

- Use texts in the book to help you do your own writing (see page 39).
- Make a list of phrases from Céline Denis's letter in activity 5 that you can use and adapt.
- Check that your perfect and imperfect tense verbs are accurate.
- Use *c'était* + adjective to describe what things were like.

**Grammaire:** ***Using the imperfect***

When talking about problems in the past, the imperfect tense is normally used:

*La douche **était** froide.* *Il n'y **avait** pas de…*
*La télé ne **marchait** pas.* *C'**était** affreux.* ➤➤ p.200

# Jeu de rôles

**À deux, puis changez de rôles.**

**1 You are at a hotel reception, asking where things are. A is the receptionist and starts.**

**A**
- Je peux vous aider?
- Au rez-de-chaussée. Vous voulez dîner ce soir?
- Je vous réserve une table pour quelle heure? Pour combien?
- D'accord. C'est noté.
- Il n'y en a pas. Je suis désolé(e).

**B**
- restaurant: où?
- ✔
- !
- activités dans l'hôtel?

**2 You telephone to book a hotel room. A is the receptionist and starts.**

**A**
- Allô, hôtel Valencia.
- Pour quelle date?
- Oui, nous avons une chambre de libre.
- Pas de problème. Vous préférez avec vue sur la mer?
- C'est d'accord. Au revoir, monsieur/madame.

**B**
- chambre, personnes, nuits
- !
- détails de la chambre
- vue sur la mer / sur la ville; pourquoi

**3 You are complaining to the hotel manager about a problem with your room. A is the manager and starts.**

**A**
- Je peux vous aider?
- Quel est le problème exactement?
- Je vais envoyer quelqu'un. J'espère qu'il n'y a pas d'autre problème?
- Je suis vraiment désolé(e). Qu'est-ce qu'on peut faire?
- Pas de problème!

**B**
- problème: où
- deux détails du problème
- problème avec repas + détails
- !

## Sommaire *Now you can:*

- **ask where places in a hotel or youth hostel are:** *Où est (la salle à manger / l'ascenseur?) Où se trouvent (les douches / les dortoirs)? Est-ce qu'il y a (un garage)?*
- **say where those places are:** *Le restaurant est au (rez-de-chaussée / premier étage). L'ascenseur est (en face / à côté) de la salle à manger.*
- **ask for a room:** *Avez-vous une chambre pour (trois) nuits?*
- **book a room in a hotel:** *Je voudrais réserver (une chambre double) (pour deux personnes) (pour trois nuits). Nous arriverons le (20 juillet). Nous repartirons le (4 août).*
- **describe the room you'd like:** *Je voudrais une chambre (avec douche / télévision).*
- **write a letter to book a space in a campsite:** *Je voudrais réserver un emplacement.*
- **ask what facilities there are:** *Est-ce qu'il y a (un restaurant / un parking)? Qu'est-ce que vous avez comme installations... ?*
- **complain about poor standards:** *La télévision est en panne. Il n'y a pas de serviette. Le chauffage ne marche pas. Il y avait trop de bruit. L'eau était froide.*

## Stratégies! *Role-plays*

- Each role-play in the exam will contain one part where you have to respond to something unexpected (shown by !).
- You can try to predict what this might be from the context, e.g. in a hotel situation, you might be asked for your name (and perhaps how to spell it), how many nights and people, and when you will arrive.
- Remember that this is not exactly the same as what you are doing here, because you are currently working with a partner, not your examiner. So be alert!

# Où dormir à l'île Maurice?

## Prix modérés à moyens

**Chez Jacques:** *Tamarin*. Troisième maison à gauche après l'épicerie. Tél: 483 64 45. Prix: 400 Rs* (=16€) pour une chambre double. À 200 mètres de la plage. Chambres très simples avec salle de douche et coin cuisine. Location de planches de surf et de vélos.

**Noix de coco:** *Pointe d'Esny*. Tél: 631 99 87. Prix: entre 1200 et 1500 Rs* (= entre 48 et 60€) pour deux personnes, petit déjeuner compris. Petite pension avec quatre chambres confortables, toutes avec salle de bains. Deux chambres ont une très belle vue sur la mer. La plage est au bout du jardin. Possibilité de dîner ou de préparer son repas dans la cuisine commune.

## Plus cher

**Villas Caroline:** *Flic en Flac*. Tél: 453 84 11. Dans le centre de Flic en Flac, juste en face de la plage. Prix: environ 2 000 Rs* (= 80€) pour deux personnes, petit déjeuner compris. Calme et agréable. Chambres avec vue sur la mer. Deux restaurants (l'un avec spécialités indiennes). Plage superbe: terrain de volley, kayaks, pédalos, club de plongée.

## Le luxe!

**Le Paradis Hôtel:** *Le Morne*. Tél: 450 50 50. Prix: entre 10 000 et 22 600 Rs* (= entre 400 et 904€) pour une chambre double en demi-pension. 280 chambres. Environnement de rêve: belle plage et extraordinaire lagon turquoise. Très grande piscine, golf et casino, quatre restaurants.

*Rs = Roupies

**1** Trouvez l'équivalent français de:

1 where to sleep
2 Mauritius
3 moderate to average prices
4 more expensive
5 luxury
6 breakfast included
7 sea view
8 communal kitchen
9 opposite the beach
10 diving
11 half-board

**2** C'est quel endroit: Chez Jacques? Noix de coco? Villas Caroline? Le Paradis Hôtel?

1 On peut jouer au volley sur la plage.
2 Les clients partagent la cuisine.
3 Ce n'est pas loin de l'épicerie.
4 Il y a beaucoup de chambres.
5 C'est dans le centre-ville.
6 On peut louer des vélos.
7 Il y a quatre chambres.
8 Il y a un casino.

**3** Trouvez un hôtel pour chaque personne.

"On voudrait une petite pension confortable et sympa, avec peut-être une belle vue sur la mer. On cherche quelque chose de pas trop cher, mais on préfère une chambre avec salle de bains." Mona

"Je cherche un grand hôtel avec une plage, une piscine et des restaurants. Le prix n'est pas important (je viens de gagner à la loterie!)" Philippe

*"Je pars à l'île Maurice avec ma copine. On cherche un hôtel agréable, près de la plage car on aime nager, jouer au volley et se bronzer. On n'aime pas les hôtels de luxe, mais ma copine aime bien les bons restaurants (elle adore la cuisine indienne). Moi, je voudrais faire de la plongée." Boris*

***"Nous adorons le surf et nous partons 15 jours à l'île Maurice. Nous n'avons pas beaucoup d'argent et nous cherchons une chambre simple, pas chère, avec un endroit pour préparer nos repas." Alex***

# 2D Sortir

## Je prends un sandwich

- order food and drink in a café

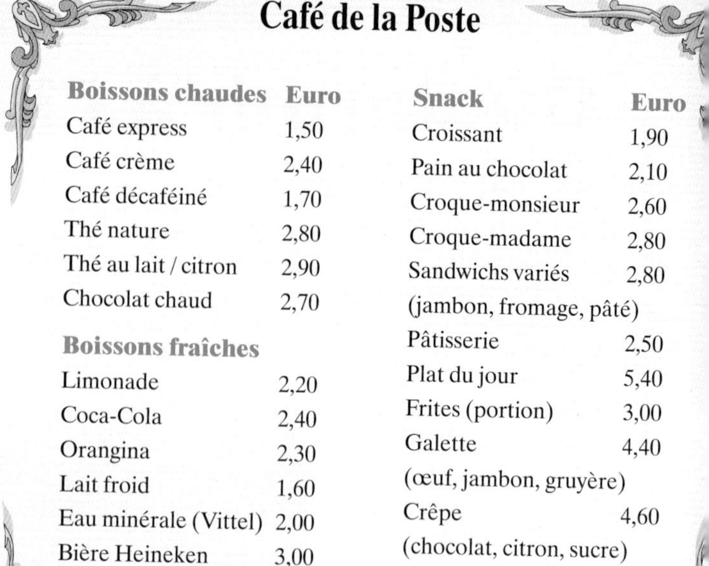

**Café de la Poste**

| Boissons chaudes | Euro |
|---|---|
| Café express | 1,50 |
| Café crème | 2,40 |
| Café décaféiné | 1,70 |
| Thé nature | 2,80 |
| Thé au lait / citron | 2,90 |
| Chocolat chaud | 2,70 |

| Boissons fraîches | |
|---|---|
| Limonade | 2,20 |
| Coca-Cola | 2,40 |
| Orangina | 2,30 |
| Lait froid | 1,60 |
| Eau minérale (Vittel) | 2,00 |
| Bière Heineken | 3,00 |

| Snack | Euro |
|---|---|
| Croissant | 1,90 |
| Pain au chocolat | 2,10 |
| Croque-monsieur | 2,60 |
| Croque-madame | 2,80 |
| Sandwichs variés (jambon, fromage, pâté) | 2,80 |
| Pâtisserie | 2,50 |
| Plat du jour | 5,40 |
| Frites (portion) | 3,00 |
| Galette (œuf, jambon, gruyère) | 4,40 |
| Crêpe (chocolat, citron, sucre) | 4,60 |

SERVICE 13,44% INCLUS

Toutes nos crêpes et nos galettes sont fabriquées à la commande.

Nous acceptons les cartes: Bleue, Visa, Mastercard, American Express

**1** Lisez et écoutez Nicolas et Émilie. Notez les commandes et le prix total pour chaque personne.

**Nicolas:** Alors, Émilie, qu'est-ce que tu prends à manger?
**Émilie:** Hmm, il y a un grand choix. Je prends… un croque-monsieur. Et toi?
**Nicolas:** Moi, je prends un sandwich au jambon. Non, un sandwich au fromage.
**Émilie:** Et qu'est-ce que tu prends à boire?
**Nicolas:** Moi, je prends un café crème. Et toi, Émilie?
**Émilie:** Moi, j'ai soif. Je préfère une boisson fraîche. Je voudrais un coca.
**Nicolas:** Tu veux une crêpe après?
**Émilie:** Ben, pourquoi pas? Je prends une crêpe au chocolat.

**2** À deux. Adaptez la conversation de l'activité 1. Regardez la carte du Café de la Poste et choisissez ce que vous voulez manger et boire. Faites deux ou trois dialogues.

Exemple:
**A** Alors, qu'est-ce que tu prends à manger?
**B** Je crois que je prends une portion de frites. Et toi?
**A** Moi, je prends un sandwich au jambon…

### Stratégies! extra! *Natural conversations*

Make your conversations more natural by including 'fillers' like *ben, alors, bon, peut-être, je ne sais pas, attends, tiens, allez*, etc.

| Qu'est-ce que tu prends / vous prenez | | à manger / à boire? |
|---|---|---|
| Je prends | un | sandwich (au fromage) / croque-monsieur / croissant / pain au chocolat / steak-frites. |
| | une | portion de frites / crêpe (au chocolat). |
| | un | thé (nature / au lait / citron). café (express / crème / déca). chocolat chaud / coca / Orangina / lait froid. |
| | une | limonade / eau minérale / bière. |
| Qu'est-ce que c'est, le plat du jour? | | |
| Qu'est-ce que vous avez comme (sandwichs)? | | |

**3** Écoutez les conversations au café (1–5) et notez les commandes. Puis regardez la carte et calculez le prix total pour chaque commande.

Exemple: **1** croque-monsieur 2€,60, plat du jour (steak-frites)…
Prix total: …

# Vous désirez?

- order more food and drink
- ask and adapt questions
- cope with unknown vocabulary

**Grammaire:** ***Asking questions***

| | | |
|---|---|---|
| *Qu'est-ce que... ?* | What... ? | *Qu'est-ce que vous désirez?* |
| *Qu'est-ce que c'est... ?* | What is... ? | *Qu'est-ce que c'est, le plat du jour?* |
| *Qu'est-ce qu'il y a... ?* | What is there... ? | *Qu'est-ce qu'il y a à manger?* |
| *Qu'est-ce que vous avez... ?* | What have you got... ? | *Qu'est-ce que vous avez comme boissons?* |
| *Avez-vous... ?* | Have you got... ? | *Avez-vous des sandwichs?* |
| *Où... ?* | Where... ? | *Où sont les toilettes?* |
| *Qui... ?* | Who... ? | *Qui veut un coca?* |
| *Combien?* | How much? | *C'est combien?* |

➤➤ p.202

**1** **À deux. Combien de questions pouvez-vous poser en trois minutes?**

A pose les questions. B invente les réponses. Puis changez de rôles.

Exemple: **A Qu'est-ce que c'est, le plat du jour?**
**B C'est le steak-frites.**

## Stratégies! *Coping with unknown vocabulary*

When tackling a text, first read it through quickly, to establish what it is about. Then read it again, in more detail. Use the following strategies:

- Work out the meaning of those words that look like English words.
- Try to make sensible guesses of other words from the context / the rest of the sentence.
- Only use your dictionary or glossary to look up words you don't know or can't guess.

**2 a** **Lisez le texte et reliez les moitiés de phrases.**

| | |
|---|---|
| **1** Le couple vient | depuis 100 ans. |
| **2** Toni et Pierre ont acheté le café | dans le miroir. |
| **3** Le café existe | les bateaux en bouteille. |
| **4** Ils ont trouvé l'arrière du bar | en 1994. |
| **5** Ils ont acheté le miroir | aux États-Unis. |
| **6** Il y a toujours une balle de révolver | au Texas. |
| **7** Pierre collectionne | des États-Unis et de France. |

**2 b** extra! ***What would you say (in English) to describe this café to a friend and encourage him / her to visit it?***

## Le Café du Commerce: À la découverte du Nouveau Monde

Toni et Pierre, couple américano-français, ont sélectionné un grand nombre d'objets originaux pour personnaliser leur établissement afin que vous vous y sentiez bien, décontracté et heureux.

"Nous avons acheté le Café du Commerce en 1994. Situé dans notre village de Ré favori, le café existe depuis un siècle. Nous y avons apporté une décoration très originale. C'est à Boston que nous avons trouvé l'arrière du bar. C'est l'ancien "Ice Cream Bar" d'un drugstore des années 1900. Les deux miroirs proviennent d'un vieux "Western Saloon" d'El Paso au Texas. Demandez au barman de vous montrer la balle de révolver encore logée dans le verre. Découvrez les salles et observez l'importante collection de bateaux en bouteille dont certains furent exécutés par le patron."

Toni et Pierre Olivier

# Je voudrais réserver une table

- plan and order a meal in a restaurant
- use disjunctive pronouns
- respond positively in different ways

**1 a Le restaurant Caprice reçoit quatre appels téléphoniques. Écoutez, puis recopiez et complétez la fiche pour chaque conversation (1–4).**

| | |
|---|---|
| **Restaurateur:** | Bonjour, le restaurant Caprice. |
| **M. Letort:** | Ah, bonjour. Je voudrais réserver une table chez vous. |
| **Restaurateur:** | Avec plaisir, monsieur. C'est pour aujourd'hui? |
| **M. Letort:** | Non, c'est pour samedi soir, s'il vous plaît. |
| **Restaurateur:** | Excellent. Alors, … le samedi 14 septembre. Et pour combien de personnes? |
| **M. Letort:** | C'est pour cinq personnes, s'il vous plaît. |
| **Restaurateur:** | D'accord, monsieur, pas de problème. À quelle heure désirez-vous dîner? |
| **M. Letort:** | À huit heures, si possible. |
| **Restaurateur:** | Ah non, je regrette, il n'y a pas de table libre à huit heures. À neuf heures, ça va. |
| **M. Letort:** | D'accord. |
| **Restaurateur:** | Bon. Et c'est à quel nom? |
| **M. Letort:** | C'est Letort… L–E–T–O–R–T. |
| **Restaurateur:** | Voilà, merci beaucoup, M. Letort. Nous vous attendons samedi alors. |
| **M. Letort:** | Oui, à samedi. |

RESTAURANT CAPRICE
Fiche de Réservation

Jour: samedi
Date:
Midi / Soir:
Nombre de personnes:
Heure:
Nom:

Je voudrais réserver une table.

| | |
|---|---|
| C'est pour quel jour? | C'est pour (lundi). |
| C'est pour combien de personnes? | Pour (cinq) personnes). |
| À quelle heure? | À (huit heures). |
| C'est quel nom? | |

**1 b *extra!* Réécoutez. Pour chaque conversation, notez le problème en anglais.**

**2 a Lisez le mail de Paolo Ricardo et répondez en anglais.**

1 What is the special occasion?
2 Where does the family want to sit?
3 What particular request does Paolo Ricardo have?

De: ricardo243@hotmail.com
À: info@restaurantcaprice.tiscali.fr
Objet: Réservation

Nous désirons dîner chez vous à l'occasion de l'anniversaire de notre fils, qui va avoir 12 ans. Je voudrais, si possible, réserver une table pour le dimanche 25 octobre, à partir de huit heures du soir. Nous avons besoin d'une table pour six personnes au nom de RICARDO. Nous préférons une table dans un coin non-fumeurs, si c'est possible. Une dernière question: pourriez-vous préparer un gâteau d'anniversaire?

En attendant votre réponse,

Paolo Ricardo

**2 b Écrivez un mail. Adaptez le mail de Paolo Ricardo. Inventez les détails.**

**Stratégies! *Different ways of responding***

There are lots of ways to respond positively:
*bien sûr* – of course
*avec plaisir* – with pleasure
*pas de problème* – no problem
*d'accord* – okay (used very frequently)

You may also have to respond to a problem:
*Non, je préférerais…*
*Oui, ça va, mais je voudrais…*
*Non, je suis désolé(e), mais ce n'est pas possible.*
*Attendez, je dois vérifier…* – Wait, I'll have to check.

**3 À deux. Inventez trois conversations pour réserver une table. Adaptez les conversations de l'activité 1.**

**4** **Émilie et sa famille sont au restaurant. Regardez la carte, écoutez, recopiez et complétez la grille.**

| | Entrée | Plat principal |
|---|---|---|
| Émilie: | salade de tomates | poulet rôti |
| Clément: | | |
| Anne: | | |
| Maman: | | |
| Papa: | | |

La carte, s'il vous plaît.
On peut commander?
Pour commencer, je prends... / je vais prendre...
Pour moi / nous, (une salade).
Et pour toi / vous?
pour commencer / comme entrée
comme plat principal
comme dessert
comme boisson

**RESTAURANT CAPRICE**

**CARTE**

| **Entrées** | |
|---|---|
| *Champignons grillés* | 4€,50 |
| *Assiette de saumon fumé* | 10€,30 |
| *Salade de tomates* | 4€,00 |
| *Pâté maison* | 4€,20 |
| *Sardines grillées* | 6€,60 |
| *Œuf mayonnaise garni* | 3€,80 |
| *Soupe de poissons* | 7€,20 |
| *Moules marinière* | 8€,00 |
| **Plats principaux** | |
| *Steak au poivre, frites* | 15€,60 |
| *Poulet rôti, légumes* | 14€,50 |
| *Spaghettis à la sauce tomate* | 13€,95 |
| *Plateau de fruits de mer (sur commande)* | 55€,00 |
| *Hamburger pur bœuf, sauce gruyère, frites* | 8€,50 |
| *Côtelettes d'agneau* | 16€,00 |
| *Assiette de langoustines* | 14€,60 |
| **Desserts** | |
| *Glace (fraise, vanille, chocolat) – la boule* | 1€,60 |
| *Crème caramel* | 7€,70 |
| *Tarte aux pommes, chantilly* | 8€,40 |
| *Coupe de fraises au sucre* | 5€,50 |

**5** **À quatre. Utilisez la carte du restaurant Caprice pour inventer des dialogues.**

Exemple:
**A** **Qu'est-ce que vous prenez comme entrée?**
**B** **Pour commencer, je prends les sardines.**
**A** **Et après ça?**
**B** **Comme plat principal, je voudrais les spaghettis à la sauce tomate.**
**A** **Et qu'est-ce que vous voulez comme dessert?**
**B** **Comme dessert, je voudrais la crème caramel, s'il vous plaît.**
**A** **Et pour vous?**
(Continuez avec deux autres personnes)

In a French restaurant, it's often more economical to order a fixed price menu: *le menu à (15) euros*. This gives you three or four courses, often including cheese. But when asking to see the menu, ask for *la carte*, not *le menu*.

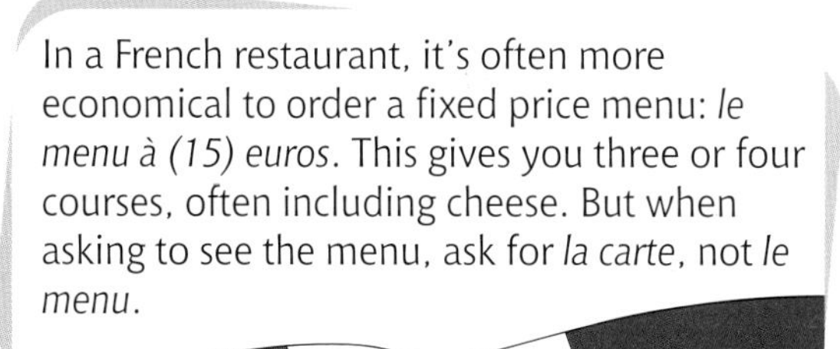

**6** extra! ***Imagine you are writing to a friend about a special meal out you have had with your family. Use the perfect tense (j'ai pris...) and don't forget to include opinions:*** **C'était (délicieux). Mon père n'a pas aimé...**

**Grammaire:** ***Disjunctive pronouns***

You may need to use disjunctive pronouns when ordering food for you and other people.

*pour* **moi** – for me   *pour* **toi** – for you
*pour* **lui** – for him   *pour* **elle** – for her
*pour* **nous** – for us   *pour* **vous** – for you
*pour* **eux** – for them (masculine)
*pour* **elles** – for them (feminine)

These forms are also used with any preposition: *chez* and *avec*, for example. ➤➤ p.197

**7** **Complétez les phrases avec un pronom de la liste.**

1. Théo et Marine, voici un cadeau pour...
2. Où est Nicolas? J'ai quelque chose pour...
3. Où sont les enfants? J'ai une boisson pour...
4. Où habite Sandrine? Je vais dîner chez...
5. Appelle Marie et Jeanne: j'ai une lettre pour...
6. Mehdi et Carole? Oui, on va au restaurant avec...

# Je n'ai pas de fourchette!

- make a complaint in a restaurant
- use the imperfect of *être*

**1 a** **Choisissez une phrase (1–9) pour chaque dessin (a–i).**

Exemple: **a 3 Le steak n'est pas assez cuit!**

**1 b** **Complétez les phrases.**

Exemple: **1** Le steak n'est pas assez cuit!

1 … Il est saignant.
2 J'ai une fourchette, mais…
3 J'ai un couteau, mais… !
4 … Regardez la couleur de cette laitue!
5 … Je ne peux pas la prendre pour manger mon dessert.
6 Il y a du poivre, mais…
7 … Pourriez-vous le faire réchauffer?
8 … Elle n'a pas été lavée.
9 … Je ne peux pas le couper.

**2 a** **Émilie et sa famille ont fini leur dîner. Écoutez et complétez les phrases.**

Exemple: **1 fraîche**

1 La salade de tomates n'était pas …
2 Le poulet était …
3 Il y avait du … dans les champignons.
4 Le hamburger était …
5 Le steak était …
6 M. Letort se sent déjà …

**2 b** *extra!* **Réécoutez et répondez en anglais.**

1 Why is Émilie especially disappointed?
2 What is the particular problem with Clément?
3 What is the waiter's attitude?
4 What is M. Letort's final request?

| | | |
|---|---|---|
| Le hamburger / le steak / le poulet | est | froid / dur / saignant. |
| | n'est pas | bon / assez cuit / assez chaud. |
| La salade | n'est pas | fraîche / bonne. |
| Les champignons | ne sont pas | chauds / frais. |
| Les langoustines | ne sont pas | fraîches. |
| J'ai trouvé (du jambon) dans (les champignons). | | |
| Ma cuillère / Mon assiette / Mon verre | est | sale. |
| Je n'ai pas de | fourchette / couteau / cuillère. | |
| Il n'y a pas de | sel / poivre / vinaigre / mayonnaise. | |
| Je ne suis pas satisfait(e). Je veux être remboursé(e). | | |

**3** **À deux. Inventez cinq conversations différentes.**

Exemple:
**A Vous avez un problème?**
**B Oui, le steak n'est pas assez cuit, et, en plus, je n'ai pas de couteau.**
**A Oh, excusez-moi, madame / monsieur.**
**B C'est intolérable! Je ne suis pas satisfait du tout!**

When you do speaking tasks, try to expand the simple dialogues by adding extra comments or responding unexpectedly.

**Grammaire:** ***The imperfect of* être *(rappel)***

Use the imperfect tense of *être* to describe how things were in the past:

| | |
|---|---|
| *j'étais* | *nous étions* |
| *tu étais* | *vous étiez* |
| *il / elle / on était* | *ils / elles étaient* |

➤➤ p.200

**4** **Recopiez et complétez le texte avec l'imparfait du verbe *être*.**

**Exemple:** **1** était

Monsieur

Notre repas chez vous ce soir ... (1) affreux. Le poisson ... (2) froid, et, en plus, le steak ... (3) saignant et le poulet n'... (4) pas bien cuit. Je n'... (5) pas satisfait, mais la serveuse n'a rien fait pour aider! Il y avait aussi un problème avec la salade, qui n'... (6) pas fraîche. Le hamburger que j'avais commandé ... (7) dur, et pour terminer, les champignons n'... (8) pas chauds. Nous ... (9) très déçus et nous avons essayé de vous parler, mais vous n'... (10) pas là.

**5 a** **Recopiez et complétez l'article *Le restaurant Caprice* avec les mots de la liste.**

**Exemple:** **1** **anniversaire**

| | | |
|---|---|---|
| réservé | fraîche | froid |
| impossible | fraîches | |
| chaud | frais | poulet |
| excellent | végétarien | |
| anniversaire | affreux | |
| rouge | jambon | dur |

## *Le restaurant Caprice: le pire restaurant de France? Lisez notre interview avec Émilie Letort.*

**Alors, j'étais très contente, parce que c'était mon ... (1) et Papa avait ... (2) une table au restaurant Caprice, mais le repas était ... (3). Pour commencer, la salade de tomates n'était pas ... (4) , et le poulet était ... (5) . Mon pauvre frère Clément a commandé les champignons grillés, mais il y avait du ... (6) dedans! Il était très déçu, car il est ... (7) . Le hamburger de ma sœur Anne était ... (8) à manger, parce qu'il était trop ... (9) . Pauvre maman, elle avait commandé un steak bien cuit, mais il était tout ... (10) , et Papa a été malade car les langoustines n'étaient pas ... (11) . L'année prochaine, j'espère qu'on choisira un meilleur restaurant!**

**5 b** **Lisez la réponse de M. Baladier et répondez en anglais.**

1. What claim does M. Baladier make about his restaurant?
2. What attitude does he take to the incident?
3. What is his explanation?
4. What does he suggest?

**Nous avons donné à M. Laurent Baladier, patron du restaurant Caprice, le droit de répondre aux plaintes de la famille Letort. Voici sa réponse:**

**"Le restaurant Caprice est un établissement d'une qualité et d'une réputation impeccables. La famille Letort a passé une soirée décevante, et j'en suis désolé. Malheureusement, ce soir-là, notre chef de cuisine était malade et la cuisinière était en panne. À titre de compensation, j'invite toute la famille à dîner gratuitement chez nous et je suis sûr que, cette fois-ci, ils seront ravis."**

**6** *extra!* **Écrivez une lettre à un restaurant où vous avez mal mangé: vous avez eu des problèmes avec trois plats, avec les couverts (assiettes, etc.), avec le prix et le service. Demandez une compensation.**

**Exemple:** Monsieur, J'ai dîné dans votre restaurant...

Use the texts in activities 4 and 5a to find useful phrases you can adapt.

# J'ai fait de la planche à voile

- talk about holiday activities
- use the perfect tense
- develop writing skills

*Pendant les vacances, je suis allé à la plage tous les jours. C'était génial, car j'ai retrouvé mes amis et on a joué au volley. Le soir, je suis allé en boîte mais c'était archi-nul, parce que le DJ passait de la musique démodée. De temps en temps, j'ai joué aux cartes avec mes parents dans la caravane, mais c'était un peu barbant.*

**Mehmet**

Moi, je m'intéresse au sport et j'en ai fait beaucoup pendant les vacances. J'ai fait de la voile et de la planche à voile. La côte Atlantique est parfaite pour les sports nautiques, et c'était vraiment passionnant, surtout quand la mer était agitée. J'ai aussi fait du ski nautique, mais j'ai trouvé ça difficile et énormément cher. Quelquefois, j'ai joué au tennis; c'était bien.

**Nicolas**

Moi, j'ai fait beaucoup de shopping. C'était génial, j'adore le shopping, et j'ai trouvé plein de bonnes occasions dans les boutiques. Une fois, j suis allée au cinéma, mais c'était affreux parce que c'était un film pour les enfants Parfois, le soir, j'ai joué aux boules avec mes parents. C'était plus intéressant que je croyais, et j'ai gagné!

**Émilie**

a b c d e f g h i

**1**  **Lisez les trois bulles et écrivez une phrase pour chaque dessin (a–i).**

**Exemple:** **a** ski nautique – Nicolas a fait du ski nautique, mais il a trouvé ça difficile et énormément cher.

Change the verbs in the text from the 1st person (*je* form) to the 3rd person (*il / elle* form).

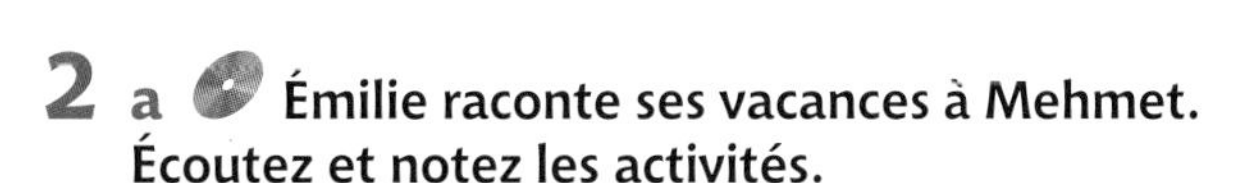

**2 a** **Émilie raconte ses vacances à Mehmet. Écoutez et notez les activités.**

**Exemple:** **camping, ...**

**2 b** *extra!* **Réécoutez et notez l'opinion d'Émilie sur chaque activité.**

**Exemple:** **le camping: super-cool**

**3** **À deux. Inventez trois conversations sur vos vacances. Le partenaire B doit inventer une raison pour justifier sa réponse.**

**Exemple:**
**A** **Qu'est-ce que tu as fait le soir?**
**B** **Je suis allé(e) au bar et c'était super-cool.**
**A** **Oui? Pourquoi ça?**
**B** **Parce qu'il y avait beaucoup de jeunes.**

| | | |
|---|---|---|
| Pendant les vacances, | je suis allé(e)<br>nous sommes allé(e)s | à la plage / au cinéma / au café / en boîte. |
| | j'ai joué<br>on a joué | aux boules / aux cartes / au tennis / au volley. |
| | j'ai fait<br>on a fait | de la voile / de la planche à voile / du ski nautique / du shopping. |
| | je me suis bronzé(e).<br>on s'est bronzé(e)s. | |
| (À mon avis), c'était<br>J'ai trouvé ça | bien / super-cool / génial / intéressant / passionnant.<br>pas marrant / difficile / cher / barbant / affreux / (archi-)nul. | |

**4 a** À deux. Lisez l'article, puis interviewez Danielle (phrases complètes). A est le journaliste.

Exemple:

**1 A** Qu'est-ce que vous avez fait hier matin?
**B** Je suis allée à la plage.

1. Qu'est-ce que vous avez fait hier matin?
2. Qu'est-ce que vous avez fait là-bas?
3. Et l'après-midi, vous voulez en parler?
4. Où êtes-vous allée le soir?
5. Pourquoi êtes-vous allée au cinéma lundi dernier?

Voici Danielle Délice sur la plage de Cannes avec son copain, le rappeur Mani Mustafa. Hier, elle est allée à la plage avec Mani. On voit qu'ils s'aiment passionnément. Ils ont fait de la planche à voile et, après, ils sont restés sur la plage, où ils ont parlé très intimement. L'après-midi, ils ont disparu dans leur hôtel (l'hôtel du Soleil) et ils ont… qui sait? … regardé la télé, peut-être…? Le soir, ils sont allés au casino. Lundi dernier, Danielle est allée au cinéma… pour la première de son nouveau film, bien sûr! Et qui était avec Danielle? Mais naturellement, Mani, comme toujours.

**4 b** *extra!* **Écrivez les réponses de Danielle.**

**5 a** **Recopiez et complétez le mail. Inventez des détails pour compléter les blancs.**

Objet: Nos vacances

Pendant les grandes … (1), nous sommes allés à … (2) et nous avons passé une semaine dans un … (3). Nous avons fait du / de la … (4) et je suis allé à … (5). C'était … (6). Une ou deux fois, je suis resté … (7) et j'ai joué aux … (8), mais c'était un peu … (9).

**5 b** **Décrivez vos vacances (adaptez les textes de l'activité 1).**

## Stratégies! *Writing skills*

When writing the description of your holidays, remember to include:

- linking words: *et, mais, donc, puis, ensuite, après ça*, etc.
- opinions: *j'ai trouvé ça…* , *à mon avis…* or *pour moi, c'était* + adjective.
- time phrases: *lundi soir, mercredi après-midi, hier, une fois, le premier jour, tous les soirs*, etc.
- present, perfect and future tenses. Talk about what you usually do and what you plan to do next year.
- phrases which will gain you extra marks such as *avant de* + infinitive, *après avoir / après être* + past participle.

## Jeu de rôles

**À deux, puis changez de rôles.**

**1** **You phone a restaurant to make a booking for a birthday meal. A is the manager and starts.**

A
- Allô, Restaurant du Phare.
- Oui. C'est pour quel jour? A quelle heure?
- Vous fêtez quelque chose?
- C'est à quel nom? Ça s'écrit comment?
- Merci. Au revoir.

B
- réservation et nombre de personnes
- jour et heure
- raison pour repas
- !

**2** **You are discussing with a friend what to order in a restaurant. A starts.**

A
- Hm, je ne sais pas…
- Je prends l'œuf mayonnaise. Tu veux ça aussi? Pourquoi?
- Et comme plat principal?
- Tu prends un dessert?
- OK.

B
- entrée?
- !
- plat principal: trois détails
- dessert oui / non + raison

## Conversation

**3** **À deux. Posez les questions et répondez. Puis changez de rôles.**

*In the conversation, don't forget to include details and opinions.*

- Qu'est-ce que tu as fait pendant les vacances?
- Où est-ce que tu es allé(e)?
- C'était comment?
- Qu'est-ce que tu as fait d'autre?
- C'était comment?

## Présentation

**4** **Préparez une présentation (une minute et demie) sur ce que vous avez fait pendant les vacances. Parlez aussi de ce que vous avez mangé. Utilisez vos réponses à l'activité 3.**

Look at the *Sommaire* box below for prompts to help you with the conversation and presentation.

## Sommaire *Now you can:*

- **ask what someone is going to eat and drink:** *Qu'est-ce que tu prends à manger / à boire?*
- **say what you're going to have:** *Je prends (un sandwich au fromage / une portion de frites / un thé nature).*
- **book a table in a restaurant:** *Je voudrais réserver une table pour (quatre) personnes pour (lundi) à (huit heures).*
- **say what you're going to have for starter, main course and dessert:** *Pour commencer / Comme entrée, je prends (les sardines). Comme plat principal, je prends (le poulet). Comme dessert, je prends (une glace).*
- **ask questions in a restaurant:** *Qu'est-ce que c'est, (le plat du jour)? Qu'est-ce que vous avez comme (boissons)?*
- **complain about poor food or service:**
  *Le hamburger est dur.*
  *Les sardines ne sont pas fraîches.*
  *Les champignons ne sont pas assez chauds.*
  *Je n'ai pas de couteau.*
  *Mon assiette est sale.*
  *Je ne suis pas satisfait(e).*
  *Je veux être remboursé(e).*
- **say what you did on a past holiday:** *Je suis allé(e) (à la plage). On a joué (au tennis). J'ai fait (de la voile). On s'est bronzé(e)s.*
- **say what you thought of it:** *C'était (bien / nul).*

## 1 Trouvez sur les menus l'équivalent français de:

1 dish of the day
2 beef
3 starter or dessert
4 take away
5 portion of chips
6 tuna
7 cheeseboard

## 2 Choisissez *a*, *b* ou *c*.

**1** Le prix du bœuf et tagliatelle à emporter, c'est
- **a** 4,60 euros.
- **b** 9,20 euros.
- **c** 11,30 euros.

**2** Deux portions de frites à emporter coûtent
- **a** 1,50 euros.
- **b** 3 euros.
- **c** 9,20 euros.

**3** Le prix du plat du jour avec un dessert, c'est
- **a** 4,60 euros.
- **b** 9,20 euros.
- **c** 9,60 euros.

**4** Le menu du jour coûte
- **a** 5,50 euros.
- **b** 9,20 euros.
- **c** 11,30 euros.

**5** Avec le menu du jour, on mange
- **a** deux plats.
- **b** trois plats.
- **c** quatre plats.

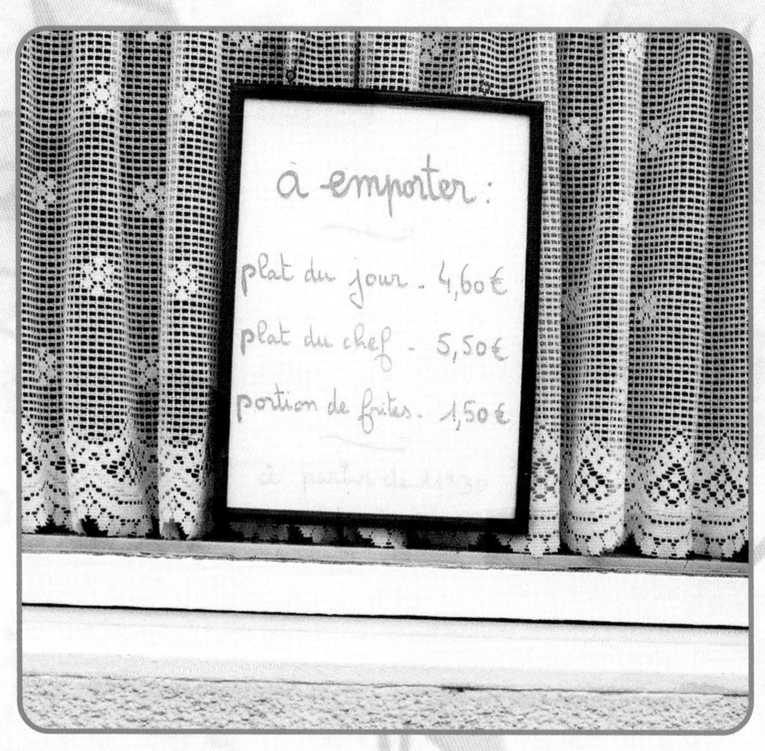


**Menu du jour 11€,30**

Salade verte au thon

Filet de bœuf/frites

Assiette de fromages
ou
Crème caramel

## 3 Deux de ces personnes vont manger dans ce restaurant. Lesquelles?

« Moi, j'aime le bœuf, mais mon plat préféré, c'est les pâtes. » Marie

« Je déteste le bœuf et je ne mange jamais de frites. » Jean-Pierre

« S'il y a un plat avec du thon, je suis content. » François

« Je suis végétarienne. » Emmanuelle

# 2E Problèmes et solutions

## J'ai mal à la tête!

- understand what's wrong with someone

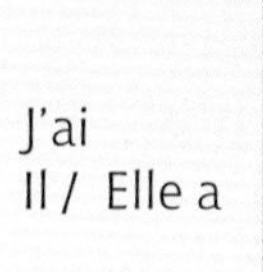

| | | |
|---|---|---|
| J'ai<br>Il / Elle a | mal | à la tête.<br>au ventre.<br>au bras.<br>au dos.<br>aux dents.<br>à la gorge.<br>à la jambe.<br>au cœur.<br>au genou.<br>aux oreilles. |
| | la grippe (flu).<br>un rhume (a cold).<br>de la fièvre (a temperature). | |

**1**

Monsieur le directeur,

Marianne n'était pas au collège hier après-midi parce qu'elle a dû aller chez le dentiste, car elle avait mal aux dents. Elle va beaucoup mieux aujourd'hui.

Mme Coutreau

**2**

Sandrine,

Je ne peux pas aller à la boum parce que j'ai un rhume. J'ai mal à la tête et mal à la gorge. Je suis désolée.

Pauline

**3**

Maman,

Ne me réveille pas. J'ai très mal au dos et je veux rester au lit. C'est vraiment terrible!

Dani

**4**

Cher Antoine,

Je suis en vacances, mais je n'ai pas le moral. J'ai mal au ventre et mal au cœur. Je crois que je n'aurais pas dû manger les moules au curry.

Latifa

**5**

Monsieur,

Je ne pourrai pas jouer dans l'orchestre demain parce que j'ai la grippe. J'ai de la fièvre et j'ai mal aux oreilles et le médecin dit qu'il est essentiel que je reste au lit. Je vous prie de m'excuser.

Denis Locorrière

**6**

Lucas ne pourra pas jouer dans l'équipe de foot samedi. Il s'est blessé dans un accident et il a mal au genou, à la jambe et au bras. Je vous prie de l'excuser.

M. Plume

**1** **Lisez les messages 1–6 et choisissez la bonne réponse.**

**1** Marianne
- **a)** est chez le dentiste;
- **b)** est au collège aujourd'hui;
- **c)** était au collège hier;
- **d)** ne sera pas au collège demain.

**2** Pauline
- **a)** peut aller à la boum;
- **b)** est malade;
- **c)** n'aime pas les boums;
- **d)** va aller à la boum.

**3** Dani
- **a)** veut aller au collège;
- **b)** a un problème avec son dos;
- **c)** ne veut pas aller au lit;
- **d)** veut être réveillée.

**4** Latifa
- **a)** a mangé des fruits de mer;
- **b)** est restée à la maison;
- **c)** est mouillée;
- **d)** n'est pas en vacances.

**5** Denis
- **a)** joue dans l'orchestre demain;
- **b)** ne veut pas se coucher;
- **c)** doit rester au lit;
- **d)** ne veut pas se lever.

**6** Lucas
- **a)** a eu un accident;
- **b)** joue au foot samedi;
- **c)** a joué au foot hier;
- **d)** ne joue pas dans une équipe.

**2** **Écoutez les quatre patients en visite chez le docteur. Pour chacun, notez le problème et la cause du problème.**

**Exemple:** **1 mal à..., parce qu'elle...**

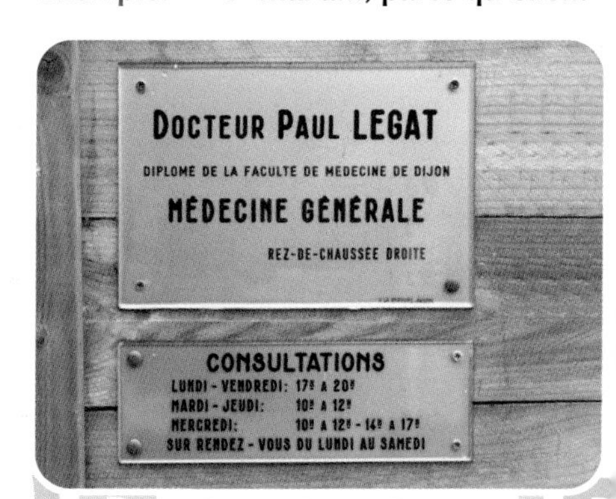

# À la pharmacie



- discuss illnesses with a chemist

Monsieur,

Je suis désolée, mais Marine ne peut pas aller au collège cette semaine, car elle a la grippe. Quand elle s'est réveillée hier, elle ne se sentait pas bien: elle avait de la fièvre, mal à la tête et mal au cœur. J'ai donc consulté le médecin, qui a recommandé à Marine de rester au lit pendant plusieurs jours. C'est affreux. J'espère qu'elle pourra reprendre l'école lundi prochain et je vous prie d'excuser son absence. Si la situation change, je vous avertirai.

Veuillez croire, Monsieur, à l'assurance de mes salutations distinguées.

Jeanne Perret

**1 a Lisez la lettre de Mme Perret et notez "vrai", "faux" ou "pas mentionné".**

1. Marine avait de la fièvre hier.
2. Elle avait mal à la gorge.
3. Elle n'a pas mal à la tête.
4. Sa mère a déjà parlé avec le médecin.
5. Marine pourra aller au collège la semaine prochaine.
6. Elle a téléphoné au collège.
7. La mère de Marine a écrit au collège.
8. Le professeur pense que Marine n'est pas malade.

**1 b extra! Corrigez les phrases fausses.**

**2 Lisez et écoutez le dialogue à la pharmacie, puis répondez en anglais. (1–5)**

1. What is the daughter's problem?
2. Describe the two main symptoms.
3. What does the chemist recommend (two things)?
4. What are the mother's problems?
5. What does the chemist suggest (two things)?

**À la pharmacie**

| | |
|---|---|
| **Pharmacien:** | Bonjour, madame. Vous désirez? |
| **Mme Perret:** | Ma fille a la grippe. Vous pouvez me donner quelque chose? |
| **Pharmacien:** | Est-ce qu'elle a de la fièvre? |
| **Mme Perret:** | Oui, oui, c'est ça, et elle a aussi mal à la tête. |
| **Pharmacien:** | Voici des comprimés qui devraient être efficaces, et dites à votre fille de boire beaucoup d'eau. |
| **Mme Perret:** | Merci, monsieur. Et moi aussi, je suis malade. J'ai un rhume et j'ai mal à la gorge. Vous pouvez me recommander quelque chose? |
| **Pharmacien:** | Eh bien, prenez ces pastilles pour la gorge et pour votre rhume, je vous recommande ce sirop, *Anti-Rhino*. Alors, c'est tout, madame? |
| **Mme Perret:** | Oui, c'est tout. Je vous remercie. |

| Vous pouvez me | donner<br>recommander | quelque chose? |
|---|---|---|
| Prenez | ces comprimés.<br>ces pastilles.<br>ce sirop. | |

SIROP

**3 À deux. Adaptez la conversation de l'activité 2. Inventez les détails.**

**Exemple:**
**A** J'ai mal à la tête. Vous pouvez me donner quelque chose?
**B** Vous avez de la fièvre?
**A** Non.
**B** Prenez ces comprimés...

**4 Écrivez une autre lettre comme celle de l'activité 1. Inventez des maladies et des symptômes.**

### Stratégies! *Pronunciation*

When *aux* is followed by a word starting with a vowel (including a *y*–), the –*x* is pronounced like a –*z*: *aux oreilles*, *aux yeux*.

If the word starts with a consonant, don't pronounce the –*x*: *aux dents*.

# À la poste et à la banque

- use postal and bank services
- revise numbers and prices
- ask questions with *où… ?*

**a**

**Client:** Je voudrais envoyer ces paquets aux États-Unis.

**Employé:** Oui, mettez-les sur la balance. Alors, un paquet d'un kilo et un de deux kilos pour les États-Unis… pour le premier paquet, c'est 12€,80 et pour le deuxième, c'est 20€,50.

**b**

**Cliente:** Bonjour. C'est combien pour envoyer une lettre en Angleterre?

**Employé:** Une lettre normale pour l'Angleterre coûte 50 centimes d'euro, madame.

**Cliente:** J'ai cinq lettres, alors, cinq timbres à 50 centimes, s'il vous plaît.

**c**

**Client:** Pourriez-vous me donner deux timbres à 75 centimes, s'il vous plaît?

**Employé:** Bien sûr. Voilà, monsieur.

**Client:** Et aussi trois timbres à 1€,90.

**d**

**Cliente:** Excusez-moi, c'est combien pour envoyer une carte postale au Canada?

**Employé:** C'est 90 centimes d'euro, madame.

**Cliente:** J'en prends trois, s'il vous plaît.

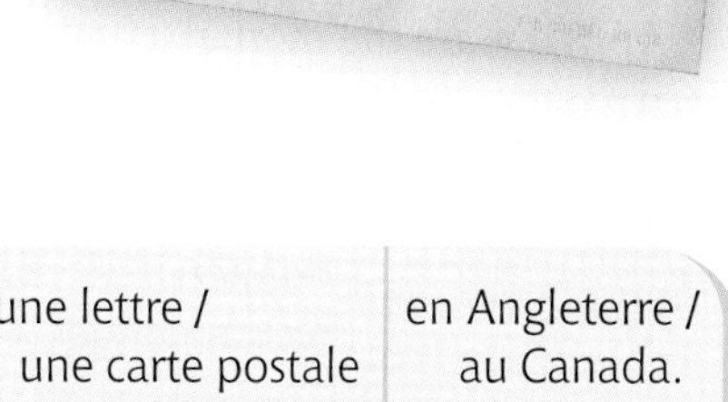

**1** **Lisez les quatre dialogues et notez le prix total pour chaque client.**

**Exemple:** **a Le premier client paye…**

**2** *Stratégies!* ***Numbers and prices***

It is vital that you understand numbers and prices (see page 205). For more practice, listen to the recording and note the prices (1–10).

**3 a** **Écoutez les conversations à la poste et notez les détails. (1–5)**

**Exemple:** **1 un paquet, … kilo, prix: …**

**3 b** *extra!* **Réécoutez et notez les problèmes. (1–5)**

| | | |
|---|---|---|
| Je voudrais envoyer | une lettre / une carte postale | en Angleterre / au Canada. |
| C'est combien pour envoyer | ce paquet | aux États-Unis / en Espagne? |
| Je prends | un timbre à (50 centimes d'euro). | |
| Pourriez-vous me donner | deux timbres à (75 centimes)? | |
| Où est | la boîte aux lettres? la cabine téléphonique? | |

**4** **À deux. Inventez quatre dialogues différents. A pose les questions et B invente les réponses.**

**Exemple:**

**A** **Excusez-moi, c'est combien pour envoyer une lettre en Afrique?**

**B** **Ça fait 75 centimes d'euro.**

**A** **Alors, je prends trois timbres à 75 centimes, s'il vous plaît.**

## 5 Lisez les phrases dans l'encadré bleu et choisissez une phrase pour chaque personne.

Exemple: **1 Est-ce que je peux changer des chèques de voyage?**

1 Mira a des chèques de voyage qu'elle veut changer.
2 Hamad veut changer £100.
3 M. Petit a de l'argent et veut savoir où il peut le changer.
4 Sihame a besoin de 300€.

| | | |
|---|---|---|
| Où est-ce que je peux<br>Est-ce que je peux | changer | de l'argent, s'il vous plaît?<br>des chèques de voyage? |
| Je voudrais | changer | 100 livres sterling. |
| Donnez-moi 300 euros, s'il vous plaît. | | |

## 6 Écoutez les conversations à la banque. Choisissez une ou deux phrases (a–e) pour chaque conversation (1–4).

Exemple: **1 b**

a On veut changer une somme énorme.
b On veut changer de l'argent anglais.
c On veut changer de l'argent américain.
d On veut changer 300 euros.
e Il faut signer les chèques de voyage.

**Grammaire:** ***Asking 'where... ?' (rappel)***

To ask 'where... ?', just add *où* before *est-ce que... ?*

| | | |
|---|---|---|
| *Où est-ce* | *que je peux*<br>*qu'on peut* | *téléphoner?*<br>*changer de l'argent?*<br>*changer des chèques de voyage?*<br>*acheter une télécarte?*<br>*acheter des timbres?* |

➤➤ p.202

## 7 Écrivez des questions.

Exemple: **1** Où est-ce que je peux acheter des timbres?

Ask where you can:

1 buy stamps.
2 make a phone call.
3 change money.
4 buy a phone card.
5 change traveller's cheques.

## 8 À deux. Changez les détails pour inventer deux autres dialogues.

**extra! Inventez un problème, par exemple: *J'ai oublié... / Je n'ai pas de...***

Exemple:
**A Je voudrais changer des livres sterling, s'il vous plaît.**
**B Oui, vous en avez combien?**
**A J'ai 350 livres.**
**B Alors, ça fait 475 euros. Avez-vous votre passeport?**
**A Zut, je l'ai oublié.**

# L'argent de la drogue

Héroïne, cocaïne, cannabis, amphétamines... le "business" de la drogue ne s'est jamais aussi bien porté. En l'an 2003, il dépassait les 600 milliards d'euros, soit 8% du commerce mondial, selon les chiffres du Programme des Nations Unies pour le contrôle international des drogues.

Cette activité fructueuse repose sur l'exploitation de la misère de certains pays pauvres qui ne doivent leur survie économique qu'à ces cultures illicites. Le monde paraissait impuissant à faire face à cette explosion du marché mondial de la drogue. Sur les 2 500 milliards d'euros d'argent sale provenant du trafic de la drogue en l'an 2003, 2% seulement ont été saisis par la justice.

## 9 a Lisez *L'argent de la drogue* et trouvez les expressions françaises.

1 it exceeded 600 billion euros
2 world trade
3 this profitable activity
4 the world appeared powerless
5 dirty money
6 have been seized by the law

## 9 b extra! Écrivez un résumé du texte en anglais (trois ou quatre phrases).

# Je voudrais louer un vélo

- ask about hiring things
- talk about lost property
- use direct object pronouns

**1** Lisez les bulles. Reliez les phrases 1–5 et les dessins a–e.

**2** Lisez le journal d'Émilie et écoutez la famille Letort. Puis recopiez et complétez la grille. (1–5)

| | À louer | Jours | Prix total | Autre détail |
|---|---|---|---|---|
| 1 | VTT | 7 | 100€ | voir... |
| 2 | | | | |
| 3 | | | | |
| 4 | | | | |
| 5 | | | | |

| | | | |
|---|---|---|---|
| Je voudrais | louer | un vélo de femme / un vélo d'homme / un VTT / un sac de couchage | pour (deux) jours. |
| Est-ce que je peux | louer | un bateau / une voiture / une planche à voile / une moto | pour une semaine? |

C'est combien par jour / semaine?

Mardi 3 août

La première journée de notre séjour à l'île de Ré était un peu compliquée. Toute la famille est allée à La Couarde, où se trouvent les commerces, les magasins de location et l'office du tourisme. Clément avait envie de louer un VTT, parce qu'il aime bien faire du cyclisme, mais il a dit: "C'est marrant: je loue un VTT, mais il n'y a pas de montagnes ici!". Maman aussi voulait garder la forme et pour cela elle a décidé de louer un vélo normal (elle a dit "Surtout pas de VTT, c'est pour les jeunes et les sportifs, ça!"). Moi, j'avais un autre problème. Papa avait renversé du vin rouge sur mon nouveau sac de couchage, je voulais donc en louer un autre pour deux semaines. Le projet de Papa, c'était de louer un bateau pour faire de la voile. Quant à Anne, elle était venue en ville pour louer une planche à voile. Moi personnellement, je trouve que les vacances sont faites pour se détendre, pas pour faire du sport!

**3** Lisez la publicité *Locasud* et les phrases 1–7 et notez "vrai", "faux" ou "pas mentionné".

*extra!* **Corrigez les phrases fausses.**

1. Si votre vélo est en panne, on peut le réparer ici.
2. Il est interdit de transporter les chiens à vélo.
3. Il n'y a pas de pistes cyclables sur l'île.
4. On ne peut pas emporter son vélo sur la plage.
5. Le magasin est ouvert à sept heures du matin.
6. Le magasin est ouvert au mois de janvier.
7. Un VTT pour trois jours coûte 30 euros.

## LOCASUD – La Couarde

*L'île aux vélos*

*Location – Vente – Réparation – Vélo électrique – Accessoires – Le panier pour chien, c'est ici!*

*Si vous ne pouvez pas emporter votre bicyclette, vous pouvez en louer une. Ici, le vélo est le moyen de transport le plus rapide, le plus agréable, le plus sain, le plus facile… 100 kilomètres de pistes ont été aménagés et fléchés à travers vignes et marais.*

*Ouvert tous les jours de 9h00 à 19h30, mai – septembre. Tél. 05 46 42 10 23*

*Nombreux modèles à votre disposition.*

**Tarif (journée)**

| | |
|---|---|
| Vélo homme 9€ | VTT 10€ |
| Vélo femme 8€ | Tandem 14€ |
| Vélo enfant 7€ | Siège bébé 6€ |

**4** À deux. Adaptez le dialogue pour faire deux autres dialogues.

Exemple:
**A** Je voudrais louer un VTT.
**B** Pour combien de jours?
**A** Pour trois jours. C'est combien?
**B** C'est 20 euros par jour.
**A** Vraiment? Mais c'est très cher!
**B** Alors, vous le prenez?
**A** !

**1**

PERDU

Qui peut m'aider? Avez-vous trouvé mon sac à dos?
Je l'ai perdu à la gare routière, lundi après-midi, en attendant l'autobus. C'est un sac marron, en cuir. Si vous l'avez trouvé, téléphonez au 03 24 42 55 66.
Merci d'avance.

Cédric Maupassant
(classe 4D)

**2**

# PERDU

Qui a trouvé notre petit chien César, qu'on n'a pas vu depuis vendredi dernier? Il est noir avec un collier rouge, en plastique. On l'a perdu au Parc Municipal vers 17 heures. Vous pouvez vous en approcher, il ne mord pas. Tél. 02 98 62 33 15, Mme Mielle.

**3**

De: rachid.nassim@tiscali.fr
À: clients@creditparisien.fr
Objet: Déclaration de vol

Monsieur,

Je vous prie d'annuler ma carte de crédit immédiatement. C'est la carte VISA numéro 786945222810. Je l'ai perdue au marché de St-Pierre ce matin (12/3/07), ou plutôt, je pense qu'on m'a volé mon portefeuille, qui contenait la carte.

Je vous remercie,

R. Nassim

**5 a** **Lisez les messages 1–3 et reliez les moitiés de phrases.**

**1** M. Nassim a perdu sa carte VISA
**2** Un petit chien
**3** Si vous trouvez le chien,
**4** Cédric a perdu
**5** N'ayez pas peur de César,

**a** a été perdu.
**b** téléphonez à Mme Mielle.
**c** un sac à dos marron.
**d** parce qu'il est gentil.
**e** au marché.

**5 b** extra! **Choisissez deux messages et faites un résumé en anglais.**

Qu'est-ce que vous avez perdu?

| | |
|---|---|
| J'ai perdu | mon vélo / mon portefeuille / mon sac à dos / mon chien / mes cartes de crédit. |
| Je l'ai perdu(e)<br>Je les ai perdu(e)s | en ville / à la gare / à la plage / au marché.<br>(lundi) à environ (huit) heures. |
| Il / Elle est<br>Ils / Elles sont | grand(e)(s) / petit(e)(s) / moderne(s) / rouge(s) / en cuir / en plastique / en laine. |

**6** **Écoutez Clément et l'agent de police, puis recopiez et complétez la fiche.**

**OBJET PERDU**
Nom: Letort, Clément
Objet perdu: ...
Description: ...
Perdu où? ...
Jour: ...
Heure: ...

**Grammaire:** ***Direct object pronouns***

- To avoid repeating a noun, use object pronouns:

  *le* = him / it — *Je **l'**aime.* = I like him / her / it.
  *la* = her / it — *Je **la** vois.* = I see her / it.
  *les* = them — *On **les** regarde.* = We watch them.

- In the perfect tense, the past participle has to agree with the object pronoun if that comes before the verb:
  *Il **l'**a vu**e**.* = He saw her / it.
  *Nous **les** avons trouvé**s**.* = We found them. (boys or masculine objects)
  *Il **les** a vu**es**.* = He saw them. (girls or feminine objects)

➤➤ p.196

**7** **À deux. Faites cinq conversations sur le modèle de l'exemple.**

**Exemple:** **A J'ai perdu mon vélo.**
**B Pouvez-vous le décrire?**
**A Oui, il est vieux et vert.**
**B Où l'avez-vous perdu?**
**A Je l'ai perdu en ville.**
**B Et quand l'avez-vous perdu?**
**A Je l'ai perdu à six heures environ.**

# Ma voiture est en panne

- talk about accidents and breakdowns
- use adverbs

**ACCIDENT DE LA ROUTE À HYÈRES**

Samedi soir, vers 22 heures, une Renault 5, conduite par M. Roger Duparc, qui passait ses vacances avec sa famille dans un camping près de Hyères, est entrée en collision avec une moto, conduite par Mélanie Martin. Mlle Martin est élève au lycée Alphonse-Daudet. D'après plusieurs témoins, M. Duparc roulait vite sur la RN 24, quand la moto est sortie lentement d'une petite route à gauche, près du rond-point Intermarché. M. Duparc a immédiatement essayé de freiner, mais il était déjà trop tard et il a heurté la moto violemment. Les deux conducteurs sont gravement blessés et se trouvent maintenant à l'hôpital Saint-Georges. La gendarmerie est en train d'enquêter car l'alcool a peut-être joué un rôle dans cet accident regrettable.

**1 a** **Lisez l'article *Accident de la route à Hyères* et les phrases 1–8. C'est "vrai", "faux" ou "pas mentionné"?**

1. L'accident s'est passé samedi après-midi.
2. M. Duparc est un habitant de Hyères.
3. Mlle Martin a 17 ans.
4. M. Duparc roulait sur une route nationale.
5. La moto roulait à toute vitesse.
6. Il y a un supermarché pas loin de la scène de l'accident.
7. Mlle Martin est morte.
8. M. Duparc avait peut-être bu de l'alcool.

**1 b** *extra!* **Faites un résumé de cet article en français (quatre ou cinq phrases).**

<table>
<tr><td colspan="3">Une voiture, conduite par… , est entrée en collision avec…<br>(M. Duparc) roulait vite / à toute vitesse.<br>La moto est sortie lentement de…<br>(M. Duparc) a essayé de (freiner).<br>Il a heurté la moto.<br>Le conducteur est (gravement) blessé.</td></tr>
<tr><td colspan="3">J'ai eu un accident.<br>Je suis blessé(e).<br>Ma voiture est en panne.</td></tr>
<tr><td>Il y a un problème avec</td><td colspan="2">les freins / les phares / le moteur / les pneus.</td></tr>
<tr><td rowspan="2">Pouvez-vous</td><td colspan="2">m'aider?</td></tr>
<tr><td>envoyer</td><td>un mécanicien / une ambulance?</td></tr>
<tr><td colspan="3">Je suis sur (la Route Nationale 26), à (cinq kilomètres de Chaumont).</td></tr>
</table>

**Grammaire:** *Adverbs*

Adverbs describe verbs, i.e. they tell you how something happens or happened. In English, they normally have the ending '–ly', as in 'quickly', 'sensibly', 'happily'.

**2** ***Look at the accident report and find French adverbs meaning 'slowly', 'immediately', 'violently', 'seriously'. What letters do they all end in?***

Other useful adverbs: *bien* (well), *mal* (badly), *tard* (late), *tôt* (early), *vite* (fast).

➤➤ p.195

**3** **Écoutez M. Letort au téléphone, lisez les phrases 1–6 et choisissez les bons mots.**

**Exemple:** **1 un garage**

1. M. Letort téléphone à l'hôpital / un garage / la gendarmerie.
2. Il a eu une idée / une maladie / un accident.
3. La voiture est en panne / intacte / en ville.
4. Il a eu un problème de freins / moteur / pneus.
5. Il est sur l'autoroute / sur une route nationale / dans une rue.
6. Il est blessé / dans l'ambulance / à l'hôpital.

**4** **Racontez un accident. Utilisez l'article *Accident de la route à Hyères* comme modèle.**

## Stratégies! *Role-play*

This unit contains a lot of role-play situations. Learn the expressions below, which are useful for a variety of topics.

| | |
|---|---|
| *C'est combien?* | How much is it? |
| *Pouvez-vous m'aider?* | Can you help me? |
| *Où est… ?* | Where is… ? |
| *Où est-ce que je peux… ?* | Where can I… ? |
| *Je voudrais…* | I would like… |
| *Pouvez-vous envoyer… ?* | Could you send… ? |
| *Il y a un problème avec…* | There's a problem with… |

# Jeu de rôles

**À deux, puis changez de rôles.**

**1** **You're not feeling well after a meal in a restaurant and you talk to one of your parents about it. A is the parent and starts.**

**A**
- Qu'est-ce que tu as?
- Qu'est-ce que tu as mangé de différent?
- Tu veux aller au lit?
- C'est peut-être sérieux.
- D'accord.

**B**
- deux symptômes
- !
- oui / non + pourquoi
- médecin?

**2** **You are at a bank in France waiting to change some money. A is the employee and starts.**

**A**
- Bonjour, je peux vous aider?
- Combien?
- Oui, c'est tout?
- Quelles pièces d'identité avez-vous sur vous?
- Merci.

**B**
- Say you would like to change some money.
- Say how much.
- Say what other bank transaction you would like to do.
- !

**3** **You are reporting something you have lost at a lost property office. A is the employee and starts.**

**A**
- Bonjour, monsieur/madame.
- Pouvez-vous le / la décrire?
- Où l'avez-vous perdu(e)? Et quand?
- Où est ce qu'on peut vous contacter? Vous partez quand?
- Merci.

**B**
- objet perdu
- description: deux détails
- où et quand
- !

# Sommaire *Now you can:*

- **talk about your illnesses:** *J'ai mal (à la tête). Il a mal (au ventre). Elle a mal (aux oreilles). J'ai (un rhume). Il a (de la fièvre). Elle a (la grippe).*
- **ask for and understand medication:** *Vous pouvez me donner quelque chose? Prenez (ces comprimés / ces pastilles / ce sirop).*
- **make requests in a post office:** *Je voudrais envoyer (une lettre) (en Angleterre). C'est combien pour envoyer (ce paquet) (au Canada)? Je voudrais (dix) timbres à (50 centimes d'euro). Où est (la boîte aux lettres / la cabine téléphonique)?*
- **ask for services in a bank:** *Je voudrais changer (de l'argent / des chèques de voyage).*
- **hire a bike or other item and find out the price:** *Je voudrais louer (un vélo) (pour trois jours). C'est combien par (jour / semaine)?*
- **say you have lost something:** *J'ai perdu (mon vélo / mon passeport / mes cartes de crédit).*
- **describe the items:** *Il est (vieux, rouge, en cuir). Elle est (grande, moderne, en plastique). Elles sont (vieilles, petites, en laine).*
- **say where and when you lost it:** *Je l'ai perdu(e) (à la plage) (lundi) (à environ neuf heures).*
- **describe an accident:** *(Une voiture) est entré(e) en collision avec (une moto).*
- **say your car has broken down and explain what the problem is:** *Ma voiture est en panne. Il y a un problème avec (les freins / les pneus).*
- **ask for assistance:** *Pouvez-vous (m'aider / envoyer un mécanicien / envoyer une ambulance)?*

*Justine*

La cathédrale de la Sagrada Familia construite par Gaudí. Génial!

## Lundi 12 avril

Je suis à Barcelone avec mes grands-parents, Kiera (ma copine anglaise) et mon petit frère. Le voyage s'est bien passé: nous avons pris l'avion à Paris et le vol a duré environ une heure. Je suis contente d'être en Espagne.

À Barcelone, nous avons pris le métro pour aller à notre hôtel. C'est un petit hôtel, mais c'est sympa. Je partage la chambre avec Ben et Kiera. Il y a une salle de bains dans la chambre et un balcon. Génial!

## Mardi 13 avril

Après avoir pris le petit déjeuner sur le balcon, nous nous sommes promenés dans les vieux quartiers et dans les Ramblas de Barcelone. Il y a des petites boutiques où on peut acheter des animaux. Ben a trouvé ça marrant: il veut une tortue!

À mon avis, c'est important de parler une langue étrangère. À Barcelone, il y a beaucoup de gens qui sont bilingues: ils parlent catalan et espagnol. Kiera et moi, on adore parler espagnol, alors on traduit pour mes grands-parents et pour Ben. On ne comprend pas tout, mais ça va.

## Mercredi 14 avril

Ce matin, on est allés au Corte Inglés. Kiera a trouvé ça super comme magasin et elle a acheté un tee-shirt et des lunettes de soleil. Moi, j'ai acheté des boucles d'oreille pour Maman.

Avant de rentrer à l'hôtel, Kiera et Ben ont trouvé le magasin du Barça, le club de foot de Barcelone. Ben était très content et il a acheté un ballon de foot. Kiera et Ben sont fanas de foot. Moi? Bof... Ça ne m'intéresse pas trop.

Les mosaïques du parc Güell

## Jeudi 15 avril

À midi, Ben a dit "Je veux aller manger au MacDo", mais Papy et Mamie ont dit "non". On a mangé de la paella dans un café: du riz avec des fruits de mer. J'ai trouvé ça délicieux! Kiera aussi.

On est aussi allés au parc Güell. C'est un énorme parc où il y a des mosaïques de Gaudí, le célèbre architecte. J'ai trouvé ça génial!

Demain matin, on va prendre l'avion et on va rentrer à Paris. J'ai passé de très bonnes vacances à Barcelone: je pense que c'est hyper-cool comme ville. J'aimerais bien revenir, peut-être avec Maman.

J'adore la paella!

**1 a Trouvez dans le texte et recopiez l'équivalent français des phrases suivantes.**

1. The journey went well.
2. The flight lasted about an hour.
3. It's a small hotel but it's nice.
4. After having breakfast…
5. We went for a walk in the old quarter.
6. I bought some earrings for Mum.
7. Before returning to the hotel…
8. It doesn't interest me very much.
9. We ate paella in a café.
10. I found it great!
11. We're going to catch a plane and return to Paris.
12. I would like to return.

**1 b Changez un détail dans chaque phrase de l'activité 1a.**

**Exemple:** **1** Le voyage s'est mal passé.

**2 Trouvez et recopiez:**

- six opinions: *C'est sympa, …*
- six phrases au passé: *Nous avons pris l'avion, …*
- une phrase au futur

**3 Répondez pour Justine (phrases complètes).**

1. Tu es à Barcelone avec qui? *Je suis à Barcelone avec…*
2. Comment est-ce que vous avez voyagé?
3. Où est-ce que tu loges?
4. Qu'est-ce que tu as fait mardi?
5. Kiera a aimé le Corte Inglés?
6. Et toi, qu'est-ce que tu as acheté?
7. Qu'est-ce que tu as mangé jeudi? C'était bien?
8. Qu'est-ce que tu vas faire demain matin?
9. Est-ce que tu as aimé Barcelone?
10. Tu aimerais y retourner?

**4 Écrivez un journal de vacances.**

## Tips!

- To write your holiday diary for activity 4 (it can be imaginary), use some of the sentences in Justine's account. Change some of the details, as you did in activity 1b.
- Remember that to gain a higher grade, you need to use three tenses. Include:
  – what you're doing at the moment: *Je suis à Barcelone.* (See page 199.)
  – what you did yesterday: *Nous nous sommes promenés* (We went for a walk), *J'ai acheté* (I bought). (See page 199.)
  – what you're going to do tomorrow: *Je vais (prendre l'avion).* (See page 201.)
- Use *on* and *nous* to talk about what 'we' did, rather than using *je* all the time: *On est allés…, On va prendre…*
- Also, giving your opinion helps you gain more marks. Look at the opinions you noted in activity 2. Two ways of expressing your opinion are:
  – *c'était* + adjective, e.g. *C'était délicieux.*
  – *j'ai trouvé ça* + adjective, e.g. *J'ai trouvé ça génial.*
- Use adjectives to give more detailed descriptions of things, but make sure they 'agree' with the nouns: usually, you add *–e* for feminine, *–s* for masculine plural and *–es* for feminine plural, e.g.
  *un* ***petit*** hôtel (a small hotel)
  *des* ***petites*** *boutiques* (small shops)
  *les* ***vieux*** *quartiers* (the old quarters)
  *un* ***énorme*** *parc* (an enormous park)
  (See page 193.)
- To gain more marks, try to include one expression with *avant de* + infinitive and one with *après avoir / être* + past participle, e.g.
  *avant de rentrer…* (before returning), *après avoir pris…* (after taking).

## Lire

**1** **Lisez le menu et choisissez une entrée, un plat principal et quelque chose pour finir pour ces trois personnes.**

1. M. Arlon aime le salami comme entrée, il préfère le poisson comme plat principal et une pomme pour terminer.
2. Mme Arlon ne mange pas de charcuterie mais elle aime bien les fruits de mer. Elle aime bien la viande (pas les volailles), mais elle ne mange pas de choses sucrées.
3. Leur fille Camille est végétarienne et elle ne mange pas de produits laitiers.

**Restaurant Les Colombiers**

***Menu à 25€***

sardines à l'ail
assiette de charcuterie
salade de tomates

✳

poulet rôti
colin à la normande
côte de porc à la diable
tarte à l'oignon

✳

fromages ou dessert (fruit / glace)

✳

1/4 de vin ou 1/4 de cidre

✳

café

**Stratégies!** ***Intelligent guessing***

Even people whose French is superb have trouble with unfamiliar items on menus.

- Try using your powers of deduction (you may not know *laitier* but you know *lait*).
- 'Cognate' words help too: it isn't hard to work out what *porc* is.

**2** **Lisez le mail de Julien et écrivez "vrai", "faux" ou "pas mentionné".**

1. Julien habite à Paris.
2. Il était fatigué avant de commencer son voyage.
3. Le repas n'était pas très bon.
4. Les desserts étaient excellents.
5. Julien a aimé le Louvre et le film aussi.
6. Il est resté dehors sous la pluie.
7. À l'hôtel, il a eu des problèmes dans la salle de bains.
8. Il a bien aimé Virginie.

Salut François

La semaine dernière, je suis parti passer deux jours à Paris. J'ai pris le train, mais le voyage était affreux. J'avais acheté un billet de seconde classe, mais je n'avais pas de réservation et il n'y avait plus de place dans le train.

J'étais donc très fatigué en arrivant. J'avais rendez-vous avec ma cousine Pauline et nous sommes allés tout de suite déjeuner dans un petit restaurant près des Champs-Élysées. Malheureusement, il y avait plein de problèmes. J'ai commandé un steak, mais il n'était pas bien cuit. Le poisson que Pauline avait commandé était froid!

Le lendemain, je suis allé au musée du Louvre. C'était un bon choix, parce qu'il faisait mauvais dehors. Il a plu toute la journée, alors l'après-midi, je suis allé au cinéma. Malheureusement, le film (Les Flics de Paris) était très barbant.

Le soir, à l'hôtel (un petit hôtel pas cher), j'ai pris une douche, mais l'eau était froide. Et en plus, il n'y avait pas de serviette. Après, je suis sorti avec ma cousine. Pauline avait une copine qui s'appelait Virginie, et elle était très sympa!

À la prochaine,

Julien

## Écouter

**1** **Écoutez les conversations au guichet de la gare, puis recopiez et complétez la grille.**

| | Destination | Départ | Arrivée | Quai | Billet |
|---|---|---|---|---|---|
| 1 | Avignon | | | | |
| 2 | | | | | |
| 3 | | | | | |

**Stratégies!** ***Thinking before listening***

Use the task to prepare yourself for what to listen out for. Try to anticipate the sort of vocabulary you might hear, then listen carefully. You don't have to understand every word.

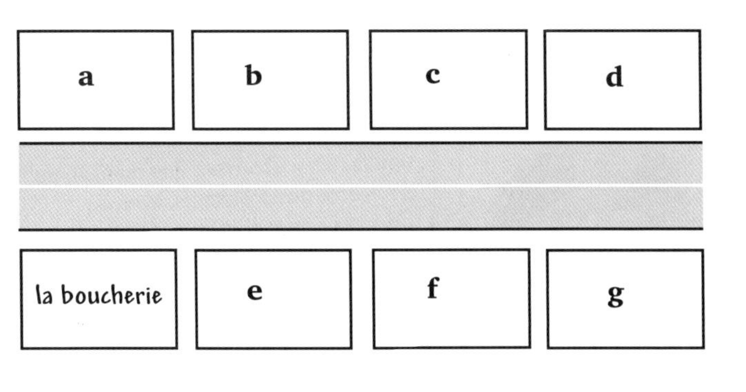

 **tabac** *tobacconist's shop (also sells stamps)*

**2 a** Regardez le plan, écoutez les six conversations et identifiez les magasins. (a–g)

**2 b** Réécoutez et complétez les phrases pour chaque conversation. (1–6)

1 La personne veut acheter…
2 Le monsieur cherche un restaurant parce qu'il…
3 La fille cherche… parce qu'elle veut…
4 Le monsieur cherche… parce qu'il veut…
5 La dame cherche… , mais…
6 Le garçon cherche… parce qu'il veut…

# Écrire

**1** **Écrivez une lettre de réservation à un hôtel.**

- Faites une réservation (quand, combien de jours).
- Donnez le nombre de personnes.
- Décrivez la chambre que vous voulez. Mentionnez trois choses que vous désirez dans la chambre.
- Demandez des informations sur la région.
- Donnez vos coordonnées (adresse, téléphone, etc.).

**2** **Après votre séjour, écrivez une autre lettre, cette fois pour vous plaindre.**

Vous avez mangé à l'hôtel.

- Écrivez quand et où vous avez mangé.
- Décrivez trois problèmes pendant le repas.
- Donnez votre opinion.
- Demandez une compensation.

# Parler

**1** **Jeu de rôles.**

1 You are buying a ticket at a train station. A starts.

A
- Bonjour, monsieur / madame.
- À 14h25, monsieur / madame.
- À 16h05, monsieur / madame.
- Voilà, monsieur / madame. Comment voulez-vous payer?

B
- prochain train, Lyon?
- arrive?
- type de billet
- !

2 Someone asks you for directions in a town. A starts.

A
- Où est la gare, s'il vous plaît?
- C'est dans quelle rue?
- Est-ce que la gare routière est près d'ici?
- C'est loin?

B
- indications
- rue
- indications
- !

**2** **Conversation. Répondez à ces questions. Donnez des réponses détaillées.**

1 Où es-tu allé(e) pendant les grandes vacances?
2 Comment as-tu voyagé?
3 Où as-tu logé?
4 Qu'est-ce que tu as fait?
5 C'était comment?

**3** **Présentation.**

Préparez une présentation sur le thème "Mes grandes vacances". Mentionnez le mode de transport, le logement, les distractions et vos opinions.

**Stratégies!** ***Help with writing and speaking***

For the writing and speaking tasks, look at the *Sommaire* pages for units 2A–2E and the key language boxes on each spread for useful phrases. Remember to include details and different tenses.

# 3A Qu'est-ce que tu prends?

## À table

- talk about meals and mealtimes
- use a range of tenses

## Les repas en France

Partout dans le monde, on dit que la France est un pays gourmand, mais le petit déjeuner en France est très simple. Il n'y a souvent que du pain, ou peut-être des croissants, avec du beurre et de la confiture. On boit normalement du café (noir ou au lait), ou quelquefois du thé ou du chocolat chaud. Normalement, le café est servi dans un bol, pas dans une tasse. Dans certaines familles, on boit du jus d'orange, un verre de lait et on mange des céréales ou un yaourt, mais c'est plus rare. On prend le petit déjeuner de bonne heure, souvent entre sept heures et huit heures moins le quart, car l'école commence tôt.

En France, le déjeuner est d'habitude un vrai repas, même au collège. Un petit sandwich ne suffit pas. Normalement, on mange une entrée, un plat principal (avec des pommes de terre, des pâtes ou du riz), peut-être aussi de la salade, puis un dessert, et on boit de l'eau (ou du vin pour les adultes). Pendant le repas, on mange du pain. Les jours de fête, le déjeuner peut durer deux heures.

En rentrant de l'école, vers quatre heures et demie ou cinq heures, les enfants prennent le "goûter". À ce moment-là, ils mangent souvent un pain aux raisins ou un pain au chocolat, ou des petits gâteaux, ou simplement du pain avec du chocolat, et ils boivent quelquefois un chocolat chaud, surtout l'hiver.

Le soir, on dîne assez tard, vers sept ou huit heures. Le dîner est un repas important en France, et la plupart des familles mangent à table, pas devant la télé! Après l'entrée, il y a soit de la viande (du veau, du poulet ou du bœuf, peut-être), soit du poisson avec des légumes. Après ce plat principal, et avant le dessert, on mange souvent de la salade et du fromage. Très souvent, les adultes boivent du vin avec le repas du soir.

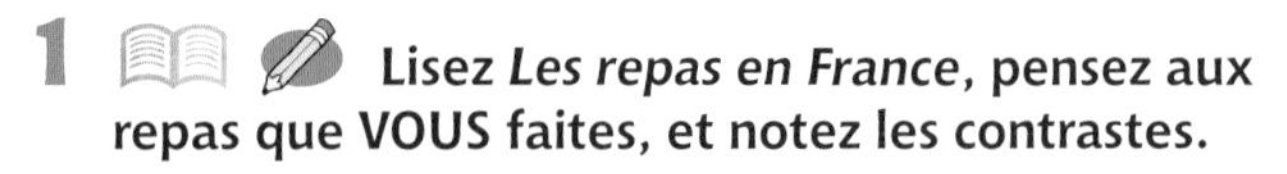

**1** **Lisez *Les repas en France*, pensez aux repas que VOUS faites, et notez les contrastes.**

Exemple: En Grande-Bretagne, au petit déjeuner, on mange… et on boit… , mais en France, …

**2** **Écoutez les conversations 1–5, regardez le panneau et notez le repas.**

Exemple: **1 le petit déjeuner**

**Auberge de Jeunesse d'Annecy**

**7h00–8h00: Petit déjeuner**
Aujourd'hui: croissant / pain / beurre / confiture
Boisson: thé / café / chocolat chaud

**12h00–13h30: Déjeuner**
Aujourd'hui: bifteck ou saucisses / riz / sauce au poivre
mousse au chocolat / crème à la vanille
Boisson: cidre / eau / jus d'orange

**19h00–20h00: Dîner**
Aujourd'hui: veau ou poulet / pâtes / légumes
yaourt (vanille / fraise / framboise)
Boisson: eau / limonade / jus de pomme

**3** **À deux. Discutez du petit déjeuner, du déjeuner, du goûter et du dîner.**

Exemple:
**A** **Tu dînes à quelle heure normalement?**
**B** **En général, je dîne à 19 heures.**
**A** **Qu'est-ce que tu manges?**
**B** **Normalement, je mange de la viande avec des légumes. Ce soir, par exemple, je vais manger du veau avec des pommes de terre.**

### Stratégies!

***Using different tenses***

To achieve a high GCSE grade, you need to show that you can use more than one tense. Try to do this in activity 3.

*Hier, j'ai mangé… / J'ai bu…* (perfect)
*Demain, je vais manger…* (future)

| | | |
|---|---|---|
| Au petit déjeuner,<br>Au déjeuner,<br>Au goûter,<br>Au dîner, | je mange<br>on mange | un yaourt / un sandwich / une mousse au chocolat.<br>du riz / de la salade / des pâtes / des légumes. |
| | je bois<br>on boit | un chocolat chaud / un jus de pomme.<br>du thé / du lait / de l'eau. |
| Je prends / Je vais prendre / J'ai pris le (petit déjeuner) à (sept) heures. | | |

# On a bien mangé



- describe a meal you have eaten

**1** **Lisez le journal d'Émilie et répondez aux questions en français.**

1. Qui était avec Émilie le 24 décembre?
2. Est-ce qu'elle s'est réveillée tard, le 24 décembre?
3. Est-ce qu'elle a pris le petit déjeuner seule?
4. Elle a aimé le réveillon? Pourquoi?
5. Quel était le problème le lendemain?
6. Chez qui a-t-elle mangé?

**2 a** **Décrivez vos repas habituels.**

Exemple: Au petit déjeuner / Au déjeuner / Au dîner, je mange… et je bois…

**2 b** **Décrivez les repas que vous avez faits hier.**

Exemple: Au petit déjeuner / Au déjeuner / Au dîner, j'ai mangé… et j'ai bu…

**2 c** *extra!* **Décrivez un repas spécial, par exemple votre dîner d'anniversaire.**

To help you with 2c, use Émilie's text in activity 1. Lots more food and drink items can be found on pages 40–41.

**3 a** **Lisez *Différences alimentaires…* et expliquez les chiffres en anglais.**

Exemple: **1 The survey was carried out in 11 countries.**

| | | | |
|---|---|---|---|
| **1** | 11 | **5** | 69 minutes |
| **2** | 55 minutes | **6** | 5 times more |
| **3** | 3 times more | **7** | 1.5 times more |
| **4** | 15–17 | **8** | 20% v 9% |

**3 b** *extra!* ***Are any of these results unexpected? What do they tell us about boys' and girls' attitudes to food and health?***

Avant-hier, le 24 décembre, c'était le réveillon. Naturellement, toute la famille était là et c'était cool, mais malheureusement, j'ai vraiment trop mangé! On a pris le petit déjeuner ensemble à huit heures (trop tôt, mais on s'est réveillés de bonne heure parce qu'on était tellement excités). Nous avons déjeuné à midi et nous avons passé l'après-midi à préparer le dîner. Chez nous, on fait le réveillon traditionnel. Alors, pour commencer, il y avait des huîtres (moi, je n'aime pas trop, mais mes parents adorent ça). Ensuite, on a mangé de la charcuterie et le plat principal, c'était la dinde aux marrons. C'était vraiment délicieux. Le repas a duré deux heures et demie! Pour moi, les problèmes ont commencé le lendemain (alors hier, le 25 décembre). Après avoir ouvert nos cadeaux de Noël, on s'est promenés un peu et, l'après-midi, on a rendu visite à mon oncle et ma tante pour le goûter. Il y avait une grosse bûche au chocolat et j'en ai mangé trois morceaux. Oh là là! Comme j'avais mal au ventre!

Nous avons déjeuné à…
On a dîné…
Le repas a duré…
C'était (délicieux / horrible).

## Différences alimentaires chez les jeunes

Selon une étude récente réalisée dans onze pays, les garçons et les filles de quinze à dix-sept ans n'ont pas les mêmes habitudes alimentaires.

- Les garçons achètent deux fois plus de nourriture hors de la maison que les filles. Ils dépensent vingt pour cent de leur argent de poche en nourriture contre neuf pour cent pour les filles.
- Les filles mangent deux fois plus de légumes et de yaourts que les garçons. Elles mangent une fois et demie plus de fruits et de poisson que les garçons.
- Les garçons mangent cinq fois plus de pâtes, de riz et de fromage que les filles! Ils mangent aussi trois fois plus de pizzas et deux fois plus de viande.
- Les garçons consacrent soixante-neuf minutes par jour aux repas. La durée pour les filles est de cinquante-cinq minutes.

# Qu'est-ce que tu fais chez toi?

- say what jobs you and your family do around the house
- use frequency expressions, negatives, *je dois* + infinitive and possessives

## Qui fait quoi à la maison?

### Christelle: "Je ne fais que ma chambre"

Je range souvent ma chambre, mais à part ça, je ne fais presque rien. Nous sommes quatre personnes dans une grande maison, et c'est mon père qui fait le ménage, car ma mère travaille. Quand je prends un bain, je dois laisser la salle de bains en bon état, et de temps en temps je fais la vaisselle après le repas – mais cela n'arrive pas souvent, car nous avons un lave-vaisselle. Ma mère fait le repassage, parce que mon père n'aime pas ça, et moi non plus. Ma sœur (10 ans) ne fait pas grand-chose: elle fait son lit de temps en temps. Mon frère (12 ans) n'aide pas beaucoup non plus. Il fait du jardinage de temps en temps.

### Damien: "Je fais presque tout"

Je dois beaucoup aider à la maison. Mon frère est paresseux, il ne fait que les courses (de temps en temps!). Il vide parfois les poubelles, mais c'est tout. Ma mère fait la cuisine tous les jours et elle fait la lessive deux ou trois fois par semaine, mais je suis responsable du reste. Je mets la table tous les soirs, je passe l'aspirateur le week-end et je nettoie la salle de séjour et la cuisine une fois par semaine, mais je n'aime pas ça. Je ne range jamais ma chambre. Je préfère laisser ma chambre en désordre, c'est plus confortable comme ça. Une fois, j'ai essayé de faire le repassage, mais c'était la catastrophe! Normalement, c'est mon père qui fait le repassage. Il aime faire ça et il débarrasse souvent la table aussi.

**1** **Lisez les textes sur Christelle et Damien. Vrai ou faux?**

1. Christelle ne fait pas grand-chose à la maison.
2. Le père de Christelle travaille beaucoup à la maison.
3. Christelle fait la vaisselle tous les jours.
4. Son père repasse les vêtements.
5. Damien ne fait pas grand-chose à la maison.
6. Le frère de Damien fait peu de choses.
7. Damien aime ranger sa chambre.
8. Il fait souvent le repassage.
9. Son père ne fait jamais le repassage.
10. Son père débarrasse la table de temps en temps.

| | | |
|---|---|---|
| Je fais<br>Il / Elle fait | la vaisselle<br>la lessive<br>la cuisine<br>le repassage<br>du jardinage<br>le ménage<br>les courses<br>mon lit / son lit | une fois par semaine.<br>deux fois par mois.<br>le week-end.<br>de temps en temps.<br>tous les jours / tous les soirs. |

| | | |
|---|---|---|
| Je passe | souvent<br>quelquefois<br>parfois<br>rarement | l'aspirateur. |
| Je vide | | les poubelles. |
| Je range | | ma chambre. |
| Je nettoie | | la maison. |
| Je mets / débarrasse | | la table. |

**Grammaire:** ***Expressions of frequency***

Look at the texts and notice where the expressions of frequency come in the sentence.

- *Tous les jours, une fois par semaine,* etc., can come at the beginning of the sentence or at the end:
  ***Tous les jours**, je mets la table.*
  *Je mets la table **tous les jours**.*
- *Souvent, quelquefois, parfois* and *rarement* come immediately after the verb:
  *Je passe **rarement** l'aspirateur.*
  *Je nettoie **quelquefois** la cuisine.*

p.195

**2 a** **Écrivez des phrases.**

Exemple: **1 Je fais le repassage une fois par semaine.**

1 
1/7

3 
sa. / di.

2 
7/7

4 
rare

**Grammaire:** ***Negatives (rappel)***

- Remember to use a range of negative expressions. Put *ne* in front of the verb and *pas, jamais, rien* or *que* after it:
  *Je **ne** range **jamais** ma chambre.*
  = I never tidy my room.
  *Je **ne** fais **rien**.* = I don't do anything.
  *Je **ne** fais **que** la vaisselle.*
  = I only do the washing up.

➤➤ p.202

**2 b** ***Describe what you don't do around the house, using the negative expressions above.***

**3 a** Écoutez Mehmet, Charlotte et Clément. Lisez les phrases 1–3. C'est qui?

**Attention: il peut y avoir plusieurs bonnes réponses.**

1 Cette personne aide à la maison.
2 Cette personne fait un peu de ménage mais n'aime pas ça.
3 Cette personne fait le ménage pour aider ses parents qui travaillent.

**3 b** Réécoutez et reliez les moitiés de phrases.

Exemple: **1 e Mehmet range sa chambre.**

| | | | |
|---|---|---|---|
| 1 | Mehmet | a | fait la vaisselle. |
| 2 | Le père de Mehmet | b | fait du jardinage. |
| 3 | Charlotte | c | ne fait rien. |
| 4 | La mère de Charlotte | d | nettoie la maison. |
| 5 | Le frère de Charlotte | e | range sa chambre. |
| 6 | Émilie | f | passe l'aspirateur. |
| 7 | Clément | g | met la table. |
| 8 | Le père d'Émilie | h | fait la cuisine. |

**4** À deux. Parlez de qui fait le ménage chez vous. N'oubliez pas vos opinions. Voici des expressions pour vous aider.

Exemple:
A **Qu'est-ce que tu fais pour aider chez toi?**
B **Je passe quelquefois l'aspirateur. Et toi?**
A **Moi, je dois faire du jardinage le week-end, mais je n'aime pas ça, parce que c'est dur. Mes frères ne rangent jamais leur chambre.**

*Mon frère ne fait rien.*
*Moi, j'aide beaucoup à la maison.*
*Ma mère fait tout.*
*Mon père est très paresseux, etc.*
*Je dois nettoyer ma chambre.*
*À mon avis, ce n'est pas juste / c'est barbant.*
*Je n'aime pas ça. Ça m'énerve.*

**Grammaire:** ***Possessives***

Remember to change *mon / ma / mes* into a different form when talking about other people's possessions:

*Je range* ***ma*** *chambre.* (my)
*Émilie range* ***sa*** *chambre.* (her)
*Mes frères rangent* ***leur*** *chambre.* (their) >> p.195

Use *je dois* + infinitive to talk about the things you have to do. See page 203.

**5 a** Lisez l'article ***Les jeunes d'aujourd'hui...*** et répondez aux questions par un pourcentage.

Exemple: **1 95%**

Combien d'adolescents…
1 ne font jamais de jardinage?
2 ne font pas la vaisselle?
3 ne nettoient pas la maison?
4 passent l'aspirateur de temps en temps?
5 rangent leur chambre?
6 ne font jamais leur lit?

**5 b** extra! Est-ce que l'article présente les adolescents de façon positive ou négative?

**6** Écrivez un paragraphe pour décrire ce que vous et les membres de votre famille faites pour aider à la maison.

## Les jeunes d'aujourd'hui: toujours paresseux!

Un nouveau sondage qui vient de paraître nous montre que les jeunes Européens sont plus paresseux que jamais. Les réponses de 1000 adolescents de six pays européens questionnés par l'organisme MORI révèlent que:

- quatre-vingts pour cent ne passent jamais l'aspirateur
- soixante-cinq pour cent ne rangent pas leur chambre
- dix pour cent font la vaisselle
- cinq pour cent font du jardinage
- deux pour cent nettoient la maison
- mais... quatre-vingt-cinq pour cent font leur lit.

Les jeunes gens questionnés ont répondu qu'ils préfèrent écouter de la musique et regarder la télévision, plutôt qu'aider leurs parents. Alors, la situation ne change pas: les pauvres parents doivent faire la plupart des travaux ménagers.

## Jeu de rôles

**À deux, puis changez de rôles.**

*Use full sentences whenever you can. Whenever you see the ! sign, respond appropriately to your partner.*

**1 You are discussing what you eat and drink with a friend. A starts.**

**A**
- Qu'est-ce que tu fais quand tu te lèves?
- Qu'est-ce que tu manges et bois d'habitude pour le petit déjeuner?
- Quel repas préfères-tu et pourquoi?
- Qu'est-ce que tu as mangé et bu hier?
- Mmmm, c'est bon ça.

**B**
- activité au lever
- trois choses à manger et à boire
- repas préféré + raison
- !

**2 You are discussing housework with a friend. A starts.**

**A**
- Qu'est-ce que tu fais comme travaux ménagers?
- Qu'est-ce que tu en penses? Pourquoi?
- Tu fais ça quel jour? Pour combien d'heures?
- Qui d'autre aide à la maison?
- D'accord.

**B**
- travail à la maison – deux choses
- opinion et raison
- !
- ce qu'un autre membre de la famille fait

## Conversation

**3 À deux. Posez les questions et répondez. Puis changez de rôles.**

- Qu'est-ce que tu manges d'habitude au petit déjeuner?
- À quelle heure est-ce que tu prends le déjeuner?
- Qu'est-ce que tu manges au dîner?
- Qu'est-ce que tu vas manger ce soir?
- Qu'est-ce que tu as mangé au petit déjeuner hier?
- À quelle heure est-ce que tu as déjeuné hier?
- Qu'est-ce que tu as mangé au dîner hier soir?
- Décris un repas spécial.
- Qu'est-ce que tu fais comme travaux ménagers?
- Tu aimes ça?

## Présentation

**4 Préparez une présentation (une minute et demie) sur les repas à la maison et les travaux ménagers. Utilisez vos réponses à l'activité 3.**

Look at the *Sommaire* box for prompts to help with the conversation and presentation.

## Sommaire *Now you can:*

- **say when you have a meal:** *Je prends (le petit déjeuner) à (sept heures).*
- **say what you have for various meals:** *Au (déjeuner), je mange (un yaourt). Au (dîner), on boit (du vin).*
- **say what you had yesterday for various meals:** *J'ai mangé (un sandwich) et j'ai bu (un jus de pomme).*
- **describe a special meal:** *On a dîné (à huit heures). Le repas a duré (trois heures). C'était (délicieux).*
- **say what you and other people do around the house:** *Je passe l'aspirateur (tous les jours). Mon frère ne fait jamais (la vaisselle). Mon père fait souvent (le repassage).*
- **say what you have to do around the house:** *Je dois (faire la vaisselle deux fois par semaine).*

De: Thomas@yahoo.fr
À: Eleanor@aol.com
Date: vendredi 2 décembre
Objet: Nos fêtes préférées

Coucou!
Merci pour ton mail avec les infos sur "Thanksgiving". Moi, ma fête préférée, c'est l'Épiphanie (la fête des rois). C'est le 6 janvier. En France, pour cette fête, on va chez le boulanger et on achète un gâteau spécial: la galette des rois. Avec la galette, la boulangère nous donne une couronne en papier doré. Dans la galette, il y a un petit objet en porcelaine (la fève). La personne qui trouve la fève dans sa part de gâteau est le roi ou la reine. Il (ou elle) met la couronne.
En général, je mange plusieurs parts de galette: le samedi après-midi avec mes parents, mon frère et ma sœur, puis le dimanche chez mes grands-parents, et encore le mercredi suivant avec mes copains!
Après l'Épiphanie, j'aime aussi la Chandeleur (le 2 février) et Mardi gras, parce que j'adore les crêpes et on fait des crêpes pour la Chandeleur et pour Mardi gras.

Bisous

Thomas

PS: Voici ma recette de pâte à crêpes.
Pour une vingtaine de crêpes, il faut:
250 grammes de farine
1 pincée de sel
1/2 litre de lait
3 œufs
3 cuillerées à soupe d'huile

1 Mélanger la farine avec le sel.
2 Au milieu, verser 1/4 de litre de lait.
3 Battre les œufs.
4 Ajouter les œufs battus au mélange farine-lait.
5 Ajouter l'huile et le reste du lait.
6 Laisser reposer la pâte pendant une heure.
7 Faire cuire les crêpes.

**1 Trouvez dans la boîte le mot qui correspond à chaque définition.**

1 sorte de gâteau
2 on les mange pour Mardi gras
3 il porte une couronne sur sa tête
4 on trouve cet objet dans la galette des rois
5 on célèbre cette fête le 6 janvier
6 la reine la met sur sa tête

| | |
|---|---|
| le roi | la couronne |
| les crêpes | la galette |
| l'Épiphanie | la fève |

**2 Choisissez *a*, *b* ou *c* pour compléter chaque phrase.**

1 Thomas a reçu
- **a** des informations sur Mardi gras.
- **b** un cadeau pour Thanksgiving.
- **c** des informations sur Thanksgiving.

2 Sa fête préférée c'est
- **a** Thanksgiving.
- **b** Mardi gras.
- **c** l'Épiphanie.

3 Pour l'Épiphanie, on mange
- **a** du poulet.
- **b** de la galette des rois.
- **c** des crêpes.

4 Dans la galette, il y a
- **a** une crêpe.
- **b** une reine.
- **c** une fève.

5 Quand on a la fève,
- **a** on met la couronne.
- **b** on fait des crêpes.
- **c** on va chez le boulanger.

6 En général, Thomas fête l'Épiphanie avec
- **a** seulement ses grands-parents.
- **b** seulement ses copains.
- **c** sa famille et ses copains.

7 Thomas aime aussi
- **a** Halloween.
- **b** la Chandeleur et Mardi gras.
- **c** Noël et Pâques.

**3 Traduisez la recette pour la donner à une personne qui ne comprend pas le français.**

**4 Et vous? Quelle est votre fête préférée? Qu'est-ce qu'on mange de spécial?**

# 3B Je préfère les bonbons

## La nourriture

- understand publicity about food
- listen for detail
- use the comparative and superlative

**1** Regardez l'affiche, écoutez les annonces au supermarché et notez l'article, la quantité et le prix. (1–10)

Exemple: **1** le riz
– 500 g
– 1€,50

### Stratégies!

***Listening skills***

Don't be put off if you don't understand everything when listening.

- Look at the task and just listen out for what you DO need to understand.
- Think in advance about words that you might hear. In this case, it's items and prices. Look at the items in the poster. Go over the words in your head.

**Grammaire:** ***Comparative and superlative***

| comparative (*comparatif*) | | superlative (*superlatif*) | |
|---|---|---|---|
| more… than | *plus… que* | the most | *le / la / les plus* + adjective |
| less… than | *moins… que* | the least | *le / la / les moins* + adjective |
| as… as | *aussi… que* | | |

Remember the adjective needs to agree with the first named item.

Exemples:

*La confiture est* ***moins chère que*** *le sac de pommes de terre.*

*La chose* ***la plus chère****, c'est la bouteille de champagne!*

➤➤ p.194

**2 a** **Écrivez dix phrases pour comparer les prix des articles sur cette page.**

Exemple: Le sucre est plus cher que le chocolat.

**2 b** **Quel est l'article le plus cher / le moins cher?**

# Bien choisir



- talk about food and drink preferences
- express opinions

### Angéline, 17 ans

**Qu'est-ce que tu aimes manger, Angéline?**

Alors, moi, je suis végétarienne. Il n'y a pas beaucoup de végétariens en France et quand je vais au restaurant, j'ai quelquefois du mal à trouver quelque chose à manger.

**Tu ne manges pas de poisson alors?**

Non, c'est-à-dire que j'aime bien les crevettes roses, mais je n'en mange pas, et je ne mange ni viande, ni poisson. Je suis végétarienne surtout par principe (je crois qu'il est immoral de tuer les animaux pour les manger), mais aussi parce que je n'aime pas la viande. Mais il y a beaucoup de choses que j'aime manger, surtout les pizzas, les pâtes, les œufs et le fromage.

**Et quels sont tes légumes préférés?**

Ben, j'adore presque tous les légumes, surtout la salade verte et les carottes, et en plus il y a beaucoup de vitamines dedans. Ce que je n'aime pas, c'est les poivrons, parce que c'est trop fort. Et je n'aime pas les haricots verts non plus.

**Qu'est-ce que tu fais à Noël?**

Je ne mange pas de dinde, mais l'année dernière, j'ai préparé une roulade végétarienne avec des légumes. C'était délicieux! Il y avait des carottes, des pommes de terre et du chou-fleur dedans.

### Florian, 16 ans

**Quel est ton plat préféré?**

Moi, j'aime bien aller dans les restaurants vietnamiens ou chinois – il y en a plusieurs dans notre ville. J'aime bien le poulet et la dinde. On peut en manger avec du riz, des pâtes ou même avec du couscous. J'adore les épices marocaines.

**Tu n'aimes pas du tout la cuisine française?**

Ça dépend. Je n'aime pas le pâté de foie gras. Là, je suis d'accord avec Angéline, je trouve que c'est cruel.

Mais j'adore les fromages français comme le roquefort, le brie, le camembert ou le bleu d'Auvergne. Chez nous, on en mange tous les jours. Et toute ma famille aime les plats simples, comme les spaghettis, le jambon et les crêpes.

**Est-ce qu'il y a un plat que tu ne mangerais jamais?**

Oui, bien sûr, les escargots. J'ai essayé une fois et j'ai été malade pendant une semaine.

**1 a** **Lisez les interviews d'Angéline et Florian, puis recopiez et complétez la grille.**

| Angéline aime | Angéline n'aime pas | Florian aime | Florian n'aime pas |
|---|---|---|---|
| salade verte | viande | poulet | pâté de foie gras |
| | | | |

**1 b** *extra!* **Relisez les deux interviews et répondez en français.**

1 Pourquoi Angéline a-t-elle des problèmes quand elle va manger dans un restaurant?
2 Pourquoi est-elle végétarienne?
3 Qu'est-ce qu'elle a mangé à Noël?
4 Quelle est la viande préférée de Florian?
5 Pourquoi n'aime-t-il pas le pâté de foie gras?
6 Est-ce qu'on mange souvent du fromage chez Florian?
7 Qu'est-ce qu'il déteste?

**2** **Écoutez Sophie, Florence et Benjamin, puis recopiez et complétez la grille.**

| | Aime + raison | N'aime pas + raison |
|---|---|---|
| Sophie | | beurre, trop gras |
| Florence | | |
| Benjamin | | |

| | | | |
|---|---|---|---|
| J'aime (bien / beaucoup)<br>Je n'aime pas<br>Je déteste<br>J'adore<br>Je préfère | le beurre / riz / poisson / fromage / vinaigre / poulet / chocolat<br>la moutarde / viande / dinde<br>les pâtes / pommes de terre / saucisses / escargots / crevettes / œufs / poivrons / haricots verts | parce que | c'est (trop) gras / acide / amer / épicé / fort / dégoûtant.<br>c'est délicieux.<br>je suis végétarien(ne).<br>je n'aime pas le goût. |

**3** **À deux. Discutez de ce que vous aimez et n'aimez pas manger.**

Exemple: A **J'aime beaucoup les pâtes, parce que je trouve que c'est délicieux. Et toi?**
B **Moi, je préfère le riz avec du curry.**

**Stratégies! Opinions (rappel)**

See page 47 for useful phrases for expressing opinions.
Remember to add a reason, using *parce que c'est…* and an adjective: *horrible / délicieux / affreux / super / dégoûtant.*

# Bon pour la santé?

- talk about healthy food and eating habits
- give advice
- remember and learn vocabulary

**1** **Lisez le texte *Les adolescents et l'alimentation*, puis faites deux listes.**

| Aliments à recommander | Aliments à éviter |
| --- | --- |
| lait | trop de pain |
| | |

## Les adolescents et l'alimentation

Avec les problèmes d'obésité, d'anorexie et de boulimie d'aujourd'hui, un bon régime alimentaire est plus important que jamais. Voici les résultats des recherches de la Fondation pour la Santé Publique sur l'alimentation idéale.

### Le petit déjeuner

Pour commencer votre journée, le lait est essentiel, à cause du calcium qu'il contient. Buvez du lait frais. Si vous mangez un yaourt ou du fromage, c'est bien aussi. Les fruits et les jus de fruits contiennent des vitamines. Une autre bonne idée: les céréales comme les corn flakes, par exemple. Mais faites attention: évitez les céréales trop sucrées. Et ne mangez pas trop de pain, ni trop de beurre.

### Le déjeuner

Il est recommandé de prendre une entrée (de la salade ou du potage) avant le plat principal. Le plat principal doit contenir de la viande ou du poisson avec des légumes, des pâtes ou du riz. N'oubliez pas de prendre un yaourt ou un fruit en dessert. Ne mangez pas trop de chips, cacahuètes salées, etc. Ne buvez pas trop de boissons sucrées – un verre d'eau suffit.

### Le goûter

Si vous avez faim au cours de l'après-midi, ne prenez pas de tartine ni de biscuits. Un fruit est préférable.

### Le dîner

Le soir, il faut avoir une entrée, un plat principal et un dessert – mais pas les mêmes qu'au déjeuner. N'oubliez pas de manger des légumes et des fruits. Évitez surtout les frites et les aliments gras: une portion de frites par semaine suffit.

**2 a** **Écoutez Mehmet, Émilie et Nicolas qui discutent de l'article *Les adolescents et l'alimentation*. Choisissez deux phrases pour chacun.**

Exemple: **Mehmet – 2**

Qui…

1. adore les desserts?
2. aime manger du beurre avec sa baguette?
3. boit du café tous les matins?
4. n'aime pas le riz?
5. est sportif?
6. aime bien les légumes?

**2 b** *extra!* **Réécoutez Mehmet, Émilie et Nicolas et répondez aux questions.**

1. Who isn't worried by the article?
2. Who is really surprised by it?
3. Who obviously has a poor diet?

C'est bon / mauvais pour la santé.

| Prends / Prenez<br>Mange / Mangez | des fruits / des légumes. |
| --- | --- |

Évitez trop d'(aliments gras).
Ne mangez pas trop de (frites).

**Grammaire: *Giving orders or instructions (imperatives)***

Use the *tu* or *vous* form of the verbs, without the *tu* or *vous*.
For –*er* verbs, take the –*s* off the *tu* form.

| *tu* form | *vous* form | |
| --- | --- | --- |
| *Mange…* | *Mangez…* | Eat… |
| *Bois…* | *Buvez…* | Drink… |
| *Évite…* | *Évitez…* | Avoid… |
| *Achète…* | *Achetez…* | Buy… |

Look for and list examples of these in *Les adolescents et l'alimentation*.

➤➤ p.201

**3** **Écrivez des slogans publicitaires pour un magazine.**

Exemple: Mangez des bananes, pas des bonbons.

## Stratégies! Remembering vocabulary

- To achieve a good grade, you need to be able to understand and use a wide range of vocabulary.
- To see how many names of fruit and vegetables you remember, look at the pictures, but hide the lists underneath. List all the items in French, then check, and learn the ones you had not remembered.

| **Des légumes** | des carottes | des tomates |
|---|---|---|
| des petits pois | des pommes de terre | un chou |
| des haricots verts | des champignons | un chou-fleur |

| **Des fruits** | des pêches | des framboises |
|---|---|---|
| des abricots | des pommes | des citrons |
| des cerises | des poires | un ananas |
| des fraises | des bananes | du raisin |

**4** **À deux. Discutez de ce qui est bon ou mauvais pour la santé.**

Exemple:
A **Tu aimes les fruits?**
B **Oui, je mange des fruits parce que je pense que c'est bon pour la santé.**
A **Et les bonbons, tu aimes ça aussi?**
B **Oui, j'aime les bonbons mais je les évite. À mon avis, c'est mauvais pour la santé, ça.**

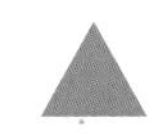

## Stratégies! extra! Opinions

Try to use some of these phrases. Work out the meaning with a partner first if you're not sure.

- *Il est difficile de savoir quoi faire. Les experts ne sont pas d'accord entre eux.*
- *C'est bon avec modération.*
- *Il y a des régimes bizarres.*
- *Au collège, il y a beaucoup de tentations.*
- *Quand je suis stressé(e), je grignote* (= I snack).

**5** **Lisez les conseils de Danielle et complétez les phrases.**

Exemple: **1** ... elle fait beaucoup de concerts.

1. Danielle doit rester en forme, parce qu'...
2. Elle mange beaucoup de légumes, parce que...
3. Elle ne mange pas de frites, parce que...
4. Elle ne recommande pas trop le fromage, parce que...
5. Elle recommande les bananes parce que...

**6** **Écrivez un paragraphe sur votre régime alimentaire.**

Que prenez-vous d'habitude
– au petit déjeuner? – au déjeuner? – au dîner?
C'est bon ou mauvais pour la santé?
Qu'est-ce que vous évitez et pourquoi?

## Veux-tu maigrir? Veux-tu rester en forme?

**Voici les conseils de santé de Danielle Délice.**

« Moi, j'essaie de rester en forme. Pour moi, c'est important, car j'ai besoin de beaucoup d'énergie pour mes concerts et mes films et pour ça, un bon régime alimentaire est essentiel.

Je ne suis pas végétarienne, mais je mange beaucoup de légumes (c'est essentiel pour la forme) avec de la viande. Mes légumes préférés sont les carottes, les petits pois et les haricots verts. Une ou deux pommes de terre, ça va... mais il est essentiel d'éviter les frites, les hamburgers et les matières grasses (je ne mets jamais de beurre sur mon pain). Ces choses sont très mauvaises pour la santé.

Tous les fruits sont excellents au petit déjeuner, au déjeuner et aussi au dîner, et n'hésitez pas à manger beaucoup de yaourt pour le calcium dont* vous avez besoin pour avoir de jolies dents, comme les miennes! Non, je rigole, mais je recommande quand même la prudence avec le fromage, qui est délicieux mais très gras.

Mes fruits préférés sont les fraises et les ananas, mais n'oubliez pas les bananes, qui contiennent plein de vitamines. Avez-vous remarqué qu'à Wimbledon et à Roland-Garros, tous les joueurs de tennis mangent des bananes pour avoir de l'énergie? »

**dont** *that, of which*

# Je ne fume pas

- talk about healthy and unhealthy lifestyles
- use *il faut*
- use *de* after negatives
- sound more natural in French

## Pour rester en forme,

**il faut…**
- ★ faire du sport
- ★ manger des fruits
- ★ manger des légumes
- ★ aller au lit de bonne heure
- ★ faire des promenades
- ★ prendre l'air
- ★ boire un peu d'alcool
- ★ aller chez le dentiste régulièrement
- ★ boire beaucoup d'eau
- ★ rire!

**il ne faut pas…**
- ★ fumer
- ★ boire trop d'alcool
- ★ manger d'aliments gras
- ★ aller au lit trop tard
- ★ se droguer
- ★ manger trop de bonbons
- ★ manger trop de sel
- ★ trop regarder la télévision
- ★ boire de boissons sucrées
- ★ trop travailler

**1** **Lisez l'article *Pour rester en forme*, puis complétez les phrases avec une expression du texte.**

1. Pour avoir de belles dents, …
2. Pour maigrir, …
3. Pour être bon(ne) en sport, …
4. Avant de conduire, …
5. Pour rester en forme, …
6. Pour éviter le mal de tête le lendemain, …
7. Pour n'être pas trop fatigué, …

**Grammaire: *il faut (rappel)***

To say what you **should** do, use *il faut…* + an infinitive.

To say what you **should not** do, use *il ne faut pas…* + an infinitive.

➤➤ p.203

**2 a** **Écoutez les deux jeunes. Choisissez cinq phrases pour Delphine et cinq pour Thomas.**

Exemple: **Delphine – 1, …**

Qui…

1. boit de la bière?
2. ne fume pas?
3. fume des cigarettes?
4. prend du haschisch?
5. va au gymnase?
6. ne boit pas d'alcool?
7. aime aller en boîte?
8. fait beaucoup de sport?
9. ne se drogue jamais?
10. aime regarder les mecs?

**2 b** extra! ***Describe the attitudes of Delphine, Thomas and the presenter towards healthy living.***

**3** **Recopiez et complétez les phrases.**

Exemple: **1** Je bois du vin mais je ne bois pas de bière.

1. Je bois … vin, mais je ne bois pas … bière.
2. Mon père boit … thé, mais il ne boit pas … café.
3. Je mange … légumes, mais je ne mange pas … viande.
4. Les enfants boivent … limonade, mais ils ne fument pas … cigarettes.
5. Je fume … cigarettes, mais je ne prends pas … haschisch.
6. Ma mère boit … jus d'orange, mais elle ne boit jamais … bière.

**Grammaire: *'some' (rappel)***

| masculine | feminine | before a vowel | plural |
|---|---|---|---|
| *du* | *de la* | *de l'* | *des* |

But after a negative, simply use *de*:

*Je mange des frites. Je ne mange pas* ***de*** *frites.*

*Je bois du vin. Je ne bois jamais* ***de*** *vin.*

➤➤ p.193

| Je bois de la bière. | Je ne bois pas de bière. |
|---|---|
| Il boit (souvent) du vin / de l'alcool / de la vodka. | Il ne boit jamais de vin / d'alcool / de vodka. |
| Elle fume (parfois) des cigarettes. | Elle ne fume pas de cigarettes. |
| Il fume du haschisch (de temps en temps). | Il ne fume jamais de haschisch |
| Elle se drogue. | Elle ne se drogue pas. |

**4** **À quatre. Lisez les opinions ci-dessous. Êtes-vous d'accord ou pas? Discutez.**

1 Fumer dix cigarettes par jour, c'est pas grave, je crois.

2 Fumer, c'est très dangereux pour les poumons / le cœur.

3 Oui, je suis d'accord, fumer, c'est mauvais pour la santé. À mon avis, c'est une mauvaise habitude.

4 L'alcool est utile si on est timide, et les adolescents trouvent que c'est chic.

5 Les fumeurs ont mauvaise haleine.

6 L'alcool est plus dangereux que le haschisch.

## Stratégies! *Sounding more natural*

- You can make yourself sound more natural in French by adding in extra expressions such as *mais* (but), *malheureusement* (unfortunately), *un peu* (a bit), *vraiment* (really).
- Also use frequency expressions such as *de temps en temps* (from time to time), *d'habitude* (normally), *parfois* (occasionally), *beaucoup* (a lot), etc. See page 110 for more frequency expressions.

**5** **Lisez *Le problème de l'obésité*, puis faites un résumé en anglais.**

**6** **Et vous, qu'en pensez-vous? Écrivez un paragraphe avec vos opinions sur la santé, l'alimentation, le tabac, l'alcool et la drogue.**

Que faites-vous? Que font vos copains? Pourquoi? Est-ce que la santé est importante quand on est jeune?

# Le problème de l'obésité

L'obésité est un problème de nos jours. Et ce n'est pas seulement aux États-Unis, où beaucoup de jeunes ne font pas de sport et ne mangent que dans les fast-foods. Non, même en France, 40 pour cent des jeunes sont trop gros.

### Quelles sont les raisons?

La révolution technologique a eu des conséquences inattendues. La plupart des adolescents passent plusieurs heures par jour devant la télé ou devant leur ordinateur, en surfant sur Internet ou en bavardant dans les forums. C'est amusant, bien sûr, mais ça n'utilise pas beaucoup d'énergie.

Il y a des restaurants fast-food partout. Ils proposent des pizzas, des frites, des hamburgers, du poulet rôti… Ce que ces aliments ont en commun, c'est la matière grasse, trop de matière grasse, et le sel, trop de sel.

Et les jeunes d'aujourd'hui ont souvent des soucis, comme les problèmes familiaux ou le stress de l'école. Ils cherchent le réconfort dans le chocolat, les bonbons et les boissons sucrées.

### Alors quoi faire?

C'est facile en principe, difficile dans la pratique, mais les règles sont simples:

- Faites du sport. Même le cyclisme, le jogging ou la marche à pied peuvent vous aider à maigrir.
- Évitez les aliments gras et sucrés et mangez plus de fruits et de légumes.
- Ne mangez pas entre les repas.

# Jeu de rôles

**À deux, puis changez de rôles.**

*Whenever you see the* **!** *sign, respond appropriately to your partner.*

**1 You are discussing food preferences with your partner. A starts.**

**A**

- Qu'est-ce que tu aimes manger?
- Et qu'est-ce que tu n'aimes pas?
- Tu aimes boire de l'alcool?
- C'est bon pour la santé, ce que tu aimes manger et boire? Pourquoi?

**B**

- deux choses préférées
- déteste: une chose + pourquoi
- opinion sur l'alcool + pourquoi
- !

**2 You are discussing healthy living with a friend. A starts.**

**A**

- Qu'est-ce que tu manges et bois de sain?
- Tu fumes?
- Que faut-il faire pour rester en forme?
- Et qu'est-ce qu'il ne faut pas faire?
- Oui, c'est vrai.

**B**

- ce que tu manges et bois de sain
- cigarettes: opinion
- rester en forme: deux activités
- !

# Conversation

**3 À deux. Posez les questions et répondez. Puis changez de rôles.**

*In the conversation, don't forget to include details and opinions.*

Discutez des choses que vous aimez et n'aimez pas manger et boire.

Look at the *Sommaire* box below to help with the conversation and presentation.

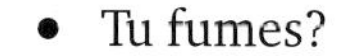

- Tu aimes les plats épicés?
- Aimes-tu le poisson?
- Est-ce que tu es végétarien(ne)?
- Qu'est-ce que tu aimes comme légumes?
- Qu'est-ce que tu aimes comme fruits?
- Aimes-tu les hamburgers?
- Ton régime, c'est bon pour la santé?
- Tu fumes?
- À ton avis, qu'est-ce qu'il faut faire pour rester en forme?
- Et qu'est-ce qu'il ne faut pas faire, à ton avis?

# Présentation

**4 Préparez une présentation (une minute et demie) sur les choses que vous aimez manger et ce qu'il faut faire pour rester en forme. Utilisez vos réponses à l'activité 3.**

## Sommaire *Now you can:*

- **talk about food preferences:** *J'aime beaucoup (le chocolat.) Je n'aime pas (le vinaigre.) Je préfère (le riz).*
- **say why:** ... *parce que c'est trop gras / fort / épicé; parce que je n'aime pas le goût.*
- **understand advice about healthy things to eat and drink:** *Prenez des (bananes / pommes). Mangez des (haricots verts / carottes). Évitez trop d'aliments gras.*
- **say what you eat and whether it's good for you or not:** *Je mange (des yaourts). J'évite (les boissons sucrées). C'est bon / mauvais pour la santé.*
- **talk about healthy and unhealthy activities:** *Je bois de la bière. Il ne fume jamais de haschisch. Elle ne se drogue pas.*
- **say what you should and shouldn't do:** *Il faut faire des promenades. Il ne faut pas manger trop de frites.*

# Bien manger, c'est la santé!

## Vous nous demandez souvent des conseils de nutrition. Voici nos réponses aux questions que vous nous posez le plus souvent.

**Question:** Il faut manger combien de repas par jour?

**Réponse:** Un seul gros repas par jour, ce n'est pas très bon pour la santé. Mais il ne faut pas non plus grignoter toute la journée! L'idéal, c'est de prendre trois ou quatre repas par jour: le petit déjeuner, le déjeuner, le goûter et le dîner.

**Question:** Un petit déjeuner équilibré, qu'est-ce que c'est?

**Réponse:** Il faut prendre un produit laitier (yaourt, fromage ou lait), des céréales (pain, corn flakes ou muesli) et un fruit (kiwi, orange, banane, pomme ou jus de fruit).

**Question:** Pourquoi faut-il manger des produits laitiers?

**Réponse:** Il faut manger des produits laitiers, parce qu'ils contiennent du calcium et des protéines. Le calcium, c'est important pour la santé des os. Les protéines, c'est bon pour les muscles et pour l'énergie. Ça sert aussi à défendre le corps contre les maladies.

**Question:** La viande, c'est mauvais pour la santé?

**Réponse:** Non, ce n'est pas mauvais pour la santé. Dans la viande, il y a des protéines, des vitamines et du fer. Il faut manger de la viande ou du poisson une fois par jour. Si on est végétarien, on peut remplacer la viande et le poisson par des œufs, des lentilles, des haricots, des noix et des noisettes.

**Question:** Qu'est-ce qui est mauvais pour la santé?

**Réponse:** Il faut éviter de boire des sodas, car ils sont beaucoup trop sucrés. Il ne faut pas manger trop de graisses (charcuterie, fromage, beurre), ni trop de sucres (bonbons, gâteaux et chocolats).

**Question:** Ma nourriture préférée, c'est les frites et les hamburgers. C'est mauvais pour la santé?

**Réponse:** L'important, c'est l'équilibre. Des frites tous les jours, ce n'est pas recommandé. Des frites une fois par semaine, pas de problème. C'est la même chose pour les hamburgers et les pizzas.

**1** ***This article on healthy eating has many words that you are familiar with, such as petit déjeuner, manger, etc. There will also be words that you don't know. Look at the following steps you might go through to work out their meaning.***

**1** You know *petit déjeuner*, but you may not know *équilibré*. The following steps may help you guess the meaning of *un petit déjeuner équilibré*.

- **a** First find *un petit déjeuner équilibré* in the article.
- **b** Do you know any English words that look similar to *équilibré*?
- **c** Do you know the meaning of 'equilibrium'?
- **d** What do you think *un petit déjeuner équilibré* means?

**2** Now try to work out the meaning of the following words and phrases using similar steps.

- **a** *grignoter* (clue: look at the context)
- **b** *un produit laitier* (clue: think of an English word similar to *produit* and what *laitier* may be related to in French)
- **c** *os* (clue: look at the rest of the sentence)
- **d** *fer* (clue: chemistry symbols)
- **e** *lentilles* (clue: think of a similar English word)

**2** **Trouvez le commentaire (a–e) qui correspond à chaque phrase (1–5).**

1. «Je ne mange pas de viande, et pas de poisson non plus.»
2. «J'ai pris des corn flakes avec du lait et deux kiwis.»
3. «J'adore les frites et les hamburgers.»
4. «Je bois du coca à tous les repas.»
5. «Je déteste le lait et le fromage.»

- **a** Attention au sucre!
- **b** Attention aux graisses!
- **c** Il faut trouver une autre source de calcium.
- **d** Voilà un exemple de petit déjeuner équilibré.
- **e** Essayez de trouver une autre source de protéines.

**3** **Répondez aux questions suivantes.**

1. Pourquoi est-ce qu'on a besoin de calcium?
2. Pourquoi est-ce qu'on a besoin de protéines?
3. Pourquoi est-ce qu'il ne faut pas manger trop de gâteaux?
4. Pourquoi est-ce qu'il ne faut pas manger trop de fromage?

**4** **Et vous, qu'est-ce que vous mangez? C'est bon ou c'est mauvais pour la santé? Expliquez en trois ou quatre phrases.**

# 3C Au travail

## Je travaille dans un bureau

- talk about part-time jobs
- talk about travelling to work, start and finish times and earnings
- find and learn vocabulary

De: charlotte55@wanadoo.fr
À: sophie@tiscali.fr
Date: 20 janvier
Objet: Mon job

Salut Sophie

J'ai enfin trouvé un nouveau job! Je travaille tous les soirs dans un supermarché du centre-ville. Ce n'est pas très intéressant, mais je gagne neuf euros de l'heure. Ce n'est pas mal. Je travaille trois fois par semaine, je commence à 17 heures et je finis à 20 heures. Normalement, j'y vais en autobus et le trajet dure 15 minutes.

Bisous, Charlotte

Cher Nicolas

*Je travaille maintenant dans le nouveau fast-food à St-Julien le week-end. C'est mal payé (huit euros de l'heure), mais le travail n'est pas dur et les horaires sont convenables – 17 heures à 21 heures. Je travaille normalement à la caisse. En plus, je peux y aller à vélo, parce que ce n'est pas loin de chez nous.*

Mehmet

Bonjour Mehmet

*Pas mal, ton nouveau boulot. Comme tu le sais, moi, je distribue des journaux gratuits. Affreux! Je commence à cinq heures du matin, même en hiver. Je finis à sept heures et puis je vais au collège! Moi aussi j'y vais à vélo, ou parfois à pied. C'est un peu énervant, et mal payé aussi – je ne gagne que 25 euros par semaine. Je vais bientôt chercher un autre job!*

Nicolas

| | |
|---|---|
| Je travaille dans | un magasin / un bureau / un restaurant / un fast-food / un supermarché / une station-service / une boutique. |
| Je fais du baby-sitting / du jardinage.<br>Je distribue des journaux. | |
| Je travaille | (deux) fois par semaine.<br>le week-end / le (samedi) soir<br>tous les jours / tous les soirs. |
| Je commence à (huit heures) et je finis à (17 heures).<br>Je gagne (10) euros de l'heure.<br>Je gagne (30) euros par jour / soir / semaine.<br>J'y vais à vélo / à pied / en voiture / en autobus.<br>Le trajet dure (20) minutes.<br>C'est / Ce n'est pas intéressant / dur / bien payé.<br>Ce n'est pas mal. | |

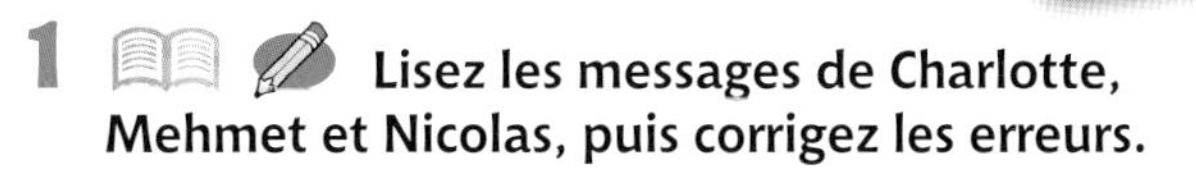

**1** **Lisez les messages de Charlotte, Mehmet et Nicolas, puis corrigez les erreurs.**

Exemple: **1** *Charlotte ne trouve pas son emploi très intéressant.*

1. Charlotte trouve son emploi très intéressant.
2. Elle travaille pendant la journée.
3. Son salaire est mauvais.
4. Elle va au travail à pied.
5. Mehmet travaille dans un bon restaurant.
6. Il gagne plus que Charlotte.
7. Nicolas ne travaille pas en hiver.
8. Il finit à cinq heures.
9. Le salaire de Nicolas est excellent.

**2 a** **Écoutez les six personnes et notez pour chacune:**

- le genre de travail
- le salaire
- les horaires
- le moyen de transport.

Exemple: **1 une station-service, ...**

**2 b** *extra!* **Notez l'opinion: positive ou négative?**

Exemple: **1 négative**

**3** À deux. Jouez trois dialogues. Inventez les détails: emploi, horaires, salaire, transport, durée du trajet.

extra! **Donnez des opinions.**

Exemple:
A **Est-ce que tu as un job?**
B **Oui, je travaille dans une station-service une fois par semaine. Je commence à six heures et je finis à 15 heures. Je gagne huit euros de l'heure. J'y vais en voiture et le trajet dure 30 minutes.**
A **C'est comment?**
B **C'est intéressant mais ce n'est pas bien payé. Et toi?**
A **Je fais du baby-sitting tous les samedis, ...**

To talk about your current job, use the present tense. To revise the present tense, see page 18.

**4** **Lisez l'article *Les jeunes Européens aiment gagner de l'argent*. Vrai, faux ou pas mentionné?**

1. Il s'agit d'un sondage européen.
2. La plupart des adolescents ont un emploi.
3. Plus d'un quart des adolescents travaillent dans un magasin.
4. La majorité n'a pas de travail.
5. Les jeunes aiment bien travailler.
6. Le ministre pense que cette situation est excellente.
7. À son avis, la situation est causée par la société de consommation.
8. Il pense que le travail scolaire des élèves va souffrir.

## Les jeunes Européens aiment gagner de l'argent!

Notre sondage révèle que beaucoup de jeunes Européens ont un emploi le soir après le collège ou le week-end. Les réponses de 1000 adolescents européens entre 14 et 16 ans questionnés par l'organisme MORI nous montrent que:

- 22% travaillent dans un magasin
- 20% travaillent pour leurs parents (jardinage, baby-sitting, etc.)
- 18% travaillent dans un bureau
- 13% travaillent dans un restaurant, café, etc.
- 17% ont un autre emploi (station-service, ferme, etc.)
- et... seulement 10% n'ont pas d'emploi.

Les jeunes expliquent que l'argent de poche ne suffit pas pour sortir le soir et acheter des CD, des vêtements, etc., donc ils sont obligés de trouver un emploi. Mais en France, le ministère de l'Éducation n'est pas d'accord. Dans un communiqué officiel, on exprime de graves doutes sur cette situation inquiétante:

"Les jeunes d'aujourd'hui veulent gagner de l'argent. On vit dans une époque de consommation où les adolescents pensent qu'il est essentiel d'avoir les mêmes vêtements et jeux vidéo que leurs copains. Mais si les élèves travaillent tant d'heures le soir et le week-end, il est certain que leur travail scolaire souffrira, parce qu'ils seront fatigués et n'auront pas assez de temps pour faire leurs devoirs correctement."

**5** Stratégies! ***Finding and learning vocabulary (1)***

If you don't know the exact word for a job, it's often easier to say where you work: *Je travaille dans (un supermarché).*

To say what you do, you can often start with *Je fais...* :

*Je fais du baby-sitting / du jardinage.*

*Je fais des photocopies.*

Start a spider diagram with the above expressions, then use the glossary or a dictionary to add some more.
Note at least six for each section.

Include some of these in your writing and learn several by heart.

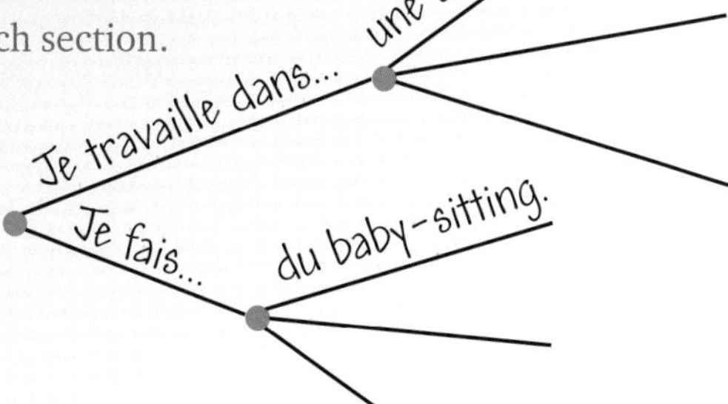


**6** **Décrivez votre job. Inventez des détails. Décrivez:**

- ce que vous faites
- le salaire
- les horaires
- comment vous y allez
- la durée du trajet
- votre opinion.

# J'ai travaillé à la caisse

- talk about work experience
- use the perfect and imperfect tenses
- expand vocabulary

**Guillaume**

J'ai fait mon stage dans une librairie. Les journées étaient longues: je commençais à huit heures le matin et je finissais à cinq heures et demie le soir. J'y suis allé en autobus et le trajet durait dix minutes. La plupart du temps, j'ai travaillé à la caisse où j'ai parlé aux clients et j'ai emballé les livres. Deux ou trois fois, j'ai trouvé ça un peu barbant parce qu'il n'y avait pas beaucoup de clients, mais, d'une façon générale, c'était amusant. Je m'entendais bien avec les autres employés.

**Caroline**

Moi, j'ai travaillé dans un cabinet d'avocat. Je commençais à huit heures et demie et je finissais à quatre heures et demie. J'y suis allée en train. J'avais deux heures de train par jour, ce n'était pas marrant comme trajet! J'ai vraiment détesté ce boulot parce que ce n'était pas créatif du tout. J'ai tapé des lettres ennuyeuses à l'ordinateur toute la journée! En plus, je ne m' entendais pas bien avec la secrétaire qui était très stricte. Un jour, j'ai été critiquée* par elle parce que je suis arrivée en retard!

**1** **Lisez les bulles de Guillaume et Caroline, puis reliez les moitiés de phrases (1–5 et a–e).**

**Guillaume:**

1 Les journées dans la librairie
2 Il n'y avait pas beaucoup de clients
3 Il est allé au travail
4 Guillaume a aimé parler
5 Il a emballé

**a** les livres.
**b** en bus.
**c** quelquefois.
**d** étaient longues.
**e** aux clients.

**Caroline:**

1 Elle a travaillé
2 Elle n'a pas
3 Elle a dû taper
4 La secrétaire
5 Un jour, elle a eu un problème

**a** était désagréable.
**b** de train.
**c** chez un avocat.
**d** des lettres barbantes.
**e** aimé le travail.

**2 a** **Écoutez Nicolas, Émilie et Mehmet qui parlent de leur stage en entreprise et prenez des notes.**

**2 b** **Réécoutez et répondez aux questions 1–8.**

Exemple: **1 Il a travaillé dans un magasin de sports au centre-ville.**

**Nicolas:**

1 Où a-t-il travaillé?
2 Qu'est-ce qu'il a fait là-bas?
3 Comment a-t-il trouvé le travail?

**Émilie:**

4 Où Émilie a-t-elle fait son stage?
5 Pourquoi est-ce qu'elle n'a pas aimé le travail?

**Mehmet:**

6 Est-ce que Mehmet a travaillé dans un bureau?
7 C'était comment?
8 Quel aspect de son travail a-t-il trouvé intéressant?

The phrase *j'ai été critiquée* is an example of the **passive voice**.
Active voice: *Il m'a critiquée.* (= He criticised me.)
Passive voice: *J'ai été critiquée par lui.*
(= I was criticised by him.)
See page 203.

| J'ai fait mon stage<br>J'ai travaillé | dans | une librairie / un bureau / un magasin / une usine / un cabinet de... |
|---|---|---|
| J'ai travaillé avec des enfants. | | |
| J'ai fait | des photocopies / des livraisons. | |
| J'ai | servi les clients / parlé aux clients / ouvert des lettres / tapé des lettres / travaillé à la caisse / emballé (les livres). | |
| Je commençais à (huit heures).<br>Je finissais à (16 heures).<br>J'y suis allé(e) en (bus).<br>Le trajet durait (20 minutes).<br>J'avais (deux heures) de (train). | | |
| J'ai trouvé le travail<br>C'était | barbant / dur / intéressant / créatif / fatigant / pas mal / amusant. | |
| Les journées étaient longues.<br>Je m'entendais bien avec... | | |

**3** **À deux. Discutez de stages en entreprise. Jouez les conversations 1–3.**

Exemple: **1** A **Qu'est-ce que tu as fait comme stage?**

B **J'ai travaillé dans un bureau, où j'ai fait des photocopies et j'ai travaillé l'ordinateur.**

A **C'était comment?**

B **J'ai trouvé le travail vraiment barbant, parce que c'était trop facile.**

**1** bureau, photocopies, ordinateur, barbant

**2** usine, téléphone, livraisons, dur

**3** magasin, caisse, clients, fatigant

To revise the perfect and imperfect tenses, see pages 20 and 65.

**4** **Écrivez vos réponses à l'activité 3.**

extra! **Ajoutez d'autres détails.**

Exemple: **1** J'ai travaillé dans un bureau, où j'ai...

**5** **Lisez l'article *Les stages des collégiens*, puis faites deux listes: les aspects positifs et les aspects négatifs. Donnez aussi les raisons.**

**6**  **Décrivez votre stage. Mentionnez:**

- où exactement vous avez travaillé
- ce que vous avez fait
- d'autres détails (par exemple, les horaires, les transports, le chef et les collègues)
- les aspects que vous avez aimés et ceux que vous n'avez pas aimés (donnez les raisons).

## Stratégies! *Writing skills*

Remember to use:

- verbs in the perfect (to talk about what you did) and imperfect tense (to describe what it was like, what you thought of it and how you got on with people)
- *où, et, mais* and other ways of linking sentences
- adjectives (*c'était amusant*) and expressions such as *j'ai trouvé ça (barbant)* to give opinions
- expressions with *avant de* + infinitive and *après avoir / après être* + past participle.

Look back at your spider diagrams as well as the various reading texts on pages 124–125 for help with useful expressions.

## Stratégies! *Expanding and learning vocabulary (2)*

Look back at the spider diagram you did on page 123. Add three more sections:

- where you worked: *J'ai travaillé dans une usine.*
- what you did: *J'ai ouvert les lettres.*
- your opinion: *C'était dur.*

Try to add three expressions to each section. Learn them and use them in your writing.

## Les stages des collégiens

Notre photo montre Hassini Mehdi, 16 ans, qui est élève de troisième au collège Charlemagne de Troyes. Au mois de juin, elle a fait un stage à l'école primaire du village de Belley, situé à cinq kilomètres de Troyes. Nous avons demandé à Hassini de décrire son stage.

"J'ai travaillé avec des enfants de 8 et 9 ans. C'était vraiment intéressant, car les enfants étaient mignons et très différents les uns des autres. C'étaient des enfants de plusieurs cultures et nationalités. Ça, j'ai beaucoup aimé, même si le travail demandait beaucoup de concentration! Tous les matins, je faisais du dessin avec eux, et parfois de la lecture et aussi du sport. J'ai aussi travaillé au secrétariat où j'ai aidé l'institutrice à faire des photocopies. Ça, c'était moins intéressant. Tout compte fait, j'ai trouvé le stage dur mais très, très créatif. Un jour, j'espère que moi aussi, je serai institutrice dans une école primaire comme celle-ci! C'est mon ambition, ça."

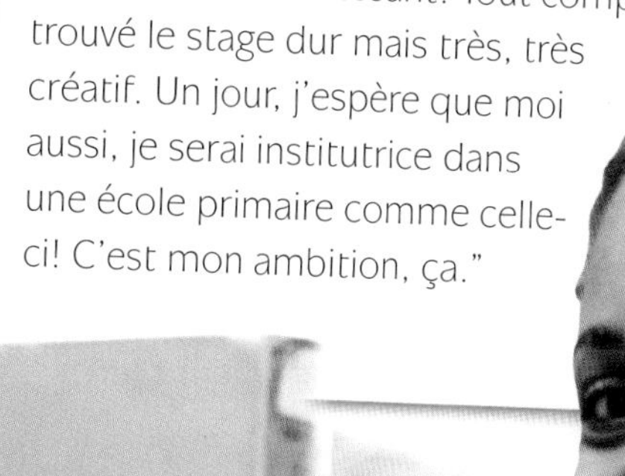

# Quel est votre numéro de téléphone?

- cope on the telephone
- use polite forms
- use indirect object pronouns

The symbol @ in email addresses is pronounced *arobase* in French. Personal details such as address and phone number are called *les coordonnées*.

**1** **Écoutez les messages sur répondeur. Recopiez et complétez trois cartes de visite pour ces personnes (1–3).**

**Alain ...**

**Tél:** 05 ...
**Fax:** 05 ...
**Tél. portable:** 06 ...
**E-mail: alain@...**

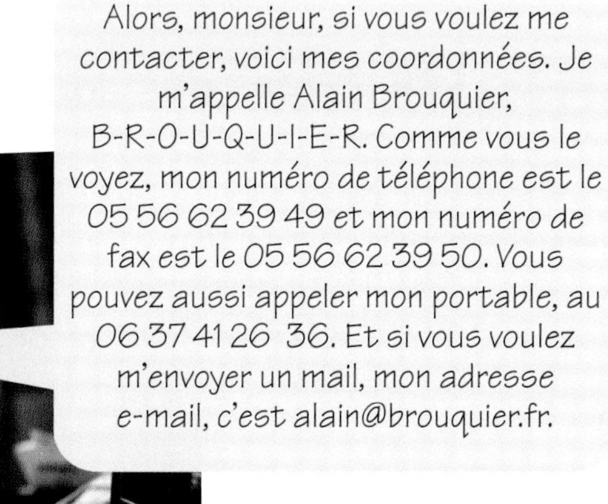


**2** **Préparez vos coordonnées pour un message sur répondeur téléphonique.**

**Exemple:** Je ne suis pas là en ce moment. Vous pouvez m'envoyer un fax au ... ou un mail à ..., ou, si c'est urgent, vous pouvez m'appeler sur mon portable, au ... , ou vous pouvez laisser un message après le bip.

**3** **Échangez vos coordonnées avec deux ou trois personnes.**

**Exemple:** **Quel est votre numéro de téléphone? (etc.)**

**4** **Lisez le dialogue. Répondez aux questions.**

**Exemple:** **1 Je regrette, monsieur, il n'est pas là.**

Vous êtes le / la secrétaire. Que dites-vous pour expliquer…

1. que le directeur n'est pas au bureau?
2. que le client peut dire quelque chose que vous noterez?
3. que le directeur va téléphoner au client?

Vous êtes le client. Comment…

4. demandez-vous le directeur?
5. expliquez-vous que c'est au sujet de l'annonce?
6. demandez-vous au directeur de vous contacter?

## Stratégies! *French phone numbers*

To revise numbers, see page 205.

Phone numbers are said in pairs:

03 38 43 51 60 = *zéro trois, trente-huit, quarante-trois, cinquante et un, soixante.*

Make up six ten-figure phone numbers and say them to your partner. Check that they have been noted down correctly, then swap roles.

**Secrétaire:** Omnisel, bonjour.

**M. Lafargue:** Bonjour, madame, est-ce que je peux parler à M. Pinet?

**Sec.:** Je regrette, monsieur, il n'est pas là. Voulez-vous laisser un message?

**M. L.:** Oui, c'est au sujet de l'annonce parue dans le journal d'aujourd'hui. Il pourrait me rappeler cet après-midi?

**Sec.:** Bien sûr. Quel est votre numéro de téléphone, s'il vous plaît?

**M. L.:** C'est le 03 26 43 92 16.

**Sec.:** Le 03 26 43 92 16, merci. Comment vous appelez-vous?

**M. L.:** C'est M. Serge Lafargue, L–A–F–A–R–G–U–E.

**Sec.:** Merci, monsieur. Le directeur vous rappellera cet après-midi, probablement vers 15 heures. Au revoir.

Est-ce que je peux parler à M. / Mme X?
C'est au sujet de (l'offre d'emploi).
(Est-ce qu') il / elle pourrait me rappeler à (six) heures?
Quel est votre numéro de téléphone?
Mon numéro de téléphone, c'est le...
Comment vous appelez-vous?
Voulez-vous laisser un message?

**5 a** Écoutez les deux conversations téléphoniques, puis recopiez et complétez le message (1–2).

Exemple: **1**

Mme / M ...
Rappelez à: ... heures
N° de téléphone: 01 ...

**5 b** *extra!* **Réécoutez. Choisissez une ou deux phrases (1–4) pour les deux personnes qui appellent et les deux secrétaires.**

1. Cette personne est impatiente.
2. Cette personne n'est pas très calme.
3. Cette personne est très polie.
4. Cette personne est un peu en colère.

**6** **À deux. Inventez trois dialogues. Adaptez le dialogue de l'activité 4.**

**7** **Recopiez et complétez les phrases.**

Exemple: **1** Je lui ai donné mon passeport.

1. Je … ai donné mon passeport. (à mon père)
2. Je … envoie mon adresse. (à vous)
3. Il … téléphone. (à M. et Mme Dumas)
4. Pouvez-vous … envoyer 100 euros? (à moi)
5. Je … ai envoyé une lettre. (à Émilie)

**8** **Écrivez un mail comme celui-ci. Changez les noms et tous les autres détails.**

For advice on adapting texts, see page 39.

## Stratégies! *Being polite*

Remember how important it is to be polite in formal situations. Use:

- *Monsieur / Madame / Mademoiselle*, rather than first names
- *vous* (you) and *votre / vos* (your)
- *Il pourrait / Elle pourrait… ?* (Could he / she… ?) + infinitive
- *Vous voulez… ?* (Do you want to… ?)
- *Je regrette. / Je suis désolé(e).* (I'm sorry.)

Use these expressions in activity 6.

**Grammaire:** ***Indirect object pronouns***

Some verbs are followed by *à*: *parler à* (to speak to), *téléphoner à* (to telephone), *envoyer à* (to send to).

With these verbs, if you use a pronoun instead of the person's name, it has to be the indirect object pronoun, not the direct object pronoun. It comes immediately before the verb:

*Est-ce que je peux parler* ***à M. Lebrun****?*
*Est-ce que je peux* ***lui*** *parler?*

| subject | direct object | indirect object | |
|---|---|---|---|
| *je* | *me (m')* | *me (m')* | (to me) |
| *tu* | *te (t')* | *te (t')* | (to you) |
| *il / elle* | *le / la / l'* | *lui* | (to him / her) |
| *nous* | *nous* | *nous* | (to us) |
| *vous* | *vous* | *vous* | (to you) |
| *ils / elles* | *les* | *leur* | (to them) |

➤➤ p.197

De: alain@brouquier.fr
À: albert23@megacorp.com
Date: 24 septembre
Objet: Offres d'emploi

Monsieur,

J'ai lu votre annonce sur le site travailpourtous.com et j'aimerais recevoir des renseignements supplémentaires sur les postes qui y sont mentionnés. Ce qui m'intéresse surtout, c'est l'emploi dans une société de logiciels située dans la région parisienne et j'aimerais bien savoir si ce poste est disponible. Je vous prie de m'envoyer par mail des informations sur le salaire, les conditions de travail, les horaires, etc. De mon côté, je suis prêt à vous envoyer mon curriculum vitae décrivant ma formation et mon expérience professionnelle.

D'avance, je vous remercie.

Alain Brouquier

## Jeu de rôles

**À deux, puis changez de rôles.**

*Whenever you see the **!** sign, respond appropriately to your partner.*

**1 You are making a telephone call about a job advert you have seen. A starts.**

**A**
- Allô. Ici le bureau de M. Deschamps.
- Je suis désolé(e). Il n'est pas là. Voulez-vous laisser un message?
- Et votre numéro de téléphone?
- Comment vous appelez-vous?

**B**
- demander M. Deschamps
- message: raison de l'appel
- !
- nom + épeler

## Conversation

**2 À deux. Posez les questions et répondez. Puis changez de rôles.**

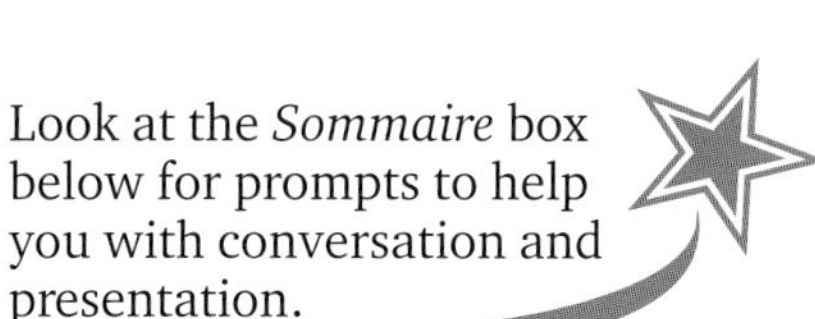


*In the conversation, don't forget to include details and opinions.*

- Tu as un job le soir ou le week-end?
- Tu commences et finis à quelle heure?
- Tu gagnes combien?
- Comment tu y vas?
- C'est comment, le travail?
- Où est-ce que tu as fait ton stage?
- Comment est-ce que tu es allé au travail?
- Qu'est-ce que tu as fait?
- C'était comment?
- Tu as travaillé combien d'heures?
- Tu t'entendais bien avec les autres employés?

## Présentation

**3 Préparez une présentation (une minute et demie) sur votre travail du week-end et sur votre stage. Utilisez vos réponses à l'activité 3.**

### Sommaire *Now you can:*

- **say what your part-time job is:** *Je travaille (dans un magasin). Je fais (du baby-sitting).*
- **say when you work:** *(deux) fois par semaine / tous les (lundis).*
- **say when you start and finish:** *Je commence à (sept heures) et je finis à (14 heures).*
- **say how much you earn:** *Je gagne (huit) euros (de l'heure / par semaine).*
- **say how you get to work and how long it takes:** *J'y vais (à vélo). / Le trajet dure (20 minutes).*
- **give your opinion:** *C'est (dur / bien payé).*
- **talk about work experience in the past, saying where you worked:** *J'ai fait mon stage (dans un magasin). J'ai travaillé (avec des enfants).*
- **give practical details:** *Je commençais (à neuf heures). J'y suis allé(e) (en bus). Le trajet durait (20 minutes).*
- **say what you did:** *J'ai fait (des photocopies). J'ai servi les clients. J'ai tapé des lettres.*
- **give your opinion about it:** *C'était (barbant). J'ai trouvé le travail (fatigant).*
- **make a phone call, asking to speak to someone:** *Je peux parler à M. / Mme X ?*
- **ask for that person to call back:** *Il / Elle pourrait me rappeler à (six heures)?*
- **find out someone's phone number (and give yours):** *Quel est votre numéro de téléphone? – Mon numéro de téléphone, c'est le…*
- **find out someone's name (and give yours):** *Comment vous appelez-vous? – Je m'appelle X.*

# Offres d'emploi

**a**

Cherche personne sérieuse pour cueillette des cerises dans le département du Tarn. Mois de juin. Camping possible sur place.

Envoyer d'urgence par e-mail: nom, prénom, âge et numéro de téléphone.

Contact: mireillehureau@wanadoo.fr

Réf: 48156

**b**

URGENT! Restaurant du sud-est de la France recherche cuisinier avec expérience. Période du 1 juillet au 30 septembre. Nourri et logé sur place. Salaire à déterminer.

Contact: charlie@aol.com

Réf: 48184

**c**

Recherchons 30 animateurs / animatrices pour la vente de CD en hypermarché sur toute la France.

Contact: M. Thomas 01 41 28 02 27

Réf: 48192

**d**

Restaurant dans les Alpes recherche un crêpier-glacier (en extérieur) pour juillet et août. Nourri. Possibilité de logement. Expérience indispensable.

Envoyer CV + lettre à:

Restaurant Bartavel, route du Port, 74290 Veyrier-du-Lac

Réf: 48267

**1** *Four adverts use the words* **nourri(e)** *and* **logé(e)** *or* **possibilité de logement.** *Can you guess their meaning from the context or by relating them to other words you know in French and in English?*

**e**

Recherche pizzaiolo pour saison d'été. Snack-bar dans camping *** à Vallon-Pont-d'Arc (Ardèche). Cadre agréable. Nourri, logé.

Contact: portable 06 84 78 24 19

Réf: 48383

**2 Quelles annonces…**

1. recherchent quelqu'un d'expérimenté? (trois annonces)
2. recherchent quelqu'un pour tout l'été? (trois annonces)
3. recherchent quelqu'un pour un ou deux mois seulement? (deux annonces)
4. proposent du travail en plein air? (deux annonces)
5. proposent du travail sur une île? (une annonce)

**f**

Recherche barmaid boîte de nuit située en Corse. Mai à septembre. Logée et nourrie.

Contact: 06 87 39 66 18

Réf: 48524

**g**

Client recherche secrétaire à plein temps jusqu'à septembre. Expérience d'un an minimum.

Envoyer CV + lettre par e-mail à: amichel@interimaire.fr

Réf: 48571

**3 Choisissez une annonce pour chaque personne.**

**Arthur**: Cet été, je voudrais un job dans un bureau. J'ai déjà travaillé comme secrétaire, alors j'espère pouvoir trouver quelque chose d'intéressant.

**Marie**: Je voudrais travailler pendant un mois. Je veux bien travailler dur, mais je préfère être en plein air. Je ne veux pas rester dans un bureau!

**Aurélie**: Je suis étudiante à Paris. J'aimerais passer tout l'été loin de Paris, prendre l'air! Mais je n'ai pas d'argent, alors il faut que je travaille. Si je pouvais trouver quelque chose dans un club de vacances, ou un camping, ce serait génial!

**Thomas**: Je suis cuisinier et j'ai plus de deux ans d'expérience, mais mon restaurant vient de fermer, alors je suis sans emploi. Au mois d'octobre, je vais partir faire le tour du monde. En attendant, j'ai besoin d'argent. Il faut que je travaille tout l'été!

**Martin**: L'année dernière, j'ai travaillé dans une crêperie. J'aimerais le même genre de job cette année. Je cherche quelque chose pour deux mois.

**4 Quelle annonce vous paraît la plus intéressante? Expliquez pourquoi.**

# 3D J'adore les feuilletons

## Films et émissions de télé

• talk about different types of films and TV programmes

### Ce soir à la télé, TV-Soir vous recommande:

**TF1, 19.30**
*Jeanne, Julien et Jérémie*
Dans ce film comique, trois enfants parisiens partent en vacances dans le sud de la France. Leurs aventures sont incroyables et magiques…

**TF1, 22.15**
*Nos amis*
Feuilleton américain (épisode 23). Rachelle se met en colère quand ses amis organisent une surprise-partie sans l'inviter!

**France 2, 20.00**
*Le vampire de Venise*
Le comte Dracula n'est pas mort, au contraire, il habite en Italie et il cherche des jeunes filles pour boire leur sang... Film d'horreur avec Luc Lacroix.

**France 2, 22.05**
*Rapture*
Émission de musique avec les meilleurs rappeurs de Marseille: DJ Roland et Mani Mustafa.

**RTL 9, 20.15**
*Je t'aime…*
Film d'amour avec la vedette Danielle Délice qui est amoureuse de son professeur de français. Ses parents ne sont pas d'accord et ce n'est pas étonnant.

**RTL 9, 22.30**
*Aujourd'hui à Roland-Garros*
Championnat de tennis, 3ème journée. Est-ce que Justine Henin-Hardenne va gagner?

**France 3, 18.00**
*Où sont les Kangourous?*
Film d'aventures australien avec Kylie Lambert. Ce film est parfait pour les enfants de huit à 13 ans (version française).

**Canal Plus, 21.00**
*Les flics de Paris*
Série policière, tournée dans la capitale. Épisode 3: "Malheur à Montmartre". Le commissaire Lionel Dutronc découvre un cadavre près de la place du Tertre… mais qui est-ce?

**Planète, 17.45**
*Les éléphants du Kenya*
Documentaire écologique sur les animaux en danger, présenté par Laure David.

**La Cinquième, 21.15**
*La planète secrète*
Film de science-fiction américain. Attention: seulement pour les adultes, contient des scènes de violence (version originale sous-titrée).

**La Cinquième, 23.00**
*Journal*
Les dernières informations de la journée, présentées par Mireille Martin.

**1 a** **Lisez le programme et notez le genre de chaque émission.**

**1 b** extra! **Choisissez quatre émissions et écrivez un résumé en anglais.**

Exemple: **Jeanne, Julien et Jérémie: A comedy about three Parisian children who...**

**2** **Écoutez les sept personnes. Pour chacune, trouvez l'émission dans le programme et notez l'opinion. (1–7)**

Exemple: **1 Les flics de Paris – passionnant**

**3** **À deux. Discutez de ce que vous aimez et que vous n'aimez pas à la télé et pourquoi.**

Exemple:
A **Qu'est-ce que tu aimes comme émissions, toi?**
B **Moi, j'adore les feuilletons, surtout 'EastEnders', je trouve ça super, mais je n'aime pas les..., c'est nul ça. Je préfère... , parce qu'à mon avis, c'est... . Et toi?**

**Grammaire: *Emphatic pronouns***

Add *toi* to your questions to emphasise 'you':

*Tu aimes les films comiques,* ***toi****?*

Emphasise that it is your own opinion by adding *moi*:

***Moi****, j'aime surtout les feuilletons.*

>> p.197

| | | | | |
|---|---|---|---|---|
| J'aime<br>Je préfère<br>Je n'aime pas<br>J'adore<br>Je déteste | (regarder) | les documentaires / les séries (policières) / les feuilletons / les informations / les émissions de musique / les émissions sportives<br>les films comiques / d'amour / d'aventures / d'horreur / de science-fiction | parce que | c'est pour les filles / les enfants.<br>je trouve ça effrayant / ennuyeux / nul / passionnant / super / barbant / amusant.<br>ça me fait rire / pleurer. |

# Je préfère écouter la radio

- give opinions about music
- adapt a text

«J'adore la musique, moi, c'est ma passion et c'est aussi celle de mes amis. J'aime écouter mes CD le soir dans ma chambre. J'écoute surtout du rap et du R & B, mais je n'aime pas du tout les "boy bands" et les chanteurs fabriqués à la télé dans les émissions comme *Star Academy*. Pour moi, c'est nul. Ça, c'est de la musique plastique, alors que le rap et le R & B, c'est de la vraie musique. La musique classique, ça va, mais en général, je préfère écouter la radio. Je n'ai pas de CD classiques, même si mes parents en ont beaucoup. Je me dispute parfois avec mes parents, parce que ma musique est trop forte. C'est pour ça que j'utilise souvent mon casque pour écouter, surtout le soir. Et quand je sors, je n'oublie jamais mon baladeur. Mon groupe préféré, c'est *Jagged Edge*. C'est un groupe de rap américain qui a des textes intéressants. Ils écrivent leurs chansons, jouent bien et chantent bien aussi. Moi, je voudrais bien faire de la musique, mais je ne joue pas d'instrument… malheureusement.»

**1 a Lisez l'interview de Mehmet et notez ce qu'il dit au sujet de:**

1 ses CD 2 le rap 3 le R & B
4 les "boy bands" 5 la musique classique 6 son baladeur

**1 b extra! Expliquez en anglais le problème de Mehmet le soir.**

**2 Écoutez Mathieu, Sarah, Abdul et Juliette, puis recopiez et complétez la grille.**

| | Musique préférée | Raison | N'aime pas | Raison |
|---|---|---|---|---|
| Mathieu | *rock* | *intelligent* | | |
| Sarah | | | | |
| Abdul | | | | |
| Juliette | | | | |

| | | | | | |
|---|---|---|---|---|---|
| J'aime<br>J'adore | écouter | de la musique pop / classique<br>la radio / mes CD / mon baladeur | parce que | c'est | intelligent / relaxant / facile à écouter.<br>nul / trop fort / difficile à écouter. |
| J'aime<br>Je n'aime pas | | le rock / le rap / le reggae / le jazz | | ça fait trop de bruit. | |

Ma chanteuse préférée, c'est… , parce qu'elle chante bien.
Mon chanteur préféré, c'est… , parce qu'il écrit ses chansons.
Mon groupe préféré, c'est… , parce qu'ils jouent bien.

**3 À deux. Discutez de la musique que vous aimez et que vous n'aimez pas.**

Exemple: A **Qu'est-ce que tu aimes comme musique?**
B **Moi, j'aime le… Mon chanteur préféré, c'est… , mais je n'aime pas… parce que…**

**4 Lisez et répondez à ce mail. Donnez vos opinions sur la télé et la musique.**

Salut! J'aime beaucoup regarder la télé, moi. Je préfère les feuilletons (comme Hollyoaks, par exemple, c'est super), mais je n'aime pas tellement regarder les informations, parce que je trouve que ce n'est pas intéressant. Mes parents disent que les informations sont plus importantes que les feuilletons, mais je ne suis pas d'accord! Autrement, j'aime beaucoup écouter de la musique, surtout du rock, je trouve ça super-cool. Mon chanteur préféré, c'est Marilyn Manson, il chante très bien à mon avis. Hier soir, j'ai écouté son nouveau CD et dans 15 jours, je vais aller à son concert à Paris. Là, j'ai de la chance. Et toi? Qu'est-ce que tu aimes?

**Stratégies!** ***Writing skills***

- Don't be worried about adapting texts from the book to suit your own needs. That's what they are there for!
- Take the opportunity to vary the tense by saying what you have seen and are going to see: *j'ai regardé… , je vais regarder…*

# Tu veux aller au cinéma?

- understand publicity about events
- make arrangements to go out

## Les spectacles cette semaine à Troyes

**Concert de musique classique:**
Bach, Mozart.
Cathédrale de Troyes, mardi 23 septembre, 20h.
Entrée 20€.

a

**Cinéma Gaumont:**
*Houhi et Haha*, film comique (dessin animé), lundi 22 septembre, 20h15. Entrée 8€.

b

**Salle des Fêtes:**
Concert rock.
De la musique sensationnelle avec Megacrash (États-Unis), Mint Extra (Belgique) et Torture (France), vendredi 26 septembre, 19h30.
Entrée 20€.

c

**Cirque Sassalini.** Parfait pour les enfants, avec des acrobates, des clowns et des animaux dressés.
Parc municipal, mercredi 24 septembre, 15h30.
Entrée 10€ (enfants 5€).

d

**Théâtre municipal**, jeudi 25 septembre.
*Andromaque*, pièce de théâtre de Racine.
20h30.
Entrée 15€.

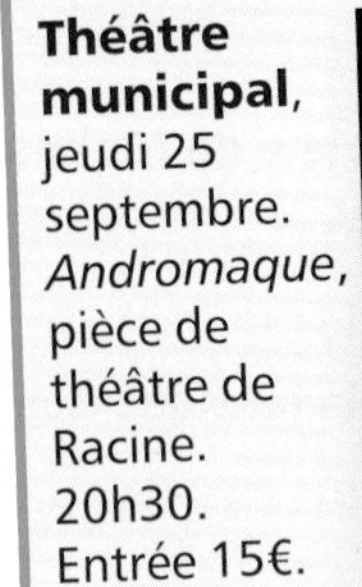

e

**Basket:**
Troyes–Dijon.
Championnat régional.
Salle omnisports, avenue de la Seine, samedi 27 septembre à 16h.
Entrée gratuite.

f

**1** Lisez et écoutez le dialogue, puis recopiez et complétez le texte.

Hier soir, je suis allée au ... avec Cédric. On s'est retrouvés à ... h ... , ... le théâtre. La pièce s'appelait ...
On n'est pas allés au ... , car le film était ...

- ★ Si on allait au cinéma ce soir?
- ● Bonne idée, Cédric. Qu'est-ce qu'il y a comme film?
- ★ *Houhi et Haha.*
- ● Ah non, je n'en ai pas envie, parce que je n'aime pas les films comiques, c'est nul, ça. J'ai une autre idée – est-ce que tu veux aller au théâtre?
- ★ C'est quelle pièce?
- ● C'est *Andromaque*.
- ★ Ah oui, je veux bien. Ça commence à quelle heure?
- ● À 20 heures 30.
- ★ On se retrouve où, chez moi ou devant le théâtre?
- ● Devant le théâtre. C'est combien, l'entrée?
- ★ C'est 15 euros.
- ● D'accord. À ce soir!

**2 a** Écoutez Nicolas et ses amis qui choisissent une sortie. Notez les spectacles rejetés (regardez les annonces en haut de la page) et les raisons. (1–5)

Exemple: **1** concert rock – il n'aime pas Megacrash.

**2 b** *extra!* Nicolas et ses amis décident d'aller où finalement?

**3** À deux. Jouez trois dialogues. Utilisez les annonces de la page 132 et adaptez le dialogue de l'activité 1.

Mentionnez le spectacle, l'heure et le prix d'entrée.

| | | |
|---|---|---|
| Tu veux aller<br>Si on allait | au | cirque / cinéma (avec moi / avec nous)?<br>théâtre (ce soir / demain)?<br>concert (rock)? |
| | voir un match de (basket)? | |

Ça commence à quelle heure?
On se retrouve à quelle heure?
On se retrouve où?
C'est combien l'entrée? – C'est (15) euros.
Oui, je veux bien.
Non, je n'en ai pas envie.

**4 a** Écrivez trois invitations. Utilisez les informations dans les annonces page 132.

Exemple:

> Si on allait à un match de basket? Troyes joue contre Dijon à la salle omnisports samedi. Ça commence à 16 heures et l'entrée est gratuite. Tu veux y aller avec moi? On se retouve chez moi à 15 heures 15.

**4 b** *extra!* Inventez un spectacle et écrivez l'invitation.

**5 a** Lisez le texte et choisissez un spectacle ou une exposition pour chaque personne (1–6).

# Idées de sorties

**a** Tous les soirs, un film gratuit en plein air, dans un quartier de Paris, ça vous tente? C'est *Cinéma au clair de lune*, du 6 au 25 août à 21 heures. On commence le 6 août avec *Le fabuleux destin d'Amélie Poulain*, Butte-Montmartre, place Villette.

**b** Pour ceux qui ne résistent pas à la magie du cirque, rendez-vous à Valbonne du 7 au 16 août pour admirer *Délires*, le magnifique spectacle du cirque Arlette Gruss.

**c** Un rendez-vous du surf, la finale du *King of the Groms* qui réunit du 1er au 4 août, à Capbreton, les meilleurs jeunes surfeurs européens actuels.

**d** Allez visiter l'exposition Barbie à la cour des Rois au château de Sédaiges, près d'Aurillac, jusqu'au 30 septembre. Plus de 30 poupées Barbie sont habillées en costumes d'époque.

**e** Si vous avez envie d'écouter autre chose que de la techno et du rap, allez donc voir *Don Giovanni*, un opéra de Mozart qui sera les 8 et 9 août au château de Goulaine à Nantes, dans le cadre du Festival des opéras en plein air Lancia.

**f** Que diriez-vous de passer votre été dans les arbres? C'est ce que vous propose l'Arboretum national des Barres, jusqu'au 24 août, à Nogent-sur-Vernisson. L'Arboretum organise des journées avec des professionnels de la grimpe* dans les arbres, les *Accro-Branches*.

**grimpe** *climbing*

Exemple: **1 c**

1. J'aime bien les sports nautiques.
2. Ma fille adore les poupées.
3. J'adore la musique classique.
4. J'aime le cinéma mais c'est bien d'être en plein air aussi.
5. Mon fils aime les clowns et les acrobates.
6. J'aime être en plein air – et j'aime bien aussi l'exercice!

**5 b** *extra!* Choisissez deux sorties et écrivez un résumé en anglais.

For tips on reading, refer back to pages 74 and 87.

# Faire du sport

• discuss sporting preferences and events

**1 a** **Lisez l'article *Le sport en France* et choisissez la bonne réponse pour les phrases 1–8.**

1. 70% / 8% / 80% / 40% des Français font du sport.
2. 75% / 60% / 16% / 65% des garçons font du sport.
3. 16% / 70% / 60% / 75% des filles font du sport.
4. Les filles préfèrent les sports d'équipe / les sports individuels.
5. Les garçons préfèrent les sports d'équipe / les sports individuels.
6. Les filles / Les garçons / Les garçons et les filles préfèrent la natation.
7. Le ping-pong, c'est le sport numéro 1 / 2 / 3 / 4.
8. Dans cet article, 16 / 17 / 18 / 19 sports sont mentionnés.

**1 b** extra! **Faites un résumé de ce texte en anglais en 6–8 phrases.**

To revise comparatives and superlatives, see page 114. How many examples of comparatives and superlatives can you find in this text?

**2 a** **Écoutez Nicolas et Émilie et notez cinq sports dans l'ordre mentionné. Notez aussi leurs opinions.**

Exemple: **rugby – Nicolas ✔, Émilie ✗**

**2 b** extra! **Réécoutez et répondez en français.**

**Section 1:**

1. Pourquoi est-ce qu'Émilie n'accepte pas l'invitation?
2. Pourquoi est-ce qu'elle n'est pas d'accord avec l'article?

**Section 2:**

1. Quel genre de sports est-ce que Nicolas aime mais qu'Émilie n'aime pas?
2. Où vont-ils aller finalement?

## Le sport en France

Plus de huit Français sur dix pratiquent une activité sportive. Le sport est obligatoire au collège et au lycée, mais beaucoup de jeunes sont aussi membres d'un club sportif. Au collège, les élèves ont trois heures d'éducation physique par semaine. Les membres d'un club ont un ou deux entraînements par semaine. Ils ont aussi des matchs ou des compétitions le week-end. Les garçons sont plus sportifs que les filles: soixante-quinze pour cent des garçons âgés de douze à dix-sept ans font du sport. Les sportives représentent seulement soixante pour cent au même âge.

### Sport individuel ou sport d'équipe?

★ Apparemment, les sports préférés des filles sont les sports individuels comme la natation, le cyclisme, la gymnastique, la danse, le tennis et le skate.

★ Les garçons aiment la natation, le football, le basket-ball et le handball.

★ Le tennis, le badminton et le squash sont aussi populaires chez les garçons.

### Les sports les plus pratiqués

Le sport le plus pratiqué par les jeunes, c'est la natation. Ensuite, en deuxième position, c'est le cyclisme. Le football arrive en troisième position. Ensuite, il y a le tennis de table. Mais les jeunes pratiquent de nombreux autres sports comme le rugby, le roller ou le skate, le volley-ball, l'équitation et le ski. En fait, pendant les grandes vacances, les sports d'eau ou de montagne sont davantage* pratiqués.

**davantage** *more*

## 3 Discutez en groupes.

- Quels sont vos sports préférés?
- Vous pratiquez une activité sportive?
- Préférez-vous les sports d'équipe ou les sports individuels?
- Préférez-vous faire du sport ou regarder un match?
- Faites un sondage: Les filles et les garçons préfèrent quels sports? Notez les résultats et calculez les pourcentages.
- Est-ce que c'est le même résultat qu'en France (voir *Le sport en France*, page 134)?

| | | |
|---|---|---|
| J'aime | jouer au<br>regarder un match de | basket-ball / football / hand-ball / volley-ball / rugby / tennis (de table). |
| | faire | du skate / du ski / du cyclisme / du roller / de la natation / de la danse / de la gymnastique / de l'équitation. |

Je n'aime pas regarder (les matchs de foot).
Je préfère les sports d'équipe / individuels.
Les sports préférés des filles / des garçons, ce sont…
Le dernier match que j'ai vu, c'était (Troyes) contre (Nice).
(Troyes) a gagné.

## 4 a Écrivez un paragraphe sur vos sports préférés.

- Préférez-vous les sports individuels ou les sports d'équipe?
- Quels sports aimez-vous?
- Pratiquez-vous un sport ou préférez-vous être spectacteur?
- Avez-vous une équipe préférée?

## 4 b extra! Décrivez le dernier match que vous avez vu.

## 5 Lisez l'article *Champions*, puis identifiez les personnes et les sports (1–6).

1 Un champion qui vient d'Amérique du Sud.
2 Une jeune femme très courageuse.
3 Un sport moins bien payé que le football.
4 Un sport très populaire en France et un champion américain.
5 Deux membres de la même famille sportive.
6 Cette personne domine un sport automobile.

**Stratégies!**

***Reading longer texts***

For tips on coping with reading texts, refer back to page 34.

# Champions

### Voile

La jeune Britannique Ellen MacArthur a gagné, à seulement 24 ans, la deuxième place du Vendée Globe Challenge. En voile, elle est la plus jeune, et la première femme, à avoir fait le tour du monde en solitaire aussi rapidement.

### Tennis

Quand les sœurs Williams ont commencé à jouer sur le circuit international de tennis, leur père avait dit que ses filles seraient un jour n° 1 et n° 2 mondiaux. C'est fait! À 21 et 22 ans, Serena et Venus dominent le tennis féminin.

### Cyclisme

Lance Armstrong, Américain de 33 ans, a gagné en 2005 son 7ème Tour de France consécutif.

### Football

Luis Ronaldo, l'attaquant de l'équipe du Brésil, a été un des meilleurs buteurs de la Coupe du Monde. Aujourd'hui il est très recherché par les clubs de football européens et il vaut 80 millions d'euros.

### Formule 1

Michael Schumacher, un Allemand de 34 ans, a gagné en 2004 son septième titre de champion du monde en Formule 1.

### Rugby

Le XV de France a gagné en 2006 le Tournoi des Six Nations (Europe). Ce sport est moins médiatisé que le football, et les revenus des joueurs sont beaucoup plus modestes.

# C'était génial!

- talk about a book you have read or a film or event you have seen
- write a review
- use *qui* and *que*

**a**

**Paris-Dakar**

**film d'aventures avec**

**Patrice Montheil**
**et**
**Jeanne-Marie Julien**

**b**

**RUGBY**

**Championnat des Six Nations:**
**France–Angleterre**

**Stade de France,**
**Paris, 29 / 10, 15h00**

**c**

***En Attendant Godot***
*par Samuel Beckett*

**Théâtre des Étoiles**
**rue Centrale**
**Tous les soirs à 19h30**

**d**

**17h30: Voisins**

**Feuilleton australien**

**e**

**Géants du Rock**

**Grand festival de musique rock et pop**

**Parc Municipal,**
**samedi 21 juillet**
**à partir de 18h00. 35€**

**f**

**Nouveauté!**
**Laurie Pitter**
**la jeune magicienne**

**En vente dans votre librairie à partir du 5 janvier**

**1 a** Écoutez les six personnes et identifiez l'affiche (a–f) et l'opinion (✔ / ✗). (1–6)

Exemple: **1** b, …

**1 b** *extra!* Réécoutez les six personnes et notez la raison pour l'opinion.

Exemple: **1** Les équipes ont très bien joué.

**2** Lisez les bulles. Répondez en français pour Élodie et David.

**Élodie:**

**1** Quel est le dernier livre que tu as lu?

**2** C'était comment?

**David:**

**3** Qu'est-ce que tu as vu la semaine derière?

**4** Ça se passait où?

**5** C'était bien?

**Élodie**

Le dernier livre que j'ai lu s'appelle Le *Seigneur des Anneaux*, par J. R. R. Tolkien. Il s'agit de personnages mythologiques. C'était bien écrit mais c'était un livre très long et un peu compliqué! J'ai lu le livre patiemment jusqu'à la fin et je l'ai trouvé excellent, parce que j'aime beaucoup les livres d'aventures et de fantaisie. En plus, c'est un livre pour les adultes comme pour les enfants.

**David**

La semaine dernière, j'ai vu un film d'aventures qui s'appelle *Retour à Cold Mountain*, avec Jude Law et Nicole Kidman. Les effets spéciaux étaient excellents et les acteurs étaient fantastiques. Ça se passait aux États-Unis, pendant la guerre de Sécession. C'est le meilleur film que j'aie jamais vu.

| Hier,<br>Samedi dernier,<br>La semaine dernière, | j'ai vu | un film (qui s'appelle...).<br>un concert (rock).<br>un match de (foot). |
|---|---|---|
| | j'ai lu | un livre (qui s'appelle...). |
| C'était<br>J'ai trouvé ça | génial / excellent / bien écrit / fantastique.<br>pénible / long / compliqué / affreux / nul. | |
| L'histoire était (barbante / intéressante).<br>Les acteurs étaient (excellents) / ont bien joué.<br>Il s'agit de... Ça se passait (aux États-Unis).<br>Le dernier film / match / concert que j'ai vu était...<br>C'est le meilleur livre que j'aie jamais lu. | | |

### Grammaire: *Relative pronouns* qui / que

The words *qui* and *que*, used as relative pronouns, mean 'who', 'which', 'that'. They are often used to link sentences together.

- *qui* = subject of the verb
- *que* = object of the verb

*J'ai vu un film **qui** s'appelle...* = I saw a film **that** is called...

*Le dernier film **que** j'ai vu était...* = The last film **(that)** I saw was...

➤➤ p.197

**3** **Choisissez *qui* ou *que* et écrivez la phrase.**

1. J'ai écouté un CD que / qui s'appelait *Dynamite*.
2. Le CD que / qui j'ai écouté était excellent.
3. Je suis allé à un match de foot que / qui était affreux.
4. Le match que / qui j'ai vu était vraiment nul.

**4** **À deux. Discutez avec votre partenaire d'un <u>match</u>, d'un <u>spectacle</u> ou d'un <u>film</u> que vous avez vu et d'un <u>livre</u> que vous avez lu. Inventez des détails si nécessaire.**

Exemple:
A **Qu'est-ce que tu as fait samedi dernier?**
B **Samedi dernier, j'ai vu le match de rugby France–Angleterre au Stade de France. C'était vraiment génial. Les équipes ont bien joué et la France a gagné.**

**Stratégies! *Qualifiers (rappel)***

When using adjectives, try to add qualifiers such as *très*, *un peu*, *assez*, *vraiment*:

*À mon avis, le film était **vraiment** amusant.*

**5** **Écrivez un texte sur un film que vous avez vu et sur un livre que vous avez lu. Votre modèle: l'activité 2, page 136.**

**6 a** **Lisez le résumé des trois films. Écoutez les trois personnes. Identifiez les films dans l'ordre mentionné et l'opinion, positive ou négative. (1–3)**

**6 b** extra! **Choisissez deux de ces films et faites un résumé en anglais.**

### L'ADVERSAIRE

Durée 2h09

Avec: Daniel Auteuil, Emmanuelle Devos

Dans ce film policier, Jean-Claude Romand tue sa femme, ses enfants et ses parents et essaie en vain de se suicider.

### ARAC ATTACK

Durée 1h38

Avec: David Arquette, Scott Terra

Science-fiction. Les habitants d'une petite ville se trouvent confrontés à une armée d'araignées* géantes. L'alarme est donnée pour lutter contre les monstres à huit pattes...

### L'AUBERGE ESPAGNOLE

Durée 1h52

Avec: Cédric Klapisch, Audrey Tautou

Un jeune étudiant part à Barcelone pour faire un échange universitaire, laissant à Paris sa petite amie. En Espagne, il fait la connaissance d'une jeune Belge. Film romantique.

**araignées** *spiders*

# Travail oral

## Jeu de rôles

**À deux, puis changez de rôles.**

*Whenever you see the **!** sign, respond appropriately to your partner.*

**1** **You are arranging to go out with a friend. A starts.**

**A**
- Alors, qu'est-ce qu'on fait?
- Ah non, ça ne m'intéresse pas.
- D'accord. C'est combien? A quelle heure on y va?
- Rendez-vous où?/ Comment on va y aller?
- OK, d'accord.

**B**
- suggestion
- autre suggestion
- prix et heure
- !

## Conversation

Look at the *Sommaire* below for prompts to help with the conversation and presentation.

**2** **À deux. Posez les questions et répondez. Puis changez de rôles.**

*In the conversation, don't forget to include details and opinions.*

- Quel genre d'émissions aimes-tu?
- Qu'est-ce que tu préfères comme musique?
- Quel est ton groupe préféré?
- Qu'est-ce que tu fais comme sports?
- Que penses-tu du sport?
- Qu'est-ce que tu as fait samedi dernier?
- C'était comment?
- Quel film est-ce que tu as vu récemment?
- C'était comment?
- Décris un livre que tu as lu récemment.

## Présentation

**3** **Préparez une présentation (une minute et demie) sur les émissions de télé et sur la musique que vous aimez et que vous n'aimez pas. Parlez aussi des films que vous avez vus et des livres que vous avez lus récemment. Utilisez vos réponses à la conversation (activité 2).**

## Sommaire *Now you can:*

- **say what films and programmes you like and don't like and why:** *J'aime regarder (les feuilletons). C'est (amusant). Je préfère (les films comiques). Ça me fait rire.*
- **say what music you like and why:** *J'adore (la musique pop), parce que (c'est facile à écouter).*
- **say who your favourite star is and why:** *Mon groupe préféré, c'est X parce qu'ils chantent bien.*
- **ask someone out to an event:** *Si on allait (au théâtre)?*
- **find out where the event takes place and when it starts:** *C'est où et ça commence à quelle heure? – C'est (à la salle des fêtes) et ça commence à (20 heures).*
- **find out how much the admission fee is:** *C'est combien l'entrée? – C'est (15) euros.*
- **talk about sporting preferences and events:** *J'aime jouer au (rugby). J'aime (regarder les matchs de tennis).*
- **talk about a film, event or book you have experienced:** *(Hier), j'ai vu (un film) qui s'appelle X. Il s'agit (d'un garçon qui…). Ça se passait (aux États-Unis).*
- **give your opinion of the event:** *C'était (génial). C'était (bien écrit). J'ai trouvé ça (nul). (Les acteurs) ont bien joué. C'est le meilleur (film) que j'aie jamais vu.*

Alex
Coucou! Ça va? Tu as regardé le match de foot à la télé hier soir?

Sammy
Non... Quel match? Tu sais, je n'aime pas trop regarder le foot à la télé. Si une équipe m'intéresse, je préfère aller la voir jouer au stade!

Alex
OK, mais le match avait lieu à Séville. Aller dans le sud de l'Espagne pour la soirée, ce n'était pas vraiment possible. C'est un peu loin! Bon, je te donne les détails: Celtic jouait contre Porto. Porto a gagné 3 à 2.

Sammy
Ah, bon? Dommage pour Celtic... Moi, j'ai regardé un documentaire sur l'Égypte. J'ai appris plein de trucs super-intéressants, et ça m'a donné envie d'aller là-bas.

Alex
Moi aussi, j'aimerais bien aller en Égypte: ce serait génial d'aller sur le Nil et d'admirer les Pyramides et tout ça! D'un autre côté, regarder des documentaires à la télé, ça me donne envie de dormir!!! Je préfère regarder le foot, c'est beaucoup plus intéressant!

Sammy
Je sais que tu veux me parler du match, alors, vas-y, raconte! Qui a marqué les buts?

Alex
Larsson a marqué les deux buts de Celtic. Pour Porto, Alenichev en a marqué un et Derlei a marqué les deux autres. Le dernier but, il l'a marqué pendant la prolongation, à la 115ième minute! Tu imagines le suspense! Conclusion: c'est Porto qui a remporté la coupe de l'UEFA. C'est la première fois dans l'histoire du football portugais. Alors, tu vois, c'était un match historique!

## 1 Lisez le texte. Qui...

1 a regardé le match de foot à la télé?
2 a perdu le match?
3 a regardé un documentaire?
4 a marqué deux buts pour Celtic?
5 a marqué un but pendant la prolongation?
6 a gagné la coupe de l'UEFA?

## 2 Complétez les phrases.

1 Larsson joue pour un club...
2 Porto est un club...
3 Le match avait lieu en...
4 Alex aimerait aller en...

écossais Écosse Égypte égyptien
Espagne espagnol portugais Portugal

## 3 *Use the context to guess the meaning of the words in bold.*

1 Larsson a **marqué** les deux buts de Celtic.
2 Le dernier but, il l'a marqué pendant la **prolongation**.
3 C'est Porto qui a **remporté** la coupe.

## 4 *Use common sense to guess the meaning of unfamiliar words and phrases. Find the following phrases and work out a suitable translation for each one.*

1 Coucou! Ça va?
2 Le match avait lieu à Séville.
3 Dommage pour Celtic...
4 Ça m'a donné envie d'aller là-bas.
5 Ça me donne envie de dormir!
6 Vas-y, raconte!

# 3E Faire des courses

## Les magasins

- understand signs, notices and adverts about shops
- talk about what you buy in which shop

### Les commerces de La Couarde

**Maison de la Presse / Tabac – Loto**
6, rue Pasteur

**Poissonnerie du Mail**
26 bis, avenue du Mail

**Porto-Prince: magasin de téléphones portables**
Nombreux accessoires pour votre téléphone portable
**22, route de St-Martin**

**Le Pain de Ré – Boulangerie / Pâtisserie**
19, Grand-Rue

**Crêp'net: cybercafé**
21 bis, avenue du Mail
**Pub crêperie, point net**

**Librairie M. Prévost**
9, rue de la Parée
Librairie, papeterie, jouets, cadeaux, souvenirs

**Boucherie-Charcuterie Forme**
12, rue de l'Olivette

**Pharmacie – M. Fouché**
**26, Grand-Rue**

**Ré Discount**
Maillots de bain, articles de mode
48, route d'Ars

**1** **Regardez les dessins a–h. Notez l'endroit correspondant.**

Exemple: a **Pour acheter des livres, on va à la librairie M. Prévost.**

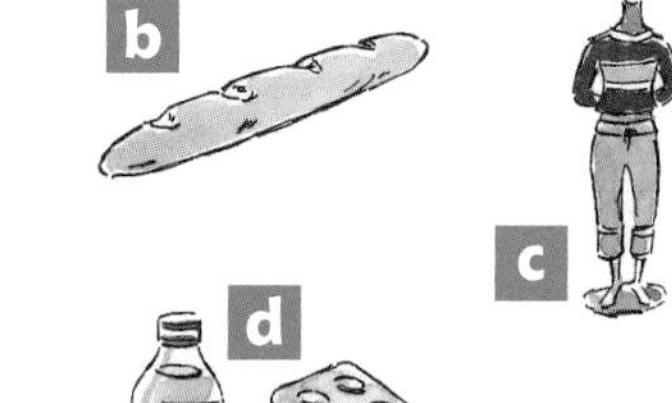

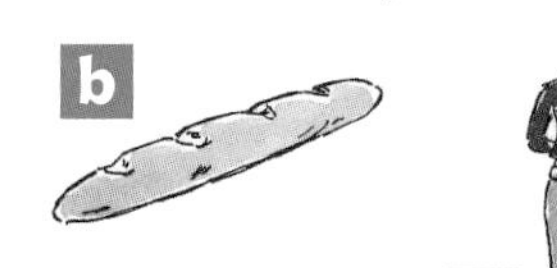

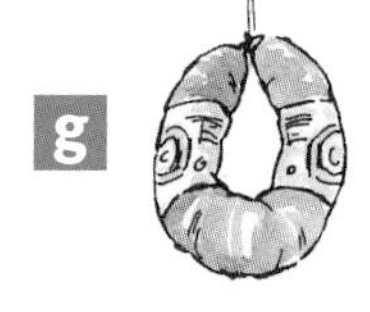

**Grammaire: pour + *infinitive***

*pour* + infinitive = in order to…

Exemple: ***Pour utiliser*** *Internet, on va dans un cybercafé.*

| | | |
|---|---|---|
| Pour acheter<br>des journaux /<br>des vêtements /<br>des gâteaux /<br>des médicaments /<br>de la viande / du salami /<br>du poisson /<br>un téléphone portable /<br>une baguette,<br>Pour utiliser Internet, | on va | à la boulangerie /<br>à la pâtisserie /<br>à la librairie /<br>à la pharmacie /<br>à la boucherie /<br>à la charcuterie /<br>à la boutique de mode /<br>à la poissonnerie /<br>au magasin de téléphones portables / au tabac /<br>au cybercafé /<br>au supermarché /<br>au marché couvert /<br>à l'hypermarché. |

**2** **Écoutez le garçon et la fille en vacances. Où vont-ils aller? Notez les magasins. (1–7)**

Exemple: **la charcuterie, …**

**3** **Lisez le panneau et trouvez l'expression française correspondante.**

1 going back to school
2 sales
3 special offer
4 stationery department
5 opening hours
6 shopping centre
7 closed

**Centre Commercial St-Julien**

- **L'hypermarché de toute la famille!**
- **Heures d'ouverture: 08.00–20.00**
- **Fermé le dimanche**

**SOLDES** **Offre spéciale: 20% de réduction sur tous les vêtements!**
**Pour la rentrée, au rayon papeterie au sous-sol: 3 cahiers pour le prix de 2!**

# Les commerces en France



- understand information about shops in France
- work out unknown words

**1** **Lisez *Les commerces de l'île de Ré* et reliez les deux moitiés de phrases.**

| | | | |
|---|---|---|---|
| **1** | Shopi est un | **a** | vend des roses. |
| **2** | Il y a des hypermarchés | **b** | petit supermarché. |
| **3** | On peut acheter des timbres | **c** | vend de l'alcool. |
| **4** | Mme Micheaud | **d** | vend des fruits de mer. |
| **5** | Mme Hammouch | **e** | vend du lait. |
| **6** | M. Bourgé | **f** | à La Rochelle. |
| **7** | Brin de paille | **g** | au tabac. |
| **8** | La Cave du Marché | **h** | vend du curry. |

**2** **Écoutez les trois annonces au supermarché. Notez deux offres spéciales dans chaque annonce.**

Exemple: **1 un kilo de bœuf – 10€,25**

**3** **Écrivez un paragraphe sur les magasins près de chez vous. Utilisez le texte *Les commerces de l'île de Ré* comme modèle.**

Près de chez moi, il y a… , mais il n'y a pas de…

Pour acheter… , il faut aller…

extra! Samedi dernier, je suis allé(e) à…

## Stratégies! *Working out unknown words*

If you have any difficulty working out who sells what at the market, consider these tips.

- Words like *crème*, *asiatique* and *orientale* are near-cognates and can easily be worked out.
- A circumflex ( ^ ) usually indicates a missing *s*. La Couarde is near the sea and the *h* is silent, so what could *huîtres* be?
- If *fleurs naturelles* means 'natural flowers', you can take an educated guess at *fleurs séchées*.
- What is a 'cave' like and what might be kept in a *cave*?

# Les commerces de l'île de Ré

Dans presque tous les villages de l'île, on trouve une boulangerie, une boucherie et, parce qu'on est près de la mer, une poissonnerie. Ici, vous trouverez aussi de petits supermarchés (Shopi, Intermarché) où on peut acheter tout ce dont on a besoin pour des vacances réussies. Pour trouver les grandes chaînes d'hypermarchés, comme par exemple Carrefour, Mammouth et Casino, il faut aller à La Rochelle.

Si vous avez besoin de timbres pour vos cartes postales, allez à la poste ou au tabac. Tous les tabacs vendent aussi des timbres-poste.

Faites attention: beaucoup de commerces ferment à l'heure du déjeuner et aussi le lundi toute la journée.

À La Couarde, vous disposez d'un marché couvert, ouvert tous les jours sauf le dimanche. Parmi les commerçants et les artisans du marché couvert, vous trouverez:

Mme MICHEAUD
Crèmerie et spécialités fromagères
Tél. 05 46 43 02 86

AISHA HAMMOUCH
Spécialités asiatiques et orientales
Fabrication maison
Tél. 06 60 44 56 31

JEAN-LUC BOURGÉ
Huîtres de l'île de Ré
Tél.05 46 01 67 64

BRIN DE PAILLE
Fleurs séchées – fleurs naturelles

LA CAVE DU MARCHÉ
Pineau, cognac
Tél. 06 81 30 87 34

# Quelle taille faites-vous?

- shop for clothes
- use demonstratives (*ce / cette / ces / celui-ci*, etc.)

**Élégance intemporelle**

★ Pull en laine. Du 34 au 46, 23€,50. H & M

★ Pantalon en polyester. Du 36 au 44, 49€. Naf-Naf

★ Foulard en polyester, 7€,50. Carrefour

★ Sac façon cuir, 30€. André

**Monsieur cool**

★ T-shirt en coton. Toutes couleurs, 22€,20. Naf Naf

★ Jean. Du 34 au 48, 25€,50. H & M

★ Baskets Nike, 40€. La Halle aux Chaussures

★ Casquette en coton, 12€,90. Intermarché

★ Chaussettes blanches en laine, 8€. Monoprix

**Allure romantique**

★ Jupe courte en coton. Du 36 au 44, 24€,90. Yves Saint-Laurent

★ Chemisier en polyester. Du 36 au 44,19€,90. Benetton

★ Chaussures à talons. Du 34 au 39, 50€. Mammouth

★ Blouson jean bleu. Du 34 au 46, 30€. Prisunic

**Rendez-vous important**

★ Chemise bleue en coton. Du 36 au 48, 30€. Monoprix

★ Cravate rouge en soie, 15€. Paris-Match

★ Pantalon noir habillé en laine, 75€. Panteline

★ Chaussures en cuir noir. Toutes pointures, 95€. La Halle aux Chaussures

★ Manteau d'hiver gris, 155€. H & M

**1** **Regardez la page de magazine et répondez aux questions en anglais.**

**Outfit 1**

1. What do you deduce a *foulard* is?
2. What is the bag made of?
3. What are the trousers made of?
4. Which item of clothing is made of a natural fibre?

**Outfit 2**

1. Could you get a black T-shirt?
2. Work out what a *casquette* must be.
3. What's the name of the shop where you can buy the trainers?

**Outfit 3**

1. What does the title of this one mean?
2. What are *chaussures à talons*?
3. What's the difference between a *chemise* and a *chemisier*?

**Outfit 4**

1. For what occasion would this be suitable?
2. In what sizes are the shoes available?

**Stratégies! *Reading for information***

A fashion article like this sets out information in a few words, rather than full sentences. This makes it easy to pick out things such as price or size. Use a dictionary to look up other specific words. Often you can work out meanings from their similarity to English words, or from the illustrations.

**2** Écoutez les conversations dans les magasins, puis recopiez et complétez la grille (1–6). *extra!* Notez le problème en anglais.

| Item | Requested size | Requested colour | *extra!* Problem |
|---|---|---|---|
| 1 sweatshirt | | | none in yellow |
| | | | |

| | | |
|---|---|---|
| Avez-vous | ce jogging / ce jean / ce pull / ce manteau / ce T-shirt / ce pantalon / ce chemisier / ce sac / ce foulard<br>cette jupe / cette cravate / cette robe / cette chemise / cette veste / cette casquette<br>ces chaussures (f) / ces chaussettes (f) / ces baskets (f) | en rouge? |

Je voudrais ce sweat-ci en noir.
Avez-vous cette jupe-là en vert?

Je le / la / les prends.
Je ne le / la / les prends pas.
Je peux l'/ les essayer?
Je peux payer avec une carte de crédit?
C'est trop grand / petit / cher!

**1**

– Bonjour, madame.
– Bonjour. Je voudrais ce sweat-ci.
– Oui, quelle taille désirez-vous?
– Du 36, s'il vous plaît.
– Et en quelle couleur, madame?
– En jaune, si possible.
– Voyons… ah, je regrette, nous ne l'avons plus en jaune.
– Euh, dommage… en vert, peut-être?
– Oui, nous l'avons en vert.
– Oui, ça va. Je le prends, merci.

**3 a** Recopiez et complétez les phrases avec *ce / cet / cette / ces.*

1 Je voudrais … T-shirt.
2 Avez-vous … baskets en bleu?
3 Je prends … veste noire.
4 J'aime bien … robe.
5 Je n'aime pas … anorak.
6 Avez-vous … jean en bleu?

**Grammaire:** ***this / that***

| masculine | feminine | masculine before a vowel | plural |
|---|---|---|---|
| *ce (pantalon)* | *cette (veste)* | *cet (anorak)* | *ces (chaussures)* |

- To indicate 'this' or 'that' item, use *–ci* (= this) or *–là* (= that): *cette jupe-ci / ce pantalon-là*
- To say 'this one' or 'that one', use:

| | masculine | feminine |
|---|---|---|
| singular | *celui-ci / celui-là* | *celle-ci / celle-là* |
| plural | *ceux-ci / ceux-là* | *celles-ci / celles-là* |

*Vous voulez* ***celui-ci****? – Non, je voudrais* ***celui-là****.* ➤➤ p.198

**3 b** Recopiez et complétez les phrases avec *celui-ci / celui-là*, etc.

1 Quel pantalon prends-tu? – Je prends…
2 Tu préfères quelle chemise? – Je préfère…
3 Quelles sont les meilleures chaussures? – … , je trouve.

**4** À deux. Jouez des dialogues dans une boutique de mode.

Mentionnez l'article, la couleur, la taille, le prix.
Inventez des problèmes!

Exemple:
A **Avez-vous ce pull en rouge, s'il vous plaît?**
B **Quelle taille faites-vous?**
A **Du 38.**
B **Ah non, je regrette, nous ne l'avons plus en rouge, mais nous l'avons en bleu.**
A **Oui, ça va. Je peux l'essayer?…**
A **Oui, ça va. Je le prends. C'est combien?**
B **Voyons, c'est 35 euros.**
A **Je peux payer avec une carte de crédit?**
B **Oui bien sûr. Payez à la caisse, s'il vous plaît.**

*Je* ***la / le / les*** *prends*: to revise direct object pronouns, see page 101.

# J'ai fait les magasins

- discuss shopping preferences
- talk about a shopping trip
- use the perfect and pluperfect tenses

## Visitez Troyes, c'est parfait pour faire les courses

Partout dans le monde, la ville de Troyes est renommée non seulement pour ses monuments historiques, mais aussi pour ses boutiques et ses magasins d'usine. Si vous cherchez un blouson en cuir, une jupe en velours ou des baskets, vous n'aurez pas de problème ici. Au centre-ville comme en banlieue (où se trouvent les usines de vêtements), il y a un grand nombre de boutiques de mode avec des prix très intéressants.

Les grands hypermarchés sont situés dans la zone industrielle. À Carrefour, par exemple, vous pouvez acheter de tout: un parapluie, un appareil-photo, un DVD, même des meubles et des appareils électroménagers... et il y a bien sûr un grand rayon d'alimentation.

Vous préférez peut-être rester au centre-ville? Si vous allez dans les grands magasins (Monoprix ou les Nouvelles Galeries), vous trouverez certainement les cadeaux et les articles de qualité que vous cherchez.

Si vous cherchez des produits frais, n'oubliez pas le grand marché couvert, qui est situé près de l'hôtel de ville. Là, vous trouverez un grand choix de commerces qui vendent des fruits et des légumes, du vin, de la charcuterie et des fruits de mer. Pour tous vos achats, venez à Troyes! Nous attendons votre visite avec impatience.

**1 a Lisez *Visitez Troyes...* et notez <u>où</u> il faut aller pour acheter ces articles.**

1. Je veux acheter un cadeau pour l'anniversaire de mon grand-père.
2. Ce soir, on va manger une salade qui doit être fraîche.
3. Où peut-on aller pour acheter des produits d'alimentation et beaucoup d'autres articles encore?
4. J'ai lu que Troyes est célèbre pour les articles de mode bon marché.

**1 b extra! Voudriez-vous faire du shopping à Troyes? Pourquoi / Pourquoi pas?**

**2 Lisez les phrases *Pour et contre les hypermarchés*, puis faites deux listes.**

- Je préfère les hypermarchés, parce que…
- Je préfère les marchés et les magasins du centre-ville, parce que…

**Pour et contre les hypermarchés**

La qualité est meilleure.

C'est plus rapide.

Les employés sont plus sympas.

C'est moins cher.

On peut acheter différentes choses.

Il est facile de garer la voiture.

Il y a moins de monde.

Il y a plus de choix.

Il n'y a pas de queues.

**3 À deux. Discutez d'où vous préférez faire les courses et pourquoi.**

Exemple: **A** Moi, j'aime faire mes courses à l'hypermarché, parce que c'est moins cher qu'au marché.
**B** Je ne suis pas d'accord. Moi, je préfère...

**4 Écoutez les jeunes parler de leurs courses. Recopiez la grille, puis notez les articles et les commerces achetés.**

extra! **Notez la raison de leur choix de commerce.**

| | Article | Où | extra! Raison |
|---|---|---|---|
| Anne | un appareil-photo | à l'hypermarché | moins cher |
| Mehmet | | | |
| Émilie | | | |
| Clément | | | |
| Nicolas | | | |

**5** Lisez *Danielle Délice a fait du shopping...*, puis répondez aux questions (en phrases complètes).

1 Pourquoi Danielle est-elle sortie seule?
2 Quelle sorte de magasin n'aime-t-elle pas?
3 Pourquoi?
4 Quelle sorte de magasin préfère-t-elle?
5 Pourquoi?
6 Qu'est-ce qu'elle a acheté dans la boutique de mode?
7 Pourquoi?
8 Que pense-t-elle des grands magasins?
9 Pourquoi?

## Danielle Délice a fait du shopping dans les magasins de Saint-Tropez.

**Notre reporter a demandé à Danielle: « Qu'est-ce que vous avez acheté, Danielle? »**

« Mais c'est ma vie privée, quand même! Je ne vous demande pas de me montrer ce que vous avez dans votre sac en plastique! Mais, c'est vrai, j'aime bien faire du shopping. Mon copain Mani Mustafa n'aime pas faire les magasins, alors aujourd'hui je suis sortie toute seule. J'avais déjà mangé et je suis allée à l'hypermarché, où j'ai acheté un T-shirt pour l'anniversaire de Mani. Je dois dire que je n'aime pas les hypermarchés. Il y a plusieurs raisons. Il y a trop de monde, il est difficile de trouver ce qu'on cherche, et c'est mauvais pour l'environnement parce que tout le monde y va en voiture. Mais la raison principale, c'est que beaucoup de fans me reconnaissent et veulent voir ce que j'achète.

Après l'hypermarché, je suis allée dans une boutique de mode du centre-ville. C'est super ici sur la côte d'Azur, il y a des boutiques très branchées*. Le problème, c'est qu'elles sont aussi assez chères! Malgré ça, les boutiques du centre-ville sont mes magasins préférés. Dans cette boutique de mode, j'ai donc acheté une robe noire sublime pour la première de mon nouveau film *Amour à la Plage*, à Cannes la semaine prochaine. La semaine précédente, j'avais vu un sac très chouette, mais ils ne l'avaient plus. Dommage!

Et pour finir, j'ai fait les grands magasins, où j'ai acheté des DVD, des CD et un appareil-photo numérique. Les grands magasins, ce n'est pas mal pour les courses, car en général, ils sont situés en ville et on y trouve des articles de bonne qualité. »

**branché** *fashionable*

### Grammaire: *Pluperfect tense*

The pluperfect (*plus-que-parfait*) indicates one step further back from the past, i.e. what had happened before something else happened. Can you find two examples in the article?

It's like the perfect tense, but instead of using *avoir* and *être* in the present tense + a past participle, you use them in the imperfect.

- *avoir* verbs
  perfect tense: *j'ai cherché*
  pluperfect: *j'avais cherché*
- *être* verbs
  perfect tense: *je suis allé(e)*
  pluperfect: *j'étais allé(e)*

➤➤ p. 201

**6** Recopiez et complétez les phrases avec un plus-que-parfait.

Exemple: 1 Je suis sorti du grand magasin, où j'avais cherché un cadeau.

1 Je suis sorti du grand magasin, où j'... (cherché) un cadeau.
2 Nicolas a acheté une nouvelle montre parce qu'il ... (perdu) l'autre.
3 Avant d'aller à l'hypermarché, Vincent et Nicolas ... (allés) à la boutique de mode.
4 J'... (trouvé) un blouson en coton, mais je ne l'ai pas acheté.

**7** Lisez la bulle de Nicolas, puis décrivez une journée récente où vous avez fait des courses.

- Dans quels magasins êtes-vous allé(e)?
- Décrivez les articles que vous avez achetés.
- Donnez vos opinions sur le shopping en général.

Samedi dernier, je suis allé dans un magasin de chaussures, où j'ai acheté des chaussures noires – pointure 40. Elles ne sont pas mal, mais elles étaient assez chères. Je les avais vues en marron, mais quand je suis arrivé au magasin, il n'y en avait plus. En général, je préfère aller à l'hypermarché, parce qu'il y a un plus grand choix.

| Hier, | je suis allé(e) | dans les grands magasins.<br>dans une boutique de mode.<br>à l'hypermarché. |
|---|---|---|
| Là, j'ai acheté | | un blouson en cuir / un DVD / un CD / un appareil-photo (numérique) / des cadeaux / une montre. |

### Stratégies! *Advanced writing (rappel)*

In activity 7 and in writing tasks in your exam, remember to:

- use the perfect tense and, if appropriate, the pluperfect
- use "time markers", for instance *d'abord* (first of all), *après ça* (after that), *ensuite* (next), *finalement* (finally)
- give opinions and reasons, to gain extra marks.

# Ça ne marche pas!

- complain about unsatisfactory goods
- use the perfect infinitive

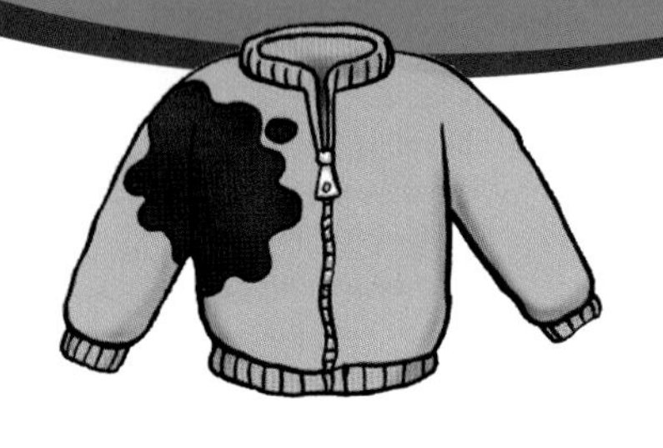

**1** **Lisez et écoutez les conversations dans les magasins, puis notez en anglais le problème et la solution. (1–4)**

| | |
|---|---|
| Il y a un problème avec (ce blouson) que j'ai acheté (hier).<br>J'ai acheté ce parapluie la semaine dernière, mais...<br>J'ai acheté cet appareil-photo / cette montre, mais... | Il y a un trou dedans.<br>Il / Elle ne marche pas.<br>Il / Elle est sale.<br>Il / Elle est en panne. |
| Je ne suis pas content(e).<br>Pouvez-vous me rembourser? | |

**1**

Clément: Bonjour, monsieur. Il y a un problème avec ce blouson que j'ai acheté samedi dernier. Après l'avoir acheté, j'ai remarqué qu'il était tout sale et je dois dire que je ne suis pas content du tout.

Vendeur: Mais je suis vraiment désolé, monsieur. Choisissez-en un autre tout de suite, ou je peux vous rembourser si vous préférez.

**2**

Anne: Bonjour, madame. J'ai acheté cet appareil-photo ce matin mais après avoir pris deux photos, il est déjà en panne! Pouvez-vous me rembourser?

Vendeuse: Excusez-moi, mademoiselle. Je vais vous rembourser, ou bien vous pouvez en choisir un autre, puisqu'il est encore sous garantie.

**3**

Mehmet: Bonjour, monsieur. J'ai acheté ce parapluie la semaine dernière, mais après être arrivé à la maison, j'ai vu qu'il y avait un trou dedans!

Vendeur: Ah, en effet, ce n'est pas très pratique! En voulez-vous un autre? Vous pouvez prendre celui-ci pour le même prix.

**4**

Nicolas: Bonjour, madame. J'ai acheté cette montre hier, mais après être arrivé au collège en retard, j'ai constaté qu'elle ne marche pas.

Vendeuse: Je suis désolée, monsieur, mais êtes-vous sûr que vous avez mis la pile?

Nicolas: La pile?

Vendeuse: Oui, monsieur, c'est une montre électrique.

Nicolas: Ah bon?

**2** **À deux. Lisez les conversations 1–4 de l'activité 1. Puis adaptez-les et inventez deux autres dialogues.**

**Grammaire:** ***Perfect infinitive (rappel)***

To say 'after having done something', use *après* + the infinitive of *avoir* or *être* + the past participle.

***Après avoir regardé** le film, on est allés au restaurant.*
= After watching the film, ...

***Après être rentré** à la maison, ...* = After returning home, ...

➤➤ p.199

**3** **Reliez les deux moitiés de phrases.**

1 Après avoir acheté cet appareil-photo,
2 Après avoir essayé le portable,
3 Après avoir examiné le jean,
4 Après être allé dans votre hypermarché,

a j'ai vu un trou.
b je ne vais pas le recommander!
c j'ai remarqué qu'il était en panne.
d j'ai vu qu'il ne marchait pas.

# Jeu de rôles

**À deux, puis changez de rôles.**

*Whenever you see the ! sign, respond appropriately to your partner.*

**1 You are in a clothes shop buying something for your sister. A is the shop assistant and starts.**

A
- Vous désirez?
- Quelle taille et quelle couleur?
- Oui. Voilà. Ça va?
- Qu'est-ce que vous préférez alors?
- Voilà.

B
- nom d'un vêtement + pour qui
- taille et couleur
- pourquoi ça ne va pas
- !

**2 You are returning an unsatisfactory item of clothing to a shop. A is the shop assistant and starts.**

A
- Je peux vous aider?
- Oui, monsieur/mademoiselle.
- Je suis désolé(e). Comment avez-vous payé? Vous avez le reçu?
- Qu'est-ce que vous voulez faire alors?
- C'est d'accord.

B
- vêtement, acheté quand
- problème
- !
- solution

## Conversation

**3 À deux. Posez les questions et répondez. Puis changez de rôles.**

- Qu'est-ce qu'il y a comme commerces dans ta ville?
- Qu'est-ce qu'on peut y acheter?
- Où faut-il aller pour acheter (de la viande)?
- Tu aimes faire les magasins pour acheter des vêtements?
- Tu préfères les hypermarchés ou les marchés et les magasins du centre-ville?
- Est-ce que tu as fait des courses (le week-end dernier)?
- Qu'est-ce que tu as acheté?
- Est-ce que tu as eu un problème?

## Présentation

**4 Préparez une présentation (une minute et demie) sur les magasins de votre ville et sur vos préférences. Parlez aussi de ce que vous avez acheté récemment et des problèmes que vous avez eus. Utilisez vos réponses à la conversation.**

Look at the *Sommaire* box below for prompts to help with the conversation and presentation.

## Sommaire *Now you can:*

- **say where you buy and do different things:** *Pour acheter (des vêtements), on va (à la boutique de mode).*
- **ask for clothing items:** *Avez-vous (ce jogging) en (bleu)? Je voudrais (cette jupe-là) en (rouge). Je peux (l')essayer? Je (la) prends.*
- **say why you're not going to buy something:** *C'est trop (grand / cher / petit). Je ne (les) prends pas.*
- **say what kind of shopping you prefer:** *Je préfère les (hypermarchés), parce que (il y a plus de choix).*
- **talk about a shopping trip in the past:** *Hier je suis allé(e) (dans les grands magasins).*
- **say what you bought:** *Là, j'ai acheté (un pantalon).*
- **complain about unsatisfactory goods:** *Il y a un problème avec (cet appareil-photo). Il / Elle est (en panne). Pouvez-vous me rembourser?*

# Travail écrit, Unités 3A–3E

a **Dans quel service avez-vous travaillé?**
J'ai travaillé dans le service du marketing.

b **Combien de temps a duré votre stage?**
Mon stage a duré 15 jours, du lundi 16 au vendredi 27 juin.

c **Quels étaient vos horaires?**
Je travaillais de 8h30 à 12 heures le matin et de 13h30 à 17 heures l'après-midi, du lundi au vendredi.

d **Qu'avez-vous fait pendant le stage?**
J'ai répondu au téléphone, j'ai distribué le courrier, j'ai tapé des lettres, j'ai classé des dossiers et j'ai fait des photocopies.

e **Quels ont été vos rapports avec les autres employés?**
Je me suis bien entendue avec les autres employés. Quand j'avais un problème, il y avait toujours quelqu'un pour m'aider et me conseiller. Tout le monde a été très gentil et très patient avec moi.

f **Que pensez-vous de cette expérience?**
J'ai trouvé que le travail était varié, je ne me suis pas ennuyée. Ce que j'ai préféré, c'est taper les lettres à l'ordinateur. Je pense que ça va m'aider à écrire des lettres. Ce que j'ai le moins aimé, c'est faire des photocopies, parce que la machine est tombée en panne plusieurs fois!

g **Est-ce que l'expérience a été positive? Pourquoi?**
Oui, j'ai trouvé ce stage très intéressant et très utile. Avant de connaître votre service, je ne savais pas quelle orientation choisir. Maintenant, après avoir bien réfléchi, j'ai pris une décision. Je vais faire des études de marketing et chercher un emploi dans un service comme le vôtre. J'ai aussi appris beaucoup de choses concernant la vie de bureau et les relations entre les gens. Merci!

Marion Couturier
98 rue de Bel-Air
44000 Nantes

Monsieur Pierre Frison
Société ALISA
135 rue Henri-Cochard
44000 Nantes

Nantes, le 10 octobre 2006

Monsieur,

À la fin de mon stage dans votre service, vous m'avez demandé de remplir un rapport de stage. Le voici.

J'ai trouvé le stage très intéressant et il m'a aidée à décider de mon avenir. Je vais faire des études de marketing et j'espère – plus tard – trouver un emploi dans cette branche.

En attendant, j'aimerais acquérir davantage d'expérience. Si vous avez besoin de quelqu'un pendant les vacances scolaires, j'aimerais beaucoup travailler dans votre service.

Je vous remercie et vous prie de croire à mes sentiments respectueux.

Marion Couturier

**1** **Trouvez et recopiez l'équivalent français des phrases suivantes, dans le rapport de stage...**

**1** My work experience lasted two weeks.
**2** I answered the phone.
**3** I typed letters.
**4** I got on well with the other employees.
**5** I wasn't bored.
**6** What I preferred...
**7** What I liked the least...
**8** I found the work experience very interesting.
**9** Now, after thinking hard, I've made a decision.
**10** I'm going to study marketing.

**... et dans la lettre:**

**11** You asked me to complete a work experience report.
**12** It helped me to decide about my future.
**13** I hope later to find a job in this field.
**14** I would very much like to work in your department.
**15** Yours faithfully.

**2** **a** **Pour chaque réponse (1–7), trouvez la bonne question (a–g) dans le rapport de stage.**

**1** Mon stage a duré trois semaines.
**2** Non, pas très. Je n'ai pas aimé le travail et les autres employés n'étaient pas très sympas.
**3** J'ai travaillé de 8h45 à 16 heures du mardi au samedi.
**4** Je ne me suis pas bien entendu avec les autres employés. Ils n'ont pas été très patients avec moi.
**5** J'ai servi les clients, j'ai fait la vaisselle et j'ai préparé les desserts.
**6** J'ai travaillé au restaurant d'entreprise.
**7** Le travail était un peu ennuyeux et très fatigant. Ce que j'ai préféré, c'est préparer les desserts. Ce que j'ai le moins aimé, c'est faire la vaisselle – c'était dégoûtant.

**2** **b** **Écrivez vos réponses aux sept questions. Adaptez les réponses de l'activité 2a.**

**3** **Écrivez votre rapport de stage.**

**Tips!**

- You can either write three or four paragraphs about your work experience or write your answers to the seven questions and an accompanying letter. Look for expressions in the text that you can use and refer back to pages 126–127 for more expressions.
- The main tense you are going to use is the perfect tense. Look back at the expressions you gathered (unit 3C) and use those which could apply. (See also page 20.) You may want to use the imperfect for general descriptions, e.g. *Les journées étaient longues; Les employés étaient sympas.*
- You can give your opinion about things in the past. Look back to pages 126–127 for suitable phrases. Also refer back to activity 1 to find out how to say what you preferred and liked the least.
- Remember to use linking words to make your text more flowing, for instance *où* (where), *et* (and), *mais* (but): *J'ai travaillé dans un restaurant* ***où*** *j'ai fait la vaisselle* ***et*** *j'ai servi les clients. Le travail était varié* ***mais*** *très fatigant.*
- Use the immediate future to say what you are going to do, e.g. ***Je vais faire*** *des études de marketing*. Use *j'aimerais / je voudrais* to say what you would like to do, e.g. ***Je voudrais*** *travailler dans un restaurant*.
- Remember, if you're writing a letter, to start and finish the letter correctly. Use the one on page 148 as an example.
- To get a better grade, try to include one expression using *avant de* + infinitive, e.g. *avant de connaître* (before knowing) and one using *après avoir / être* + past participle, e.g. *après avoir réfléchi* (after thinking about it).

## Lire

J'ai un job, je travaille tous les samedis dans un magasin. Je dois commencer assez tôt, à huit heures, et j'y vais en autobus. C'est pas mal, car j'aime bien travailler avec le public.

Manon

Hier, je suis allé au centre commercial, où j'ai acheté un ordinateur. Mais tu sais quoi? Il est déjà en panne. C'est incroyable!

Solène

J'aide mes parents à la maison, pas parce que j'en ai envie, mais parce qu'ils me donnent de l'argent, pas beaucoup, mais mieux que rien! Je passe l'aspirateur tous les jours et je fais du baby-sitting deux fois par semaine.

Aïcha

Pendant mon stage, j'ai travaillé dans une usine où on fabrique des vêtements. Je dois dire que j'ai trouvé le travail très barbant, mais c'était le seul stage qu'on m'ait proposé.

Max

**1 Lisez les quatre messages et identifiez la personne.**

1. Qui a fait des courses et a un problème avec son achat?
2. Qui a trouvé son travail décevant?
3. Qui a un emploi le week-end?
4. Qui fait des travaux ménagers?

**2 Lisez le texte *Le problème de santé numéro un* et répondez en français.**

1. Pourquoi les frites sont-elles mauvaises pour la santé, selon le texte?
2. C'est bon de boire des prémix? Pourquoi?
3. Quelles sont les meilleures boissons, et pourquoi?
4. Pourquoi est-ce que ce n'est pas bon d'ajouter trop de sel et de ketchup?

**Stratégies! *Reading comprehension: using the questions***

Always take a moment to look at the questions before you read the text. They can help you focus on the most important aspects.

### Le problème de santé numéro un de nos jours: l'obésité

De plus en plus de jeunes ont de gros problèmes de santé à cause de leur alimentation. La raison, c'est qu'en général, ils mangent trop d'aliments gras, comme les frites et les hamburgers. Même en Italie, les jeunes d'aujourd'hui trouvent le fast-food plus intéressant que les pâtes. Beaucoup d'adolescents adorent aussi les bonbons et les boissons sucrées, comme la limonade et les prémix (boissons alcoolisées), par exemple. Boire ce genre de boissons de temps en temps, ce n'est pas grave, mais pour rester en forme, il est préférable de boire de l'eau, du lait ou du jus d'orange.

Le sel aussi est très mauvais pour la santé: si vous prenez trop de sel, vous risquez d'avoir des problèmes d'hypertension. Quand on mange des frites dans la restauration rapide, il y a déjà du sel dessus. Il faut rajouter du sel avec modération, et ne pas oublier que le ketchup contient un grand pourcentage de sucre.

Alors, que faire? La vérité, c'est que les adolescents devraient plutôt manger des yaourts, de la salade, des fruits et des légumes. En général, ils détestent ça, mais c'est nécessaire, sinon, ils le regretteront un jour.

## Écouter

**1 Écoutez les deux jeunes discuter et notez le numéro des quatre phrases qui sont vraies.**

1. Le concert aura lieu demain.
2. Le concert se passe en banlieue.
3. Le concert commence tôt.
4. Le concert commence à dix heures du soir.
5. Le prix d'entrée n'est pas élevé.
6. Un des jeunes trouve que Megacrash est un groupe horrible.
7. Megacrash est un groupe américain.
8. Un des jeunes aime bien Megacrash.

**2 Écoutez l'interview de Danielle et répondez en anglais.**

1. Does the interviewer seem to know Danielle well? Give a reason for your answer.
2. What are her likes and dislikes in TV? Mention at least three things.
3. Why are clothes so important for her?
4. What did she do last night?
5. What is she going to do next summer?
6. What clues are given that Danielle and Mani are very rich?

# Écrire

## 1 Répondez à cette lettre.

Mentionnez:

- les émissions de télé que vous aimez et que vous n'aimez pas, et pourquoi.
- la musique que vous aimez et que vous n'aimez pas, et pourquoi.
- ce que vous faites pour rester en forme.
- ce que vous avez fait hier soir et le week-end dernier.
- si vous aimez faire les courses et pourquoi.
- vos projets pour les grandes vacances.

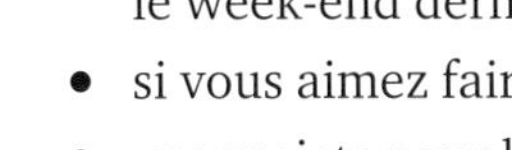

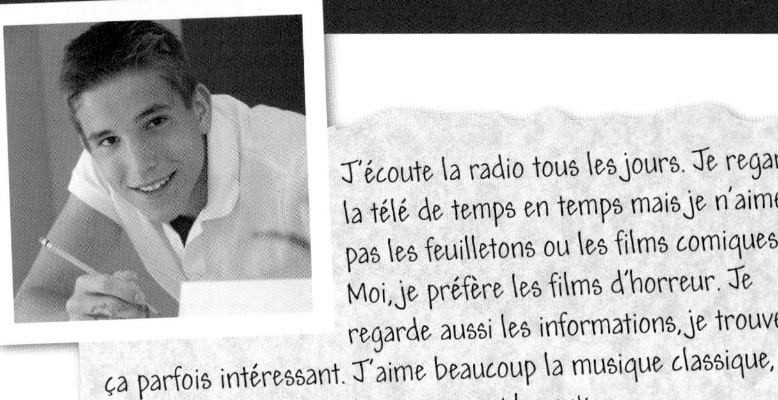

J'écoute la radio tous les jours. Je regarde la télé de temps en temps mais je n'aime pas les feuilletons ou les films comiques. Moi, je préfère les films d'horreur. Je regarde aussi les informations, je trouve ça parfois intéressant. J'aime beaucoup la musique classique, mais je n'aime pas la musique pop ni le rock.

Hier je suis allé en ville pour faire les courses, mais je déteste le shopping, moi. Le soir, je suis allé à un concert, mais c'était nul. Cet été, je vais partir en vacances avec ma famille.

### Stratégies! *Writing fuller answers*

Aim for higher marks by giving details, expressing opinions and giving reasons, but don't go for quantity over quality. Try to include at least three different tenses.

# Parler

## 1 Jeu de rôles. À deux.

**1** You are phoning a company to speak to someone about a job. A, the receptionist, starts.

**A**
- Allô?
- Il n'est pas là.
- Bien sûr. Quel est votre nom et votre numéro de téléphone?
- Pouvez-vous nous téléphoner plus tard aujourd'hui?

**B**
- parler à M. Lecomte
- laisser un message
- nom et numéro de téléphone
- !

**2** You are shopping for clothes. A, the shop assistant, starts.

**A**
- Je peux vous aider?
- Ah non, je regrette, nous n'en avons plus.
- Voilà.
- Bien sûr… Alors, ça va?

**B**
- vêtement, couleur, taille
- autre couleur
- essayer?
- !

## 2 Conversation

Répondez à ces questions. Donnez des réponses détaillées.

1. Qu'est-ce que tu fais à la maison pour aider tes parents?
2. Qu'est-ce que tu prends d'habitude au petit déjeuner, au déjeuner et au dîner?
3. Qu'est-ce que tu aimes manger et boire?
4. Qu'est-ce que tu fais pour rester en forme?
5. Est-ce que tu as un job? Qu'est-ce que tu fais?
6. Qu'est-ce que tu as fait comme stage en entreprise?
7. Décris un film que tu as vu.
8. Tu aimes faire du shopping? Où et pourquoi?

## 3 Présentation.

Préparez une présentation sur le thème "Ma vie et mon travail". Mentionnez vos repas, votre job, votre stage et vos loisirs.

### Stratégies! *Speaking*

Gain points in your speaking test by adding extra words to make your French sound more natural (page 119) and giving your own opinions (page 47).

# 4A On s'entend bien

## Mon frère est paresseux!

- talk about character and personality
- make adjectives agree

**1 a** Faites le quiz, puis regardez l'analyse.

**1** Le bus a dix minutes de retard.
- ❁ Tu regardes souvent ta montre.
- ✣ Tu penses que ce n'est pas grave.

**2** Tu penses que l'Angleterre est
- ❁ en Europe de l'Est.
- ✣ en Europe de l'Ouest.

**3** À la maison,
- ❁ tu aides tes parents.
- ✣ tu ne fais rien.

**4** Le bus est plein et une vieille dame entre.
- ❁ Tu lui donnes ta place.
- ✣ Tu restes assis(e).

**5** Tu es en boîte.
- ❁ Tu bavardes avec tout le monde.
- ✣ Tu restes dans un coin et tu ne danses pas.

**6** Tes parents partent pour le week-end.
- ❁ Tu pleures en disant "Et moi?".
- ✣ Tu souris en disant "Amusez-vous bien!".

**7** Pendant les cours au collège,
- ❁ tu parles beaucoup.
- ✣ tu ne parles jamais.

**1 b** Voici l'analyse de vos réponses: notez les adjectifs pour VOUS.

1. ❁ Tu es impatient(e).
   ✣ Tu es patient(e).
2. ❁ Tu n'es pas bon(ne) en géo.
   ✣ Tu es intelligent(e).
3. ❁ Tu es travailleur / travailleuse.
   ✣ Tu es paresseux / paresseuse.
4. ❁ Tu es poli(e).
   ✣ Tu es impoli(e).
5. ❁ Tu es extraverti(e).
   ✣ Tu es timide.
6. ❁ Tu es égoiste.
   ✣ Tu es généreux / généreuse.
7. ❁ Tu es énervant(e).
   ✣ Tu es sage.

**2 a** Écoutez Nicolas parler de sa famille et de ses amis. Notez la personne et les adjectifs mentionnés. (1–8)

Exemple: **1** Théo (frère), paresseux

**2 b** *extra!* Réécoutez Nicolas et notez d'autres détails sur chaque personne en français.

Exemple: **1** Théo ne fait jamais ses devoirs.

**Grammaire:** ***Agreement of adjectives (rappel)***

Remember that adjectives have to 'agree' with the noun they refer to.

| | masculine | feminine |
|---|---|---|
| singular | *énervant* | *énervant**e*** |
| plural | *énervant**s*** | *énervant**es*** |

Some adjectives follow other patterns:
*paress**eux** / paress**euse**, travaill**eur** / travaill**euse**, sporti**f** / sporti**ve**.*

When a feminine ending is added to some adjectives, the pronunciation changes; often you can hear the final consonant, e.g. *intelligen**te**, paresseu**se***.

If you have a mix of male and female people, use the masculine plural adjective: *Théo et Marine sont sporti**fs**.*

➤➤ p.193

**3** Recopiez et complétez les phrases avec des adjectifs.

1. Mon oncle, qui joue au foot, est … et ma sœur aussi est …
2. Mon père se fâche quand j'arrive en retard. Il est … . Par contre, ma mère est très …
3. Mes sœurs sont … . Elles ne font jamais leurs devoirs.
4. Aymeric et Sophie sont … . Leur prof se fâche parce qu'ils se conduisent mal en classe.

# La personnalité



• give more accurate descriptions of people

**1** **À deux. Discutez de vos copains et de vos familles.**

Exemple: **A** Comment est (Sophie), à ton avis?
**B** Je pense qu'elle est paresseuse, parce qu'elle n'aide jamais à la maison.
**A** Oui? Je la trouve sympa, parce qu'elle m'a acheté un CD!

**2** **Écrivez un paragraphe pour décrire Vicki et Nabil. Inventez des détails.**

Exemple: En général, Vicki est très optimiste, mais...

| Je suis<br>Il / Elle est | impatient(e) /<br>timide, etc. |
|---|---|
| Il / Elle a le sens de l'humour. | |

**Stratégies! *More accurate descriptions***

Remember to add qualifiers to make your descriptions more accurate.

Degree: *un peu, vraiment, assez, très, surtout.*

Frequency: *souvent, normalement, quelquefois, toujours, en général.*

*Ma sœur est **un peu** impatiente et **vraiment** énervante mais elle est **toujours** de bonne humeur et **normalement** très gentille.*

**3** ***Read the text about Laetitia Casta and note, in English, as much as you can about her character. Give examples to illustrate what you say.***

## Laetitia Casta: «Je fais peur aux mecs!»

Laetitia est née en Normandie, mais elle est originaire de Corse et, aujourd'hui, elle est connue dans le monde entier. C'est à 15 ans que Laetitia a fait ses débuts de mannequin. En Corse, un photographe l'a remarquée alors qu'elle était sur la plage, pendant ses vacances.

Laetitia fait très attention à ce qu'elle mange, et elle est assez fière des résultats. Elle est sportive aussi, mais adolescente, elle était très timide. Elle avait peur de ne pas plaire aux garçons. Désormais, elle fait preuve d'un peu plus d'assurance… et ce sont les mecs qui ont peur d'elle!

Mais c'est aussi une personne très discrète. Elle ne veut pas dévoiler tous les petits secrets de sa vie amoureuse. Elle protège si bien sa vie privée que personne ne connaît le nom de son copain.

Laetitia est ambitieuse, quand même. Elle a avoué que son ambition était de tourner un film avec Gérard Départdieu. Le plus dur, car elle est tellement travailleuse, est de rattraper le sommeil perdu, car elle passe les trois-quarts du temps à l'autre bout de la planète.

**4** **Décrivez:**

- la personnalité des membres de votre famille
- la personnalité d'un copain et d'une copine
- votre personnalité.

**extra! Expliquez vos descriptions.**

Exemple: Ma mère n'est pas paresseuse, pas du tout. Elle travaille tous les jours dans un bureau et elle fait aussi le ménage...

# Je m'entends bien avec ma sœur

- express personal feelings towards others
- use disjunctive pronouns

a b c d e

**1** Je me dispute souvent avec mon père, parce que je veux sortir avec mes copains. Souvent, il dit non.

**2** J'ai de la chance, moi. Je m'entends très bien avec ma sœur. Elle est vraiment sympa et très intelligente.

**3** Mon problème, c'est que je déteste ma mère! Elle me critique tous les jours: mes vêtements, mes cheveux, mes devoirs...

**4** J'ai rencontré Kévin dans une boîte de nuit et je suis tombée amoureuse. Il est vraiment très sympa.

**5** Mon frère, berk... non, je ne m'entends pas bien av lui. À mon avis, il est bête, stupid égoïste!

**1 a** **Lisez les bulles et écoutez les cinq personnes. Trouvez la bonne image (a–e) pour chaque personne (1–5).**

Exemple: **1 d**

**1 b** *extra!* **Relisez les bulles et complétez les phrases.**

1. Il se dispute avec son père, parce qu'…
2. Elle a de la chance, parce qu'…
3. Elle déteste sa mère, parce qu'…
4. Elle adore son copain parce qu'…
5. Il ne s'entend pas bien avec son frère, parce qu'…

**2** **Écoutez Nicolas et choisissez la bonne réponse.**

Exemple: **1 Nicolas se dispute rarement avec son père.**

1. Nicolas se dispute souvent / rarement avec son père.
2. Il s'entend très bien / ne s'entend pas bien avec son frère.
3. Il a des problèmes / n'a pas de problèmes avec sa mère.
4. Il se dispute quelquefois / ne se dispute jamais avec Mehmet.
5. Il aime un peu / adore Émilie.

**3** **À deux. Discutez de vos familles. (Inventez si vous préférez.)**

Exemple:
A **Tu t'entends bien avec tes parents?**
B **Non, malheureusement pas, je ne m'entends pas bien avec mon père, parce qu'il est souvent impatient avec moi.**

| | | |
|---|---|---|
| Je m'entends bien avec<br>Je ne m'entends pas bien avec<br>Je me dispute (souvent / rarement) avec | mon père / mon frère / mon copain<br>ma mère / ma sœur / ma copine<br>lui / elle / eux / elles | parce qu'il / elle est (vraiment / très)… |

*Se disputer* (to argue) and *s'entendre* (to get on) are reflexive verbs.
To revise reflexive verbs, see page 38.

**4 a Lisez la lettre d'Émilie et notez:**

- les personnes avec qui Émilie s'entend bien
- les personnes avec qui Émilie ne s'entend pas bien.

Chère Nadia,

Merci beaucoup de ta lettre, dans laquelle tu as posé plusieurs questions sur ma famille. Alors, en général, j'avoue que c'est pas mal! Je m'entends très bien avec ma mère, parce qu'elle est vraiment patiente et très sympa. Je peux discuter avec elle et elle me comprend. Mais avec mon père, eh bien, je ne m'entends pas très bien avec lui. Je crois qu'il est un peu déprimé. En plus, il est toujours fatigué, parce qu'il travaille trop. Je pense que c'est un problème de nos jours. De temps en temps, il se dispute avec Maman. Je les entends quand je suis dans ma chambre. Papa me critique beaucoup: il pense que je suis paresseuse au collège et il n'aime pas mes vêtements.

Heureusement, je ne me dispute jamais avec ma sœur Anne, parce qu'elle est très sympa. Par contre, avec mon petit frère Clément... ah oui, je me dispute souvent avec lui, car il est vraiment bête! Comment est le tien*?

Pour moi, la famille est moins importante que les amis. J'ai beaucoup de bonnes copines, mais maintenant je passe moins de temps avec elles, parce que je suis tombée amoureuse d'un garçon qui s'appelle Nicolas. Il est dans ma classe et, à mon avis, il est très, très sympa!

Bisous,

Émilie

| | |
|---|---|
| **le tien** | *yours* |
| **le mien** | *mine* |

➤➤ p.197

**Grammaire: *Disjunctive pronouns (rappel)***

Use these pronouns after prepositions such as *de* or *avec*:

| | |
|---|---|
| *moi* = me | *nous* = us |
| *toi* = you | *vous* = you |
| *lui* = him | *eux* = them (masculine) |
| *elle* = her | *elles* = them (feminine) |

*Exemple: Mes parents sont énervants. Je me dispute souvent* ***avec eux***. (= I often argue with them.)

➤➤ 197

**5 Recopiez et complétez les phrases avec un pronom.**

1. J'ai deux sœurs et je m'entends bien avec …
2. J'ai un frère et je me dispute parfois avec …
3. J'ai fait la connaissance d'une fille et je suis tombé amoureux d'…
4. Mon père est gentil, je m'entends bien avec …

**6 Décrivez vos rapports avec votre famille et vos amis.**

**Exemple:**

Je m'entends bien avec … , parce que …
Je ne m'entends pas bien avec … , parce que …
Je me dispute avec … , parce que …
Je ne me dispute jamais avec … , parce que …
Je suis amoureux / amoureuse de … , parce que …

**4 b Relisez la lettre et répondez aux questions en français.**

1. Est-ce qu'Émilie s'entend bien avec sa mère?
2. Pourquoi son père est-il déprimé?
3. Comment sait-elle que ses parents se disputent?
4. Que pense le père d'Émilie de sa fille?
5. Décrivez les relations entre Émilie, Anne et Clément.
6. Que pense-t-elle de Nicolas?

**4 c Écrivez un résumé de la lettre en anglais (cinq phrases).**

## Jeu de rôles

**À deux, puis changez de rôles.**

*Whenever you see the ! sign, respond appropriately to your partner.*

**1 You're discussing your friends and family with a friend. A starts.**

**A**
- Décris la personnalité de ton meilleur copain ou ta meilleure copine.
- Et comment sont tes parents?
- Comment tu t'entends avec tes parents?
- Et que penses-tu de tes professeurs?
- OK.

**B**
- personnalité de votre copain / copine: deux details.
- personnalité de vos parents
- rapport avec parents et raison
- !

## Conversation

**2 À deux. Posez les questions et répondez. Puis changez de rôles.**

- Décris ton caractère.
- Décris ta famille.
- Décris un copain / une copine.
- Est-ce que tu t'entends bien avec tes parents (etc.)?
- Est-ce que tu te disputes avec ta famille?
- Est-ce que quelqu'un te critique?
- Est-ce que tu es amoureux / amoureuse de quelqu'un?

### Stratégies! *Giving more detailed answers*

When you are asked conversation questions in the exam, give as much detail as you can in the replies. This will gain you extra marks.

- say just one thing = minimal response: *Je suis impatient.*
- say more than one thing = better response: *Je suis impatient mais aussi intelligent.*
- add qualifiers and linking words = excellent response: *Je suis un peu impatient, très intelligent, vraiment sportif et assez travailleur, mais malheureusement, je suis aussi pessimiste.*

## Présentation

**3 Préparez une présentation (une minute et demie) sur la personnalité des membres de votre famille et de vos amis. Vous vous entendez bien avec eux, ou vous vous disputez? Pourquoi? Utilisez vos réponses à la conversation (activité 2).**

### Stratégies! *Re-using language from other topics*

Take the opportunity to revise general family information (covered in unit 1A) and include some of it in your presentation.

*Il / Elle s'appelle...*
*Il / Elle a... ans.*
*Il est (grand). / Elle est (grande).*
*Il / Elle a les cheveux.... / les yeux...*
*Il est (gentil). / Elle est (gentille).*
*Il / Elle aime...*
*Il / Elle n'aime pas...*
*Il / Elle est... (médecin).*
*Il est (anglais). / Elle est (anglaise).*

### Sommaire *Now you can:*

- **talk about your own personality:** *Je suis (vraiment impatiente).*
- **talk about other people's personality:** *Il est (très intelligent). Elle a le sens de l'humour.*
- **talk about your relationship with other people:** *Je m'entends bien avec (mon père). Je ne m'entends pas bien avec (mon frère), parce qu'(il) est (impatient). Je me dispute avec (ma mère). Je suis amoureux / amoureuse de (Justine) parce qu'(elle) est (sympa). (Mon père) me critique.*

## Les amis et vous

# VOTRE AVIS

**Un ami / Une amie, qu'est-ce que c'est pour vous? Voici vos réponses.**

Mon copain Olivier habite en face de chez moi. Je le connais depuis l'âge de quatre ans. On joue au foot dans la même équipe. On s'amuse et on rit beaucoup, mais il est travailleur et sérieux quand c'est nécessaire. Ça, c'est bien aussi.
*Maxime, 16 ans*

Quand je suis triste, ma meilleure amie le sait tout de suite. Je n'ai pas besoin de lui dire, elle comprend. Ça, c'est génial!
*Mélissa, 14 ans*

Mon meilleur ami est sportif, optimiste et toujours de bonne humeur. Avec lui, je ris beaucoup et j'oublie mes problèmes. C'est important.
*Kader, 16 ans*

Ma meilleure amie, c'est ma sœur. On est différentes: elle est très sportive (pas moi!), elle est très intelligente et très bonne en maths (pas moi!), mais on s'entend très bien, et on ne se dispute jamais. Quand j'ai un problème avec les parents, elle m'aide. C'est sympa!
*Pauline, 15 ans*

Mon meilleur copain, c'est... une copine. On est dans la même classe depuis l'âge de 11 ans. Elle est marrante et très sympa, et on s'entend super bien. Maintenant je suis amoureux d'elle, et c'est un peu compliqué...
*Antoine, 15 ans*

Moi, à cause du travail de mes parents, je change souvent de ville et d'école. Alors, j'ai des copains et copines sympas, mais c'est tout. Mon meilleur ami, c'est mon chien Jojo. Quand je lui raconte mes problèmes, il m'écoute. Il ne me critique jamais, il est très patient!
*Neyla, 14 ans*

**1** ***Go through the article and find the words used for 'friend' and 'mate'. There are two of each: one for boys and another for girls. Also spot the French for 'my best friend' (again there's a masculine and a feminine form).***

**2** **Trouvez dans l'article les équivalents français de...**

**1** opposite my house
**2** in a good mood
**3** I laugh a lot
**4** we get on very well
**5** we never argue
**6** she helps me
**7** I am in love with her
**8** he listens to me
**9** he never criticises me

**3** **Choisissez *a*, *b* ou *c* pour terminer chaque phrase.**

**1** Le copain de Maxime
- **a** est toujours très sérieux.
- **b** joue au football.
- **c** est souvent triste.

**2** La meilleure amie de Mélissa
- **a** parle beaucoup.
- **b** est souvent triste.
- **c** la comprend.

**3** Le meilleur ami de Kader
- **a** est très pessimiste.
- **b** rit beaucoup.
- **c** est très intelligent.

**4** La sœur de Pauline
- **a** n'est pas sportive.
- **b** est toujours de bonne humeur.
- **c** est forte en maths.

**5** Pauline et sa sœur
- **a** se disputent souvent.
- **b** ne s'entendent pas du tout.
- **c** sont différentes.

**6** Antoine et sa copine
- **a** n'ont pas d'amis.
- **b** se disputent souvent.
- **c** sont dans la même classe.

**7** Antoine
- **a** est amoureux de sa meilleure copine.
- **b** connaît sa copine depuis un an.
- **c** a des copains très compliqués.

**8** Neyla change souvent d'école
- **a** à cause de ses parents.
- **b** parce qu'elle n'a pas de copains.
- **c** parce qu'elle travaille mal.

**9** Neyla raconte ses problèmes
- **a** à ses parents.
- **b** à ses copines.
- **c** à son chien.

# 4B Je vais au collège à vélo

## C'est bon pour l'environnement

• talk about transport and reasons for using

**a** Salut! Je m'appelle Caroline. J'habite à la campagne mais mon collège est en ville, donc je vais au collège en car. C'est un car réservé aux élèves du collège. Ce n'est pas très confortable, mais c'est bon pour l'environnement. S'il n'y avait pas ce car, tout le monde devrait aller au collège en voiture.

**b** Moi, je suis Hassan. Tous les samedis, je vais au centre sportif à pied. C'est facile parce que ce n'est pas loin de chez moi, et il n'y a pas de bus.

**c** Je m'appelle Laurent Lecompte. J'habite en banlieue parisienne et tous les jours, je prends le métro pour aller au bureau. À Paris, est presque impossible de se garer et c'est pour ça que la plupart des gens prennent le métro. Ce n'est pas cher non plus.

**d** Ici, à Strasbourg, il y a depuis 1995 un excellent moyen de transport: le tramway. Mme Maillot le prend toujours pour aller faire les courses en ville. C'est moderne, rapide, confortable et non polluant. Elle n'a plus besoin de sa voiture!

**e** M. Coutreau est homme d'affaires. Pour aller au travail, c'est assez loin, donc il y va en voiture. C'est pratique! Il sait que c'est mauvais pour l'environnement, mais que faire? Il ne voit pas d'autre possibilité.

**1** **Lisez les textes a–e et les phrases 1–5. C'est qui?**

1 Cette personne ne prend pas de transport en commun, et ne prend pas de voiture non plus.
2 Cette personne prend le transport qui va sous terre.
3 Cette personne prend un transport en commun pour aller faire ses études.
4 Cette personne ne prend pas de transport en commun et ne va pas à pied.
5 Cette personne prend un transport en commun pour faire des courses.

**2** **Écoutez la discussion de classe, recopiez et complétez la grille. (1–6)**

| | Transport | Advantage | Inconveniént |
|---|---|---|---|
| Marie | vélo | bon pour la santé | pas rapide |
| Arthur | | | |
| Annabelle | | | |
| Thomas | | | |
| Claire | | | |
| Gaëlle | | | |

**3** **À deux. Discutez des moyens de transport.**

Exemple:
A **Moi, d'habitude, je vais en ville en autobus car c'est facile et rapide.**
B **Oui, moi aussi, je prends souvent l'autobus, car c'est bon pour l'environnement. Mais les voitures, c'est pratique...**

**4** **Écrivez un paragraphe sur les moyens de transport que vous prenez et pourquoi.**

- Comment allez-vous au collège et pourquoi?
- Comment allez-vous en ville et pourquoi?

| | | |
|---|---|---|
| Je vais | au travail / au collège<br>en ville<br>à (Paris) | à vélo / à moto / à pied.<br>en train / en métro / en voiture / en car / en autobus / en tramway. |
| C'est<br>Ce n'est pas | bon / mauvais pour l'environnement.<br>rapide / cher / pratique / facile / confortable / non polluant / bon pour la santé. | |

RappelRappelRappelRappelR

# Encore un embouteillage!

- talk about transport issues in your area
- give more detailed answers

**1 a** **Lisez *L'île de Ré en été* et *Dans le centre de Paris* et trouvez les expressions françaises qui veulent dire...**

1. the air is not polluted
2. there are over 100km of tracks
3. through vineyards and marshland
4. there's a lot of pollution
5. there's... too much traffic
6. too many lorries making deliveries
7. there are always terrible traffic jams
8. there aren't enough pedestrian precincts
9. there aren't enough... green spaces
10. public transport is excellent

**L'île de Ré en été**, c'est idyllique. Ici, il n'y a pas de pollution, parce que c'est une île et les piétons et les cyclistes sont les bienvenus. Ici, l'air n'est pas pollué, car le vélo est le moyen de transport le plus rapide, le plus agréable, le plus sain, le plus facile, le plus répandu... Il y a plus de 100 kilomètres de pistes qui ont été aménagés et fléchés pour les cyclistes, sans compter les chemins de terre et autres sentiers serpentant à travers vignes et marais.

**Dans le centre de Paris**, par contre, comme dans toutes les grandes villes, il y a beaucoup de pollution. Pourquoi? Parce qu'il y a tout simplement trop de circulation: il y a trop de camions qui font des livraisons, de voitures qui transportent les employés jusqu'à leur lieu de travail, de motos qui sont plus petites que les voitures mais qui polluent tout de même et qui font beaucoup de bruit. À Paris, il y a toujours des embouteillages affreux, surtout en début et en fin de journée. Il n'y a pas assez de zones piétonnes ou d'espaces verts, et l'air est très pollué. Heureusement, avec le métro et les autobus, les transports en commun sont excellents.

**1 b** extra! **Écrivez cinq phrases qui contrastent l'île de Ré et Paris.**

Exemple: **1** À Paris il y a beaucoup de circulation, alors qu'à l'île de Ré, ...

| | |
|---|---|
| Il y a | une zone piétonne / des embouteillages / des pistes cyclables.<br>trop de circulation / trop de camions.<br>beaucoup de pollution. |
| Il n'y a pas (assez) de zones piétonnes / d'espaces verts. | |
| L'air est / n'est pas pollué. | |
| Les transports en commun sont / ne sont pas bons / excellents. | |

**2** **À deux. Discutez des transports dans votre ville / village.**

Mentionnez les zones piétonnes, les embouteillages, la pollution, les problèmes de circulation, les problèmes avec les voitures et les transports en commun.

Exemple: A **Chez nous, il y a une zone piétonne.**
B **Oui, mais il n'y a pas beaucoup de pistes cyclables.**

**3** **Est-ce qu'il y a un problème de pollution chez vous? Écrivez un paragraphe.**

Exemple: Chez nous, il n'y a pas de zone piétonne, mais...

**Stratégies! *Giving detailed answers***

At Higher level, you will gain little credit for short answers such as *Non, il n'y a pas de problèmes dans ma ville.* You need to give details, explanations and opinions.

Example: *Normalement, non. Au centre-ville, il y a une zone piétonne, c'est bien pour l'environnement, parce qu'on peut se promener à pied et l'air est propre. Malheureusement, il y a beaucoup d'embouteillages près du centre, parce qu'il y a trop de circulation. Il y a aussi trop de gros camions qui font des livraisons.*

# Protégez l'environnement!

- talk about the environment
- use modal verbs

**1 a** **Trouvez dans le texte *Planète en danger* les équivalents français de...**

1. there are more and more floods
2. the cause of all these natural disasters
3. it causes the hole in the ozone layer
4. the greenhouse effect
5. make products less dangerous for the atmosphere
6. you should not use your car
7. you should recycle all your rubbish
8. you must save water

## Planète en danger

**Notre planète est malade. Chaque année, il y a de nouveaux records de température. Il y a de plus en plus d'inondations, de tempêtes et de tornades dans le monde. La cause de toutes ces catastrophes naturelles est, bien sûr, la pollution. Elle provoque le trou de la couche d'ozone et l'effet de serre.**

**Quelles sont les solutions? Les gouvernements doivent passer des lois pour réduire la pollution et les industries doivent fabriquer des produits moins dangereux pour l'atmosphère. Mais vous aussi, vous pouvez faire quelque chose pour protéger l'environnement. Voici quelques conseils:**

- On ne devrait pas utiliser sa voiture tous les jours. On pourrait se déplacer à pied ou à vélo une ou deux fois par semaine.
- Il faut acheter des produits qui ne polluent pas.
- On doit recycler tous ses déchets (papier, journaux, magazines, emballages, bouteilles).
- On ne devrait pas utiliser de sacs en plastique pour faire ses courses.
- On ne doit jamais jeter de chewing-gums et de déchets par terre.
- Il faut faire des économies d'eau, de gaz et d'électricité.
- On doit prendre une douche plutôt qu'un bain.
- On ne doit pas faire trop de bruit.

**1 b** *extra!* **Écrivez en anglais un résumé des huit conseils dans le texte.**

| Qu'est-ce qu'on doit faire pour protéger l'environnement? | |
|---|---|
| On doit<br>On peut<br>Il faut | recycler le papier / le plastique / les bouteilles.<br>aller à pied / prendre son vélo. |
| On pourrait<br>On devrait | faire des économies de gaz / d'électricité. |
| On ne doit pas<br>On ne devrait pas | jeter de déchets / d'emballages par terre.<br>faire trop de bruit.<br>utiliser la voiture / les sacs en plastique. |

**2** **Écoutez les conseils pour la protection de l'environnement (1–7) et trouvez un slogan pour chaque conseil (a–g).**

**Exemple:** **1 e**

- **a** Faites des économies d'énergie.
- **b** N'utilisez pas de sacs en plastique.
- **c** Ne faites pas trop de bruit.
- **d** Ne jetez pas de déchets.
- **e** Recyclez le verre.
- **f** Économisez l'électricité.
- **g** N'utilisez pas votre voiture.

**Grammaire: *Modal verbs***

- To say what you must do, use *on doit* or *il faut* + infinitive:
  *On doit recycler le papier.*
  *Il faut recycler le plastique.*
- Other useful expressions:
  *on peut / ne peut pas* = you can / can't
  *on pourrait* = you could
  *on devrait / ne devrait pas* = *you should / shouldn't*

➤➤ p.203

**3** **Écrivez cinq choses qu'on doit / devrait / pourrait faire et trois choses qu'on ne doit / devrait pas faire pour réduire la pollution.**

**Exemple:** Pour protéger l'environnement, on doit..., ..., ..., ..., ... et on ne doit pas..., ..., ...

**4** **À deux. Échangez vos opinions sur l'environnement.**

Exemple: A **À ton avis, qu'est-ce qu'on doit faire pour protéger l'environnement?**

B **À mon avis, on devrait recycler le verre. Il y a des containers partout.**

**5 a** **Écrivez un paragraphe avec pour titre "Protégeons l'environnement".**

- Mentionnez plusieurs choses qu'on peut / pourrait / devrait faire et plusieurs qu'on ne doit pas faire.
- Donnez des détails, des raisons et des opinions.

Exemple: À mon avis, pour protéger l'environnement, on doit... et on pourrait aussi... Mais on ne devrait pas... ou... C'est une bonne idée de... On peut essayer de...

**5 b** extra! ***You may be asked on a more personal level what you do for the environment. You will need to use the present tense.***

**Ajoutez à votre paragraphe de l'activité 5a trois choses que VOUS faites pour l'environnement.**

★ Qu'est-ce que vous faites pour protéger l'environnement?

★ Moi personnellement, je recycle (toujours) le papier (etc.).
je vais (au collège) à pied ou à vélo.
je ne jette jamais de déchets (etc.).
je ne fais pas trop de bruit.
j'éteins la lumière quand je quitte une pièce. (*I put out the light when I leave a room.*)

# Île de Ré

## Un site naturel protégé

**Amis visiteurs,**

- Ne jetez jamais vos déchets dans la nature, sur les plages ou dans la mer. Des poubelles ou des containers sont réservés à cet effet un peu partout sur l'île.
- Évitez d'utiliser votre voiture ou moto, utilisez au maximum les pistes cyclables mises à votre disposition.
- Les feux de camp sont interdits.
- La pêche à pied est réglementée.
- Respectez le calme et le silence, particulièrement dans les zones naturelles.
- Amis camping-caristes, vous devez impérativement utiliser nos campings ainsi que les lieux de vidange adaptés.

**6 a** **Lisez *Île de Ré* et notez "vrai", "faux" ou "pas mentionné".**

1. Il y a beaucoup de poubelles pour les déchets.
2. On peut utiliser une voiture.
3. Les motos sont interdites.
4. On vous recommande d'utiliser un vélo.
5. Il est permis d'allumer un feu pour faire un barbecue.
6. Il n'y a pas de règles sur la pêche.
7. On ne doit pas faire trop de bruit.
8. On peut camper sur la plage.

**6 b** extra! **Relisez *Île de Ré* et faites deux listes:**

- On devrait...
- On ne devrait pas...

# Jeu de rôles

**À deux, puis changez de rôles.**

*Whenever you see the ! sign, respond appropriately to your partner.*

**1** **You are discussing the environment with a friend. A starts.**

**A**
- Qu'est-ce qu'on doit faire pour protéger l'environnement?
- Qu'est-ce qu'il ne faut pas faire?
- Pourquoi?
- Quels problèmes d'environnement est-ce qu'il y a près de chez toi?
- Oh là là, ce n'est pas bon, ça.

**B**
- à faire pour l'environnement
- à ne pas faire – deux choses
- raison
- !

# Conversation

**2** **À deux. Posez les questions et répondez. Puis changez de rôles.**

*Don't forget to include details and opinions.*

- Comment vas-tu au collège?
- Comment vas-tu en ville?
- Comment vas-tu en vacances?
- Quels transports sont bons pour l'environnement?
- Quels transports sont mauvais pour l'environnement?
- Parle de l'environnement dans ta ville.
- Comment sont les transports près de chez toi?
- Qu'est-ce qu'on doit / devrait faire pour protéger l'environnement?
- Et qu'est-ce qu'on ne doit pas / ne devrait pas faire?
- Et toi, qu'est-ce que tu fais?

# Présentation

**3** **Préparez une présentation (une minute et demie) sur les transports et l'environnement. Utilisez vos réponses à la conversation.**

Look at the *Sommaire* box below for prompts to help with the conversation and presentation.

## Stratégies! *Revising*

The *Sommaire* at the end of each unit reminds you of what you need to understand and say on this topic. Use it to revise in the following way:

- write down a sentence for each section in the *Sommaire* which applies to you
- record your sentences
- get someone to test you on them
- ask your teacher to check your pronunciation.

## Sommaire *Now you can:*

- **say how you get to school, to work or into town:** *Je vais (au collège) (à vélo).*
- **say why:** *Ce n'est pas (cher). C'est (bon pour la santé).*
- **say what forms of transport are good or bad for the environment:** *(Les vélos), c'est bon pour l'environnement. (Les camions), ça pollue. (Les avions), ça consomme de l'énergie.*
- **describe your town from an environmental point of view:** *Il y a (une zone piétonne). Il n'y a pas assez (de pistes cyclables). L'air est (pollué). Les transports en commun sont (excellents).*
- **say what you should do to protect the environment:** *On doit (recycler le papier). Il faut (faire des économies de gaz).*
- **say what you ought not to do:** *On ne devrait pas (jeter ses déchets par terre).*
- **say what you could do:** *On pourrait (aller à pied).*

# Le respect de l'eau

**Respecter l'eau, c'est moins la polluer, c'est mieux l'utiliser. C'est prendre soin de l'environnement.**

Nous dépensons en moyenne 120 litres d'eau par personne par jour:

- 43 litres dans les toilettes
- 39 litres dans la salle de bains
- 16 litres pour faire la lessive
- 8 litres pour faire la vaisselle
- 5 litres pour faire le ménage
- 5 litres dans le jardin
- 4 litres pour préparer à boire et à manger.

## Aïe! Aïe! Aïe!

- Quand on lave sa voiture avec un tuyau d'arrosage, on consomme environ 200 litres d'eau...
- Quand on prend un bain, on consomme entre 120 et 150 litres d'eau...
- Quand on laisse couler le robinet pour se laver les dents, on gaspille 12 litres d'eau...

## Huit conseils pour économiser l'eau

1. réparer les fuites d'eau
2. remplacer le bain par la douche
3. ne pas laisser couler le robinet quand on fait la vaisselle
4. ne pas laisser couler le robinet quand on se lave les dents
5. n'utiliser la machine à laver et le lave-vaisselle que quand ils sont remplis
6. utiliser l'eau de pluie pour arroser le jardin, laver la voiture, etc.
7. laver la voiture avec un seau et une éponge
8. arroser le jardin avec un arrosoir

**1 Choose *a*, *b* or *c*.**

1 In an average day, the most water we use
- **a** is for preparing food and drink.
- **b** is for watering the garden.
- **c** goes down the toilet.

2 We use more water to do the washing up than
- **a** to prepare food and drink
- **b** to wash our clothes
- **c** to have a wash.

3 When we wash the car with a hose, we use
- **a** more water than when having a bath
- **b** less water than when having a shower
- **c** as much water as when watering the garden.

4 When cleaning your teeth, it's a good idea to:
- **a** let the tap run
- **b** turn off the tap
- **c** use rainwater.

5 Showers use up
- **a** less water than baths
- **b** more water than baths
- **c** as much water as baths.

6 One way to save water is to
- **a** repair water leaks as soon as possible
- **b** wash the dishes under a running tap
- **c** wash the car with a hose.

7 Use a dishwasher
- **a** only every other day
- **b** only with rainwater
- **c** only when it's full.

**2 Trouvez dans le texte les mots correspondant à ces définitions.**

- **a** c'est le contraire d'économiser
- **b** on consomme beaucoup d'eau quand on en prend un pour laver la voiture
- **c** quand on l'ouvre, l'eau coule
- **d** le plombier va les réparer
- **e** elle est plus économique que le bain
- **f** on met les assiettes et les verres sales dans cette machine
- **g** cet objet va dans un seau
- **h** on utilise cet objet pour donner à boire aux plantes

**3 Préparez une version anglaise des huit conseils pour économiser l'eau.**

# 4C La vie scolaire

## Je n'aime pas l'uniforme!

- talk about the pros and cons of school uniform
- use expressions for discussion

"C'est bien, l'uniforme, parce que tou le monde est pareil, alors on ne voit pas de différence entre les familles riches et les familles pauvres."

"Je n'aime pas porter l'uniforme, parce que tout le monde est pareil."

"Le choix de vêtements est important. Il reflète la personnalit de l'élève qui les porte."

"Moi, je suis pour l'uniforme, parce que je trouve que c'est pratique. Ce sont des vêtements simples."

"Moi, je suis contre l'uniforme. À mon avis, c'est barbant. Je préfère le système français où on porte ce qu'on veut."

"Je trouve que l'uniforme, c'est bien. Ça encourage l'esprit de communauté."

"Je suis pour l'uniforme. Moi, ça m'énerve, les élèves qui veulent port les vêtements de marque comme Calvin Klein, Nike, Adidas, etc."

**1 a Lisez les opinions 1–8 et trouvez l'équivalent français de ces phrases.**

1 I'm against a uniform.
2 You wear what you like.
3 I'm in favour of a uniform.
4 It's practical.
5 Everyone is the same.
6 Choice of clothes is important.
7 It reflects a student's personality.
8 It encourages community spirit.

**1 b Recopiez les opinions avec lesquelles vous êtes d'accord.**

| On doit porter<br>Les garçons /<br>Les filles doivent porter | un blazer (noir) / un pantalon (gris) / une chemise (bleue) / une jupe (verte) / une cravate (bleue et blanche). |
|---|---|

Je suis pour l'uniforme, (parce que...).
Je suis contre l'uniforme, (parce que...).

**2 a Écoutez Émilie et sa mère au téléphone et décrivez (en anglais) leur attitude vis-à-vis de l'uniforme.**

**2 b Réécoutez et choisissez la bonne option.**

**Exemple:** **1 Émilie trouve ça affreux de porter un uniforme.**

1 Émilie trouve ça affreux / bien / normal de porter un uniforme.
2 Les élèves de primaire / du collège / du lycée doivent porter l'uniforme.
3 La mère d'Émilie trouve l'idée de l'uniforme excellente / étonnante / bizarre.
4 L'uniforme des filles est le même que / presque le même que / différent de celui des garçons.
5 En été, les filles peuvent ne pas porter de jupe / chemise / cravate.
6 La mère d'Émilie est pour / est contre / n'a pas d'opinion sur l'uniforme.
7 Émilie est pour / est contre / n'a pas d'opinion sur l'uniforme.

**3 En groupes. Discutez des avantages et des inconvénients de l'uniforme scolaire. Êtes-vous pour ou contre? Pourquoi?**

**4 Décrivez les vêtements que vous portez au collège. Notez vos opinions sur l'uniforme scolaire.**

**Exemple:** Chez nous, il faut porter un uniforme.
Les garçons doivent porter...

### Stratégies! *Expressions for discussion*

Helpful expressions to use in discussions:

*Ce n'est pas vrai.* = That's not true.

*Je suis pour / contre...* = I am in favour of / against...

*Par contre, ...* = By contrast, ...

*D'un autre côté, ...* = On the other hand, ...

*Je suis d'accord. / Je ne suis pas d'accord.* = I agree. / I disagree.

*À mon avis, c'est une bonne / mauvaise idée.* = In my opinion, it's a good / bad idea.

# Après le collège



- understand about educational plans and types of further education
- talk about future educational plans

## Itinéraires de formation

Bac général
Bac techno
BT
Bac pro en 2 ans
Terminale
Terminale
BEP
CAP
1re générale
1re techno
Terminale BEP
Préparation au CAP (2 ans)
Seconde générale & techno
Seconde professionnelle
Lycée
Lycée professionnel ou CFA
Après la troisième

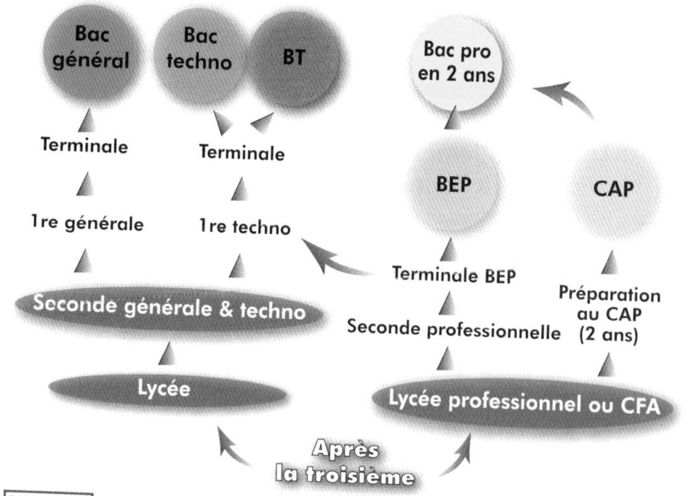

**Légende**

| | | | |
|---|---|---|---|
| Bac pro | Baccalauréat professionnel | BT | Brevet de technicien |
| Bac techno | Baccalauréat technologique | CAP | Certificat d'aptitude professionnelle |
| BEP | Brevet d'études professionnelles | CFA | Centre de formation d'apprentis |

À la fin de la troisième (la dernière année du collège), vers 15 ou 16 ans, les élèves français passent un examen qui s'appelle *le brevet des collèges*. Après, ils vont au lycée ou au lycée technique. Ils restent trois ans (ces trois années s'appellent *la seconde, la première* et *la terminale*) pour préparer un autre examen qui s'appelle *le baccalauréat* (ou bac) – ou, dans certains cas, un *brevet de technicien*.

Ceux qui ne veulent pas passer le bac ordinaire peuvent aller dans un lycée professionnel pour préparer un BEP (*brevet d'études professionnelles*) en deux ans, ou un *bac professionnel* en quatre ans. On peut aussi trouver un apprentissage et aller au CFA (*centre de formation d'apprentis*) pour préparer un CAP (*certificat d'aptitude professionnelle*).

**1** **Lisez le texte *Itinéraires de formation* et répondez aux questions en français.**

1. Comment s'appelle l'équivalent français de:
   - "Year 11"?
   - "GCSE"?
   - "sixth form college"?
2. Comment s'appelle la dernière année du lycée?
3. Trouvez et notez trois diplômes français.

**2** **Écoutez le professeur britannique qui pose des questions à Émilie et ses amis. Reliez les moitiés de phrases.**

**Exemple: 1 b Annabelle veut aller au lycée.**

| | |
|---|---|
| 1 Annabelle | a veut être prof. |
| 2 Ali | b veut aller au lycée. |
| 3 Kévin | c voudrait devenir agriculteur. |
| 4 Mickaël | d aimerait étudier l'informatique. |
| 5 Émilie | e préférerait quitter l'école. |

| | | | | |
|---|---|---|---|---|
| J'aimerais<br>Je voudrais<br>Je préférerais | continuer mes études<br>étudier (le français)<br>aller au (lycée)<br>quitter l'école<br>trouver un emploi<br>faire des études universitaires<br>choisir une option (informatique) | parce que | c'est | utile / intéressant. |
| | | | je veux | être (prof).<br>gagner de l'argent.<br>travailler en contact avec le public. |

**Grammaire:** ***Expressing preferences with the conditional***

*J'aimerais* = I would like
*Je voudrais* = I would like
*Je préférerais* = I would prefer

➤➤ p.201

**3** **Écrivez un paragraphe comme celui d'Émilie. Qu'est-ce que vous voulez faire l'année prochaine et pourquoi?**

**Fiche d'orientation**

*Je ne sais pas exactement ce que je veux faire, mais j'espère travailler en contact avec le public, parce que c'est toujours intéressant. Je voudrais être professeur, ou peut-être infirmière. D'abord, je devrai aller au lycée passer mon bac, parce qu'on ne peut pas faire d'études universitaires sans bac. Ensuite, j'aimerais faire des études universitaires, avant de chercher un emploi.*

# Il est interdit de fumer

- discuss rules and issues about school
- prepare for listening tasks
- develop presentation skills

**1** **Lisez le règlement du collège. Pour chaque dessin (a–h), recopiez la bonne règle (1–8).**

**Collège Charlemagne: Règlement de l'établissement**

1 Il est interdit de fumer et de boire de l'alcool.
2 On n'a pas le droit de porter de bijoux ou de se maquiller.
3 Il est strictement interdit de faire des graffitis.
4 Il ne faut pas être violent.
5 Il ne faut pas oublier ses affaires de sport.
6 Il ne faut pas arriver en retard.
7 Il faut faire ses devoirs ponctuellement.
8 Il est interdit de quitter le collège pendant les récréations.

**2** **À deux. Discutez du règlement (1–8). C'est juste ou ce n'est pas juste?**

Exemple:
A **Numéro 4. Il ne faut pas être violent.**
B **C'est juste, ça. Je déteste la violence.**
A **Oui, je suis d'accord.**
B **Numéro 6. Il ne faut pas arriver en retard, mais quelquefois il y a un problème avec le bus. À mon avis, ce n'est pas juste...**

**Grammaire:** ***Expressions using de + infinitive***

*Il est interdit de (fumer).*
= It's forbidden (to smoke).
*On a le droit de (porter des bijoux).*
= We're allowed (to wear jewellery).
*On n'a pas le droit d' (arriver en retard).*
= It's not allowed (to arrive late).

**3** **Émilie téléphone à sa mère pour parler du règlement de l'école anglaise. Écoutez et notez en deux listes ce qu'il faut faire et ce qu'il ne faut pas faire (1 –6).**

| **Il faut...** | **Il ne faut pas...** |
|---|---|

**Stratégies!** ***Listening preparation***

Before you listen, prepare yourself.

- Look at the task and work out what it means.
- Try to predict some French words and phrases you might hear.
- Listen out for the information you need. Don't worry if you don't understand everything.

| | |
|---|---|
| Il est (strictement) interdit | de fumer.<br>de boire de l'alcool.<br>de porter des bijoux.<br>de se maquiller.<br>de faire des graffitis.<br>de quitter le collège pendant les récréations. |
| On n'a pas le droit<br>Il n'est pas permis | de boire d'alcool.<br>de porter de bijoux. |
| Il ne faut pas | oublier ses affaires (de sport / dessin).<br>être violent.<br>arriver en retard. |
| Il faut | faire ses devoirs. |

**4** Lisez *Les collèges: une catastrophe?* et répondez aux questions en anglais.

1 Give five examples of problems in French secondary schools.
2 Mention five positive aspects.
3 Why does Émilie say pupils' lives are hard?
4 In general, do you think this article is positive or negative?

**5 a** Écrivez le règlement de VOTRE collège.

Exemple: Il est interdit de…

**5 b** extra! Quels problèmes existent dans VOTRE collège?

Exemple: Il y a des problèmes de…

**6** Préparez une présentation (une minute et demie) sur votre collège, l'uniforme, le règlement et les problèmes de discipline, et, pour finir, vos ambitions pour l'année prochaine.

Mon collège s'appelle…
Il y a environ… élèves.
J'aime / Je n'aime pas mon collège, parce que…
En général, les profs sont…
Il y a des problèmes de…
Il faut porter l'uniforme.
Je suis pour / contre l'uniforme, parce que…
Ma matière préférée c'est… , parce que…
Je veux continuer mes études. Je veux étudier…

## Les collèges: une catastrophe?

**Tout le monde parle de la situation dans les collèges en France. Beaucoup d'élèves sont indisciplinés, on attaque les professeurs, on voit partout des graffitis, il y a des problèmes de vandalisme, de sécurité et de violence.**

M. Moreau, directeur du collège Charlemagne:
"Bien sûr, comme dans tous les pays européens, des difficultés existent. Mais pensez aussi à nos pauvres élèves, dont la majorité sont gentils, travailleurs et disciplinés. Beaucoup de collèges se trouvent dans des bâtiments anciens avec des équipements en mauvais état, mais les profs sont irréprochables. C'est aussi le cas ici. Nous offrons un enseignement excellent avec beaucoup de clubs après les cours."

Émilie Letort, élève de troisième:
"Aujourd'hui, si on veut trouver un bon emploi, il faut faire de longues études et avoir de bons diplômes. Ici, les examens et les contrôles sont durs et les résultats sont très, très importants. Il est très difficile de trouver l'équilibre entre le travail et la récréation, et certains professeurs sont trop stricts."

**La plupart des collégiens sont très travailleurs, ils pensent plutôt à leurs résultats qu'à leurs heures libres. Alors, il ne faut pas les critiquer, il faut les encourager!**

### Stratégies! *Presentation skills*

- Include positive and negative aspects as well as opinions.
- Also look back at unit 1E (pages 46–55) and include more detailed information about your school.
- Write the information out in full and learn it in sections, one section at a time.
- Prepare a cue card for each section with a few key words which will help you remember it.
- Record it on tape from memory, then check it against the written version.

### Sommaire *Now you can:*

- **describe your school uniform:** *On doit porter (un pantalon noir).*
- **say what you think of school uniform and why:** *Je suis pour l'uniforme, parce que (c'est pratique). Je suis contre l'uniforme, parce que (le choix de vêtements est important).*
- **say what you'd like to do after the age of 16 and why:** *J'aimerais (continuer mes études), parce que (je veux être ingénieur). Je préférerais (quitter l'école) parce que (je veux gagner de l'argent).*
- **describe your school rules:** *Il est interdit de (fumer). On n'a pas le droit de (se maquiller). Il faut (faire ses devoirs). Il ne faut pas (arriver en retard). Il n'est pas permis de (boire d'alcool).*

# 4D Gagner sa vie

## C'est bien payé!

- talk about advantages and disadvantages of jobs

### Métiers: les avantages et les inconvénients

*Avantages*
- C'est bien payé.
- C'est intéressant.
- Il y a de longues vacances.
- On travaille en contact avec le public.
- On peut voyager.
- C'est près de chez moi.
- Mes collègues sont sympas.

*Inconvénients*
- C'est dur.
- C'est ennuyeux.
- Ce n'est pas bien payé.
- Il y a des problèmes de discipline.
- Les journées sont longues.
- On doit se concentrer.
- On doit commencer de bonne heure.
- C'est loin de chez moi.
- Mes collègues ne sont pas sympas.

**1** **Lisez *Métiers: les avantages et les inconvénients* et notez un métier pour chaque phrase.**

Exemple: **C'est bien payé. – un médecin**

To revise words for jobs, refer to pages 14–15.

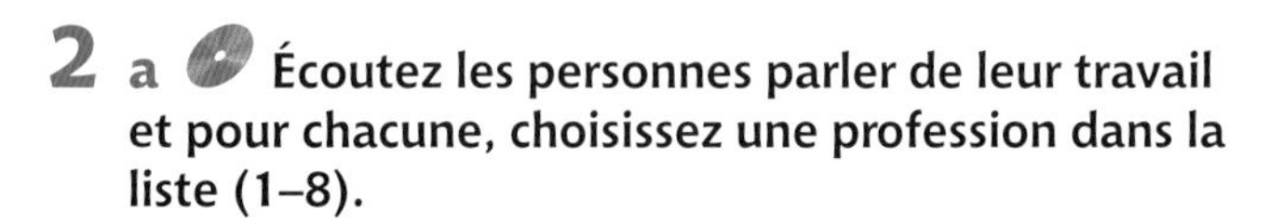

**2 a** **Écoutez les personnes parler de leur travail et pour chacune, choisissez une profession dans la liste (1–8).**

Exemple: **1 médecin**

prof de sciences / chauffeur de camion / agriculteur / médecin / coiffeuse / travailleur d'usine / vendeur dans une librairie / garçon de café

**2 b** extra! **Notez deux commentaires (1–8).**

Exemple: **1 médecin – C'est dur mais bien payé.**

**3** **À deux. Discutez de différents métiers.**

Exemple: **A Tu voudrais être professeur?**
**B Je pense qu'il y a de longues vacances, mais c'est dur, à mon avis, parce qu'il y a quelquefois des problèmes de discipline.**

Remember the phrases to help express your view (see page 164).

**4** **Lisez *Le travail des jeunes* et notez en anglais six possibilités d'emplois de vacances.**

## Le travail des jeunes

Certains jeunes travaillent une partie de leurs vacances pour gagner un peu d'argent.

Pour travailler dans les hôtels, les restaurants ou comme guide touristique, il est utile de parler une ou deux langues étrangères.

Certains jeunes travaillent dans le secteur agricole. La saison des vendanges* commence vers le 15 septembre.

Certains jeunes choisissent des chantiers de bénévoles*. Ils restaurent de vieux monuments ou ils font des recherches archéologiques.

| | |
|---|---|
| **vendanges** | *grape harvest* |
| **chantiers de bénévoles** | *voluntary work* |

**5 a Lisez les quatre textes et les phrases 1–6. C'est qui? (Ça peut être une personne ou plusieurs personnes.)**

1 Cette personne ne touche pas un bon salaire et pense que le travail est un peu barbant.
2 Cette personne a un emploi bien payé pas loin de sa maison.
3 Cette personne a l'occasion de rencontrer le public.
4 Cette personne ne touche pas de salaire élevé.
5 Cette personne a un emploi responsable qui a aussi des avantages.
6 Cette personne travaille avec des personnes gentilles.

Mon père est employé de banque. Il travaille au Crédit Agricole dans le centre-ville. Il travaille en contact avec le public, alors il doit porter un costume-cravate tous les jours. Mais c'est bien payé, quand même, et la banque n'est pas loin de chez nous. Il a choisi ce métier parce qu'il est bon en maths!

*Hassen Kaddour*

Le samedi, je travaille comme caissière dans un supermarché. Je ne gagne pas beaucoup d'argent et le travail n'est pas très intéressant non plus! Mais j'ai l'occasion de parler avec beaucoup de gens et c'est mieux que de travailler en plein air. Et en plus, mes collègues sont très sympas.

*Maryse Mosser*

Je suis professeur d'anglais dans un lycée. Moi, je crois que je suis assez bien payé et je suis plutôt content de mon métier. Il y a quand même des inconvénients. D'abord, les journées sont longues et on doit commencer de bonne heure (même si les vacances aussi sont longues!). Et puis, parfois, on a des problèmes avec des élèves indisciplinés et des parents difficiles.

*Jacques Lassaigne*

Ma mère travaille dans un hôpital, où elle est infirmière. Je pense que c'est un métier très gratifiant parce qu'on s'occupe des autres, mais aussi très dur. Une infirmière, ça a beaucoup de responsabilités. Moi, je trouve qu'elle n'est pas très bien payée pour ce qu'elle fait!

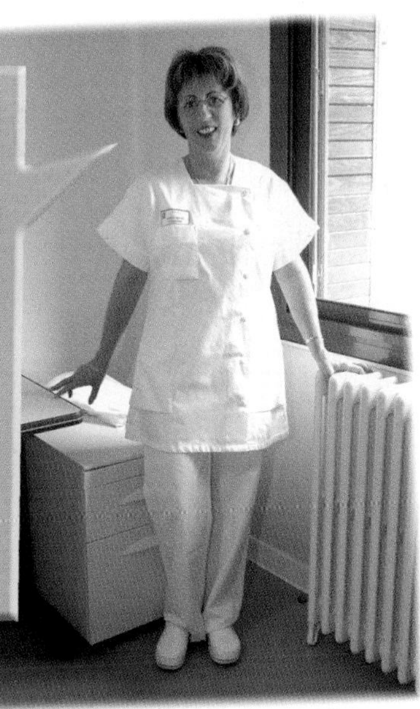

*Dominique Pierret*

**5 b extra! Choisissez deux textes et faites un résumé en anglais.**

| Ma mère / Mon père est | employé(e) de banque / professeur / médecin, etc. |
|---|---|
| Elle / Il travaille | dans un hôpital / un lycée / un supermarché / une banque, etc. comme guide touristique, etc. (See pages 14–15.) |

**6 Décrivez les métiers de deux ou trois membres de votre famille et notez les avantages et les inconvénients. Si vous avez un emploi, décrivez-le aussi. Est-ce qu'il y a un métier que vous voudriez faire? Utilisez les quatre textes de l'activité 5 comme modèle.**

**Exemple:** Ma mère est... Elle aime son travail parce que... Moi, je voudrais...

# J'aimerais travailler dans l'informatique

- talk about future career plans
- use different ways of talking about the future
- use the conditional

## La vie commence...

Beaucoup d'adultes pensent que les adolescents ont la vie facile: les boîtes de nuit, les copains, les vacances, le collège, le lycée! Ce sont vraiment les plus belles années... Mais un jour, la vraie vie commencera, avec le travail et les responsabilités d'une carrière, d'une famille, peut-être. Pensez à l'avenir: Que ferez-vous dans la vie après l'école, après l'université? Travaillerez-vous...

- avec des enfants, ou des adolescents?
- dans l'informatique?
- avec des animaux?
- à l'étranger?
- en plein air?
- dans le tourisme?
- dans un bureau?
- en contact avec le public?

**1** **Lisez *La vie commence...* , puis complétez les phrases avec une expression de l'article.**

1. Je veux être diplomate, car je veux travailler...
2. Je voudrais devenir vétérinaire, parce que j'ai l'intention de travailler...
3. J'aimerais être programmeuse parce que j'aime travailler...
4. Mon père est prof et aime bien travailler...
5. Un(e) guide touristique travaille...
6. Je ne veux pas être secrétaire, car je n'aime pas travailler...
7. Je voudrais devenir agriculteur, car je veux travailler...
8. Un jour, j'espère être agent de police. Je travaillerai...

**2** **Lisez les quatre bulles et les phrases a–h. C'est qui?**

**Maëlle** Alors, je ne suis pas sûre, mais j'espère travailler en contact avec le public, peut-être comme infirmière ou agent de police. Si on communique avec le public, ce n'est jamais une vie barbante!

**Mélodie** Moi, je travaillerai comme secrétaire, parce que c'est confortable et il n'y a pas de problèmes de discipline, comme dans une école! C'est mieux que de travailler en plein air!

**Rajid** Moi, je travaillerai dans l'informatique. Pourquoi? Parce que c'est un métier d'aujourd'hui. Notre monde ne peut plus fonctionner sans ordinateurs! Et je toucherai un bon salaire, surtout si je travaille à Paris.

**Victor** J'aimerais travailler avec des enfants, peut-être dans un collège ou dans un lycée. J'espère devenir prof de maths ou de SVT*, je ne sais pas exactement. Pourquoi? Parce que c'est toujours intéressant. Je ne travaillerai pas dans un bureau.

- **a** Qui travaillera dans un bureau, mais pas dans l'informatique?
- **b** Qui travaillera peut-être dans un hôpital?
- **c** Qui n'a pas l'intention de travailler dans l'enseignement?
- **d** Qui voudrait gagner beaucoup d'argent?
- **e** Qui a l'intention de travailler dans un secteur moderne?
- **f** Qui espère enseigner à des jeunes?
- **g** Qui n'a pas vraiment décidé de son avenir?
- **h** Qui aura de longues vacances?

 **SVT** *sciences de la vie et de la terre*

**3** **Écoutez Nicolas, Mehmet, Émilie, Jérémie, Charlotte et Nadia et choisissez une phrase pour chacun.**

Attention: il y a deux phrases en trop et une phrase qui s'applique à plusieurs personnes.

**Exemple:** Nicolas – 2

1. J'ai l'intention de travailler avec des animaux.
2. Je travaillerai à l'étranger.
3. Je travaillerai avec des ordinateurs.
4. Je pourrais travailler dans l'enseignement.
5. Je veux être vendeuse dans un supermarché.
6. Je devrai d'abord aller au lycée.
7. Je travaillerai comme agent de police.
8. J'espère travailler dans la capitale de la France.

***extra!*** **Notez un autre détail pour chaque personne.**

**4** **À deux. Discutez de ce que vous voulez faire dans la vie.**

Exemple: **A** **Je pourrais travailler en plein air, peut-être comme agriculteur, mais pas dans un bureau, car c'est ennuyeux. Et toi?**

| | |
|---|---|
| J'aimerais travailler<br>J'ai l'intention de travailler<br>J'espère travailler<br>Je pourrais travailler<br>Je travaillerai | à l'étranger / en plein air.<br>avec des adolescents / des animaux.<br>en contact avec le public.<br>dans le tourisme / un bureau / l'informatique. |
| Je voudrais devenir (vétérinaire). | |

**Grammaire:** ***The conditional***

*Je pourrais* (I could), *je voudrais* (I would like to) and *je devrais* (I should) are conditional forms of *pouvoir*, *vouloir* and *devoir*.

| *pouvoir* | *vouloir* | *devoir* |
|---|---|---|
| *je pourr**ais*** | *je voudr**ais*** | *je devr**ais*** |
| *tu pourr**ais*** | *tu voudr**ais*** | *tu devr**ais*** |
| *il / elle / on pourr**ait*** | *il / elle / on voudr**ait*** | *il / elle /on devr**ait*** |
| *nous pourr**ions*** | *nous voudr**ions*** | *nous devr**ions*** |
| *vous pourr**iez*** | *vous voudr**iez*** | *vous devr**iez*** |
| *ils / elles pourr**aient*** | *ils / elles voudr**aient*** | *ils / elles devr**aient*** |

➤➤ p.201

## Lettre de motivation
## Rentrer dans l'école de votre choix

- Cette lettre permet aux responsables des écoles de juger de l'expression écrite du candidat et de l'image qu'il donne de lui-même.
- Rédigée sur du papier blanc, elle ne doit pas dépasser deux pages. Utilisez des phrases courtes et évitez surtout les fautes d'orthographe!
- Montrez que vous êtes motivé et décrivez vos ambitions pour les cinq ou six années à venir. Montrez-vous concret et dynamique.
- Mettez en valeur votre expérience professionnelle (vos jobs, vos stages).
- Gardez une photocopie de cette lettre.

**Stratégies!** ***Future plans***

**Hope:**
- *Je voudrais... / J'aimerais...* + infinitive = I would like to...
- *J'espère...* + infinitive = I hope to...
- *J'ai l'intention de...* + infinitive = I intend to...

**Possibility:**
- *Je pourrais...* + infinitive = I could ...

**Certainty:**
- *Je vais...* + infinitive = I'm going to...
- *Je ferai...* = I will do...
- *J'irai...* = I will go...

Use as many of these as you can in activity 4.

**5** **Écrivez les phrases 1–6 en français.**

Exemple: **1** J'aimerais acheter une voiture.

1. I would like to buy a car.
2. I should go to university.
3. Sacha would like to find a job.
4. Laure could work abroad.
5. We would like to work in a hospital.
6. They should find a job.

**6** **Écrivez un paragraphe pour expliquer ce que vous voudriez faire dans la vie.**

Exemple: **Je pourrais... ou peut-être... . Je ne voudrais pas...**

**7** **Lisez le texte *Lettre de motivation* et répondez aux questions en anglais.**

What does the article say about...

1. the main purpose of the letter?
2. the length of the letter?
3. something to use in your writing?
4. something you should avoid?
5. what you should do before sending it?

# Je voudrais aller à l'étranger

- talk about future plans
- cope with a longer text

# L'avenir des jeunes

Quels sont les responsabilités, les espoirs et les projets des adolescents d'aujourd'hui? Nous avons demandé à six jeunes Troyens: "Comment voyez-vous votre avenir?"

**Charlotte:** C'est difficile, parce que j'espère aller à l'université, bien sûr, mais trouver un emploi après c'est difficile aujourd'hui. Le chômage, c'est un gros problème de nos jours, et cela m'inquiète. Mais aussi, j'aimerais un jour habiter à l'étranger.

**Nadia:** Moi, j'aimerais voyager avant de trouver un emploi permanent. Je voudrais aller aux Antilles où je pourrais travailler dans un bar pendant un an ou deux. Pourquoi? Parce que je suis jeune et je veux m'amuser avant que la "vraie" vie ne commence. Qui sait? Peut-être que je rencontrerai un homme riche qui voudrait m'épouser!

**Clément:** Moi, je veux surtout gagner beaucoup d'argent et ne plus faire d'études – j'en ai marre!

**Émilie:** Un jour, je voudrais me marier et avoir des enfants, peut-être deux ou trois! Mais avant, je veux partir souvent en vacances – sans enfants!

**Nicolas:** Émilie veut se marier... peut-être avec moi?! Mais avant d'avoir des enfants, il faut trouver une maison à louer ou à acheter, et c'est super-cher. Pour ça, on devra faire des économies.

**Mehmet:** Tu as raison! Moi, j'ai l'intention de louer un petit appartement, mais pour le payer, je devrai travailler très dur. Pour l'instant, il n'est pas question de penser au mariage ou aux enfants... malheureusement.

**1 a** **Lisez *L'avenir des jeunes* et les phrases 1–6. C'est qui?**

1. Qui a peur de ne pas avoir d'emploi?
2. Qui ne voit pas de possibilité d'avoir des enfants?
3. Qui espère trouver un milliardaire?
4. Qui veut avoir des enfants, mais après avoir voyagé un peu?
5. Qui ne veut plus étudier?
6. Qui travaillera pour gagner de l'argent et acheter une maison?

**1 b** *extra!* **Choisissez deux paragraphes de l'article et traduisez-les en anglais.**

**2** **Écoutez les six amis. C'est quelle personne de l'activité 1? (1–6)**

Exemple: **1 Mehmet**

### Stratégies! *Coping with longer texts (rappel)*

You should find that you can now cope with longer French texts. Remember the strategies you have learnt.

- First, look at the title and the pictures for clues about the topic.
- Scan the text quickly to get the gist.
- Don't worry about words you don't know: keep your eye open for 'cognates' (words which look like their English equivalents).
- Think logically: what would the people be likely to say in the context? Make sensible guesses.
- For words you can't work out, use the glossary or a dictionary.

**3** **À deux. Discutez de vos projets d'avenir. Décrivez ce que vous voudriez faire.**

Exemple: A **Alors, moi, j'aimerais bien... Et toi? Quels sont tes projets?**
B **Moi, j'espère...**

| | |
|---|---|
| Je voudrais<br>J'aimerais<br>J'espère | aller à l'université.<br>aller / habiter à l'étranger.<br>voyager / travailler.<br>me marier.<br>avoir des enfants.<br>trouver un emploi.<br>faire des économies.<br>acheter / louer (une maison / un appartement).<br>gagner beaucoup d'argent.<br>partir en vacances.<br>ne plus faire d'études.<br>m'amuser. |

**4** **Écrivez un paragraphe pour décrire vos projets d'avenir. Donnez le plus de détails possible et justifiez votre choix.**

Exemple: Un jour, j'aimerais... , parce que... ,
mais je ne voudrais pas...

## Stratégies! *Words of sequence (rappel)*

Remember to use words of sequence in your account: *d'abord* (first of all), *après* (after that), *ensuite* (then), *plus tard* (later), *enfin* (finally).

Exemple: *D'abord, j'espère... Après, je voudrais... Plus tard, j'aimerais...*

## extra!

Use different tenses and add extra details, as this will gain you more marks.

Exemple: *Je voudrais acheter une maison à Londres avec dix pièces et une piscine, parce que j'aimerais habiter dans une grande ville. Malheureusement, une grande maison à Londres, surtout avec une piscine, ce sera trop cher!*

# Partir

Collège, lycée, université, emploi... La vie des jeunes est difficile. C'est pour ça que beaucoup d'étudiants français aiment voyager.

Acheter un sac à dos et un billet d'avion et partir, c'est le rêve de presque tout le monde, mais la vérité est souvent moins facile. Sans argent, on ne peut rien faire. La solution, c'est de travailler pendant six mois pour faire des économies, puis d'utiliser l'argent gagné pour voyager, peut-être aux États-Unis, au Canada, en Afrique ou aux Antilles, comme la Martinique, la Guadeloupe ou Saint-Martin.

On peut aussi passer quelques mois à faire du travail humanitaire (enseigner en Afrique, par exemple) ou à s'occuper d'écologie. Jean Butty (19 ans, Paris) a décidé de passer six mois sur l'île de Carriacou, aux Grenadines. C'est là que se trouve la station de recherches écologiques de la fondation Kido. Située dans un parc national, cette station s'occupe de la préservation de tortues de mer. Les écotouristes y sont les bienvenus, et ils peuvent participer à des excursions et observer des baleines et des dauphins.

**5 a** **Lisez *Partir* et reliez les moitiés de phrases.**

1 Beaucoup d'étudiants
2 La réalité
3 On peut
4 L'autre possibilité,
5 La station Kido
6 Jean Butty

**a** est une station de recherches écologiques.
**b** c'est de faire du travail humanitaire.
**c** a passé six mois chez la fondation Kido.
**d** est une gare à Paris.
**e** veulent aller dans un autre pays.
**f** travailler et puis voyager.
**g** est plus difficile que le rêve.
**h** se trouve au Canada.

**5 b** extra! **Écrivez un résumé de l'article en anglais.**

## Jeu de rôles

**À deux, puis changez de rôles.**

Look at the *Sommaire* box below for prompts to help with the conversation and presentation.

*Whenever you see the **!** sign, respond appropriately to your partner.*

**1 You are discussing the advantages and disadvantages of your family's jobs with a friend. A starts.**

**A**
- Que fait ta mère?
- Quels sont les avantages?
- Et quels sont les inconvénients?
- Qu'est-ce que tu voudrais faire comme travail? Pourquoi?
- Oui, c'est bien, ça.

**B**
- travail de votre mère: deux détails
- deux avantages
- deux inconvénients
- !

**2 You are discussing your future career plans with a friend. A starts.**

**A**
- Tu voudrais faire quelle sorte de travail?
- Pourquoi ça?
- Quels sont tes projets d'avenir (à part le travail)?
- Qu'est-ce que tu voudrais faire à l'âge de 30 ans?
- Ah, très bien!

**B**
- quel travail
- deux raisons
- deux projets d'avenir
- !

## Conversation

**3 À deux. Posez les questions et répondez. Puis changez de rôles.**

- Où travaille ton père / ta mère?
- Quels sont les avantages et les inconvénients de ce métier?
- Tu voudrais travailler où?
- Qu'est-ce que tu veux faire dans la vie?
- Pourquoi?
- Quels sont tes projets d'avenir?
- Pourquoi?

## Présentation

**4 Préparez une présentation (une minute et demie) sur vos projets d'avenir et ce que vous voulez faire dans la vie. Utilisez vos réponses à la conversation.**

### Stratégies! *Question words*

Remember it's important to understand the questions in your speaking exam.

Here is a reminder of the question words you have used in this book.

| | |
|---|---|
| *combien?* | how much / many? |
| *comment?* | how? |
| *où?* | where? |
| *pourquoi?* | why? |
| *quand?* | when? |
| *quel / quelle… ?* | which… ? |
| *qui?* | who? |
| *quoi?* | what? |
| *que / qu'est-ce que… ?* | what… ? |
| *est-ce que …?* | – turns a statement into a question |

### Sommaire *Now you can:*

- **talk about jobs:** *Ma mère travaille (comme médecin) (dans un hôpital).*
- **talk about the advantages of jobs:** *C'est (bien payé). On peut (voyager). On travaille (avec les enfants). Mes collègues sont sympas. Il y a (de longues vacances).*
- **talk about the disadvantages of jobs:** *Il y a (des problèmes de discipline). On doit (se concentrer). C'est loin de chez moi.*
- **talk about future career plans:** *J'aimerais travailler (en plein air). J'ai l'intention de travailler (dans l'informatique). Je travaillerai (en contact avec le public). J'espère travailler (à l'étranger). Je voudrais devenir (médecin).*
- **describe your plans for the future:** *Je voudrais (trouver un emploi). J'aimerais (gagner de l'argent). J'espère (avoir des enfants).*

## 1 Donnez l'équivalent anglais des mots suivants.

1 le moniteur de ski
2 le guide de montagne
3 la monitrice de planche à voile
4 l'entraîneur national
5 le maître nageur
6 l'hôtellerie

## 2 Choisissez *a*, *b* ou *c*.

1 Les moniteurs de ski sont…
  a très irresponsables.
  b très impatients.
  c très sportifs.

2 Les moniteurs de ski adorent…
  a le travail de bureau.
  b la vie en plein air.
  c le danger.

3 Beaucoup de moniteurs de ski…
  a ont un autre métier pour l'été.
  b sont en vacances tout l'été.
  c ne travaillent que l'hiver.

4 Après plusieurs années d'expérience, un moniteur de ski peut devenir…
  a directeur d'une école de ski.
  b guide de montagne.
  c maître nageur.

5 Le BEES, c'est…
  a le brevet d'État d'éducateur sportif.
  b le brevet d'études sociales et sportives.
  c le baccalauréat d'expériences éducatives et sportives.

6 On obtient le BEES après…
  a un ou deux ans d'études.
  b trois ou quatre ans d'études.
  c trois ou quatre mois d'études.

# FICHE MÉTIER

**Moniteur / Monitrice de ski**

Ce métier s'adresse à des gens qui sont des passionnés de la montagne et qui ont de solides motivations pédagogiques.

***Ses qualités:***

- doit aimer la vie en plein air.
- doit être patient avec ses élèves.
- doit être très sportif et un excellent skieur.
- doit savoir expliquer les mouvements et les techniques.
- doit être responsable et conscient des dangers de la montagne.

***Son travail:***

Ses élèves sont très divers: des jeunes enfants, des adolescents, des adultes, des débutants ou des champions… Le moniteur de ski doit savoir s'adapter à son public.

Les moniteurs de ski ne peuvent travailler que l'hiver! L'été, ils font souvent un autre métier sportif: guide de montagne, moniteur / monitrice de ski nautique, moniteur / monitrice de planche à voile, etc. D'autres travaillent dans l'hôtellerie ou le tourisme.

***Son avenir:***

Après plusieurs années d'expérience, on peut devenir directeur d'une école de ski. On peut aussi devenir conseiller technique ou entraîneur national.

***Études et formation:***

Les études durent trois ou quatre ans pour avoir un BEES (brevet d'État d'éducateur sportif) 1er degré.

***Autres métiers:***

Si vous vous passionnez pour le sport, vous pouvez aussi devenir:

- sportif professionnel
- professeur d'EPS
- guide de montagne
- maître nageur
- moniteur de golf, judo, tennis, etc.

## 3 Complétez la lettre de Romain.

bac BEES devenir emploi entraîneur montagne ski travailler voudrais

J'adore la ___ et je suis très bon en sport. Je ___ travailler en plein air et je veux ___ moniteur de ski. Après le ___, je vais habiter dans les Alpes et préparer un ___. Les études durent trois ou quatre ans. Après, j'espère trouver un ___ dans une école de ski. L'été, quand il n'y a pas de neige, je pourrais ___ comme guide de montagne. Plus tard, mon ambition, c'est de devenir ___ national pour travailler avec des champions de ___. Mon rêve!

# 4E Projets de vie

## Je cherche un emploi

- understand job adverts
- apply for a job by phone and letter

**1 a** Lisez les offres d'emploi a–e, puis écoutez les cinq personnes et trouvez le bon emploi pour chacune. (1–5)

Exemple: **1 c** Halte-garderie St-Jacques

**1 b** Choisissez trois offres d'emploi et traduisez-les en anglais. Quel emploi préféreriez-vous?

# Offres d'emploi

**a** **SOFTIQUE – société de services en informatique**, 292 rue Bellevue, Troyes, cherche analyste-programmeur / programmeuse. Salaire à discuter. Formation: DUT (minimum). Expérience préférable. Écrivez (avec CV) à l'adresse ci-dessus.

**b** **Agence de voyages MONDIAL, 140 place du Marché, Châlons. Nous cherchons un(e) guide touristique pour notre programme de voyages en Afrique (Sénégal), à partir d'avril. Formation: bac pro. Expérience: minimum de 2 ans. Tél: 03 27 27 22 33.**

**c** **Halte-garderie ST-JACQUES**, 24 rue des Pins, Belley. On cherche une assistante pour travailler avec des petits enfants de 2–5 ans. Lundi–vendredi, tous les matins de 8h à 12 heures 30. Formation: CAP minimum. Pour poser votre candidature pour ce poste, écrivez à l'adresse ci-dessus.

**d** **Parc zoologique ANIMALAND,** avenue de la Forêt, Ste-Savine, tél. 03 44 63 91 45. Nous cherchons pour notre parc de nature une jeune personne pour s'occuper des animaux le week-end (sam. / dim.) de 9 à 17 heures. Formation: pas nécessaire, on vous apprendra.

**e** Vous êtes au chômage? Voici la solution. **Le supermarché OMNIMARCHÉ** cherche 3 vendeurs / vendeuses pour travailler à la caisse tous les après-midi de 16 à 18 heures (en semaine seulement). Salaire négociable. Âge: n'a pas d'importance. Expérience préférable.

**2** Écoutez le dialogue. Recopiez et complétez la fiche.

Poste: vendeur
Nom: ...
Âge: ...
Formation: ...
Expérience: ...
Pourrait commencer: ...
Entretien à:

**3 a** À deux. Jouez une conversation téléphonique. B pose les questions. A utilise le CV de Raphaël Brillard pour les réponses.

A Je téléphone à propos de l'emploi d'analyste-programmeur.

B Vous vous appelez comment?
Vous avez quel âge?
Qu'est-ce que vous avez comme formation?
Avez-vous de l'expérience dans cette branche?
Quand pourriez-vous commencer?
Vous pouvez venir pour un entretien demain à 14 heures?

## Curriculum vitae

**Nom:** Brillard
**Prénom:** Raphaël
**Adresse:** 3, rue de l'Abbaye
50300 Avranches
**Tél:** 02 33 37 83 22
**Âge:** 24 ans
**Nationalité:** française
**Formation:** 1998: baccalauréat scientifique
2002: DUT informatique
**Expérience professionnelle:**
depuis 2002: analyste-programmeur chez R. Latiffe
**Langues parlées:** anglais, espagnol

**3 b** *extra!* **À deux. Improvisez des conversations basées sur les autres offres d'emploi de l'activité 1a.**

Je téléphone à propos de l'emploi de (vendeur).
Je cherche un emploi.
J'ai (16) ans.
J'ai un bac pro, BT, DUT, etc. (See page 165.)
J'ai une formation (d'informaticien).
J'ai déjà travaillé (dans un supermarché).
J'ai de l'expérience (comme caissier).
Je pourrais commencer (immédiatement).

Monsieur,

Je vous écris au sujet de l'annonce parue dans le journal du 4 octobre. Je cherche un emploi d'analyste-programmeur. J'ai 24 ans. J'ai un DUT informatique et j'ai déjà travaillé dans une société de services en informatique. Je peux commencer immédiatement. Veuillez trouver ci-joint mon curriculum vitae.

J'espère que ma candidature retiendra votre attention et je vous prie, Monsieur, d'agréer l'assurance de mes sentiments distingués.

Raphaël Brillard

**4** **Lisez la lettre de candidature de Raphaël, puis choisissez une autre offre d'emploi dans l'activité 1a et écrivez une lettre et un CV.**

**5** **Lisez le mail de Christelle et faites un résumé de cet incident en anglais.**

Chère Delphine,

La semaine dernière j'ai eu une expérience pénible. J'avais lu une annonce dans le journal pour un emploi de guide touristique à l'agence de voyages Mondial. Je pensais que je pourrais avoir de bonnes vacances sans payer! De toute façon, je me suis présentée à leur bureau et l'entretien a commencé. Tout de suite, le directeur m'a fait remarquer que j'avais fait plusieurs fautes d'orthographe dans ma lettre de candidature. J'avais aussi écrit que j'étais excellente en anglais. Malheureusement, il m'a posé des questions en anglais et je n'ai rien compris! C'était affreux! Et pour terminer, il m'a demandé d'expliquer l'expérience de guide touristique que j'avais déjà – oui, j'avais mentionné ça dans mon CV. Ce n'était pas vrai du tout!

Est-ce que j'ai obtenu l'emploi? Non!

La prochaine fois, je dirai la vérité!

À la prochaine,

Christelle

# J'ai un problème

• understand problems relating to social issues

## Avez-vous un problème? La solution: Écrivez à Tante Hélène. Elle a toujours un bon conseil.

**a** *Chère Tante Hélène,*
*Dans notre classe (je suis en quatrième), il y a une jeune Sénégalaise qui s'appelle Naïma. Elle habite en France avec sa famille depuis deux mois seulement, mais les autres élèves de la classe rigolent parce qu'elle ne comprend pas bien les sciences et l'anglais. Je trouve que ce n'est pas juste, ça. Qu'en pensez-vous? Qu'est ce que je peux faire pour l'aider?*

*Angéline*

**b** Chère Tante Hélène,
Je crois que mon frère se drogue et cela m'inquiète. J'ai remarqué qu'il ne fait pas son travail scolaire. Je pense qu'il prend de l'argent dans le porte-monnaie de ma mère pendant qu'elle dort. Et, en plus, hier, il est allé en ville à minuit. Je voudrais en parler à mes parents, mais est-ce que c'est une bonne idée? Qu'est-ce que je peux leur dire?

Romain

**c** *Chère Tante Hélène,*
*Pouvez-vous m'aider? Je suis avec mon petit ami Florent depuis trois mois. Le week-end prochain, mes parents partiront en vacances et Florent m'a dit qu'il voudrait passer la nuit chez moi. J'ai peur, car je n'ai jamais fait quelque chose comme ça. Qu'est-ce que je peux lui dire? Je ne veux pas le perdre.*

*Chloé*

**d** Chère Tante Hélène,
Ma mère est au chômage et elle cherche du travail depuis un an. Elle a de bons diplômes, parle très bien français et elle est prête à travailler n'importe où. Mais, quand elle se présente pour un entretien, elle ne réussit jamais. Pensez-vous que c'est parce qu'elle est algérienne et pas française?

Fatima

**e** *Chère Tante Hélène,*
*Il y a un an, j'ai commencé à fumer des cigarettes, parce que toutes mes copines fument. Maintenant je ne peux pas arrêter, je suis sûre que je suis "accro" au tabac. En plus, les cigarettes sont très chères, mon argent de poche ne suffit pas, et j'ai peur d'avoir le cancer des poumons. Que dois-je faire?*

*Élodie*

**f** **Chère Tante Hélène,**
**Mon père est au chômage depuis six mois et je crois qu'il est déprimé. Chaque* jour, il cherche du travail, mais jusqu'à maintenant il n'a pas réussi à trouver d'emploi, car on lui dit qu'il est "trop âgé" – à 50 ans! Et puis, en rentrant le soir, il se dispute avec ma mère et je n'aime pas ça. Qu'est-ce que je peux faire? Je déteste ça quand il y a une mauvaise ambiance à la maison.**

**Lamin**

**chaque** *each, every*

### Stratégies! *Coping with unknown words*

Refer back to page 87 for tips on tackling reading texts which contain unknown vocabulary.

**1 a Lisez les lettres à Tante Hélène (a–f) et identifiez les personnes.**

Dans quelle lettre est-ce qu'on parle…

**1** d'accoutumance à la nicotine?
**2** de racisme?
**3** de rapports romantiques adolescents?
**4** de problèmes relatifs à l'âge?
**5** de problèmes scolaires?
**6** de stupéfiants?

**1 b extra! Choisissez trois lettres et écrivez un résumé en anglais.**

The word *chaque* (= each) is an example of an **indefinite adjective**. Others include *plusieurs* (= several), *tout* (= all) and *quelques* (= some). ➤➤ p.194

**2 a** **Lisez les réponses de Tante Hélène (1–6). À quelle personne répond-elle?**

**2 b** *extra!* **Choisissez trois réponses et écrivez un résumé en anglais.**

**1** Je n'ai jamais compris pourquoi les jeunes prennent cette mauvaise habitude, mais tu peux arrêter et tu DOIS arrêter. Ne fais pas attention à tes copines, elles sont stupides!

**2** Ça dépend de ses intentions. Si tu penses qu'il veut coucher avec toi, demande-toi si c'est une bonne idée après une relation si courte. Mais si ce n'est pas son intention, je ne vois pas de problème. Alors il faut lui demander.

**3** La pauvre! Pour l'aider, il faut parler à tes professeurs, qui ne font peut-être pas attention au problème. Tu peux aussi discuter de l'affaire avec tes camarades de classe.

**4** Un garçon qui n'a pas d'argent et ne fait pas ses devoirs, c'est normal, mais qu'il vole de l'argent, cela m'inquiète. De toute façon, ça ne veut pas dire que tes craintes sont justifiées. Avant de parler aux parents, demande-lui ce qui se passe.

**5** J'espère que non, mais il s'agit peut-être d'un problème de racisme et de sexisme, c'est tout à fait possible. Elle doit continuer à chercher et j'espère qu'elle réussira bientôt.

**6** Ah oui, c'est un gros problème pour les personnes de plus de 45 ans. C'est dommage que ce problème touche toute la famille. Je n'ai pas de solution facile, mais je lui souhaite bonne chance!

**3** **Écoutez les six personnes de l'activité 1. Identifiez la personne qui parle.**

Exemple: **1 Chloé (lettre c)**

**4 a** **Écrivez une lettre à Tante Hélène. Inventez un problème pour vous, ou pour un(e) ami(e) ou un parent, et décrivez-le.**

**4 b** *extra!* **Donnez votre lettre à un(e) partenaire, qui écrit une réponse.**

| Je | crois<br>pense | que ma sœur /<br>mon copain | se drogue.<br>fume des cigarettes.<br>boit trop d'alcool.<br>est déprimé(e).<br>n'est pas heureux / heureuse. |
|---|---|---|---|

## Stratégies! *Writing skills (rappel)*

- Look at the letters on page 178 for phrases which you could use.
- Remember that you can use language you have met earlier in the book, e.g. *Je ne m'entends pas bien avec ma mère parce qu'elle est très impatiente.*
- Try to use different tenses: present, perfect and future.
- Finish your letter with a question, e.g. *Qu'en pensez-vous?* – What do you think about it? *Que dois-je faire?* – What should I do?

## Sommaire *Now you can:*

- **write a CV and a letter of application:**
  *Je vous écris au sujet de l'annonce…*
  *Je cherche un emploi de (caissier).*
- **say what job you're telephoning about:**
  *Je téléphone à propos de l'emploi de (vendeur).*
- **describe your qualifications:**
  *J'ai (un bac).*
  *J'ai une formation (d'informaticien).*
- **say what experience you have:**
  *J'ai déjà travaillé (dans un supermarché).*
  *J'ai de l'expérience (comme caissier).*
- **say when you could start:**
  *Je pourrais commencer (immédiatement).*
- **say you are unemployed:**
  *Je suis au chômage.*
- **describe someone's problems:**
  *Je pense que mon frère (se drogue).*
  *Je crois que mon père (est déprimé).*

## Il est amoureux d'une fille de sa classe, mais il est trop timide...

Cher Voilà,

Je suis amoureux d'une fille de ma classe. Je la trouve très belle: elle a les cheveux longs et blonds et les yeux marron. Elle est intelligente, sportive et toujours de bonne humeur. Moi, je suis très timide. Je ne sais pas comment lui parler. La semaine dernière, elle est allée au cinéma avec un autre garçon. Le week-end prochain, ils vont aller à la patinoire. À mon avis, ce garçon n'est pas très sympa, il est égoïste et très impoli. Et moi, je suis très jaloux! Qu'est-ce que je peux faire?

Théo

Cher Théo,
Tu vas arrêter d'être timide et tu vas l'inviter à prendre un café avec toi. Vous allez parler, rire... et tout ira bien!

## Elle veut quitter l'école, mais ses parents disent "non".

Cher Voilà,

Je ne m'entends pas bien avec mes parents et je me dispute souvent avec eux. Ils critiquent tout: mes copains, mes vêtements, mes bijoux, mes notes à l'école... Ils sont énervants! En plus, je déteste l'école et j'ai toujours de mauvaises notes. La semaine dernière, j'ai décidé de quitter l'école à 16 ans. Je vais trouver un emploi. Après avoir pris cette décision, je me suis disputée avec mes parents. Ils n'étaient pas contents, parce qu'ils veulent que je continue mes études. À mon avis, c'est inutile de rester à l'école si on n'aime pas les études. Mes parents ne comprennent pas ça. Qu'en pensez-vous?

Diane

Chère Diane,

Tu dis que tu veux quitter l'école? D'accord, mais que vas-tu faire exactement? Comment vas-tu trouver un emploi? Tu sais exactement ce que tu vas faire? Si oui, parle à tes parents calmement. Sinon, écoute-les...

## Elle rêve d'un piercing...

Cher Voilà,

Ma meilleure amie a un piercing dans le nez. Moi, je voudrais un bijou dans le nombril. Le problème? Mes parents ne sont pas d'accord. Que faire?

Cassandre

Chère Cassandre,

Les parents sont souvent opposés à ces ornements parce qu'ils pensent que c'est dangereux pour la santé. Il y a des risques d'infection qui peuvent être très graves et, dans certains cas, entraîner la mort. Avant de te faire faire un piercing, réfléchis bien. Si tes parents changent d'avis et te donnent leur autorisation, prends le temps de te renseigner et choisis un salon où les conditions d'hygiène sont très strictes.

**1 a Regardez les dessins a–h. C'est dans la lettre de Théo, de Diane ou de Cassandre?**

**1 b Écrivez une phrase pour chaque dessin (a–h).**

**2 a Trouvez ces phrases dans les trois lettres. Notez les détails qui suivent.**

1. Je suis amoureux / amoureuse d' / de...
2. Il / Elle a les cheveux... et les yeux... Il / Elle est...
3. La semaine dernière, il / elle...
4. Le week-end prochain,...
5. À mon avis, ce garçon n'est pas... Il est...
6. Moi, je suis très...
7. Je ne m'entends pas bien avec...
8. Ils critiquent tout: mes... , mes... et mes...
9. La semaine dernière, j'ai décidé de...
10. Je vais...
11. Après avoir pris cette décision, je...
12. Ma meilleure amie / Mon meilleur ami a...

**2 b Recopiez les phrases de 2a et complétez-les avec des détails différents.**

**3** ***Choose one of the following tasks.***

1. Imagine that you're in love with someone, but they don't seem to know that you exist. Write a letter saying:
   - what the person is like (appearance and personality)
   - what they have been doing recently
   - what their plans are for this weekend
   - what you're like and what your plans are.
2. Imagine you don't get on with your parents. Say:
   - why you don't get on with them
   - what they criticise
   - what the situation is now: what you like / dislike
   - what you decided to do recently and what happened after taking your decision.

**Tips!**

- See what expressions you can use from the text. Use some of your sentences from activity 2. (Look back to unit 1A for physical description and unit 4A for personality.)
- Remember you can make your descriptions more interesting by using qualifying words: *surtout* (above all), *vraiment* (really), *assez* (quite), *un peu* (a bit), *très* (very) and *trop* (a lot), e.g. *Il est* ***un peu*** *timide. Elle est* ***vraiment*** *énervante.*
- Remember to make your adjectives agree: see page 12 and page 193 for the rules about masculine and feminine adjectives.
- If you're saying you don't get on with someone, give reasons, e.g. *Je ne m'entends pas bien avec mes parents* ***parce qu'ils critiquent tout***. See pages 154–155 for more expressions.
- Look back at pages 178–179 for more vocabulary regarding problems.
- Remember that to get a higher grade, you need to include several different tenses:
  – use the present to say what someone is like: *Il* ***est timide***.
  – use the perfect to say what they did last week: *Elle* ***est allée*** *au cinéma.*
  – use the imperfect to say what something or someone was like: *C'****était*** *impossible. J'****étais*** *triste.*
  – use the immediate future to mention plans for the next weekend: *Elle* ***va aller*** *à la patinoire.*

## Lire

**1** **Lisez les demandes d'emploi. Choisissez un emploi (1–5) pour chaque personne. Notez son numéro de téléphone.**

On recherche…

1 une personne très bien qualifiée.
2 une personne qui peut faire trois métiers.
3 une personne qui veut travailler dans un restaurant.
4 une personne qui s'intéresse à la mode.
5 une personne qui cherche un job d'été.

### Demandes d'emploi

**CUISINIER** avec expérience cherche emploi cuisinier ou chef, étudiera toutes propositions.
05 44 26 33 51

**JEUNE HOMME cherche emploi le soir, janvier–mars.**
**05 39 66 43 22**

**J.F.** cherche emploi dans une charcuterie (centre-ville).
05 12 09 00 36

**URGENT:** Étudiante cherche emploi jusqu'à la fin septembre.
05 42 89 77 62

**HOMME, sérieux, cherche emploi, temps complet ou partiel, comme chauffeur, gardien ou vendeur.**
**05 35 62 41 62**

**JEUNE FILLE, CAP, cherche emploi dans un magasin de vêtements, comme vendeuse.**
**05 67 84 83 21**

**J.H.**, 17 ans, BEPC, BEP, CAP électronique, cherche apprentissage électricité.
05 58 35 01 88

## Problèmes d'adolescents

Laurent a 16 ans et trouve que sa vie est assez difficile. Son problème, c'est qu'il ne s'entend pas bien avec son père. "Mes parents sont divorcés", a-t-il expliqué, "et je trouve que mon père est très impatient. Quand je ne fais pas mes devoirs, il se met en colère et m'interdit de sortir le soir." Laurent avoue que son père est toujours fatigué, parce qu'il travaille trop.

Élise se dispute souvent avec sa sœur Julie, "parce qu'elle n'est pas très sympa et elle écoute des CD de R & B dans notre chambre. Je ne veux pas partager ma chambre mais notre appartement est trop petit."

Cyril dit qu'il n'aime pas le collège. À son avis, il y a trop de règlements stupides. Par exemple, il est interdit de fumer dans la cour. "Si on veut fumer, je trouve qu'on devrait en avoir le droit. Mais pour moi, c'est égal, parce que l'année prochaine, je n'irai pas au lycée. Je vais quitter l'école et trouver un emploi, car j'aimerais gagner de l'argent."

Le problème de Christelle est tout à fait différent. "Je suis amoureuse d'un mec de ma classe", raconte Christelle, "mais il ne le sait pas et je suis trop timide pour le lui dire!"

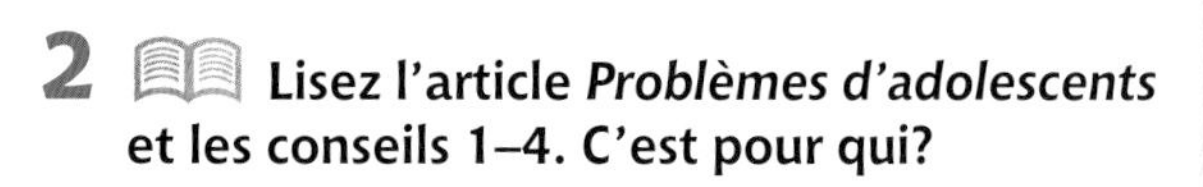

**2** **Lisez l'article *Problèmes d'adolescents* et les conseils 1–4. C'est pour qui?**

1 Eh bien, ce n'est pas très difficile, ça! Il faut lui en parler!
2 Ce n'est pas juste, surtout si tu veux t'endormir. Tu pourrais lui acheter un baladeur.
3 Je suis content de ne pas être ton professeur! Ce règlement n'est pas idiot du tout!
4 C'est dommage pour toi. C'est un problème de nos jours, quand une famille n'est plus ensemble.

# Écouter

**1 Écoutez les cinq jeunes et choisissez une phrase pour chacun.**

**a** Il / Elle aimerait avoir des enfants un jour.
**b** Il / Elle donne deux exemples de ses activités écologiques.
**c** Il / Elle veut faire des choses qui sont mauvaises pour sa santé.
**d** Il / Elle habite dans un lieu qui est bon pour les piétons.
**e** Il / Elle donne l'impression de parler plusieurs langues.

**2 Écoutez l'émission sur l'environnement. Notez le numéro des trois sujets mentionnés.**

**1** le bruit
**2** le tabagisme
**3** la pollution des voitures
**4** le recyclage
**5** la conservation de l'électricité
**6** les déchets superflus

# Écrire

**1 Lisez l'article et puis écrivez un texte sur vous, votre famille et vos ambitions. Mentionnez:**

- votre caractère
- le caractère de vos parents, frères et sœurs
- vos relations avec vos parents, frères et sœurs
- ce que vous faites pour protéger l'environnement
- l'uniforme scolaire – qu'en pensez-vous?
- le règlement de votre collège
- vos ambitions personnelles et professionnelles.

## Mes attitudes

Je suis un peu paresseuse et impatiente, mais en général, je trouve que je suis assez sympa, alors que mon frère, par contraire, est très travailleur et sportif.

Je m'entends très bien avec mes parents. Hier, par exemple, je suis allée au cinéma avec ma mère. C'était génial!

Je vais au collège à vélo, car je trouve que c'est bon pour l'environnement, ça. Pour protéger l'environnement, je recycle le papier et le plastique.

À l'école, je dois porter une jupe grise et une chemise blanche. Je pense que l'uniforme est une bonne idée.

Après la troisième, je vais continuer mes études au lycée et plus tard, je voudrais travailler avec des animaux.

# Parler

**1 Jeu de rôles. À deux.**

You are telephoning a firm about a holiday job. A is the manager and starts.

**A**
- Allô, je peux vous aider?
- Oui. Quel âge avez-vous et comment vous appelez-vous?
- Vous avez de l'expérience?
- Quand est-ce que vous pouvez commencer?

**B**
- emploi
- âge, nom
- expérience du travail
- !

**2 Conversation.**

**1** Décris ta famille (personnalité).
**2** Comment est-ce que tu t'entends avec les autres membres de ta famille?
**3** Qu'est-ce que tu fais pour protéger l'environnement? Qu'est ce qu'on pourrait faire?
**4** Décris les vêtements que tu portes au collège. Tu es pour ou contre l'uniforme?
**5** Quel est le règlement de ton collège? Tu es d'accord?
**6** Qu'est-ce que tu voudrais faire après la troisième (dans ta vie personnelle et professionnelle)?

**3 Présentation.**

Préparez une présentation avec pour titre "L'adolescence". Mentionnez votre famille, l'environnement, le règlement de votre collège et vos projets d'avenir.

Strasbourg, le mardi 23 décembre

Chers amis,

Merci pour votre carte. À notre tour de vous souhaiter un joyeux Noël et une bonne et heureuse année.

Nous nous retrouvons assez seuls à Saint-Julien-les-Villas maintenant que les trois enfants n'habitent plus avec nous.

Anne (l'aînée) est à Montpellier, loin dans le sud, depuis plusieurs années. Elle a fait ses études là-bas et se sent très bien parce que c'est une ville avec une grande université et beaucoup de distractions pour les jeunes. Elle aime surtout être près de la plage. En plus, le système de transports est excellent, avec un nouveau tramway.

Laurent est plus loin de la mer – il a trouvé un travail à Strasbourg. En fait, nous sommes chez lui pour quelques jours. Hier, nous avons visité l'ancienne ville où se trouvent beaucoup de jolies maisons construites au moyen âge. Demain, nous allons faire le tour des institutions européennes.

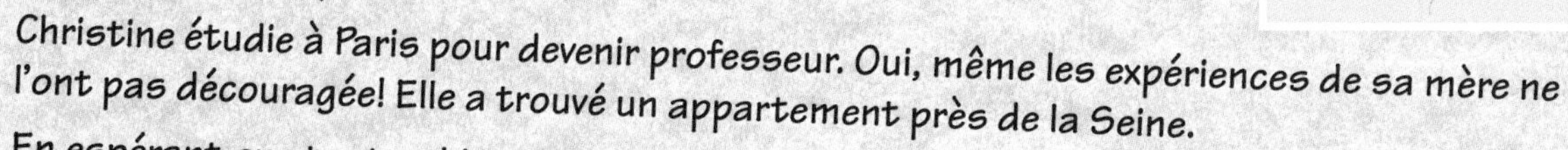

Christine étudie à Paris pour devenir professeur. Oui, même les expériences de sa mère ne l'ont pas découragée! Elle a trouvé un appartement près de la Seine.

En espérant que tout va bien chez vous, nous vous adressons notre meilleur souvenir.

Martine et Jean-Pierre

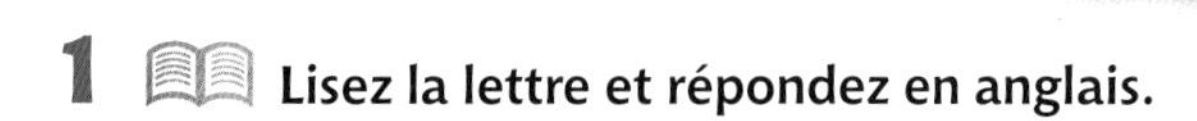

**1** **Lisez la lettre et répondez en anglais.**

1. Why is Martine writing?
2. What good wishes does she send?
3. Where does she live?
4. How does her daughter Anne feel about Montpellier?
5. Where is Martine at the moment and why?
6. What was she doing yesterday?
7. What are her plans for tomorrow?
8. What is Christine's ambition?
9. Why is this perhaps surprising?
10. What does Martine hope at the end?

**2** **Choisissez les quatre phrases qui sont vraies.**

a. Le mari de Martine s'appelle Jean-Pierre.
b. Martine et Jean-Pierre habitent à Strasbourg.
c. Leur fils habite à Paris.
d. Martine a un fils et deux filles.
e. Montpellier est près de la mer.
f. Christine veut être professeur.

**Stratégies! Inferring**

You often need to 'infer' things from what is actually written. You can answer all the questions in activity 1, even though the letter does not give all the facts in the same words.

**3** **Ma famille.**

Écrivez une lettre à un(e) ami(e).

- Mentionnez deux ou trois membres de votre famille, où ils habitent et ce qu'ils font.
- Ajoutez d'autres informations intéressantes.

Justine est née le 1er juin 1982, pendant les quarts de finale féminins du championnat de tennis Roland-Garros, gagné par Martina Navratilova.

Elle est élevée dans un milieu sportif qui lui donne très vite l'amour du sport. Dès l'âge de cinq ans, elle passe les deux mois de grandes vacances sur un terrain de tennis, ne revenant à la maison que pour manger.

Vers 14 ans, elle rencontre Carlos Rodriguez, et c'est là que sa carrière professionnelle commence. En 1997, elle remporte l'Orange Bowl, championnat du monde juniors, et surtout le tournoi juniors de Roland-Garros. En 1999, elle rencontre Pierre-Yves Hardenne, qui devient son mari trois ans plus tard, le 16 novembre 2002.

L'année 2000 est compliquée en raison de blessures, problèmes ou maladies, mais en 2001, Justine se signale au grand public, atteignant la demi-finale à Paris et la finale à Wimbledon.

Justine est allée à Roland-Garros avec une confiance énorme et le 7 juin 2003, la jeune fille offre à la Belgique son premier titre dans un tournoi du Grand Chelem. Après avoir battu Serena Williams en demi-finale, elle prend la mesure de Kim Clijsters (qui est aussi belge!) en finale. C'est une finale historique, suivie par plus d'un million de téléspectateurs belges et des milliers de spectateurs, dont la totalité de la famille royale.

C'est lors de la demi-finale de l'US Open 2003 que Justine se révèle aux spectateurs new-yorkais. Pendant un match de plus de trois heures, Justine lutte contre les crampes pour gagner contre la chouchoute locale, Jennifer Capriati, avant de gagner en finale 7–5, 6–1 contre… Kim Clijsters.

Justine entre alors dans l'histoire du tennis belge. En 2006, elle atteint la finale à Wimbledon, où elle perd contre la française Amélie Mauresmo.

**Nom:** Justine Henin-Hardenne
**Nationalité:** Belge
**Résidence:** Wépion, Belgique
**Date de naissance:** 01/06/1982
**Lieu de naissance:** Liège, Belgique
**Taille:** 1,66m
**Poids:** 57 kg
**Statut:** Pro
**Entraîneur:** Carlos Rodriguez
**Mariée à:** Pierre-Yves Hardenne, le 16/11/2002

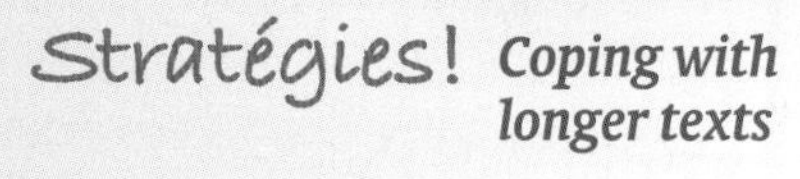

### Stratégies! *Coping with longer texts*

Don't be put off by longer texts. If you look for 'cognates' (words which look like English words), you will probably be able to work out more than you think at first.

## 1 Répondez en anglais aux questions 1–8.

1 What was significant about the day Justine was born?
2 What career-changing event happened when she was 14?
3 What is the 'Orange Bowl'?
4 How old was she when she married?
5 Why was 2000 a difficult year for her?
6 What proves that she overcame her difficulties?
7 Why was the Belgian nation so gripped by the match on June 7th 2003?
8 What was particularly admirable about her victory in the 2003 US Open?

## 2 Lisez les phrases 1–7. C'était en quelle année?

1 Elle a rencontré un homme avec qui elle s'est mariée plus tard.
2 Elle a gagné un grand championnat pour les jeunes joueurs.
3 L'année de sa naissance.
4 Elle a presque gagné à Wimbledon.
5 Elle a obtenu son premier titre américain.
6 Elle a été blessée.
7 Elle a gagné le championnat de Roland-Garros.

## 3 a Choisissez une star de sport, de film ou de musique. Faites des recherches à la bibliothèque ou sur Internet et remplissez une fiche comme celle de Justine Henin-Hardenne.

## 3 b extra! Écrivez aussi un paragraphe.

Mentionnez: sa famille, sa vie professionnelle, ses autres centres d'intérêt.

### Stratégies! *Aiming for a higher grade (rappel)*

- Use expressions from the text above in your own writing, adapting them with your own details.
- Remember to include past, present and future tenses, as well as opinions.
- Remember also to use time markers: *l'année suivante / en 2006 / deux ans plus tard*, etc. Look for more time markers in the text.

## Toutes les saveurs des îles

Si vous visitez les Antilles, n'oubliez pas de déguster la cuisine créole. Cette cuisine révèle un mélange d'influences caraïbe, africaine et indienne, tempéré par l'héritage européen. La cuisine reflète l'histoire douloureuse des Antilles: massacre des Amérindiens, colonisation, importation d'esclaves noirs puis de travailleurs indiens… Les fruits, les légumes et les épices qui entrent dans la composition de cette cuisine ont suivi ces mouvements de populations. Les Antillais les ont utilisés pour des besoins culinaires, mais aussi pour les soins de beauté et pour leurs vertus médicales.

**La banane**: On l'emploie comme la pomme de terre: purée, soufflé, gratin, frites… En dessert, on en fait des glaces et des tartes flambées.

**Le citron vert**: Son jus entre dans la composition de nombreuses sauces. Appliqué sur une blessure, il constitue un antiseptique.

**La mangue**: On la cuisine comme une pomme de terre. Ce fruit est riche en sucre, sels minéraux et vitamines.

**La christophine**: Ce légume se cuit avec de l'eau légèrement salée et peut être utilisé comme salade. Peu calorifique, il est idéal pour suivre un régime et perdre du poids.

**1** **Lisez *Toutes les saveurs des îles* et répondez en anglais.**

1 What four influences come together in Creole cooking?
2 What does this tell us about the history of the West Indies (*les Antilles*)?
3 What two other things can the fruit and vegetables be used for, apart from cooking?
4 Which fruit has a medical application and why?
5 Why are mangoes so nutritious?
6 Which vegetable is great for dieters and why?

**Stratégies!** ***Making deductions***

Almost any authentic text like this will contain words you don't know. An example here is *douloureuse*. But the words which follow, *massacre* and *colonisation*, indicate that it is certainly a negative word. This is enough to enable you to understand the gist.

**2** **Recherches.**

Faites des recherches sur Internet sur les Antilles et notez des informations sur les îles francophones (Guadeloupe, Martinique, etc.).

# Plage: Le code du vacancier

Chaque année, vous êtes plus de 15 millions à prendre vos vacances au bord de la mer. Pour en profiter, vous devez respecter les consignes de sécurité et les conseils de prudence.

**Premières règles**
Dirigez-vous vers une plage surveillée et baignez-vous uniquement dans les limites de la zone autorisée. Tenez compte des conditions météorologiques et géographiques de la région où vous vous trouvez. Évitez d'utiliser cerfs-volants, boomerangs et autres engins pouvant présenter un danger pour les autres vacanciers.

**Les chiens sur la plage**
La plupart des municipalités du littoral ont interdit les chiens sur les plages, pour des raisons d'hygène et de sécurité.

**La loi "littoral"**
L'accès aux plages est généralement libre et gratuit. Mais cet accès peut être limité pour raisons de sécurité, défense nationale ou protection de l'environnement.

**Les jouets nautiques**
Ces jouets ne sont pas des équipements destinés à assurer la sécurité de vos enfants en bord de mer. Surveillez toujours vos enfants!

**1** **Lisez *Plage: Le code du vacancier* et choisissez les quatre conseils qui sont mentionnés.**

1. Vous pouvez vous baigner sur une plage non surveillée.
2. Ne restez pas trop longtemps sous le soleil.
3. Ne faites pas de jeux dangereux.
4. Certains animaux sont interdits sur la plage.
5. Ne buvez pas d'alcool avant de vous baigner.
6. Il y a quelques plages où on ne doit pas aller.
7. Faites attention à vos enfants quand ils jouent dans la mer.

**Stratégies! *Understanding the gist***

In articles like this…

- Generally, each paragraph will cover one topic. Try to get the gist of each paragraph.
- Don't try to look up every word you don't know. Start by looking up just one item (*littoral* is a good example), then see how much you can infer or guess.
- Much of the content is often common sense advice which you can work out.

**2** **Répondez en anglais aux questions 1–6.**

1. Where should you always swim?
2. What other things should you take into consideration?
3. What should you avoid doing?
4. Why are dogs generally not allowed on French beaches, according to the text?
5. Why might you not be allowed on a particular beach?
6. What sort of item might a *jouet nautique* be?

**3** **Choisissez a ou b:**

**a** Décrivez vos vacances idéales. (Aimez-vous les vacances au bord de la mer? Pourquoi ou pourquoi pas? Quelles sortes de vacances préférez-vous?)

**b** Décrivez des vacances que vous avez passées avec votre famille ou avec vos amis.

## Des voix "made in France"

Descendant de la musique des chanteurs noirs américains des années 1940, le R & B est devenu populaire en France. Ses rythmes audacieux et ses stars glamour inspirent même les artistes pop.

La France a enfin découvert le R & B. « *C'est une question de culture,* » explique Jean-Éric Perrin, rédacteur de R & B Magazine. « *Des musiques noires, les Français ont commencé à écouter le jazz, puis le rap, sans s'intéresser vraiment aux chanteurs noirs américains. La presse est dominée par la culture pop, et trouvait les chansons de R & B "sirupeuses".* »

Mais quand les géants du business comme Michael Jackson, Mariah Carey ou Britney Spears ont collaboré avec les producteurs de R & B, les maisons de disques ont fini par prendre le train en marche. Le R & B s'est imposé sur les radios, notamment sur Skyrock, en dominant le rap. Le résultat: la création en 2002 d'une catégorie R & B aux "Victoires de la Musique".

Des artistes français comme Matt, Jalane ou K-Reem ont trouvé le chemin du succès avec leur musique. « *Les textes des Français sont plus intelligents et moins simplistes que ceux des chanteurs américains,* » dit Jean-Éric Perrin.

**R & B** *rhythm and blues music*

**Mahalia Jackson, ca. 1940**

**1 Lisez *Des voix "made in France"* et trouvez les équivalents dans le texte.**

1. black American singers of the 1940s
2. France finally discovered R & B
3. the editor of R & B Magazine
4. without being really interested
5. the press is dominated by pop culture
6. collaborated with R & B producers
7. have found the way to success

**2 Répondez en anglais aux questions 1–5.**

1. Why did it take so long for R & B to catch on in France?
2. What finally made the record companies get behind it?
3. Find an expression meaning 'jump on the bandwagon'.
4. What makes French R & B stand out from the rest?
5. What do you understand by the word *sirupeuses*?

**Stratégies! *Using cognates***

French articles about popular culture often contain vocabulary which is the same or similar to English words. Find and note down at least five examples of this.

**3 La musique.**

Décrivez le genre de musique que vous préférez. Quelle sorte de musique n'aimez-vous pas, et pourquoi? Jouez-vous ou chantez-vous dans un groupe? Décrivez un concert auquel vous avez assisté*.

* The verb *assister à* is a 'false friend'. It means 'to attend' something (e.g. a concert), not 'to assist'.

**Stratégies! *Useful topics***

Music is a topic very likely to come up in your speaking or writing exam. Get your work marked and learn the corrected version.

## Arrêter de fumer – c'est possible!

De plus en plus d'adolescents (surtout des filles) commencent à fumer. Commencer, c'est facile – mais arrêter, c'est plus difficile! Il y a beaucoup de petits trucs qui peuvent aider...

- Boire un verre d'eau lentement en respirant profondément.
- Changer de pièce rapidement après avoir bu un café.
- Passer un coup de fil à un(e) ami(e).
- En faisant ses devoirs, se forcer à se lever, et faire quelques pas.
- Pratiquer un exercice de mini-relaxation: assis, on ferme les yeux deux ou trois minutes et on essaye de penser à une situation agréable. Par exemple, on imagine qu'on se trouve sur une plage tropicale.

## Que faire en cas de fringales?

Si on ressent un faim irrépressible...

Éviter:

- les bonbons. Ils sont très caloriques et ils provoquent une sécrétion d'insuline qui pousse à manger des choses sucrées.
- les chewing-gums. Ce sont de faux amis qui peuvent donner faim parce qu'ils provoquent des sécrétions digestives.

Préférer:

- un petit fruit et un yaourt nature ou une tartine de pain avec un peu de fromage. Mangez le moins de sucre possible.

**1** **Trouvez les équivalents dans l'article.**

1 Quittez vite la salle.
2 Téléphonez à quelqu'un.
3 Faites une petite promenade.
4 Imaginez que vous êtes en vacances.
5 Ne mangez pas de confiseries.
6 Mangez quelque chose qui est bon pour la santé.

**2** **Notez en anglais six conseils qui peuvent vous aider à arrêter de fumer.**

**3** **Le tabac, l'alcool et les drogues.**

Fumez-vous? Buvez-vous de l'alcool? Avez-vous pris des drogues? Voudriez-vous arrêter? Pourquoi est-ce que beaucoup de jeunes fument, à votre avis? Qu'est-ce qu'on peut faire pour les aider?

### Stratégies! *Looking for clues*

When approaching a text like this, think ahead:

- Look at the illustrations, look for cognates (words which look like their English equivalents) and anticipate what the various paragraphs are likely to be saying.
- But check carefully; don't jump to conclusions (which can be tempting in an exam situation).

## Boycottez les sacs en plastique!

### Conditionnement

Dentifrice en pompe, déodorants en aérosol, paquets de biscuits empaquetés dans trois couches d'alu, de carton et de plastique, encombrent inutilement vos poubelles.

### Courses

Pour faire vos achats, emportez un cabas au lieu de prendre les sacs en plastique du supermarché. Chaque année, quelque 17 milliards de ces polluants sont distribués aux caisses.

### Au bureau

Rincez votre tasse au lieu d'utiliser trois ou quatre gobelets en plastique par jour.

### Pubs

Collez un autocollant "pas de publicité, merci" sur votre boîte aux lettres. Plus de 14 milliards de prospectus et de journaux gratuits sont distribués chaque année.

### Résidus alimentaires

Utilisez-les pour faire du compost dans le jardin. Une fois fermentés, ces débris organiques fourniront un excellent engrais.

**1** **Regardez les dessins. Trouvez les expressions françaises dans *Boycottez les sacs en plastique!***

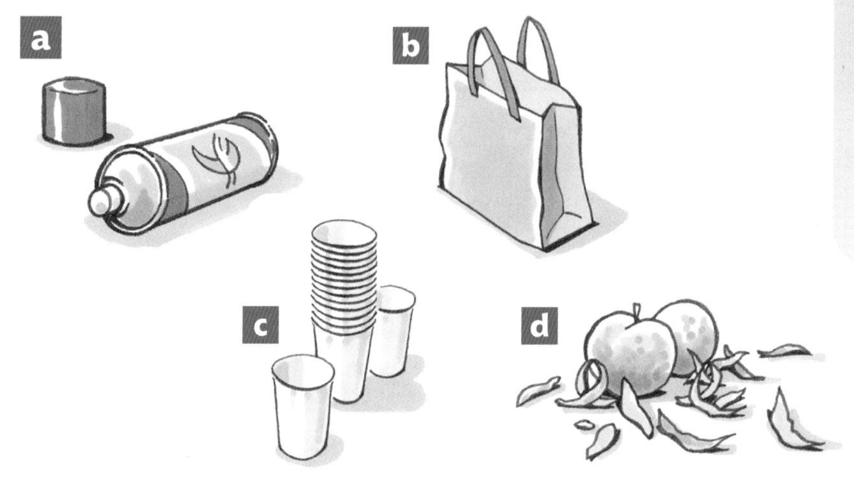

**Stratégies!** ***Authentic texts***

Texts such as these aren't specially written for your French course, they are authentic, i.e. written for genuine use in France. You should be able to understand enough to read them for information. Try not to get bogged down with words you don't know: you can work out the gist from what you do know.

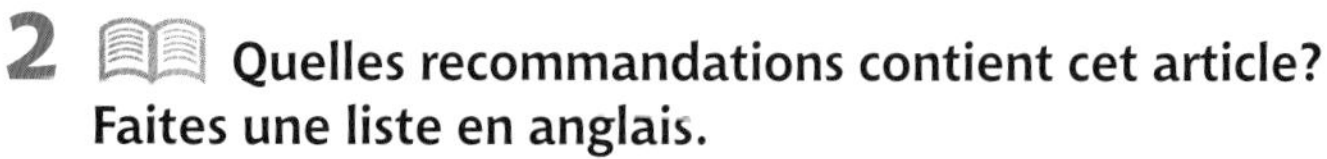

**2** **Quelles recommandations contient cet article? Faites une liste en anglais.**

**3** **L'environnement.**

Que faites-vous pour protéger l'environnement? Notez ce qu'on peut faire et ce que vous faites et ne faites pas.

**Stratégies!** ***Using tenses and opinions***

Don't forget the extra marks you will gain by using a range of tenses and expressing opinions in your written work. See pages 198 onwards to remind yourself how to use different verb tenses.

# Métier de femme: Infirmière

Claudine Alle est infirmière depuis 20 ans. Après l'école, elle est partie en Suisse travailler en milieu hospitalier et a suivi une spécialisation en soins intensifs. Aujourd'hui, elle est infirmière coordinatrice de l'Espace Santé Jeunes de Nanterre.

**Décrivez votre emploi du temps.**

Au centre, on s'occupe de l'état physique, psychique et social des jeunes. C'est un lieu gratuit et anonyme. Dans mon équipe, il y a une infirmière du planning familial, une psychologue et une diététicienne, et je donne des conférences dans les établissements scolaires.

**Quel conseil donneriez-vous à une élève-infirmière?**

Je lui dirais que ce n'est pas un métier qu'on choisit, c'est plutôt lui qui vous choisit. Pendant les études, on se rend vite compte si on est fait pour la blouse blanche. Beaucoup d'élèves abandonnent en cours de route.

**Avez-vous l'impression de ne pas être reconnue?**

Pas du tout. En général, quand on dit qu'on est infirmière, ça inspire du respect, de l'admiration.

**Décrivez la formation d'une infirmière.**

Après le bac, il faut réussir le concours d'entrée à l'institut de formation en soins infirmiers. Il faut faire trois ans d'études. Une année supplémentaire est nécessaire pour les spécialisations.

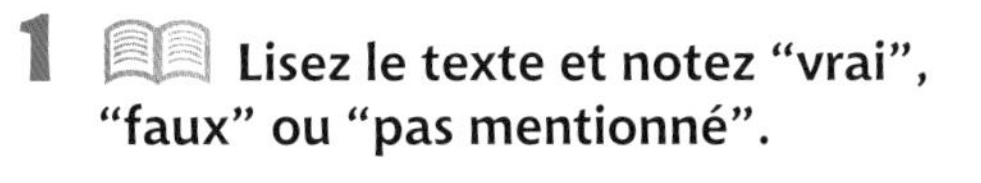

**1** **Lisez le texte et notez "vrai", "faux" ou "pas mentionné".**

1. Claudine travaille en Suisse.
2. Elle travaille avec des jeunes.
3. Pour consulter Claudine, il faut payer.
4. Elle travaille avec trois autres infirmières.
5. 60 pour cent des élèves abandonnent leurs études d'infirmière.
6. Les infirmières sont bien respectées.
7. La formation avec spécialisation dure quatre ans.
8. Il y a un Espace Santé Jeunes dans chaque ville.

**Stratégies!** ***Using cognates***

It's possible to understand quite advanced texts in French because so many words are similar to English ones. Look at the second paragraph (beginning *Au centre…*) . It contains at least eight words like that. Note them and their English equivalents.

**2** **Trouvez les équivalents français dans le texte.**

1. it's not you who choose the job – rather, the job chooses you
2. you soon realise if you are suitable (for)
3. lots of students give up along the way
4. it inspires respect and admiration
5. you have to pass the entrance exam

**Stratégies!** ***Personalising your work***

Don't forget the expressions which will help you give your opinions and make your written work more personal to you: *à mon avis, … / selon moi, … / je crois que… / je trouve que… / je pense que…*

**3** **Mon métier.**

Quel métier allez-vous choisir?
Quels sont les avantages et les inconvénients de ce métier?
Décrivez la formation que vous ferez.

# Grammaire

## Glossary of terms

- *Adjectives* les adjectifs
  Words that describe somebody or something:
  **petit** *small* **timide** *shy*
- *Adverbs* les adverbes
  Words that complement (add meaning to) verbs, adjectives or other adverbs:
  **très** *very* **lentement** *slowly*
- *Articles* les articles
  Short words used before nouns:
  **un / une** *a, an* **des** *some, any*
  **le / la / les** *the*
- *The infinitive* l'infinitif
  The verb form given in the dictionary:
  **aller** *to go* **avoir** *to have*
- *Nouns* les noms
  Words that identify a person, a place or a thing:
  **mère** *mother* **maison** *house*
- *Prepositions* les prépositions
  Words used in front of nouns to give information about when, how, where, etc.:
  **à** *at* **avec** *with*
  **de** *of, from*
  **en** *in*
- *Pronouns* les pronoms
  Short words used to replace nouns:
  **je** *I* **tu** *you* **il** *he* **elle** *she*
  **moi** *me*
- *Verbs* les verbes
  Words used to express an action or a state:
  **je parle** *I speak* **il est** *he is*

## Nouns

### Masculine and feminine nouns

All French nouns are either masculine or feminine.

- In the singular, masculine nouns are introduced with le, l' or un:
  le père ***the** father* l'hôtel ***the** hotel* un livre ***a** book*
- Feminine nouns are introduced with la, l' or une:
  la mère ***the** mother* l'eau ***the** water*
  une table ***a** table*
- Some nouns have two different forms, masculine and feminine:
  un copain *a male friend* une copine *a female friend*
  un coiffeur *a male hairdresser*
  une coiffeuse *a female hairdresser*
  un facteur *a postman* une factrice *a postwoman*
  (See more words for jobs on p. 14.)
- Some nouns stay the same for masculine and feminine:
  le prof *the male teacher* la prof *the female teacher*
  un enfant *a male child* une enfant *a female child*

### Singular and plural forms

As in English, French nouns can either be singular (one) or plural (more than one).

Most plural nouns end in *-s*. Unlike English, the added *-s* is usually not pronounced.

un chat – deux chats *one cat, two cats*

As in English, there are some exceptions:

- most nouns ending in *-al* change to *–aux*:
  un animal – des animaux *animals*
- many nouns ending in *-au / -eu / -ou* add an *-x*:
  un gâteau – des gâteaux *cakes*
  un jeu – des jeux *games*
- words already ending in *-s*, or in *-x* or *-z* do not change:
  le bras – les bras *arms*
  le nez – les nez *noses*
- a few nouns change completely:
  un œil – des yeux *eyes*

## Articles

### Definite articles: *le, la, les* the

- The word for 'the' depends on whether the noun it goes with is masculine, feminine, singular or plural.

| masculine singular | feminine singular | masculine and feminine plural |
|---|---|---|
| **le** | **la** | **les** |
| le grand-père ***the** grandfather* | la grand-mère ***the** grandmother* | les grands-parents ***the** grandparents* |

- When a singular noun starts with a vowel or a silent *h*, le and la are shortened to l':
  l'ami *the friend* l'histoire *the story*
- le, la and les are often used when we don't say 'the' in English:
  J'adore les frites. *I love chips.*
  Elle déteste les maths. *She hates maths.*
  Il rentre à la maison. *He goes home.*

## Articles (cont.)

### Indefinite articles: *un, une, des, de*
### a, an, some

- Like the words for 'the' (le / la / les), the words for 'a / an' and 'some' depend on whether the noun they go with is masculine or feminine, singular or plural.

| masculine singular | feminine singular | masculine and feminine plural |
|---|---|---|
| **un** | **une** | **des** |
| un vélo<br>**a** *bike* | une moto<br>**a** *motorbike* | des voitures<br>**(some)** *cars* |

- When talking about jobs, un and une are not used in French where 'a' or 'an' is used in English.
  Il est professeur. *He is* **a** *teacher.*

- de replaces un, une or des after pas:
  J'ai un frère. – Je n'ai pas de frères.
  *I do***n't** *have* **any** *brothers.*
  Il y a une piscine. – Il n'y a pas de piscine.
  *There is* **no** *swimming pool.*
  J'ai des sœurs. – Je n'ai pas de sœurs.
  *I do***n't** *have* **any** *sisters.*

- de changes to d' in front of a vowel or a silent *h*:
  Je n'ai pas d'animaux. *I don't have any pets.*

### Partitive articles: *du, de la, de l', des*
### some, any

| masculine | feminine | words beginning with a vowel or silent *h* | plural |
|---|---|---|---|
| **de + le = du** | **de + la = de la** | **de + l' = de l'** | **de + les = des** |
| du café<br>**(some)** *coffee* | de la limonade<br>**(some)** *lemonade* | de l'aspirine<br>**(some)** *aspirin* | des chocolats<br>**(some)** *chocolates* |

- du, de la, de l', des are used to mean 'some' or 'any':
  *du* always replaces *de + le*
  *des* always replaces *de + les*
  Je voudrais du poulet. *I'd like* **some** *chicken.*
  Elle prend de la limonade.
  *She's having* **(some)** *lemonade.*
  Elle boit de l'eau. *She's drinking* **(some)** *water.*
  Avez-vous des croissants? *Do you have* **any** *croissants?*

- du, de la, de l', des are also used to talk about activities someone is doing or musical instruments someone is playing:
  Je fais du judo. *I do judo.*
  Elle joue de la guitare. *She is playing the guitar.*
  Il fait de l'équitation. *He goes horseriding.*
  Ils font des excursions. *They go on trips.*

- de or d' replaces these forms after a negative:
  Je ne fais pas de judo. *I don't do judo.*

## Adjectives

### Feminine and masculine, singular and plural adjectives

- In French, adjectives have different endings depending on whether they describe masculine, feminine, singular or plural nouns:
  – the masculine singular form has no extra ending:
  Mon frère est petit. *My brother is small.*
  – add -e if the noun is feminine singular:
  Ma sœur est petite. *My sister is small.*
  – add -s to the masculine singular form if the noun is masculine plural:
  Mes frères sont petits. *My brothers are small.*
  – add -s to the feminine singular form if the noun is feminine plural:
  Mes sœurs sont petites. *My sisters are small.*
  – when an adjective describes a group of masculine and feminine nouns, it has to be the masculine plural form:
  Mes parents sont grands. *My parents are tall.*

- There are exceptions:
  – adjectives that already end in -e don't add a second -e in the feminine:
  un vélo rouge *a red bike*
  une moto rouge *a red motorbike*
  – but adjectives that end in -é do add a second -e in the feminine:
  mon film préféré *my favourite film*
  ma chanson préférée *my favourite song*
  – some adjectives double the final consonant before the -e:
  Il est italien. *He is Italian.*
  Elle est italienne. *She is Italian.*
  – adjectives that end in *-eux* or *-eur* change to *-euse* in the feminine:
  un garçon paresseux – une fille paresseuse *a lazy girl*
  un garçon travailleur – une fille travailleuse
  *a hard-working girl*
  – adjectives that end in *-eau* change to *-elle* in the feminine:
  un beau vélo *a beautiful bike*
  une belle voiture *a beautiful car*
  – adjectives that end in *-if* change to *-ive* in the feminine:
  un copain sportif *a sporty (boy)friend*
  une copine sportive *a sporty (girl)friend*
  – the feminine of blanc is blanche:
  Elle porte une robe blanche.
  *She is wearing a white dress.*
  – the feminine of frais is fraîche:
  Je voudrais une boisson fraîche.
  *I would like a cool drink.*

## Adjectives (cont.)

– the feminine of gentil is gentille:
Ma grand-mère est gentille. *My grandmother is kind.*

– the feminine of sympa is sympa:
Ma mère est sympa. *My mother is nice.*

– adjectives that end in *-al* or *-eau* change to *-aux* or *-eaux* in the masculine plural:
J'ai des poissons tropicaux.
*I have got some tropical fish.*

– adjectives that end in *-s* or *-x* don't add an *-s* in the plural:
Mes frères sont paresseux. *My brothers are lazy.*

– a few adjectives, like marron and super, do not change at all:
Elle porte des bottes marron.
*She's wearing brown boots.*

### The position of adjectives

- Most adjectives follow the noun they describe:
  un prof sympa *a nice teacher*
  une copine intelligente *an intelligent friend*
  des idées intéressantes *interesting ideas*

- However, a few adjectives, such as petit, grand, bon, mauvais, joli, beau, jeune and vieux, usually come in front of the noun, as in English:
  un petit garçon *a small boy*
  une jolie ville *a pretty town*

### Adjectives of nationality

- Adjectives of nationality do not begin with a capital letter:
  Nicolas est français. *Nicolas is French.*
  Laura est galloise. *Laura is Welsh.*

- Like other adjectives, feminine adjectives of nationality take an *-e* at the end, unless there is one there already:
  Sophie est française. *Sophie is French.*
  Juliette est suisse. *Juliette is Swiss.*

### Comparatives and superlatives

- To make comparisons, use:
  – plus... que *more... than, ...er than*
  La Loire est plus longue que la Tamise.
  *The Loire is* ***longer than*** *the Thames.*
  – moins... que *less... than*
  Les vélos sont moins rapides que les trains.
  *Bikes are* ***less fast than*** *trains.*
  – aussi... que *as... as*
  Les tomates sont aussi chères que les pêches.
  *Tomatoes are* ***as dear as*** *peaches.*

- For superlatives (the most...), use:
  – le / la / les plus *the most, the ...est*
  C'est la chambre la plus chère.
  *It is* ***the most expensive*** *room.*
  C'est le plus petit vélo. *It is* ***the smallest*** *bike.*
  – le / la / les moins *the least*
  C'est le film le moins intéressant.
  *It is* ***the least*** *interesting film.*

- The adjectives bon and mauvais have irregular comparatives and superlatives:
  Ce CD est meilleur que l'autre.
  *This CD is* ***better*** *than the other one.*
  C'est le meilleur! *It's* ***the best****!*
  Je suis pire que ma sœur. *I am* ***worse*** *than my sister.*
  Mon frère est le pire. *My brother is* ***the worst****.*

### Demonstrative adjectives: *ce, cet, cette, ces* this, that, these, those

- The French for 'this' / 'that' / 'these' / 'those' is ce, cet, cette or ces.

| masculine | feminine | masculine and feminine plural |
|---|---|---|
| **ce** | **cette** | **ces** |

ce magasin ***this / that*** *shop*; cette chemise ***this / that*** *shirt*; ces baskets ***these / those*** *trainers*

But ce changes to cet when the noun after it begins with a vowel or a silent *h*:
cet ami *this / that friend*
cet hôtel *this / that hotel*

### Indefinite adjectives

- The most common indefinite adjectives are:
  autre(s) *other*
  certain(e)(s) *certain, some*
  chaque *each*
  même(s) *same*
  plusieurs *several*
  quelque(s) *some*
  tous / tout / toute(s) *all*

Chaque is always singular and plusieurs is always plural:
Il y a la télévision dans chaque chambre.
*There is a television in* ***each*** *room.*
Il a plusieurs voitures. *He has* ***several*** *cars.*

## Adjectives (cont.)

### Possessive adjectives, one 'owner'

*mon / ma / mes* my
*ton / ta / tes* your
*son / sa / ses* his / her / its

- There are three different ways of saying 'my' in French, as it depends on whether the noun it goes with is masculine or feminine, singular or plural. It is the same for 'your' and 'his' / 'her' / 'its'.

| | | |
|---|---|---|
| masculine singular | **mon**<br>**ton**<br>**son** | mon père ***my*** *father*<br>ton père ***your*** *father**<br>son pied ***his / her / its*** *foot* |
| feminine singular | **ma**<br>**ta**<br>**sa** | ma mère ***my*** *mother*<br>ta mère ***your*** *mother**<br>sa porte ***his / her / its*** *door* |
| masculine and feminine plural | **mes**<br>**tes**<br>**ses** | mes parents ***my*** *parents*<br>tes parents ***your*** *parents**<br>ses fenêtres ***his / her / its*** *windows* |

* to someone you normally say *tu* to

- French doesn't have three different words for 'his', 'her' and 'its'. What counts is whether the noun with it is masculine, feminine, singular or plural.

### Possessive adjectives, several 'owners'

*notre / votre / leur, nos / vos / leurs* our / your / their

| | | |
|---|---|---|
| masculine and feminine singular | **notre**<br>**votre**<br>**leur** | notre père ***our*** *father*<br>notre mère ***our*** *mother*<br>votre père ***your*** *father**<br>votre mère ***your*** *mother**<br>leur frère ***their*** *brother*<br>leur sœur ***their*** *sister* |
| masculine and feminine plural | **nos**<br>**vos**<br>**leurs** | nos parents ***our*** *parents*<br>vos copains ***your*** *friends**<br>leurs profs ***their*** *teachers* |

* to several people OR to someone you normally say *vous* to

### Interrogative adjectives: *quel, quelle, quels, quelles*

Quel (meaning 'which' or 'what') agrees with the noun it refers to.

| masculine singular | feminine singular | masculine plural | feminine plural |
|---|---|---|---|
| **quel** | **quelle** | **quels** | **quelles** |

C'est quel dessin? ***Which*** *drawing is it?*
Quelle heure est-il? ***What*** *time is it?*
Quelles sont tes matières préférées?
***What*** *are your favourite subjects?*

## Adverbs

Adverbs are used with a verb, an adjective or another adverb to express how, when, where, or to what extent something happens.

- Many French adverbs are formed by adding *-ment* (the equivalent of '-ly' in English) to the feminine form of the adjective:

| masculine adjective | feminine adjective | adverb |
|---|---|---|
| **doux** | **douce** | **doucement** *gently* |
| **final** | **finale** | **finalement** *finally* |
| **heureux** | **heureuse** | **heureusement** *fortunately* |
| **probable** | **probable** | **probablement** *probably* |

There are exceptions, including these:

| masculine adjective | | adverb |
|---|---|---|
| **vrai** | – | **vraiment** *truly* |
| **évident** | – | **évidemment** *evidently* |
| **précis** | – | **précisément** *precisely* |

- Many common adverbs are completely irregular:
  bien *well* Elle joue bien. *She plays well.*
  mal *badly* Il mange mal. *He eats badly.*
  vite *quickly* Tu parles vite. *You speak quickly.*

- As with adjectives, you can make some comparisons using plus / moins / aussi... que.
  Tu parles plus lentement que moi.
  *You speak* ***more slowly than*** *me.*
  Je mange moins vite que ma sœur.
  *I eat* ***less quickly than*** *my sister.*
  Elle joue aussi bien que Paul. *She plays* ***as well as*** *Paul.*

  but:
  Elle joue mieux que Paul. *She plays* ***better than*** *Paul.*

- Adverbs of time:
  aujourd'hui *today*
  demain *tomorrow*
  hier *yesterday*
  après-demain *the day after tomorrow*
  avant-hier *the day before yesterday*
  déjà *already*

- Adverbs of frequency:
  quelquefois *sometimes*
  souvent *often*
  toujours *always*

## Adverbs (cont.)

- Adverbs of place:
  - dedans *inside*
  - dehors *outside*
  - ici *here*
  - là-bas *(over) there*
  - loin *far*
  - partout *everywhere*
- Adverbs of intensity and quantity (qualifying words):
  - assez *enough*
  - trop *too (much)*
  - beaucoup *a lot*
  - un peu *a little*
  - peu *little*
  - très *very*

## Pronouns

### Subject pronouns: *je, tu, il, elle, on, nous, vous, ils, elles*

Subject pronouns usually come before the verb and express who or what performs the action.

| | | |
|---|---|---|
| **je** | *I* | Je parle français. ***I*** *speak French.* |
| **tu** | *you* | Tu as quel âge? *How old are* ***you****?* |
| **il** | *he / it* | Il s'appelle Théo. ***He*** *is called Théo.* |
| **elle** | *she / it* | Elle s'appelle Aïcha. ***She*** *is called Aïcha.* |
| **on** | *we* | On se retrouve où? *Where shall* ***we*** *meet?* |
| **nous** | *we* | Nous habitons en ville. ***We*** *live in town.* |
| **vous** | *you* | Vous avez une chambre? *Do* ***you*** *have a room?* |
| **ils** | *they* (m) | J'ai deux chiens, *I have two dogs,* ils s'appellent Do et Mi. ***they****'re called Do and Mi.* |
| **elles** | *they* (f) | J'adore mes sœurs, *I love my sisters,* elles sont marrantes. ***they*** *are fun.* |

- je is shortened to j' if the word that follows begins with a silent *h* or a vowel:
  - J'aime les pommes. *I like apples.*
  - J'habite en Écosse. *I live in Scotland.*
- There are two French words for 'you': tu and vous.
  - Use tu when talking to someone (one person) of your own age or someone in the family.
  - Use vous when talking to an adult not in your family (e.g. your teacher). The following phrases are useful to remember:
    - Avez-vous... ? *Have you got... ?*
    - Voulez-vous... ? *Do you want... ?*
    - Désirez-vous... ? *Would you like... ?*
  - Also use vous when talking to more than one person – whatever their age, and whether you know them well or not.
- il and elle can both also mean 'it':
  - L'hôtel est bien? – Oui, il est très confortable.
  - *Is the hotel good? – Yes,* ***it*** *is very comfortable.*
  - Je déteste ma chambre: elle est trop petite.
  - *I hate my bedroom:* ***it****'s too small.*
- on can mean 'we', 'you' or 'they':
  - On s'entend bien. ***We*** *get on well.*
  - Comment on dit "pencil" en français?
  - *How do* ***you*** *say 'pencil' in French?*
  - On parle français au Canada.
  - ***They*** *speak French in Canada.*
- There are two French words for 'they': ils and elles.
  - ils = *they* (all male, or a mixed group of males and females)
    - J'ai un frère et une sœur: ils s'appellent Nicolas et Aurélie.
    - *I have a brother and a sister:* ***they*** *are called Nicolas and Aurélie.*
  - elles = *they* (all female)
    - J'ai deux copines espagnoles: elles habitent à Madrid.
    - *I have two Spanish (girl)friends:* ***they*** *live in Madrid.*

### Direct object pronouns: *me, te, le, la, nous, vous, les*

Direct object pronouns replace a noun that is not the subject of the verb.

| singular | | plural | |
|---|---|---|---|
| **me / m'** | *me* | **nous** | *us* |
| **te / t'** | *you* | **vous** | *you* |
| **le / l'** | *him / it* (masculine) | **les** | *them* |
| **la / l'** | *her / it* (feminine) | | |

- These pronouns come in front of the verb, unlike in English:
  - Je le prends. *I'll take* ***it****.*
  - Je peux vous aider? *Can I help* ***you****?*
- le and la are shortened to l' in front of a vowel or a silent *h*.
  - Mon petit frère a deux ans. Je l'adore!
  - *My small brother is two. I love* ***him****!*

## Pronouns (cont.)

### Indirect object pronouns: *me, te, lui, nous, vous, leur*

Indirect object pronouns are used to replace a noun that would be introduced with a preposition.

| singular | | plural | |
|---|---|---|---|
| **me / m'** | *(to) me* | **nous** | *(to) us* |
| **te / t'** | *(to) you* | **vous** | *(to) you* |
| **lui** | *(to) him / her / it* | **leur** | *(to) them* |

Je donne du café **à mon père**.
– Je lui donne du café. *I give **him** some coffee.*
Je parle **à ma mère**.
– Je lui parle. *I speak **to her**.* J'écris **à mes grands-parents**.
– Je leur écris. *I write **to them**.*

- Beware! Some French verbs are followed by a preposition when their English equivalents are not:
  Je téléphone à mon père. *I ring my father.*
  Je lui téléphone. *I ring him.*

- When two pronouns are used together in the same sentence, follow this sequence:

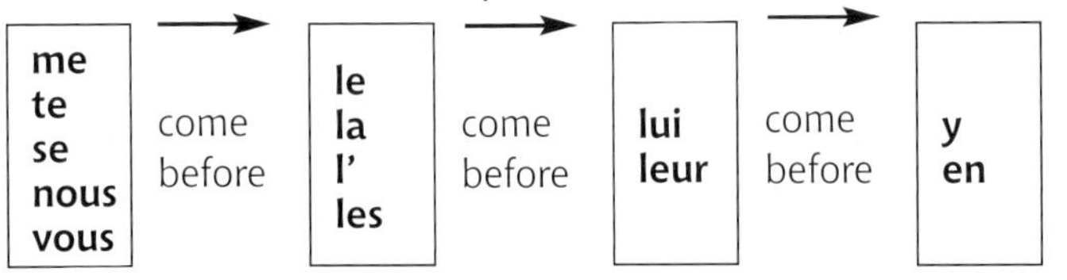


Je te les donne maintenant. *I give **them to you** now.*
Il nous en a parlé. *He has talked **to us about it**.*

### Disjunctive pronouns: *moi, toi, lui, elle, nous, vous, eux, elles*

These are also called emphatic pronouns. Use them:

- for emphasis:
  Moi, j'adore les fraises. ***I** love strawberries.*
  Toi, tu as quel âge? *How old are **you**?*

- after *c'est*:
  C'est moi. *It's **me**.*

- after a preposition:
  avec moi *with me* — avec nous *with us*
  pour toi *for you* — pour vous *for you*
  chez lui *at his house* — chez eux *at their house*
  à côté d'elle *next to her* — à côté d'elles *next to them*

- after a comparative:
  Elle est plus sympa que toi. *She is nicer than **you**.*

- with à, to express possession:
  Il est à toi, ce CD? *Does this CD belong **to you**?*

### *en* of them
### *y* there

- en is used to avoid repeating a noun that is introduced with *du / de la / de l' / des*:
  Tu as des chiens? – Oui, j'en ai trois.
  *Have you got dogs? – Yes, I've got three **(of them)**.*
  Tu manges de la viande? – Oui, j'en mange.
  *Do you eat meat? – Yes, I do.*

NB. en also means 'in', see Prepositions, p.204.

- y usually means 'there'. You can use y to avoid repeating the name of a place:
  Tu vas à Glasgow? – Oui, j'y vais demain.
  *Are you going to Glasgow? – Yes, I'm going **there** tomorrow.*

### Possessive pronouns

| masculine singular | feminine singular | masculine plural | feminine plural | |
|---|---|---|---|---|
| **le mien** | **la mienne** | **les miens** | **les miennes** | *mine* |
| **le tien** | **la tienne** | **les tiens** | **les tiennes** | *yours* |
| **le sien** | **la sienne** | **les siens** | **les siennes** | *his / hers / its* |
| **le nôtre** | **la nôtre** | **les nôtres** | **les nôtres** | *ours* |
| **le vôtre** | **la vôtre** | **les vôtres** | **les vôtres** | *yours* |
| **le leur** | **la leur** | **les leurs** | **les leurs** | *theirs* |

C'est le mien ou le tien? *Is this **yours** or **mine**?*

### Relative pronouns: *qui, que, qu'*

Relative pronouns are used to link phrases together.

- qui is used as subject of the relative clause. It can refer to people and things, and means 'who', 'that' or 'which':
  le copain qui habite à Lyon *the friend **who** lives in Lyon*
  le livre qui est sur la chaise *the book **that** is on the table*

- que (qu' before a vowel or a silent *h*) is used as object of the relative clause:
  le copain que j'ai vu *the friend **(that / whom)** I saw*
  le livre qu'il a acheté *the book **(that)** he bought*
  – Remember that que is not optional. Although it's often not translated in English, you cannot leave it out in French.
  – If hesitating between qui and que, remember that qui is subject and que is object. If the relative clause already has a subject, then the pronoun you need must be que.
    J'ai trouvé un job qui me va.
    *I have found a job **that** suits me.*
    (The subject of *va* is qui.)
    C'est une couleur que je déteste.
    *It's a colour (**that**) I hate.*
    (The subject of *déteste* is *je*, and que is object.)

## Pronouns (cont.)

### Demonstrative pronouns: *ce, cela, ça, celui-ci*, etc.

- ce (shortened to c' before a vowel) means 'it' or 'that' and is usually followed with a form of *être*:
  Ce sont mes parents. ***That****'s my parents.*
  C'est facile. ***It****'s easy.*

- cela means 'that' and is often shortened to ça:
  Cela m'étonne. ***That*** *surprises me.*
  Tu aimes ça? *Do you like* ***that****?*

- ça is also used in various phrases:
  Ça va? *Are you okay?*
  Ça ne fait rien. *It doesn't matter.*
  C'est ça. *That's it.*

- celui (masculine singular), celle (feminine singular), ceux (masculine plural) and celles (feminine plural) are used with -ci or -là for emphasis or contrast, meaning 'this one, that one, these ones, those ones':
  Tu veux celui-ci ou celui-là?
  *Do you want* ***this one*** *or* ***that one****?*
  J'hésite entre celles-ci et celles-là.
  *I'm hesitating between* ***these*** *and* ***those****.*

### Indefinite pronouns: *quelqu'un, quelque chose, tout*, etc.

- The French for 'someone' is quelqu'un:
  Il y a quelqu'un à la maison. *There's* ***someone*** *at home.*

- The French for 'something' is quelque chose:
  Vous avez perdu quelque chose?
  *Have you lost* ***something****?*

- The French for 'all' is tout / tous / toutes:
  C'est tout. *That's* ***all****.*
  Je les aime tous. *I love them* ***all****.*

## Verbs

- French verbs have different endings depending on who is doing the action and whether the action takes place in the past, the present or the future. The verb tables on pages 207–210 set out the patterns of endings for some useful verbs.

- When using a name or a singular noun instead of a pronoun, use the same form of the verb as for *il / elle*:
  Martin parle espagnol. *Martin* ***speaks*** *Spanish.*

- When using two names or a plural noun, use the same form of the verb as for *ils / elles*:
  Thomas et Lola jouent au basket.
  *Thomas and Lola* ***are playing*** *basketball.*
  Mes frères écoutent de la musique.
  *My brothers* ***are listening*** *to music.*

### The infinitive

The infinitive is the form of the verb you find in a dictionary, e.g. jouer, finir, être. It never changes.

- When two verbs follow each other, the second one is always in the infinitive. That's what happens in the following sentences:
  J'aime jouer de la guitare. *I like* ***playing*** *the guitar.*
  Je préfère écouter des CD. *I prefer* ***listening*** *to CDs.*
  Je dois faire mes devoirs. *I must* ***do*** *my homework.*
  Tu veux aller au cinéma?
  *Do you want* ***to go*** *to the cinema?*
  On peut faire du shopping. *You can* ***go*** *shopping.*
  Je voudrais aller en Italie. *I'd like* ***to go*** *to Italy.*
  J'espère partir en vacances. *I hope* ***to go*** *on holiday.*

- The infinitive is used after *avant de* to mean 'before doing something':
  Je me lave les mains avant de manger.
  *I wash my hands* ***before eating****.*

- Some verbs always need à between them and the infinitive:
  aider quelqu'un à *to help someone to*
  apprendre à *to learn to*
  arriver à *to manage to*
  commencer à *to start to*
  continuer à *to continue to*
  s'intéresser à *to be interested in*
  inviter quelqu'un à *to invite someone to*
  réussir à *to succeed in*

  Il apprend à nager. *He* ***is learning to swim****.*

## Verbs (cont.)

- Some verbs always need *de* between them and the infinitive:

  arrêter de *to stop*
  décider de *to decide*
  essayer de *to try*
  être obligé de *to be forced to*
  oublier de *to forget*
  refuser de *to refuse to*

  J'ai oublié de fermer la porte.
  *I **forgot to close** the door.*

- faire + infinitive
  Faire + infinitive is used to say that someone is having something done:

  Je fais réparer ma voiture. *I **have** my car **repaired**.*
  Il se fait couper les cheveux. *He **is having** his hair **cut**.*
  Ils font construire une maison.
  *They **are having** a house **built**.*

- The perfect infinitive: *après avoir/être* + past participle
  A perfect infinitive is the infinitive of *avoir* or *être* (depending on which one the verb normally uses to form the perfect tense), plus the past participle of the verb. It is used after *après* to mean 'after doing something':

  Après avoir regardé l'heure, il est parti.
  ***After looking** at the time, he left.*
  Il a lu le livre après être allé là-bas.
  *He read the book **after going** there.*
  Elle a mangé après s'être levée.
  *She ate **after getting up**.*

## The present tense

- Use the present tense to describe:
  – something that is taking place now:
    J'écoute un CD. ***I am listening** to a CD.*
  – something that happens regularly:
    J'ai maths le lundi. ***I have** maths on Mondays.*
- Verb endings change depending on who is doing the action:

  Je parle à ma grand-mère. ***I speak** to my grandmother.*
  Nous lavons la voiture. ***We wash** the car.*

- Most verbs follow a regular pattern, as in the paradigms (lists) shown here:

| **-er** verbs | **-ir** verbs | **-re** verbs |
|---|---|---|
| **parler** *to speak* | **finir** *to finish* | **attendre** *to wait* |
| je parl**e** | je fin**is** | j'attend**s** |
| tu parl**es** | tu fin**is** | tu attend**s** |
| il / elle / on parl**e** | il / elle / on fin**it** | il / elle / on attend |
| nous parl**ons** | nous fin**issons** | nous attend**ons** |
| vous parl**ez** | vous fin**issez** | vous attend**ez** |
| ils / elles parl**ent** | ils / elles fin**issent** | ils / elles attend**ent** |

Other -er verbs:
  adorer *to love*
  aimer *to like*
  détester *to hate*
  écouter *to listen*
  habiter *to live*
  jouer *to play*
  regarder *to watch*
  rester *to stay*

Other -ir verbs:
  choisir *to choose*
  remplir *to fill*

Other -re verbs:
  descendre *to go down*
  répondre *to reply*
  vendre *to sell*

- Some verbs are irregular and do not follow these patterns. Turn to pages 208–210 for details of the most common ones.

## The perfect tense

- Use the perfect tense to talk about what somebody did or has done.

  Il a mangé un sandwich.
  ***He ate** a sandwich. / **He has eaten** a sandwich.*

- To make the perfect tense of most verbs, use the present tense of *avoir* + past participle:

| | |
|---|---|
| j'**ai** parlé | nous **avons** parlé |
| tu **as** parlé | vous **avez** parlé |
| il / elle / on **a** parlé | ils / elles **ont** parlé |

- Some verbs need the present tense of *être* instead of *avoir*:

| | |
|---|---|
| je **suis** all**é(e)** | nous **sommes** all**é(e)s** |
| tu **es** all**é(e)** | vous **êtes** all**é(e)(s)** |
| il **est** allé | ils **sont** all**és** |
| elle **est** all**ée** | elles **sont** all**ées** |
| on **est** all**é(e)(s)** | |

Verbs that use *être* to form the perfect tense include:
  aller *to go*
  arriver *to arrive*
  descendre *to go down*
  entrer *to enter*
  monter *to go up*
  partir *to leave*
  rentrer *to come back*
  rester *to stay*
  sortir *to go out*
  tomber *to fall*
  venir *to come*

## Grammaire

### Verbs (cont.)

Plus all reflexive verbs – don't forget the extra pronoun that comes before the part of *être*:

| | |
|---|---|
| je **me** suis levé(e) | nous **nous** sommes levé(e)s |
| tu **t'**es levé(e) | vous **vous** êtes levé(e)(s) |
| il **s'**est levé | ils **se** sont levés |
| elle **s'**est levée | elles **se** sont levées |
| on **s'**est levé(e)(s) | |

- When using *être*:
  - add *-e* to the past participle if the subject is female:
    Elle est partie en Écosse. *She went off to Scotland.*
  - add *-s* to the past participle if the subject is masculine plural:
    Ils sont arrivés en retard. *They arrived late.*
  - add *-es* to the past participle if the subject is feminine plural:
    Elles sont arrivées en retard. *They arrived late.*
- When making a negative statement in the perfect tense, ne comes before *avoir / être* and pas comes after:
  Je n'ai pas mangé. *I haven't eaten.*
  Elle n'est pas sortie. *She didn't go out.*

- Past participles
  - The past participle of *-er* verbs ends in *-é*:
    aller – allé *gone*
    donner – donné *given*
    parler – parlé *spoken*
  - The past participle of regular *-ir* verbs ends in *-i*:
    choisir – choisi *chosen*
    finir – fini *finished*
  - The past participle of regular *-re* verbs ends in *-u*:
    attendre – attendu *waited*
    vendre – vendu *sold*

Many common verbs have an irregular past participle:

avoir – eu *had*
boire – bu *drunk*
devoir – dû *had to*
dire – dit *said*
écrire – écrit *written*
être – été *been*
faire – fait *done, made*
lire – lu *read*
mettre – mis *put*
pouvoir – pu *able to*
prendre – pris *taken*
venir – venu *come*
voir – vu *seen*
vouloir – voulu *wanted*

### The imperfect tense

- Use the imperfect tense:
  - to describe what something or someone was like in the past:
    Il y avait une grande piscine. *There **was** a big pool.*
    C'était délicieux. *It **was** delicious.*
    J'étais triste. *I **was** sad.*
  - to say what was happening at a certain time in the past:
    Je regardais la télé quand il a téléphoné.
    ***I was watching** TV when he rang.*
  - to describe something that used to happen regularly in the past:
    Je prenais le bus tous les matins.
    ***I used to catch** the bus every morning.*
  - after *si* to make a suggestion:
    Si on allait au cinéma? ***Shall we go** to the cinema?*

- To form the imperfect tense, take the *nous* form of the verb in the present tense, remove *-ons*, then add the correct endings:

| **finir** *to finish* |
|---|
| je finiss**ais** |
| tu finiss**ais** |
| il / elle / on finiss**ait** |
| nous finiss**ions** |
| vous finiss**iez** |
| ils / elles finiss**aient** |

present tense: nous finiss~~ons~~

In the case of *être*, the endings are as above, but they are added to *ét-*:

| |
|---|
| j'ét**ais** |
| tu ét**ais** |
| il/elle/on ét**ait** |
| nous ét**ions** |
| vous ét**iez** |
| ils/elles ét**aient** |

### Perfect or imperfect?

- To help you decide between the perfect and the imperfect, remember that:
  - the perfect tense describes single events in the past:
    Hier, je me suis levée à six heures.
    ***I got up** at six yesterday.*
  - the imperfect describes what used to happen:
    Je me levais à huit heures. ***I used to get up** at eight.*

## Verbs (cont.)

### The pluperfect tense

- This tense is used to refer to something further back in the past than the perfect or the imperfect, to say what someone had done or had been doing. You use the imperfect of *avoir* or *être*, plus a past participle:

  J'avais parlé. *I **had spoken**.*
  Il était parti. *He **had left**.*
  Vous vous étiez habillés. *You **had got dressed**.*
  Je savais qu'il était allé en Egypte.
  *I knew he **had gone** to Egypt.*

### The immediate future

- Use the present tense of *aller* followed by an infinitive to say what you're going to do or what's going to happen:

| | |
|---|---|
| je **vais** pleurer | nous **allons** manger |
| tu **vas** partir | vous **allez** boire |
| il / elle / on **va** chanter | ils / elles **vont** dormir |

Je vais continuer mes études.
*I'**m going** to go on studying.*
Il va neiger. *It'**s going** to snow.*

### The simple future

- The future tense expresses what will happen or will be happening in the future:

  Qu'est-ce que vous ferez après l'école?
  *What **will** you **do** after school?*
  Vous travaillerez dans l'informatique?
  ***Will** you **work** in computing?*

  It is used for predictions such as weather forecasts:

  Il fera beau / froid / chaud, etc.
  *It **will be** fine / cold / hot*, etc.
  Le temps sera pluvieux / nuageux, etc.
  *The weather **will be** rainy / cloudy*, etc.
  Il neigera. *It **will snow**.*
  Il pleuvra. *It **will rain**.*
  Il gèlera. *It **will freeze**.*

- To form the future tense, add the correct ending to the infinitive of the verb:

| **parler** *to speak* | |
|---|---|
| je parler**ai** | nous parler**ons** |
| tu parler**as** | vous parler**ez** |
| il / elle / on parler**a** | ils / elles parler**ont** |

For some verbs, the same set of endings are added to an irregular stem instead of the infinitive:

aller – j'irai
avoir – j'aurai
être – je serai
faire – je ferai
venir – je viendrai
voir – je verrai

### The imperative

- Use the imperative to give advice or instructions.
  – Use the *tu* form with a person your own age or a person you know very well:

    Continue tout droit. ***Go** straight on.*
    Prends la première rue. ***Take** the first street.*
    Tourne à gauche. ***Turn** left.*

  – Use the *vous* form to a person you don't know very well or to more than one person:

    Continuez tout droit. ***Go** straight on.*
    Prenez la première rue. ***Take** the first street.*
    Tournez à gauche. ***Turn** left.*

- The imperative is the same as the *tu* and the *vous* forms of the present tense, but without using a word for 'you' first. In the case of *-er* verbs, the *-s* of the *tu* form is dropped (unless the verb is followed by *y* or *en*):

  Va au lit! ***Go** to bed!*
  Achète des pommes. ***Buy** some apples.*
  Vas-y! ***Go** on!*
  Achètes-en un kilo. ***Buy** a kilo (of them).*

### The conditional

- You use the conditional in French when 'would' is used in English:

  Je voudrais te voir. *I **would like** to see you.*
  Si j'avais de l'argent, j'achèterais un piano.
  *If I had money, I **would buy** a piano.*

- The conditional has the same stem as the future tense and the same endings as the imperfect:

| | future | imperfect | conditional |
|---|---|---|---|
| aimer | j'**aimer**ai | j'aim**ais** | j'**aimerais** |
| aller | j'**ir**ai | j'all**ais** | j'**irais** |

| | |
|---|---|
| je parler**ais** | nous parler**ions** |
| tu parler**ais** | vous parler**iez** |
| il / elle / on parler**ait** | ils / elles parler**aient** |

### *en* + present participle

- The English present participle ends in '-ing' and the French present participle ends in *-ant*. Take the *nous* form of the present tense, remove *-ons* and replace it with *-ant*.

  arriver – arrivons – arrivant

- *en* + present participle can be used when two actions happen together:

  Il fait ses devoirs en chantant.
  *He does his homework **while singing**.*
  En travaillant le soir, je gagne de l'argent.
  ***By working** in the evening, I earn money.*

## Verbs (cont.)

### Reflexive verbs

- Reflexive verbs have an extra pronoun in front of the verb:

| | | |
|---|---|---|
| me | je **me** réveille | *I wake up* |
| te | tu **te** lèves | *you get up* |
| se | il / elle **s'**appelle | *he / she is called* |
| | on **s'**amuse bien | *we have a good time* |
| nous | nous **nous** lavons | *we get washed* |
| vous | vous **vous** couchez | *you go to bed* |
| se | ils / elles **s'**entendent bien | *they get on well* |

Note that *me / te / se* are shortened to *m' / t' / s'* in front of a vowel or a silent *h*.

- Common reflexive verbs are:

s'amuser *to have fun*
s'appeler *to be called*
s'asseoir *to sit down*
se coucher *to go to bed*
s'ennuyer *to be bored*
s'excuser *to apologise*
s'habiller *to get dressed*
se laver *to have a wash*
se lever *to get up*
se passer *to happen*
se promener *to go for a walk*
se réveiller *to wake up*

### Negatives

- To make a sentence negative, you normally put *ne* before the verb and *pas* after it:

Je parle espagnol.
– Je ne parle pas espagnol. *I **don't** speak Spanish.*

- Shorten *ne* to *n'* if the word that follows begins with *h* or a vowel:

C'est difficile. – Ce n'est pas difficile. *It's **not** difficult.*

- In negative sentences, use *de* instead of *un*, *une* or *des*:

Il y a un cinéma.
– Il n'y a pas de cinéma. *There is no cinema.*
J'achète une pizza.
– Je n'achète pas de pizza. *I am not buying a pizza.*
J'ai des frères.
– Je n'ai pas de frères. *I don't have any brothers.*

- Other common negative phrases:

| | |
|---|---|
| ne... plus = *no more* | Il n'y a plus de savon. *There is **no more** soap.* |
| ne... jamais = *never* | Je ne passe jamais l'aspirateur. *I **never** do the hoovering.* |
| ne... rien = *nothing* | Il ne fait rien. *He does**n't** do **anything**.* |
| ne... personne = *nobody* | Je ne vois personne. *I do**n't** see **anybody**.* |
| ne... que = *only* | Je n'ai qu'une sœur. *I **only** have one sister.* |
| ne... ni... ni = *neither... nor* | Il ne parle ni français ni espagnol. *He speaks **neither** French **nor** Spanish.* |

- For most negative phrases, in the perfect tense, the phrase goes around the part of *avoir/être*.

Je n'ai pas dormi. *I didn't sleep.*

But for *ne... que* and *ne... ni... ni...*, the negative phrase goes around *avoir/être* and also the past participle:

Je n'ai mangé que du pain. *I ate only some bread.*

### Questions

- You can turn statements into questions by adding a question mark and making your voice go up at the end:

Tu joues au tennis.
– Tu joues au tennis? *Do you play tennis?*

- You can also add *est-ce que... ?* at the beginning:

Je peux vous aider.
– Est-ce que je peux vous aider? *Can I help you?*

- In more formal situations, you can change the word order so that the verb comes first:

Vous pouvez m'aider.
– Pouvez-vous m'aider? *Can you help me?*

- Many questions start with *qu'est-ce que... ?*

Qu'est-ce que c'est? *What is it?*
Qu'est-ce qu'il y a à manger? *What is there to eat?*
Qu'est-ce que vous avez comme journaux?
*What kind of papers have you got?*

- Other question words:

| | |
|---|---|
| combien (de) *how much / how many* | Tu as combien de frères? ***How many** brothers have you got?* |
| comment *how* | Comment vas-tu? ***How** are you?* |
| où *where* | Où habites-tu? ***Where** do you live?* |
| pourquoi *why* | Pourquoi est-ce que tu n'aimes pas ça? ***Why** don't you like it?* |
| quand *when* | Il vient quand? ***When** is he coming?* |
| quel / quelle *which, what* | Ça commence à quelle heure? ***What** time does it start?* |
| que / qu' *what* | Que veux-tu? ***What** do you want?* |
| qui *who* | C'est qui? ***Who** is it?* |
| quoi *what* | Elle fait quoi? ***What** is she doing?* |

## Verbs (cont.)

### The passive

- The passive is used to say what is done to someone or something. It is formed from *être* and a past participle:
  active form: Il lave la pomme. *He **washes** the apple.*
  passive form: La pomme est lavée. *The apple **is washed**.*

- The passive can be used in different tenses:
  present: Les lits sont faits. *The beds **are made**.*
  imperfect: Les murs étaient peints. *The walls **were painted**.*
  perfect: J'ai été invité. *I **was invited**.*
  future: La maison sera vendue. *The house **will be sold**.*

- The passive is used less often than in English, as most sentences can be turned round:
  – either by using on:
  On parle français au Québec.
  *French **is spoken** in Quebec.*
  – or by using a reflexive verb:
  Les tickets se vendent par carnets de 10.
  *Tickets **are sold** in books of 10.*

### Useful verbs

- *avoir* to have (see page 208)
  – use avoir to say how old someone is:
  J'ai 15 ans. *I am 15 years old.*
  – use avoir mal to talk about a pain or an ache:
  J'ai mal à la tête. *I have a headache.*

- *il y a* there is, there are
  Il y a une banque. ***There is** a bank.*
  Il y a beaucoup de cafés. ***There are** lots of cafés.*
  Il n'y a pas de piscine. ***There isn't** a swimming pool.*

- *faire* to do (see page 209)
  This verb can mean 'to do', 'to make', 'to go':
  faire du judo ***to do** judo*
  faire la vaisselle ***to do** the washing up*
  faire le lit ***to make** the bed*
  faire de la natation ***to go** swimming*

- Modal verbs: *devoir, pouvoir, vouloir*
  These verbs are usually followed by an infinitive – see below.

- *devoir* to have to, (see page 208)
  Use devoir + infinitive to say what you must / mustn't do:
  Je dois porter un uniforme. ***I have to** wear a uniform.*
  On ne doit pas jeter de papiers par terre.
  ***You mustn't** drop litter.*

- *pouvoir* to be able to (see page 209)
  Use pouvoir + infinitive to say what you can / can't do:
  On peut faire des randonnées. ***You can** go on walks.*
  Elle ne peut pas sortir pendant la semaine.
  ***She can't** go out during the week.*

- *vouloir* to want to (see page 210)
  Use vouloir + infinitive to say what you want and don't want to do. Adding bien changes the meaning:
  Je veux partir. ***I want** to leave.*
  Je veux bien partir. ***I am quite happy** to leave.*

  The conditional of *vouloir*, je voudrais, means 'I would like':
  Je voudrais partir en vacances.
  ***I would like** to go on holiday.*

- Note that j'aimerais, the conditional form of *aimer*, means the same as je voudrais:
  J'aimerais faire de la planche à voile.
  ***I would like** to go windsurfing.*

- Impersonal verbs: *il neige, il pleut, il faut*
  These verbs are only used with il:
  Il neige. *It's snowing.*
  Il pleut. *It's raining.*

  Il faut can have different meanings depending on the context:
  Il faut boire beaucoup d'eau.
  ***You must** drink a lot of water.*
  Il ne faut pas fumer. ***You mustn't** smoke.*
  Il me faut un kilo de tomates. ***I need** a kilo of tomatoes.*
  Il faut trois heures pour aller là-bas.
  ***It takes** three hours to get there.*

## Prepositions

### à, au, à l', à la

- à can mean:
  *in* J'habite à Nice. *I live **in** Nice.*
  *at* Je me lève à sept heures. *I get up **at** seven.*
  *to* Je vais à l'école. *I go **to** school.*

- Some special expressions with à:
  à pied *on foot*
  à vélo *by bike*
  à gauche *on the left*
  à droite *on the right*
  Je vais à la pêche. *I go fishing.*

- *à + le / la / les*

| masculine | feminine | nouns which start with a vowel or silent h | plural |
|---|---|---|---|
| à + le = **au** | à + la = **à la** | à + l' = **à l'** | à + les = **aux** |

| au théâtre ***at / to the** theatre* | à la piscine ***at / to the** pool* | à l'hôtel ***at / to the** hotel* | aux États-Unis ***to the** USA* |
|---|---|---|---|

- Note that the word order can be different from English:
  un sandwich au jambon *a ham sandwich*
  une glace à la vanille *a vanilla ice cream*

## Prepositions (cont.)

### de

- de is shortened to d' before a vowel or a silent *h*.
- de can mean 'of':

  la mère de ma copine (= *the mother **of** my friend*) *my friend's mother*
  le prof d'histoire (= *the teacher **of** history*) *the history teacher*

- Note that the word order can be different from English:

  un jus d'orange *an orange juice*
  un match de foot *a football match*
  la maison de mes grands-parents
  *my grandparents' house*

- de can also mean 'from':

  Elle vient d'Écosse. *She comes **from** Scotland.*

- de is sometimes part of an expression:

  près de *near*
  Il habite près de Lyon. *He lives **near** Lyon.*
  beaucoup de *many, a lot of*
  Elle a beaucoup de copains. *She has **a lot of** friends.*
  de... à... *from... to...*
  de neuf heures à cinq heures ***from** nine **to** five*

### en, au

- en is used to introduce most names of countries. It means both 'to' and 'in':

  Je vais en Allemagne. *I am going **to** Germany.*
  Il habite en France. *He lives **in** France.*
  Elle part en Angleterre. *She's off **to** England.*

NB. *en* also means 'of them' – see Pronouns, p.197.

- A few names of countries are masculine. Those are introduced with au or aux:

  Il va au Portugal. *He's going **to** Portugal.*
  Elle habite au pays de Galles. *She lives **in** Wales.*
  Nous partons aux États-Unis. *We're off **to the** USA.*

### *depuis* for / since

- To say how long you've been doing something, use the present tense with depuis:

  J'apprends le français depuis quatre ans.
  *I have been learning French **for** four years.*
  J'ai mal à la gorge depuis hier.
  *I have had a sore throat **since** yesterday.*

- To say how long you had been doing something, use the imperfect tense with *depuis*:

  J'attendais depuis une heure.
  ***I had been waiting for** an hour.*

### More prepositions

| | |
|---|---|
| à côté de *next to* | à côté de la salle de bains<br>***next to** the bathroom* |
| avec *with* | Je me dispute avec ma sœur.<br>*I have an argument **with** my sister.* |
| chez *at / to (someone)'s house* | Je suis chez ma copine.<br>*I'm **at** my friend**'s house**.*<br>Je vais chez mon copain.<br>*I'm going **to** my friend**'s house**.* |
| dans *in* | Il est dans sa chambre.<br>*He is **in** his bedroom.* |
| derrière *behind* | derrière l'hôtel ***behind** the hotel* |
| devant *in front of* | On se retrouve devant le théâtre?<br>*Shall we meet **in front of** the theatre?* |
| en face de *opposite* | en face du parking<br>***opposite the** car park* |
| entre *between* | entre la salle à manger et l'ascenseur<br>***between** the dining room and the lift* |
| pendant *during* | Qu'est-ce que tu fais pendant les vacances?<br>*What are you doing **during** the holidays?* |
| près de *near* | Mon chien est près de moi.<br>*My dog is **near** me.* |
| pour *for* | C'est super pour les jeunes.<br>*It's great **for** young people.* |
| sous *under* | Le chat est sous le lit.<br>*The cat is **under** the bed.* |
| sur *on* | Il y a des livres sur les étagères.<br>*There are books **on** the shelves.* |

## Conjunctions

The following words are used to link parts of sentences together:

| | |
|---|---|
| alors *so* | Je suis fatiguée, alors je me repose.<br>*I am tired, **so** I'm having a rest.* |
| donc *therefore* | Je pense, donc je suis.<br>*I think, **therefore** I am.* |
| et *and* | J'ai 15 ans et j'habite en France.<br>*I am 15 **and** I live in France.* |
| et puis *and then* | Je me lève et puis je prends mon petit déjeuner.<br>*I get up **and then** I have breakfast.* |
| mais *but* | J'ai deux frères, mais je n'ai pas de sœur.<br>*I've got two brothers, **but** I haven't got a sister.* |
| ou *or* | Je joue au foot ou je vais à la patinoire.<br>*I play football **or** I go to the ice-rink.* |
| parce que *because* | J'aime la géographie, parce que c'est intéressant.<br>*I like geography, **because** it's interesting.* |
| quand *when* | Je prends le bus quand il pleut.<br>*I take the bus **when** it rains.* |

## Numbers, dates and time

| | | | | | |
|---|---|---|---|---|---|
| 1 | un | 11 | onze | 21 | vingt et un |
| 2 | deux | 12 | douze | 22 | vingt-deux |
| 3 | trois | 13 | treize | 23 | vingt-trois |
| 4 | quatre | 14 | quatorze | 24 | vingt-quatre |
| 5 | cinq | 15 | quinze | 25 | vingt-cinq |
| 6 | six | 16 | seize | 26 | vingt-six |
| 7 | sept | 17 | dix-sept | 27 | vingt-sept |
| 8 | huit | 18 | dix-huit | 28 | vingt-huit |
| 9 | neuf | 19 | dix-neuf | 29 | vingt-neuf |
| 10 | dix | 20 | vingt | 30 | trente |

| | | | | | |
|---|---|---|---|---|---|
| 40 | quarante | 41 | quarante et un | 42 | quarante-deux |
| 50 | cinquante | 51 | cinquante et un | 52 | cinquante-deux |
| 60 | soixante | 61 | soixante et un | 62 | soixante-deux |
| 70 | soixante-dix | 71 | soixante et onze | 72 | soixante-douze |
| 80 | quatre-vingts | 81 | quatre-vingt-un | 82 | quatre-vingt-deux |
| 90 | quatre-vingt-dix | 91 | quatre-vingt-onze | 92 | quatre-vingt-douze |

| | | | | | |
|---|---|---|---|---|---|
| 100 | cent | 101 | cent un | 102 | cent deux |
| 200 | deux cents | 201 | deux cent un | 202 | deux cent deux |
| 300 | trois cents | 301 | trois cent un | 302 | trois cent deux |
| 1000 | mille | 1001 | mille un | 1002 | mille deux |
| 2000 | deux mille | 2001 | deux mille un | 2002 | deux mille deux |

- 80 quatre-vingts loses the final *s* before another digit or to give a page number or a date:
  quatre-vingt-sept *eighty-seven*
  page quatre-vingt *page eighty*
  l'an mille neuf cent quatre-vingt *the year 1980*

- The same applies to 200 deux cents and other multiples of cent.
  deux cent dix *two hundred and ten*
  page trois cent *page three hundred*

### Ordinal numbers: *premier, deuxième*, etc.

- The French for 'first' is premier in the masculine and première in the feminine:
  mon premier cours *my **first** lesson*
  mes premières vacances *my **first** holiday*

- To say 'second', 'third', etc., simply add -ième to the original number:
  deuxième *second*
  troisième *third*

- To say 'fifth', add a *u*:
  cinquième *fifth*

- To say 'ninth', change the *f* of neuf to a *v*:
  neuvième *ninth*

- If the original number ends with an -*e*, drop the -*e* before adding -ième:
  quatrième *fourth*
  onzième *eleventh*

## Numbers, dates and time (cont.)

### Days and dates

lundi *Monday*
mardi *Tuesday*
mercredi *Wednesday*
jeudi *Thursday*
vendredi *Friday*
samedi *Saturday*
dimanche *Sunday*

janvier *January*
février *February*
mars *March*
avril *April*
mai *May*
juin *June*
juillet *July*
août *August*
septembre *September*
octobre *October*
novembre *November*
décembre *December*

- Use normal numbers for dates and note that there is no word for 'on' or 'of':
  Son anniversaire est le 27 décembre.
  *His birthday is* ***on the 27th of December****.*

  The only exception is the first of the month, when you use le premier:
  le premier janvier *the first of January*
- Days of the week and months don't have a capital letter in French (unless they are at the beginning of a sentence):
  Son anniversaire est en avril.
  *His / Her birthday is in* ***April****.*
- Use le + lundi / mardi, etc. to mean 'on Mondays / Tuesdays', etc.:
  Je ne vais pas à l'école le dimanche.
  *I don't go to school* ***on Sundays****.*
- Use lundi / mardi, etc. without le to mean 'on Monday / Tuesday', etc.:
  Je vais chez le dentiste jeudi.
  *I'm going to the dentist's* ***on Thursday****.*

### Time

- The 12-hour clock goes as follows:
  Il est deux heures cinq. *It's five past two.*
  Il est deux heures dix. *It's ten past two.*
  Il est deux heures et quart. *It's a quarter past two.*
  Il est deux heures vingt. *It's twenty past two.*
  Il est deux heures vingt-cinq. *It's twenty-five past two.*
  Il est deux heures et demie. *It's half past two.*
  Il est trois heures moins vingt-cinq.
  *It's twenty-five to three.*
  Il est trois heures moins vingt. *It's twenty to three.*
  Il est trois heures moins le quart. *It's a quarter to three.*
  Il est trois heures moins dix. *It's ten to three.*
  Il est trois heures moins cinq. *It's five to three.*
  Il est trois heures. *It's three o'clock.*
  Il est midi. *It's midday.*
  Il est minuit. *It's midnight.*
- As in English, when using the 24-hour clock, use numbers such as quinze, trente, etc. instead of et quart, et demie, etc.
  quatorze heures quinze *14.15*
  seize heures trente *16.30*
- With the 24-hour clock, don't forget to use the word heures to separate the minutes from the hours:
  Il est treize heures vingt. *It's 13.20.*
  à douze heures quarante-cinq *at 12.45*
- There are three ways to ask the time:
  The most correct and formal is:
  Quelle heure est-il? *What time is it?*
  In more casual contexts, you can say:
  Il est quelle heure? or: Quelle heure il est?
  *What's the time?*

## Verb tables

| infinitive | present | perfect | imperfect | future |
|---|---|---|---|---|
| **Regular -er verbs** | | | | |
| parler *to speak* | je parle | j'ai parlé | je parlais | je parlerai |
| | tu parles | tu as parlé | tu parlais | tu parleras |
| | il / elle / on parle | il / elle / on a parlé | il / elle / on parlait | il / elle / on parlera |
| | nous parlons | nous avons parlé | nous parlions | nous parlerons |
| | vous parlez | vous avez parlé | vous parliez | vous parlerez |
| | ils / elles parlent | ils / elles ont parlé | ils / elles parlaient | ils / elles parleront |
| **Reflexive verbs** | | | | |
| se laver *to have a wash* | je me lave | je me suis lavé(e) | je me lavais | je me laverai |
| | tu te laves | tu t'es lavé(e) | tu te lavais | tu te laveras |
| | il se lave | il s'est lavé | il se lavait | il se lavera |
| | elle se lave | elle s'est lavée | elle se lavait | elle se lavera |
| | on se lave | on s'est lavé(e)(s) | on se lavait | on se lavera |
| | nous nous lavons | nous nous sommes lavé(e)s | nous nous lavions | nous nous laverons |
| | vous vous lavez | vous vous êtes lavé(e)(s) | vous vous laviez | vous vous laverez |
| | ils se lavent | ils se sont lavés | ils se lavaient | ils se laveront |
| | elles se lavent | elles se sont lavées | elles se lavaient | elles se laveront |
| **Regular -ir verbs** | | | | |
| finir *to finish* | je finis | j'ai fini | je finissais | je finirai |
| | tu finis | tu as fini | tu finissais | tu finiras |
| | il / elle / on finit | il / elle / on a fini | il / elle / on finissait | il / elle / on finira |
| | nous finissons | nous avons fini | nous finissions | nous finirons |
| | vous finissez | vous avez fini | vous finissiez | vous finirez |
| | ils / elles finissent | ils / elles ont fini | ils / elles finissaient | ils / elles finiront |
| **Regular -re verbs** | | | | |
| vendre *to sell* | je vends | j'ai vendu | je vendais | je vendrai |
| | tu vends | tu as vendu | tu vendais | tu vendras |
| | il / elle / on vend | il / elle / on a vendu | il / elle / on vendait | il / elle / on vendra |
| | nous vendons | nous avons vendu | nous vendions | nous vendrons |
| | vous vendez | vous avez vendu | vous vendiez | vous vendrez |
| | ils / elles vendent | ils / elles ont vendu | ils / elles vendaient | ils / elles vendront |

## Verb tables (cont.)

| infinitive | present | perfect | imperfect | future |
|---|---|---|---|---|
| **Irregular verbs** | | | | |
| avoir *to have* | j'ai | j'ai eu | j'avais | j'aurai |
| | tu as | tu as eu | tu avais | tu auras |
| | il / elle / on a | il / elle / on a eu | il / elle / on avait | il / elle / on aura |
| | nous avons | nous avons eu | nous avions | nous aurons |
| | vous avez | vous avez eu | vous aviez | vous aurez |
| | ils / elles ont | ils / elles ont eu | ils / elles avaient | ils / elles auront |
| aller *to go* | je vais | je suis allé(e) | j'allais | j'irai |
| | tu vas | tu es allé(e) | tu allais | tu iras |
| | il va | il est allé | il allait | il ira |
| | elle va | elle est allée | elle allait | elle ira |
| | on va | on est allé(e)(s) | on allait | on ira |
| | nous allons | nous sommes allé(e)s | nous allions | nous irons |
| | vous allez | vous êtes allé(e)(s) | vous alliez | vous irez |
| | ils vont | ils sont allés | ils allaient | ils iront |
| | elles vont | elles sont allées | elles allaient | elles iront |
| boire *to drink* | je bois | j'ai bu | je buvais | je boirai |
| | tu bois | tu as bu | tu buvais | tu boiras |
| | il / elle / on boit | il / elle / on a bu | il / elle / on buvait | il / elle / on boira |
| | nous buvons | nous avons bu | nous buvions | nous boirons |
| | vous buvez | vous avez bu | vous buviez | vous boirez |
| | ils / elles boivent | ils / elles ont bu | ils / elles buvaient | ils / elles boiront |
| devoir *to have to* | je dois | j'ai dû | je devais | je devrai |
| | tu dois | tu as dû | tu devais | tu devras |
| | il / elle / on doit | il / elle / on a dû | il / elle / on devait | il / elle / on devra |
| | nous devons | nous avons dû | nous devions | nous devrons |
| | vous devez | vous avez dû | vous deviez | vous devrez |
| | ils / elles doivent | ils / elles ont dû | ils / elles devaient | ils / elles devront |
| dire *to say* | je dis | j'ai dit | je disais | je dirai |
| | tu dis | tu as dit | tu disais | tu diras |
| | il / elle / on dit | il / elle / on a dit | il / elle / on disait | il / elle / on dira |
| | nous disons | nous avons dit | nous disions | nous dirons |
| | vous dites | vous avez dit | vous disiez | vous direz |
| | ils / elles disent | ils / elles ont dit | ils / elles disaient | ils / elles diront |
| dormir *to sleep* | je dors | j'ai dormi | je dormais | je dormirai |
| | tu dors | tu as dormi | tu dormais | tu dormiras |
| | il / elle / on dort | il / elle / on a dormi | il / elle / on dormait | il / elle / on dormira |
| | nous dormons | nous avons dormi | nous dormions | nous dormirons |
| | vous dormez | vous avez dormi | vous dormiez | vous dormirez |
| | ils / elles dorment | ils / elles ont dormi | ils / elles dormaient | ils / elles dormiront |

## Verb tables (cont.)

| infinitive | present | perfect | imperfect | future |
|---|---|---|---|---|
| écrire *to write* | j'écris<br>tu écris<br>il / elle / on écrit<br>nous écrivons<br>vous écrivez<br>ils / elles écrivent | j'ai écrit<br>tu as écrit<br>il / elle / on a écrit<br>nous avons écrit<br>vous avez écrit<br>ils / elles ont écrit | j'écrivais<br>tu écrivais<br>il / elle / on écrivait<br>nous écrivions<br>vous écriviez<br>ils / elles écrivaient | j'écrirai<br>tu écriras<br>il / elle / on écrira<br>nous écrirons<br>vous écrirez<br>ils / elles écriront |
| être *to be* | je suis<br>tu es<br>il / elle / on est<br>nous sommes<br>vous êtes<br>ils / elles sont | j'ai été<br>tu as été<br>il / elle / on a été<br>nous avons été<br>vous avez été<br>ils / elles ont été | j'étais<br>tu étais<br>il / elle / on était<br>nous étions<br>vous étiez<br>ils / elles étaient | je serai<br>tu seras<br>il / elle / on sera<br>nous serons<br>vous serez<br>ils / elles seront |
| faire *to do, to make* | je fais<br>tu fais<br>il / elle / on fait<br>nous faisons<br>vous faites<br>ils / elles font | j'ai fait<br>tu as fait<br>il / elle / on a fait<br>nous avons fait<br>vous avez fait<br>ils / elles ont fait | je faisais<br>tu faisais<br>il / elle / on faisait<br>nous faisions<br>vous faisiez<br>ils / elles faisaient | je ferai<br>tu feras<br>il / elle / on fera<br>nous ferons<br>vous ferez<br>ils / elles feront |
| lire *to read* | je lis<br>tu lis<br>il / elle / on lit<br>nous lisons<br>vous lisez<br>ils / elles lisent | j'ai lu<br>tu as lu<br>il / elle / on a lu<br>nous avons lu<br>vous avez lu<br>ils / elles ont lu | je lisais<br>tu lisais<br>il / elle / on lisait<br>nous lisions<br>vous lisiez<br>ils / elles lisaient | je lirai<br>tu liras<br>il / elle / on lira<br>nous lirons<br>vous lirez<br>ils / elles liront |
| mettre *to put* | je mets<br>tu mets<br>il / elle / on met<br>nous mettons<br>vous mettez<br>ils / elles mettent | j'ai mis<br>tu as mis<br>il / elle / on a mis<br>nous avons mis<br>vous avez mis<br>ils / elles ont mis | je mettais<br>tu mettais<br>il / elle / on mettait<br>nous mettions<br>vous mettiez<br>ils / elles mettaient | je mettrai<br>tu mettras<br>il / elle / on mettra<br>nous mettrons<br>vous mettrez<br>ils / elles mettront |
| pouvoir *to be able to* | je peux<br>tu peux<br>il / elle / on peut<br>nous pouvons<br>vous pouvez<br>ils / elles peuvent | j'ai pu<br>tu as pu<br>il / elle / on a pu<br>nous avons pu<br>vous avez pu<br>ils / elles ont pu | je pouvais<br>tu pouvais<br>il / elle / on pouvait<br>nous pouvions<br>vous pouviez<br>ils / elles pouvaient | je pourrai<br>tu pourras<br>il / elle / on pourra<br>nous pourrons<br>vous pourrez<br>ils / elles pourront |
| prendre *to take* | je prends<br>tu prends<br>il / elle / on prend<br>nous prenons<br>vous prenez<br>ils / elles prennent | j'ai pris<br>tu as pris<br>il / elle / on a pris<br>nous avons pris<br>vous avez pris<br>ils / elles ont pris | je prenais<br>tu prenais<br>il / elle / on prenait<br>nous prenions<br>vous preniez<br>ils / elles prenaient | je prendrai<br>tu prendras<br>il / elle / on prendra<br>nous prendrons<br>vous prendrez<br>ils / elles prendront |

## Verb tables (cont.)

| infinitive | present | perfect | imperfect | future |
|---|---|---|---|---|
| savoir *to know* | je sais<br>tu sais<br>il / elle / on sait<br>nous savons<br>vous savez<br>ils / elles savent | j'ai su<br>tu as su<br>il / elle / on a su<br>nous avons su<br>vous avez su<br>ils / elles ont su | je savais<br>tu savais<br>il / elle / on savait<br>nous savions<br>vous saviez<br>ils / elles savaient | je saurai<br>tu sauras<br>il / elle / on saura<br>nous saurons<br>vous saurez<br>ils / elles sauront |
| sortir *to go out* | je sors<br>tu sors<br>il sort<br>elle sort<br>on sort<br>nous sortons<br>vous sortez<br>ils sortent<br>elles sortent | je suis sorti(e)<br>tu es sorti(e)<br>il est sorti<br>elle est sortie<br>on est sorti(e)(s)<br>nous sommes sorti(e)s<br>vous êtes sorti(e)(s)<br>ils sont sortis<br>elles sont sorties | je sortais<br>tu sortais<br>il sortait<br>elle sortait<br>on sortait<br>nous sortions<br>vous sortiez<br>ils sortaient<br>elles sortaient | je sortirai<br>tu sortiras<br>il sortira<br>elle sortira<br>on sortira<br>nous sortirons<br>vous sortirez<br>ils sortiront<br>elles sortiront |
| venir *to come* | je viens<br>tu viens<br>il vient<br>elle vient<br>on vient<br>nous venons<br>vous venez<br>ils viennent<br>elles viennent | je suis venu(e)<br>tu es venu(e)<br>il est venu<br>elle est venue<br>on est venu(e)(s)<br>nous sommes venu(e)s<br>vous êtes venu(e)(s)<br>ils sont venus<br>elles sont venues | je venais<br>tu venais<br>il venait<br>elle venait<br>on venait<br>nous venions<br>vous veniez<br>ils venaient<br>elles venaient | je viendrai<br>tu viendras<br>il viendra<br>elle viendra<br>on viendra<br>nous viendrons<br>vous viendrez<br>ils viendront<br>elles viendront |
| voir *to see* | je vois<br>tu vois<br>il / elle / on voit<br>nous voyons<br>vous voyez<br>ils / elles voient | j'ai vu<br>tu as vu<br>il / elle / on a vu<br>nous avons vu<br>vous avez vu<br>ils / elles ont vu | je voyais<br>tu voyais<br>il / elle / on voyait<br>nous voyions<br>vous voyiez<br>ils / elles voyaient | je verrai<br>tu verras<br>il / elle / on verra<br>nous verrons<br>vous verrez<br>ils / elles verront |
| vouloir *to want* | je veux<br>tu veux<br>il / elle / on veut<br>nous voulons<br>vous voulez<br>ils / elles veulent | j'ai voulu<br>tu as voulu<br>il / elle / on a voulu<br>nous avons voulu<br>vous avez voulu<br>ils / elles ont voulu | je voulais<br>tu voulais<br>il / elle / on voulait<br>nous voulions<br>vous vouliez<br>ils / elles voulaient | je voudrai<br>tu voudras<br>il / elle / on voudra<br>nous voudrons<br>vous voudrez<br>ils / elles voudront |

# Glossaire français–anglais

## A

à *at, in*
à droite *on the right*
à gauche *on the left*
à quelle heure...? *what time...?*
à six heures *at six o'clock*
abandonner *to abandon*
l' abricot m *apricot*
l' accès m *access*
l' accident m *accident*
acheter *to buy*
actuel(le) *current, of today*
l' adolescent(e) m/f *teenager*
adorer *to love, adore*
l' adresse f *address*
l' aéroport m *airport*
l' aérosol m *aerosol*
les affaires fpl *things, belongings*
l' affiche f *poster, notice*
affreux / affreuse *awful*
africain(e) *African*
âge: au moyen âge *in the Middle Ages*
l' agent de police m *policeman, policewoman*
l' agriculteur m / agricultrice f *farmer*
aider *to help*
aimer *to like*
aîné(e) *older, elder*
l' aîné(e) m/f *the oldest, the eldest*
l' air m *air*
ajouter *to add*
l' alcool m *alcohol*
alimentaire *food*
l' alimentation f *food*
l' Allemagne f *Germany*
allemand(e) *German*
aller *to go*
un aller simple m *a one-way ticket*
un aller-retour m *a return ticket*
l' alu m *aluminium foil*
l' ambulance f *ambulance*
aménager *to develop*
américain(e) *American*
l' Amérindien(ne) m/f *American Indian*
l' amour m *love*
être amoureux / amoureuse de... *to be in love with...*
amusant(e) *funny, fun*
l' ananas m *pineapple*
l' anglais m *English*
anglais(e) *English*
l' Angleterre f *England*
l' animal m *animal*
l' anniversaire m *birthday*
mon anniversaire, c'est le premier mai *my birthday is the 1st of May*
l' anorak m *anorak*
l' anorexie f *anorexia*
les Antilles fpl *West Indies*
l' antiseptique m *antiseptic*
août m *August*
l' appareil-photo (numérique) m *(digital) camera*
l' appartement m *apartment, flat*
s' appeler *to be called*
comment t'appelles-tu? *what are you called?*
je m'appelle... *my name is...*
appliqué(e) *applied*
après *after*
l' après-midi m /f *afternoon*
l' arbre m *tree*
archi-nul *really bad*
l' argent m *money*
l' argent de poche m *pocket money*
l' armoire f *wardrobe*
arriver *to arrive*
arroser *to water*
l' arrosoir m *watering can*
l' ascenseur m *lift*
l' aspirateur m *hoover*
passer l'aspirateur *to do the hoovering*
assez *1. quite, 2. enough*
l' assiette f *plate*
assis(e) *sitting down*
l' assistant(e) m/f *assistant*
attention: faire attention à *to notice, to pay attention to*
les attractions fpl *attractions, places of interest*
l' auberge de jeunesse f *youth hostel*
audacieux / audacieuse *daring*
aussi *also, so*
aussi grand que... *as big as...*
l' autobus m *bus*
l' autocollant m *sticker*
l' automne m *autumn*
en automne *in the autumn*
avant-hier *the day before yesterday*
avec *with*
l' aventure f *adventure*
l' avion m *aeroplane*
l' avis m *opinion*
à mon avis *in my opinion*
l' avocat m *lawyer*
avoir *to have*
avoir du mal à *to have difficulty in*
avoir le sens de l'humour *to have a good sense of humour*
en avoir marre *to be fed up*
j'ai (15) ans *I am (15) years old*
il y a... *there is..., there are...*
avril m *April*

## B

le baby-sitting m *baby-sitting*
le bac (baccalauréat) m *school leaving certificate (= A-level)*
se baigner *to swim, bathe*
la baignoire f *bath*
la baleine f *whale*
la banane f *banana*
la banlieue f *suburbs*
la banque f *bank*
le bar m *bar*
barbant(e) *boring*
la barbe f *beard*
le basket m *basketball*
les baskets fpl *trainers*
le bateau m *boat*
battre *to beat*
bavard(e) *talkative*
beau / belle *beautiful, lovely*
il fait beau *the weather is good*
beaucoup *a lot*
le beau-père m *1. father-in-law, 2. stepfather*
belge *Belgian*
la Belgique f *Belgium*
la belle-mère f *1. mother-in-law, 2. stepmother*
le besoin m *use, need*
le beurre m *butter*
la bibliothèque f *library*
bien *1. well, 2. good*
bien sûr *of course*
bienvenue! *welcome!*
la bière f *beer*
le bifteck m *steak*
les bijoux mpl *jewellery*
le billet m *ticket*
la biologie f *biology*
blanc(he) *white*
le blazer m *blazer*
blessé(e) *injured*
la blessure f *injury*
bleu(e) *blue*
blond(e) *blond, fair*
le blouson m *jacket*
le blouson en cuir m *leather jacket*
boire *to drink*
la boîte (de nuit) f *nightclub*
le bol m *bowl*
bon(ne) *good*
de bonne heure *early*
les bonbons mpl *sweets*
bonjour! *good morning!, good day!*
bonsoir! *good evening!*
le bord m *side, edge*
aller au bord de la mer *to go to the seaside*
la boucherie f *butcher's shop*
la boucle d'oreille f *earring*
le boulanger m / la boulangère f *baker*
ma mère est boulangère *my mother is a baker*
la boulangerie f *baker's shop*
les boules fpl *boules (= French bowls)*
jouer aux boules *to play boules*
la boulimie f *bulimia*
le boulot m *work*
la boum f *party*
la boutique de mode f *clothes shop*
boycotter *to boycott*
le bras m *arm*
la brochure f *brochure*
se bronzer *to sunbathe*
le brouillard m *fog*
il y a du brouillard *it's foggy*
le bruit m *noise*
brun(e) *brown*
le BT (brevet de technicien) m *vocational training certificate*
la bûche *log*
le bureau m *office*
le bus m *bus*
le buteur m *striker*

## C

le cabas m *shopping bag*
les cacahuètes fpl *peanuts*
le cadeau m *present*
le café m *1. café, 2. coffee*
la caisse f *checkout, cash desk*
le caissier m / la caissière f *cashier*
calorique *high in calories*
le camion m *lorry*
la campagne f *countryside*

le camping m *1. camping, 2. campsite*
faire du camping *to go camping*
le Canada m *Canada*
canadien(ne) *Canadian*
le canapé m *sofa*
la cantine f *canteen*
le car m *coach*
caraïbe *Caribbean*
la carotte f *carrot*
le carrefour m *crossroads*
la carrière f *career*
la carte f *menu*
la carte de crédit f *credit card*
la carte postale f *postcard*
le carton m *cardboard*
le casque m *headphones, earphones*
la cassette vidéo f *video*
la catégorie f *category*
la cathédrale f *cathedral*
ça va? *how are you?*
la cave f *cellar*
le CD m *CD*
le CDI (centre de documentation et d'information) m *school library*
célèbre *famous*
le centre m *centre*
dans le centre de la France *in central France*
le centre sportif m *sports centre*
le centre-ville m *town centre*
les céréales fpl *(breakfast) cereal*
le cerf-volant m *kite*
la cerise f *cherry*
c'est… *it's…*
ceux / celles *these, those*
la chaîne stéréo f *stereo system*
la chaise f *chair*
la chambre f *bedroom*
le champignon m *mushroom*
le championnat m *championship*
changer de place *to move*
le chanteur m / la chanteuse f *singer*
la charcuterie f *meat delicatessen*
le chat m *cat*
le château m *castle*
chaud(e) *hot*
il fait chaud *it is hot*
les chaussettes fpl *socks*
les chaussures fpl *shoes*
la chemise f *shirt*
les chèques de voyage mpl *traveller's cheques*
cher / chère *expensive*
chercher *to look for*
le cheval m *horse*
les cheveux mpl *hair*
avoir les cheveux longs *to have long hair*
le chewing-gum m *chewing gum*
chez *at the house of*
chez moi *at home (= at my house)*
le chien m *dog*
la chimie f *chemistry*
les chips fpl *crisps*
le chocolat m *chocolate*
le chocolat chaud m *hot chocolate*
le choix m *choice*
le chômage m *unemployment*
être au chômage *to be unemployed*
le chou m *cabbage*
le/la chouchou(te) m/f *(teacher's) pet*

le chou-fleur m *cauliflower*
la christophine f *chayote, vegetable pear, mango squash*
le cidre m *cider*
la cigarette f *cigarette*
le cinéma m *cinema*
la circulation f *traffic*
le cirque m *circus*
le citron vert m *lime*
la classe f *class*
première classe f *first class*
seconde classe f *second class*
la clé f *key*
le/la client(e) m/f *client, customer*
le club m *club*
le club des jeunes m *youth club*
le coca m *cola*
le cœur m *heart*
avoir mal au cœur *to feel sick*
le coiffeur m / la coiffeuse f *hairdresser*
collaborer *to collaborate*
le collège m *(secondary) school*
coller *to stick*
la colonisation f *colonisation*
combien *how much, how many*
c'est combien? *how much does it cost?*
comique *comical, comic*
commander *to order*
comme *like, as*
commencer *to begin*
comment *how*
comment ça s'écrit? *how is that spelt?*
le commerce m *business*
compliqué(e) *complicated*
la composition f *composition*
le compost m *compost*
le comprimé m *tablet*
se concentrer *to concentrate*
le concert m *concert*
le concert classique m *classical concert*
le concert de rock m *rock concert*
le conditionnement m *packaging*
la conférence f *talk, lecture*
la confiture f *jam*
consacrer *to dedicate, to establish*
le conseil *advice*
la consigne *locker*
constater *to notice, to see*
constituer *to make up*
construire *to build*
continuer *to continue*
contre *against*
être contre l'uniforme *to be against (school) uniforms*
convenable *convenient, suitable*
cool *cool*
super-cool *really cool*
le copain m *friend, boyfriend*
la copine f *friend, girlfriend*
le costume-cravate m *suit and tie*
le côté m *side*
à côté de *next to, beside*
la Côte d'Ivoire f *Ivory Coast*
la couche f *layer*
se coucher *to go to bed*
le coup de fil m *(phone) call*
le cours m *lesson*
en cours de route *on the way*
les courses fpl *shopping*

court(e) *short*
le couscous m *couscous*
le/la cousin(e) m/f *cousin*
le couteau m *knife*
la crampe f *cramp*
la cravate f *tie*
créatif / créative *creative*
la création f *creation*
créole *creole*
la crevette rose f *prawn*
critiquer *to criticise*
croire *to believe*
le croissant m *croissant*
le croque-monsieur m *ham and melted cheese on toast*
la cuiller f *spoon*
la cuillère f *spoon*
le cuir m *leather*
être en cuir *to be made of leather*
cuire *to cook*
la cuisine f *kitchen*
la cuisinière (électrique) f *(electric) cooker*
cuit(e) *cooked*
culinaire *culinary*
la culture f *culture*
le cybercafé m *internet café*

## D

d'abord *first, at first*
d'accord *OK, I agree*
dans *in*
le dauphin m *dolphin*
de plus en plus *more and more*
débarrasser *to clear*
débarrasser la table *to clear the table*
les débris mpl *leftovers, remains*
décembre m *December*
les déchets mpl *litter, rubbish*
découragé(e) *discouraged*
décrire *to describe*
déçu(e) *disappointed*
dedans *inside*
la défense nationale f *national defence*
déguster *to taste*
déjà *already*
le déjeuner m *lunch*
prendre le déjeuner *to have lunch*
demain *tomorrow*
la demi-finale f *semi-final*
le demi-frère m *half-brother*
la demi-sœur f *half-sister*
la dentifrice f *toothpaste*
le/la dentiste m/f *dentist*
les dents fpl *teeth*
le déodorant m *deodorant*
dépenser *to spend*
se déplacer *to get around*
le dépliant m *leaflet*
déprimé(e) *depressed*
dernier / dernière *last*
la semaine dernière f *last week*
derrière *behind*
dès *from, since*
descendre *to go down*
descendant de *a descendant of*
descendre du train *to get off the train*
le dessert m *dessert*
le dessin m *art*

détester *to hate*
devant *in front of*
devenir *to become*
devoir *to have to, must*
les devoirs mpl *homework*
j'ai fait mes devoirs *I did my homework*
le/la diététicien(ne) m/f *dietitian*
difficile *difficult*
dimanche m *Sunday*
la dinde f *turkey*
dîner *to have dinner*
le dîner m *dinner*
se diriger vers *to head for*
la discipline f *discipline*
se disputer *to argue*
les distractions fpl *leisure activities*
distribuer *to distribute*
distribuer des journaux *to deliver newspapers*
le documentaire m *documentary*
dominé(e) par *dominated by*
donner *to give*
dont *of which, including*
le dortoir m *dormitory*
le dos m *back*
la douche f *shower*
se doucher *to take a shower*
douloureux / douloureuse *painful*
se droguer *to take drugs*
droit: tout droit *straight on*
à droite *(on the) right*
dur(e) *hard, difficult*
durer *to last, to take (duration)*
le DVD m *DVD*

## E

l' eau f *water*
l' eau minérale f *mineral water*
l' école maternelle f *nursery school*
l' école primaire f *primary school*
écossais(e) *Scottish*
l' Écosse f *Scotland*
écouter *to listen (to)*
écrire *to write*
comment ça s'écrit? *how do you spell that?*
l' église f *church*
élevé(e) *brought up*
l' élève m/f *pupil, student*
l' élève-infirmière f *student nurse*
l' emballage m *packaging*
emballer *to pack*
l' embouteillage m *traffic jam*
l' émission (de télé) f *(television) programme*
empaqueté(e) *wrapped*
l' emplacement m *place (on a campsite)*
l' emploi m *job*
l' emploi du temps m *timetable, schedule*
emporter *to take*
en *in*
en vacances *on holiday*
encombrer *to clutter up*
énervant(e) *annoying*
l' enfant m/f *child*
avoir des enfants *to have children*
l' engin m *machine, instrument*
l' engrais m *fertiliser*
ennuyeux / ennuyeuse *boring*
ensoleillé(e) *sunny*
ensuite *then, next*
entendre *to hear*
s'entendre bien avec quelqu'un *to get on well with someone*
l' entraînement m *training session, practice*
entre *between*
l' entrée f *1. entrance, entrance fee, 2. starter*
envie: avoir envie de faire… *to want to do…*
environ *approximately*
l' environnement m *the environment*
envoyer *to send*
l' épice f *spice*
l' épicerie f *grocery store*
l' époque f *time, era*
épouser *to marry*
l' EPS (éducation physique et sportive) f *PE (physical education)*
équilibré(e) *balanced*
l' équipe f *team*
l' équitation f *horse-riding*
l' escalier m *stairs*
l' escargot m *snail*
l' esclave m/f *slave*
l' Espagne f *Spain*
l' espagnol m *Spanish*
espagnol(e) *Spanish*
espérer *to hope*
essayer *to try*
l' est m *east*
et *and*
l' établissement m *establishment, firm*
l' étage m *floor*
au premier étage *on the first floor*
l' état m *state*
les États-Unis mpl *USA*
l' été m *summer*
en été *in the summer*
l' étranger m *foreign countries*
aller à l'étranger *to go abroad*
être *to be*
les études fpl *studies*
l' euro m *euro*
éviter *to avoid*
l' examen m *exam*
passer des examens *to take exams*
excellent(e) *excellent*
l' excursion f *excursion, trip*
excusez-moi *excuse me*
l' expérience f *experience*
expérimenté(e) *experienced*
expliquer *to explain*

## F

face: être en face de… *to be opposite…*
facile *easy*
le facteur m / la factrice f *postman, postwoman*
faire *to do, to make*
faire des courses *to go shopping*
la famille f *family*
fatigant(e) *tiring*
le fauteuil m *armchair*
le fauteuil roulant m *wheelchair*
la fenêtre f *window*
la ferme f *farm*
le feuilleton m *serial, soap opera*
les feux (rouges) mpl *traffic lights*
février m *February*
fier / fière *proud*
la fièvre f *fever*
avoir de la fièvre *to have a temperature*
la fille f *girl, daughter*
le film m *film*
le film comique m *comedy*
le film d'amour m *romantic film*
le film d'aventures m *adventure film*
le film d'horreur m *horror film*
le film de science-fiction m *science fiction film*
le fils m *son*
finir *to finish*
flécher *to mark*
la fleur f *flower*
la fois f *time*
une fois par semaine *once a week*
le foot / le football m *football*
la formation f *training*
le four à micro-ondes m *microwave oven*
la fourchette f *fork*
fournir *to supply*
frais / fraîche *cool*
la fraise f *strawberry*
la framboise f *raspberry*
le français m *French*
français(e) *French*
la France f *France*
les freins mpl *brakes*
le frère m *brother*
le frigo m *fridge*
la fringale f *raging hunger*
les frites fpl *chips*
froid(e) *cold*
il fait froid *it is cold*
le fromage m *cheese*
les fruits mpl *fruit*
les fruits de mer mpl *seafood*
fumer *to smoke*
le fumeur m / la fumeuse f *smoker*
fumeur *smoking*
non-fumeur *non-smoking*

## G

gagner *to earn*
gagner (10) euros de l'heure *to earn (10) euros an hour*
gallois(e) *Welsh*
le garage m *garage*
le garçon m *boy*
la gare f *train station*
la gare routière f *bus station*
le gâteau m *cake*
à gauche *(on the) left*
le géant m *giant*
geler *to freeze*
il gèle *it is freezing*
génial(e) *great*
le genou m *knee*
la géo(graphie) f *geography*
le gîte m *self-catering cottage*
la glace f *ice, ice cream*
le gobelet m *tumbler*
le golf m *golf*
la gorge f *throat*
gourmand(e) *greedy*
le goûter *afternoon tea*
les graffitis mpl *graffiti*
faire des graffitis *to graffiti*
grand(e) *large, big*
la grand-mère f *grandmother*

le grand-père m *grandfather*
la Grande-Bretagne f *Great Britain*
les grandes vacances fpl *summer holidays*
gratuit(e) *free*
grec(que) *Greek*
la Grèce f *Greece*
grignoter *to nibble*
la grippe f *flu*
gris(e) *grey*
le groupe m *group, band*
jouer dans un groupe *to play in a band*
la gymnastique f *gymnastics*

## H

l' habitant(e) m/f *inhabitant*
habiter *to live*
où habites-tu? *where do you live?*
j'habite à… *I live in…*
l' habitude f *habit*
l' haleine f *breath*
la halte-garderie f *nursery*
le hamburger m *hamburger*
le hamster m *hamster*
les haricots verts mpl *green beans*
le haschisch m *cannabis*
l' héritage m *heritage, legacy, inheritance*
l' heure f *hour, time*
quelle heure est-il? *what time is it?*
il est six heures *it is six o'clock*
avez-vous l'heure? *have you got the time?*
être à l'heure *to be on time*
heureux / heureuse *happy*
hier *yesterday*
l' histoire f *history*
historique *historical*
l' hiver m *winter*
en hiver *in winter*
le hockey m *hockey*
hollandais(e) *Dutch*
la Hollande *Holland*
l' hôpital m *hospital*
les horaires mpl *schedule, working hours*
l' horreur f *horror*
l' hôtel m *hotel*
l' hôtel de ville m *town hall*
l' hôtesse de l'air f *flight attendant*
l' huître f *oyster*
l' humeur f *mood*
de bonne humeur *in a good mood*
l' hygiène f *hygiene*
l' hypermarché m *hypermarket*

## I

il y a… *there is…, there are…*
immédiatement *immediately*
impatient(e) *impatient*
impoli(e) *impolite*
l' importation f *import*
s' imposer *to be essential*
l' impression f *impression, feeling*
inacceptable *unacceptable*
l' Indien(ne) m/f *Indian*
indien(ne) *Indian*
industriel(le) *industrial*
l' infirmier m / l'infirmière f *nurse*
l' infirmière coordinatrice f *coordinating nurse*
l' influence f *influence*
les informations fpl *information, news*
l' informatique f *computer science, computing*
l' ingénieur m *engineer*
inquiéter *to worry*
cela m'inquiète *that worries me*
inspirer *to inspire*
l' instituteur m / institutrice f *(primary school) teacher*
l' institution f *institution*
l' insuline f *insulin*
intelligent(e) *intelligent*
l' intention f *intention*
avoir l'intention de faire… *to plan to do…*
interdit(e) *forbidden*
intéressant(e) *interesting*
s' intéresser à *to be interested in*
intolérable *intolerable*
inutilement *uselessly, unnecessarily*
irlandais(e) *Irish*
l' Irlande f *Ireland*
irrépressible *irresistible, uncontrollable*
l' Italie f *Italy*
italien(ne) *Italian*

## J

la jambe f *leg*
janvier m *January*
le jardin m *garden*
le jardinage m *gardening*
le jazz m *jazz music*
le jean m *jeans*
jeter *to throw*
jeter des déchets par terre *to drop litter*
jeudi m *Thursday*
les jeux vidéo mpl *video games*
le jogging m *1. jogging, 2. tracksuit*
joli(e) *pretty*
jouer *to play*
jouer au basket *to play basketball*
jouer aux cartes *to play cards*
le jouet *toy*
le jour m *day*
le journal m *newspaper*
la journée f *day*
juillet m *July*
juin m *June*
la jupe f *skirt*
le jus m *juice*
le jus d'orange m *orange juice*
le jus de pomme m *apple juice*
jusqu'à *to, as far as*

## L

le lac m *lake*
laisser *to leave*
laisser un message *to leave a message*
le lait m *milk*
la lampe f *lamp*
le lapin m *rabbit*
le lavabo m *sink, washbasin*
le lave-vaisselle m *dishwasher*
la lecture f *reading*
les légumes mpl *vegetables*
le lendemain m *the next day*
lentement *slowly*
les lentilles fpl *lentils*
la lessive f *washing powder*
la lettre f *letter*
se lever *to get up*
la librairie f *bookshop*
libre *free*
la limonade f *lemonade*
lire *to read*
la liste f *list*
le lit m *bed*
faire son lit *to make one's bed*
le littoral m *coast*
la livraison f *delivery*
le livre m *book*
loin *far (away)*
long(ue) *long*
lors de *during*
louer *to hire*
la lumière f *light*
lundi m *Monday*
les lunettes fpl *glasses*
porter des lunettes *to wear glasses*
lutter *to fight*
le lycée m *sixth form college*
le lycée professionnel m *vocational school*
le lycée technique m *technical school*

## M

ma / mon *my*
la machine à laver f *washing machine*
Madame *Mrs, Madam*
Mademoiselle *Miss*
le magasin m *shop*
le magasin de téléphones portables m *mobile phone shop*
le magazine m *magazine*
mai m *May*
maigrir *to lose weight*
le maillot de bain m *swimming costume*
la mairie f *town hall*
la maison f *house*
le maître nageur (sauveteur) m *swimming teacher (and lifeguard)*
mal *1. badly, 2. wrong, bad*
le mal m *pain, hurt*
avoir mal à la tête *to have a headache*
avoir mal au cœur *to feel sick*
la maladie f *illness*
malheureusement *unfortunately*
manger *to eat*
le manteau m *coat*
se maquiller *to put on make-up, to wear make-up*
le marchand de journaux m *newsagent's (shop)*
le marché m *market*
le marché couvert m *indoor market*
marcher *to work*
le téléphone ne marche pas *the telephone doesn't work*
mardi m *Tuesday*
se marier *to get married*
marrant(e) *funny*
marre: en avoir marre *to be fed up (with something)*
le marron m *chestnut*
marron *brown*
mars m *March*
le massacre m *massacre*
le masseur-kinésithérapeute m *physiotherapist*
le match m *match*
le match de foot m *football match*
les maths fpl *maths*

la matière f *subject*
mauvais(e) *bad*
il fait mauvais *the weather is bad*
la mayonnaise f *mayonnaise*
le mec m *bloke, guy*
le/la mécanicien(ne) m/f *mechanic*
le médecin m *doctor*
médiatisé(e) *covered by the press/media*
le mégot de cigarette m *cigarette end*
meilleur(e) *better*
le mélange m *mixture*
la mer f *sea*
au bord de la mer *at the seaside*
les fruits de mer mpl *seafood*
mercredi m *Wednesday*
la mère f *mother*
le message m *message*
météorologique *weather*
le metier m *profession*
le métro m *underground*
aller en métro *to go on the underground*
mettre *to put*
mettre la table *to lay the table*
le milieu m *environment*
en milieu hospitalier *in a hospital environment*
le/la milliardaire m/f *multimillionaire*
milliers *thousands*
le miroir m *mirror*
le mobile home m *mobile home*
la mobylette f *moped*
moche *ugly*
moderne *modern*
moins *less*
moins (grand) que… *less (big) than…*
le mois m *month*
le moniteur / la monitrice f *instructor, supervisor*
Monsieur *Mr, Sir*
la montagne f *mountain*
monter *to go up*
monter dans le train *to get onto the train*
la montre f *watch*
les monuments mpl *monuments, sights*
la moquette f *carpet*
la moto f *motorbike*
la mousse au chocolat f *chocolate mousse*
la moustache f *moustache*
la moutarde f *mustard*
le mur m *wall*
au mur… *on the wall…*
le musée m *museum*
le/la musicien(ne) m/f *musician*
la musique f *music*
la musique classique f *classical music*
la musique pop f *pop music*

## N

la naissance f *birth*
la natation f *swimming*
naturellement *of course*
ne… pas *not*
ne… pas du tout *not at all*
né(e) *born*
neiger *to snow*
il neige *it is snowing*
nettoyer *to clean*
noir(e) *black*
le nom m *name*
nombreux / nombreuse *numerous*
le nombril m *navel*
non *no*
non, je n'ai pas envie *no, I don't feel like it*
le non-fumeur m / la non-fumeuse f *non-smoker*
non-fumeur *non-smoking*
le nord m *north*
le nord-est m *north-east*
le nord-ouest m *north-west*
notamment *notably*
nouveau / nouvelle *new*
novembre m *November*
nuageux / nuageuse *cloudy*
la nuit f *night*
nul(le) *bad, rubbish, awful*
archi-nul(le) *really rubbish*
le numéro m *number*
le numéro de téléphone m *telephone number*

## O

l' obésité f *obesity*
obligatoire *compulsory*
s' occuper de *to look after*
octobre m *October*
l' œil m *eye*
l' œuf m *egg*
l' office du tourisme m *tourist information office*
l' oiseau m *bird*
l' oncle m *uncle*
l' Orangina m *fizzy orange drink*
l' orchestre m *orchestra*
l' ordinateur m *computer*
les oreilles fpl *ears*
organique *organic*
l' orthographe f *spelling*
ou *or*
où *where*
c'est où? *where is it?*
oublier *to forget*
l' ouest m *west*
oui *yes*
oui, je veux bien *yes, I'd like to*
ouvrir *to open*

## P

le pain m *bread*
le pain au chocolat m *chocolate croissant*
le pain grillé m *toast*
la panne f *breakdown, failure*
être en panne *to be broken (down)*
le pantalon m *trousers*
le papier m *paper*
le paquet m *packet*
par *by*
par jour *per day*
paraître *to appear*
le parapluie m *umbrella*
le parc m *park*
parce que *because*
pardon *sorry*
les parents mpl *parents*
paresseux / paresseuse *lazy*
le parking m *car park*
parler *to speak, talk*
partager *to share*
partir *to leave*
partir en vacances *to go on holiday*
le passeport m *passport*
passer *to spend (time)*
passer un examen *to take an exam*
le passe-temps m *hobby*
quels sont tes passe-temps? *what are your hobbies?*
passionnant(e) *exciting, fascinating*
la pastille f *pastille, lozenge*
le pâté m *pâté*
le pâté de foie gras m *(goose) liver pâté*
les pâtes fpl *pasta*
la patinoire f *ice rink*
la pâtisserie f *1. cake shop, 2. little cake*
payer *to pay*
bien payé(e) *well paid (work)*
le pays m *country*
les Pays-Bas mpl *Netherlands*
le pays de Galles m *Wales*
la pêche f *1. peach, 2. fishing*
aller à la pêche *to go fishing*
la pelouse f *lawn*
pendant *during*
pénible *1. hard, painful, 2. tiresome*
perdre *to lose*
perdre du poids *to lose weight*
le père m *father*
la personne f *person*
petit(e) *small*
le petit déjeuner m *breakfast*
les petits gâteaux mpl *biscuits*
les petits pois mpl *peas*
peu calorifique *low in calories*
la pharmacie f *chemist's, pharmacy*
la photo f *photo*
faire des photos *to take photos*
la photocopie f *photocopying, photocopy*
la physique f *physics*
la pièce de théâtre f *play*
le pied m *foot*
aller à pied *to go on foot*
le/la piéton(ne) m/f *pedestrian*
la zone piétonne f *pedestrian precinct*
la pile f *battery*
pittoresque *picturesque*
la plage f *beach*
le plaisir m *pleasure*
avec plaisir *with pleasure*
la planche à voile f *windsurfing*
le planning familial m *family planning*
la plante f *plant*
le plastique m *plastic*
être en plastique *to be made of plastic*
le plat m *dish, course*
le plat du jour m *dish of the day*
le plat principal m *main course*
plein(e) *full*
en plein air *outdoors*
pleuvoir *to rain*
il pleut *it is raining*
plus *more*
plus grand *bigger*
plutôt *rather*
pluvieux / pluvieuse *rainy*
les pneus mpl *tyres*
la poire f *pear*
le poisson m *fish*
la poissonerie f *fishmonger*
le poivre m *(sweet) pepper*
le poivron m *pepper*
le polluant m *pollutant*
polluant(e) *polluting*

pollué(e) *polluted*
la pollution f *pollution*
la pomme f *apple*
la pomme de terre f *potato*
en pompe *in a pump / dispenser*
le pont m *bridge*
le port m *port*
le portefeuille m *wallet*
porter *to wear, carry*
la portion f *portion*
portugais(e) *Portuguese*
le Portugal m *Portugal*
le poster m *poster*
le potage m *soup*
la poubelle f *dustbin*
le poulet m *chicken*
le poumon m *lung*
pour *for*
être pour l'uniforme *to be in favour of (school) uniforms*
la poupée f *doll*
pouvoir *to be able*
pratique *practical*
pratiquer *to practise*
préféré(e) *favourite*
préférer *to prefer*
premier / première *first*
la première classe f *first class*
prendre *to take*
prendre la mesure de *to get the measure of*
près *near*
être près de… *to be near…*
présenter *to introduce*
je te/vous présente… *let me introduce…*
la presse f *press*
le printemps m *spring*
au printemps *in the spring*
le problème m *problem*
prochain(e) *next*
le/la prof m/f *teacher*
le professeur m *teacher*
professionnel(le) *professional*
profiter de *to take advantage of*
profondément *deeply*
la promenade f *walk*
les propos mpl *words, comments*
à propos de… *about…*
le prospectus m *brochure*
la protection f *protection*
protéger *to protect*
provoquer *to provoke*
la prudence *caution*
le/la psychologue m/f *psychologist*
le public m *the public*
la publicité f *advertising*
puis *then*
le pull m *pullover, jumper*

## Q

le quai m *platform*
le quart de finale m *quarter final*
quel(le) *which*
quelque chose *something*
quelquefois *sometimes*
quitter *to leave*
quitter la maison *to leave the house*

## R

la radio f *radio*
le raisin m *grapes*
la randonnée à pied f *walk, hike*
ranger *to tidy*
ranger sa chambre *to tidy one's room*
le rap m *rap*
rapide *fast*
rappeler *to call back*
se rappeler *to remember, recall*
rarement *rarely*
réchauffer *to reheat*
reconnaître *to recognise*
la récréation f *break*
recycler *to recycle*
le rédacteur m / la rédactrice f *editor*
refléter *to reflect*
regarder *to watch*
le reggae m *reggae*
le régime m *diet*
remarquer *to notice*
rembourser *to reimburse*
remporter *to take away (again), to win (prize)*
se rendre compte *to realise*
la rentrée f *start of school year/term*
rentrer *to come back, return*
rentrer à la maison *to return home*
la réparation f *repair*
repartir *to leave (again)*
le repas m *meal*
le repassage m *ironing*
répondre *to answer*
réserver *to reserve*
le résidu m *waste*
respirer *to breathe*
ressentir *to feel*
le restaurant m *restaurant*
rester *to stay*
rester en forme *to keep fit*
le résultat m *result*
le retard m *lateness, delay*
arriver en retard *to arrive late*
se retrouver *to meet, to meet up*
on se retrouve à quelle heure? *what time shall we meet?*
le réveil m *alarm clock*
se réveiller *to wake up*
révéler *to reveal*
revenir *to return*
le revenu m *income*
le rez-de-chaussée m *ground floor*
au rez-de-chaussée *on the ground floor*
le rhume m *cold*
les rideaux mpl *curtains*
rigoler *to laugh*
rincer *to rinse*
rire *to laugh*
le riz m *rice*
la robe f *dress*
le robinet *tap*
le rock m *rock music*
le rond-point m *(traffic) roundabout*
rouge *red*
royal(e) *royal*
la rue f *street*
le rugby m *rugby*
le rythme m *rhythm*

## S

le sac m *bag*
le sac à dos m *rucksack*
le sac de couchage m *sleeping bag*
saignant(e) *(steak) rare*
la salade f *salad*
sale *dirty*
la salle f *room*
la salle à manger f *dining room*
la salle de bains f *bathroom*
la salle de classe f *classroom*
la salle de documentation f *resource centre*
la salle d'informatique f *computer room*
la salle de séjour f *living room*
la salle des fêtes f *village hall*
salut! *hello!*
samedi m *Saturday*
le sandwich m *sandwich*
le sandwich au fromage *cheese sandwich*
sans *without*
la saucisse f *sausage*
la saveur f *flavour*
le savon m *soap*
la science-fiction f *science fiction*
les sciences fpl *science(s)*
second(e) *second*
être en seconde *to be in year 11*
le / la secrétaire m/f *secretary*
la sécrétion f *secretion*
la sécurité f *safety*
le sel m *salt*
les sels minéraux mpl *mineral salts*
selon *according to*
la semaine f *week*
septembre m *September*
la série f *series*
la série policière f *police drama series*
la serviette f *towel*
servir *to serve*
seul(e) *alone*
le shopping m *shopping*
faire du shopping *to go shopping*
le short m *pair of shorts*
si *if*
si on allait en boîte? *shall we go to a nightclub?*
s'il vous plaît *please*
se signaler *to distinguish oneself, to stand out*
simpliste *simplistic*
le sirop m *(cough) syrup*
sirupeux / sirupeuse *syrupy*
situé(e): être situé(e) *to be situated*
le ski m *skiing*
le ski nautique m *water skiing*
la sœur f *sister*
les soins de beauté mpl *beauty treatment*
les soins intensifs mpl *intensive care*
le soir m *evening*
le soleil m *sun*
il y a du soleil *it's sunny*
le sondage m *survey*
sortir *to go out*
souffrir *to suffer*
souhaiter *to wish*
la souris f *mouse*
le souvenir m *souvenir*
souvent *often*

les spaghettis mpl *spaghetti*
la spécialisation f *specialisation*
le sport m *sport*
sportif / sportive *sporty*
le stade m *stadium*
le stage m *work experience, internship*
la station-service f *service station*
le steak m *steak*
strict(e) *strict*
le sucre m *sugar*
le sud m *south*
le sud-est m *south-east*
le sud-ouest m *south-west*
la Suisse f *Switzerland*
suisse *Swiss*
suivre *to follow*
suivre des cours *to take classes*
super *great*
le supermarché m *supermarket*
supplémentaire *extra*
surveillé(e) *supervised*
le sweat m *sweatshirt*
sympa *kind, nice*

## T

la table f *table*
la tante f *aunt*
taper *to type*
la tarte à l'oignon f *onion tart*
la tarte flambée f *onion tart (an Alsatian speciality)*
la tartine f *slice of bread (and butter)*
la technologie f *technology*
le téléphone m *telephone*
le téléphone portable m *mobile phone*
téléphoner *to telephone*
le téléspectateur m *TV viewer*
la télé / la télévision f *TV, television*
regarder la télé *to watch TV*
tempéré(e) *temperate*
le temps m *1. time, 2. weather*
de temps en temps *from time to time*
quel temps fait-il? *what is the weather like?*
tenir compte de *to take into account*
le tennis m *tennis*
le terrain de sports m *sports field*
la terre f *earth, ground*
la tête f *head*
le texte m *text*
le thé m *tea*
le théâtre m *theatre*
le timbre m *stamp*
timide *shy*
la toilette f *toilet*
la tortue f *tortoise*
la totalité f *the whole*
le tourisme m *tourist industry*
le tour: à notre tour *it's our turn*
le tournoi de tennis m *tennis tournament*
tout(e) *all, every*
tout droit *straight on*
tous les jours *every day*
traduire *to translate*
le train m *train*
le trajet m *journey*
le tramway m *tram*
le transport m *transport*
les transports en commun mpl *public transport*
le travail m *work*
travailler *to work*
le travailleur m / la travailleuse f *worker*
travailleur / travailleuse *hard-working*
très *very*
troisième *third*
être en troisième *to be in year 10*
trop *too, too much*
le trottoir m *pavement*
le trou m *hole*
trouver *to find*
le T-shirt m *T-shirt*

## U

l' uniforme m *uniform*
unique *only*
je suis fille / fils unique *I'm an only daughter / son*
uniquement *only, exclusively*
l' université f *university*
l' usine f *factory*
utile *useful*
utilisé(e) *used*
utiliser *to use*

## V

les vacances fpl *holiday(s)*
le vacancier m / la vacancière f *holiday-maker*
la vaisselle f *washing-up*
faire la vaisselle *to do the washing-up*
la valise f *suitcase*
le veau m *veal*
le végétarien m / la végétarienne f *vegetarian*
le vélo m *bicycle*
un vélo de femme *a woman's bike*
un vélo d'homme *a man's bike*
aller à vélo *to go by bike*
faire du vélo *to go cycling*
le velours m *velvet*
le vendeur m / la vendeuse f *shop assistant*
vendredi m *Friday*
le vent m *wind*
il y a du vent *it is windy*
la vente f *sale*
le ventre m *stomach*
le verre m *glass*
verser *to pour*
vert(e) *green*
la vertu f *benefit*
la veste f *jacket*
le/la vétérinaire m/f *vet*
la viande f *meat*
vider *to empty*
le village m *village*
la ville f *town*
en ville *in town*
le vin m *wine*
le vinaigre m *vinegar*
violent(e) *violent*
violet(te) *purple*
visiter *to visit*
la voile f *sailing*
la voiture f *car*
la voix f *voice*
le volley m *volleyball*
vouloir *to want*
je voudrais… *I would like…*
le voyage m *journey*
voyager *to travel*
le VTT (vélo tout-terrain) m *mountain bike*

## W

les WC mpl *toilet*
le week-end m *weekend*

## Y

le yaourt m *yoghurt*
les yeux mpl *eyes*
avoir les yeux bleus *to have blue eyes*

## Z

la zone autorisée f *permitted area*
la zone piétonne f *pedestrian precinct*

# Glossaire anglais–français

## A

a lot *beaucoup*
about… *à propos de…*
accident *l' accident m*
address *l' adresse f*
adventure *l' aventure f*
  adventure film *le film d'aventures m*
aeroplane *l' avion m*
after *après*
afternoon *l' après-midi m/f*
  afternoon tea *le goûter*
against *contre*
air *l' air m*
airport *l' aéroport m*
alarm clock *le réveil m*
alcohol *l' alcool m*
all *tout / toute*
alone *seul(e)*
already *déjà*
also *aussi*
ambulance *l' ambulance f*
American *américain(e)*
and *et*
animal *l' animal m*
annoying *énervant(e)*
anorak *l' anorak m*
answer *1. répondre, 2. la réponse f*
apartment *l' appartement m*
apple *la pomme f*
  apple juice *le jus de pomme m*
approximately *environ*
apricot *l' abricot m*
April *avril m*
argue *se disputer*
arm *le bras m*
armchair *le fauteuil m*
arrive *arriver*
  arrive late *arriver en retard*
art *le dessin m*
as big as… *aussi grand que…*
as far as *jusqu'à*
assistant *l' assistant(e) m/f*
at *à*
at first *d'abord*
at home *chez moi*
at six o'clock *à six heures*
at the house of *chez*
attractions *les attractions fpl*
August *août m*
aunt *la tante f*
autumn *l' automne m*
awful *affreux (-euse)*

## B

baby-sitting *le baby-sitting m*
back *le dos m*
bad *mauvais(e), nul(le)*
bag *le sac m*
baker *le boulanger m, la boulangère f*
baker's shop *la boulangerie f*
banana *la banane f*
band *le groupe m*
bank *la banque f*
bar *le bar m*
basketball *le basket m*
bath *la baignoire f*
bathroom *la salle de bains f*
be *être*
  be able *pouvoir*
  be against (school) uniforms *être contre l'uniforme*
  be broken (down) *être en panne*
  be called *s'appeler*
  be in favour of (school) uniforms *être pour l'uniforme*
  be in love with… *être amoureux / amoureuse de…*
  be in year 10 *être en troisième*
  be in year 11 *être en seconde*
  be made of leather *être en cuir*
  be made of plastic *être en plastique*
  be near… *être près de…*
  be on time *être à l'heure*
  be opposite… *être en face de…*
  be situated *être situé(e)*
  be unemployed *être au chômage*
beach *la plage f*
beard *la barbe f*
beautiful *beau, belle*
because *parce que*
bed *le lit m*
bedroom *la chambre f*
beer *la bière f*
begin *commencer*
behind *derrière*
Belgian *belge*
Belgium *la Belgique f*
believe *croire*
belongings *les affaires fpl*
between *entre*
bicycle *le vélo m*
big *grand(e)*
bigger *plus grand(e)*
biology *la biologie f*
bird *l' oiseau m*
birthday *l' anniversaire m*
biscuits *les petits gâteaux mpl*
black *noir(e)*
blazer *le blazer m*
blond *blond(e)*
blue *bleu(e)*
boat *le bateau m*
book *le livre m*
bookshop *la librairie f*
boring *ennuyeux (-euse), barbant(e)*
boy *le garçon m*
boyfriend *le copain m*
brakes *les freins mpl*
bread *le pain m*
break *la récréation f*
breakfast *le petit déjeuner m*
bridge *le pont m*
brochure *la brochure f*
brother *le frère m*
brown *brun(e), marron*
bus *l' autobus m, le bus m*
  bus station *la gare routière f*
butcher's shop *la boucherie f*
butter *le beurre m*
buy *acheter*
by *par*

## C

cabbage *le chou m*
café *le café m*
cake *la pâtisserie f, le gâteau m*
cake shop *la pâtisserie f*
call back *rappeler*
camera *l' appareil-photo m*
camping *le camping m*
campsite *le camping m*
Canada *le Canada m*
Canadian *canadien(ne)*
cannabis *le haschisch m*
canteen *la cantine f*
car *la voiture f*
car park *le parking m*
carpet *la moquette f*
carrot *la carotte f*
carry *porter*
cashier *le caissier m, la caissière f*
castle *le château m*
cat *le chat m*
cathedral *la cathédrale f*
cauliflower *le chou-fleur m*
CD *le CD m*
cellar *la cave f*
centre *le centre m*
cereal *les céréales fpl*
chair *la chaise f*
cheese *le fromage m*
  cheese sandwich *le sandwich au fromage*
chemist's *la pharmacie f*
chemistry *la chimie f*
cherry *la cerise f*
chewing gum *le chewing-gum m*
chicken *le poulet m*
child *l' enfant m/f*
chips *les frites fpl*
chocolate *le chocolat m*
  chocolate croissant *le pain au chocolat m*
  chocolate mousse *la mousse au chocolat f*
church *l' église f*
cider *le cidre m*
cigarette *la cigarette f*
  cigarette end *le mégot de cigarette m*
cinema *le cinéma m*
circus *le cirque m*
class *la classe f*
classical concert *le concert classique m*
classical music *la musique classique f*
classroom *la salle de classe f*
clean *nettoyer*
clear *débarrasser*
  clear the table *débarrasser la table*
client *le client m, la cliente f*
clothes shop *la boutique de mode f*
cloudy *nuageux (-euse)*
club *le club m*
coach *le car m*
coat *le manteau m*
coffee *le café m*
cola *le coca m*
cold *1. froid(e), 2. le rhume m*
come back *rentrer*
comedy *le film comique m*
comical, comic *comique*
complicated *compliqué(e)*

computer *l' ordinateur m*
computer room *la salle d'informatique f*
computer science, computing *l' informatique f*
concentrate *se concentrer*
concert *le concert m*
continue *continuer*
cook *cuire*
cooked *cuit(e)*
cooker *la cuisinière f*
cool *1. cool, 2. frais, fraîche*
cough syrup *le sirop m*
country *le pays m*
countryside *la campagne f*
course *le plat m*
couscous *le couscous m*
cousin *le cousin m, la cousine f*
creative *créatif (-ive)*
credit card *la carte de crédit f*
crisps *les chips fpl*
criticise *critiquer*
croissant *le croissant m*
crossroads *le carrefour m*
curtains *les rideaux mpl*
customer *le client m, la cliente f*

## D

day *le jour m, la journée f*
the day before yesterday *avant-hier*
December *décembre m*
deliver newspapers *distribuer des journaux*
delivery *la livraison f*
dentist *le/la dentiste m/f*
depressed *déprimé(e)*
dessert *le dessert m*
difficult *dur(e), difficile*
digital camera *l' appareil-photo numérique m*
dining room *la salle à manger f*
dinner *le dîner m*
dirty *sale*
discipline *la discipline f*
dish *le plat m*
dish of the day *le plat du jour m*
dishwasher *le lave-vaisselle m*
distribute *distribuer*
do *faire*
do exams *passer des examens*
do the hoovering *passer l'aspirateur*
do the washing-up *faire la vaisselle*
doctor *le médecin m*
documentary *le documentaire m*
dog *le chien m*
dormitory *le dortoir m*
dress *la robe f*
drink *boire*
drop litter *jeter des déchets par terre*
during *pendant*
dustbin *la poubelle f*
Dutch *hollandais(e)*
DVD *le DVD m*

## E

early *de bonne heure*
earn *gagner*
earn (10) euros an hour *gagner (10) euros de l'heure*
ears *les oreilles fpl*
earth *la terre f*
east *l' est m*
easy *facile*
eat *manger*
edge *le bord m*
egg *l' œuf m*
empty *vider*
engineer *l' ingénieur m*
England *l' Angleterre f*
English *l' anglais m, anglais(e)*
enough *assez*
entrance *l' entrée f*
entrance fee *l' entrée f*
environment *l' environnement m*
euro *l' euro m*
evening *le soir m*
every day *tous les jours*
exam *l' examen m*
excellent *excellent(e)*
exciting *passionnant(e)*
excursion *l' excursion f*
excuse me *excusez-moi*
expensive *cher, chère*
eye *l' œil m*
eyes *les yeux mpl*

## F

factory *l' usine f*
fair (hair) *blond(e)*
family *la famille f*
farm *la ferme f*
farmer *l' agriculteur m / agricultrice f*
fast *rapide*
father *le père m*
father-in-law *le beau-père m*
favourite *préféré(e)*
February *février m*
feel sick *avoir mal au cœur*
fever *la fièvre f*
film *le film m*
find *trouver*
finish *finir*
first *1. premier, première; 2. d'abord*
first class *la première classe f*
fish *le poisson m*
fishing *la pêche f*
fizzy orange *l'Orangina m*
flight attendant *l' hôtesse de l'air f*
floor *l' étage m*
flower *la fleur f*
flu *la grippe f*
fog *le brouillard m*
follow *suivre*
food *l' alimentation f*
foot *le pied m*
football *le foot / le football m*
football match *le match de foot m*
for *pour*
forbidden *interdit(e)*
foreign countries *l' étranger m*
forget *oublier*
fork *la fourchette f*
France *la France f*
freeze *geler*
French *le français m, français(e)*
Friday *vendredi m*
fridge *le frigo m*
friend *le copain m, la copine f*
from time to time *de temps en temps*
fruit *les fruits mpl*
full *plein(e)*
funny, fun *amusant(e), comique*

## G

garage *le garage m*
garden *le jardin m*
gardening *le jardinage m*
geography *la géo(graphie) f*
German *l'allemand m, allemand(e)*
Germany *l' Allemagne f*
get married *se marier*
get off the train *descendre du train*
get on well with someone *s'entendre bien avec quelqu'un*
get onto the train *monter dans le train*
get up *se lever*
girl *la fille f*
girlfriend *la copine f*
give *donner*
glass *le verre m*
glasses *les lunettes fpl*
go *aller*
go abroad *aller à l'étranger*
go by bike *aller à vélo*
go camping *faire du camping*
go cycling *faire du vélo*
go down *descendre*
go fishing *aller à la pêche*
go on foot *aller à pied*
go on holiday *partir en vacances*
go on the underground *aller en métro*
go out *sortir*
go shopping *faire des courses, faire du shopping*
go to bed *se coucher*
go to the seaside *aller au bord de la mer*
go up *monter*
golf *le golf m*
good *bien, bon, bonne*
Good day! *Bonjour!*
Good evening! *Bonsoir!*
Good morning! *Bonjour!*
graffiti *1. faire des graffitis, 2. les graffitis mpl*
grandfather *le grand-père m*
grandmother *la grand-mère f*
grapes *le raisin m*
great *génial(e), super*
Great Britain *la Grande-Bretagne f*
Greece *la Grèce f*
Greek *grec / grecque*
green *vert(e)*
green beans *les haricots verts mpl*
grey *gris(e)*
grocery store *l' épicerie f*
ground *la terre f*
ground floor *le rez-de-chaussée m*
gymnastics *la gymnastique f*

## H

hair *les cheveux mpl*
hairdresser *le coiffeur m, la coiffeuse f*
half-brother *le demi-frère m*
half-sister *la demi-sœur f*
hamburger *le hamburger m*
hamster *le hamster m*
happy *heureux (-euse)*
hard *dur(e)*
hard-working *travailleur (-euse)*

hate *détester*
have *avoir*
  have a headache *avoir mal à la tête*
  have a temperature *avoir de la fièvre*
  have blue eyes *avoir les yeux bleus*
  have children *avoir des enfants*
  have dinner *dîner*
  have long hair *avoir les cheveux longs*
  have lunch *prendre le déjeuner*
  Have you got the time? *Avez-vous l'heure?*
head *la tête f*
hear *entendre*
heart *le cœur m*
Hello! *Salut!*
help *aider*
hike *la randonnée à pied f*
hire *louer*
historical *historique*
history *l' histoire f*
hobby *le passe-temps m*
hockey *le hockey m*
hole *le trou m*
holiday *les vacances fpl*
Holland *la Hollande*
homework *les devoirs mpl*
hoover *l' aspirateur m*
hope *espérer*
horror *l' horreur f*
  horror film *le film d'horreur m*
horse *le cheval m*
  horse-riding *l' équitation f*
hospital *l' hôpital m*
hot *chaud(e)*
  hot chocolate *le chocolat chaud m*
hotel *l' hôtel m*
hour *l' heure f*
house *la maison f*
how *comment*
  How are you? *Ça va?*
  How do you spell that? *Comment ça s'écrit?*
how much, how many *combien*
  How much does it cost? *C'est combien?*
hypermarket *l' hypermarché m*

## I

I agree *d'accord*
ice rink *la patinoire f*
if *si*
immediately *immédiatement*
impatient *impatient(e)*
impolite *impoli(e)*
in *dans, en*
  in a good mood *de bonne humeur*
  in central France *dans le centre de la France*
  in front of *devant*
  in the autumn *en automne*
  in the spring *au printemps*
  in the summer *en été*
  in the winter *en hiver*
  in town *en ville*
indoor market *le marché couvert m*
industrial *industriel(le)*
information *les informations fpl*
inhabitant *l'habitant(e) m/f*
injured *blessé(e)*
inside *dedans*
intelligent *intelligent(e)*
intention *l' intention f*
interesting *intéressant(e)*
internet café *le cybercafé m*
intolerable *intolérable*
introduce *présenter*
Ireland *l' Irlande f*
Irish *irlandais(e)*
It's... *C'est...*
Italian *italien(ne)*
Italy *l' Italie f*

## J

jacket *le blouson m, la veste f*
jam *la confiture f*
January *janvier m*
jazz music *le jazz m*
jeans *le jean m*
jewellery *les bijoux mpl*
job *l' emploi m*
jogging *le jogging m*
journey *le trajet m, le voyage m*
juice *le jus m*
July *juillet m*
June *juin m*

## K

key *la clé f*
kind *sympa*
kitchen *la cuisine f*
knee *le genou m*
knife *le couteau m*

## L

lake *le lac m*
lamp *la lampe f*
large *grand(e)*
last *dernier / dernière*
  last week *la semaine dernière f*
lateness *le retard m*
lawn *la pelouse f*
lay the table *mettre la table*
lazy *paresseux (-euse)*
leaflet *le dépliant m*
leather *le cuir m*
  leather jacket *le blouson en cuir m*
leave *laisser, partir, quitter, repartir*
  leave a message *laisser un message*
  leave the house *quitter la maison*
left, on the left *à gauche*
leg *la jambe f*
lemonade *la limonade f*
less *moins*
  less (big) than... *moins (grand) que...*
lesson *le cours m*
letter *la lettre f*
library *la bibliothèque f*
lift *l' ascenseur m*
light *la lumière f*
like *1. aimer, 2. comme*
list *la liste f*
listen (to) *écouter*
litter *les déchets mpl*
live *habiter*
living room *la salle de séjour f*
long *long(ue)*
look for *chercher*
lorry *le camion m*
lose *perdre*
love *1. l' amour m, 2. adorer*
lovely *beau, belle*
lunch *le déjeuner m*

## M

magazine *le magazine m*
main course *le plat principal m*
make one's bed *faire son lit*
man's bike *le vélo d'homme*
March *mars m*
market *le marché m*
match *le match m*
maths *les maths fpl*
May *mai m*
mayonnaise *la mayonnaise f*
meal *le repas m*
meat *la viande f*
  meat delicatessen *la charcuterie f*
mechanic *le / la mécanicien(ne) m/f*
meet (up) *se retrouver*
menu *la carte f*
message *le message m*
microwave oven *le four à micro-ondes m*
milk *le lait m*
mineral water *l' eau minérale f*
mirror *le miroir m*
Miss *Mademoiselle*
mobile home *le mobile home m*
mobile phone *le téléphone portable m*
  mobile phone shop *le magasin de téléphones portables m*
modern *moderne*
Monday *lundi m*
money *l' argent m*
month *le mois m*
monuments *les monuments mpl*
mood *l' humeur f*
more *plus*
mother *la mère f*
mother-in-law *la belle-mère f*
motorbike *la moto f*
mountain *la montagne f*
mountain bike *le VTT (vélo tout-terrain) m*
mouse *la souris f*
moustache *la moustache f*
Mr *Monsieur*
Mrs *Madame*
museum *le musée m*
mushroom *le champignon m*
music *la musique f*
musician *le musicien m, la musicienne f*
must *devoir*
mustard *la moutarde f*
my *ma/mon*

## N

name *le nom m*
near *près*
Netherlands *les Pays-Bas mpl*
new *nouveau / nouvelle*
newsagent's (shop) *le marchand de journaux m*
newspaper *le journal m*
next *prochain(e)*
next to *à côté de*
nice *sympa*
night *la nuit f*
nightclub *la boîte (de nuit) f*

no *non*
noise *le bruit m*
non-smoker *le non-fumeur m, la non-fumeuse f*
non-smoking *non-fumeur*
north *le nord m*
north-east *le nord-est m*
north-west *le nord-ouest m*
not *ne… pas*
not at all *ne… pas du tout*
November *novembre m*
number *le numéro m*
nurse *l' infirmier m, l'infirmière f*

## O

October *octobre m*
of course *bien sûr, naturellement*
office *le bureau m*
often *souvent*
on *sur, à*
 on holiday *en vacances*
 on the first floor *au premier étage*
 on the ground floor *au rez-de-chaussée*
 on the left *à gauche*
 on the right *à droite*
 on the wall… *au mur…*
once a week *une fois par semaine*
one-way ticket *un aller simple m*
only *unique*
open *ouvrir*
or *ou*
orange juice *le jus d'orange m*
orchestra *l' orchestre m*
ought to *devoir*
outdoors *en plein air*

## P

packaging *l' emballage m*
packet *le paquet m*
pain *le mal m*
painful *pénible*
pair of shorts *le short m*
paper *le papier m*
parents *les parents mpl*
park *le parc m*
party *la boum f*
passport *le passeport m*
pasta *les pâtes fpl*
pastille *la pastille f*
pâté *le pâté m*
pavement *le trottoir m*
pay *payer*
PE (physical education) *l' EPS (éducation physique et sportive) f*
peach *la pêche f*
pear *la poire f*
peas *les petits pois mpl*
pedestrian *le piéton m*
 pedestrian precinct *la zone piétonne f*
pepper *le poivre m*
per day *par jour*
person *la personne f*
pharmacy *la pharmacie f*
photo *la photo f*
photocopy *la photocopie f*
physics *la physique f*
picturesque *pittoresque*
pineapple *l' ananas m*
place (on a campsite) *l' emplacement m*
plan to do… *avoir l'intention de faire…*
plant *la plante f*
plastic *le plastique m*
plate *l' assiette f*
platform *le quai m*
play *la pièce de théâtre f*
play *jouer*
 play basketball *jouer au basket*
 play boules (=French bowls) *jouer aux boules*
 play cards *jouer aux cartes*
 play in a band *jouer dans un groupe*
please *s'il vous plaît*
pleasure *le plaisir m*
police drama series *la série policière f*
policeman/policewoman *l' agent de police m*
polluted *pollué(e)*
pollution *la pollution f*
pop music *la musique pop f*
port *le port m*
portion *la portion f*
Portugal *le Portugal m*
Portuguese *portugais(e)*
postcard *la carte postale f*
poster *le poster m*
postman/woman *le facteur m, la factrice f*
potato *la pomme de terre f*
practical *pratique*
prefer *préférer*
present *le cadeau m*
pretty *joli(e)*
problem *le problème m*
protect *protéger*
public *le public m*
 public transport *les transports en commun mpl*
pullover *le pull m*
pupil *l' élève m/f*
purple *violet(te)*
put *mettre*
put on make-up *se maquiller*

## Q

quite *assez*

## R

rabbit *le lapin m*
radio *la radio f*
rain *pleuvoir*
rainy *pluvieux (-ieuse)*
rap *le rap m*
rarely *rarement*
raspberry *la framboise f*
read *lire*
reading *la lecture f*
really bad *archi-nul(le)*
really cool *super-cool*
recycle *recycler*
red *rouge*
reggae *le reggae m*
remember *se rappeler*
reserve *réserver*
resource centre *la salle de documentation f*
restaurant *le restaurant m*
return home *rentrer à la maison*
return ticket *un aller-retour m*
rice *le riz m*
right, on the right *à droite*
rock concert *le concert de rock m*
rock music *le rock m*
romantic film *le film d'amour m*
room *la salle f*
roundabout *le rond-point m*
rubbish *les déchets mpl*
rucksack *le sac à dos m*
rugby *le rugby m*

## S

sailing *la voile f*
salad *la salade f*
salt *le sel m*
sandwich *le sandwich m*
Saturday *le samedi m*
sausage *la saucisse f*
school (secondary) *le collège m*
 school leaving certificate *le bac (baccalauréat) m*
 school library *le CDI (centre de documentation et d'information) m*
science(s) *les sciences fpl*
 science fiction *la science-fiction f*
 science fiction film *le film de science-fiction m*
Scotland *l' Écosse f*
Scottish *écossais(e)*
sea *la mer f*
 seafood *les fruits de mer mpl*
 seaside (at the) *au bord de la mer*
second *second(e)*
 second class *la seconde classe f*
secretary *le/la secrétaire m/f*
self-catering cottage *le gîte m*
send *envoyer*
September *septembre m*
serial *le feuilleton m*
series *la série f*
serve *servir*
service station *la station-service f*
share *partager*
shirt *la chemise f*
shoes *les chaussures fpl*
shop *le magasin m*
 shop assistant *le vendeur m, la vendeuse f*
shopping *le shopping m*
short *court(e)*
shorts *le short m*
shower *la douche f*
shy *timide*
side *le côté m, le bord m*
sights *les monuments mpl*
singer *le chanteur m, la chanteuse f*
sink *le lavabo m*
sister *la sœur f*
sixth-form college *le lycée m*
skiing *le ski m*
skirt *la jupe f*
sleeping bag *le sac de couchage m*
small *petit(e)*
smoke *fumer*
smoker *le fumeur m, la fumeuse f*
smoking *fumeur*
snow *neiger*
soap *le savon m*
socks *les chaussettes fpl*
sofa *le canapé m*
something *quelque chose*
sometimes *quelquefois*

sorry *pardon*
soup *le potage m*
south *le sud m*
south-east *le sud-est m*
south-west *le sud-ouest m*
souvenir *le souvenir m*
spaghetti *les spaghettis mpl*
Spain *l' Espagne f*
Spanish *l' espagnol m, espagnol(e)*
speak *parler*
spend (time) *passer*
spoon *la cuillère f*
sport *le sport m*
sports centre *le centre sportif m*
sports field *le terrain de sports m*
sporty *sportif (-ive)*
spring *le printemps m*
stadium *le stade m*
stairs *l' escalier m*
stamp *le timbre m*
starter *l' entrée f*
stay *rester*
steak *le bifteck m, le steak m*
stepfather *le beau-père m*
stepmother *la belle-mère f*
stereo system *la chaîne stéréo f*
stomach *le ventre m*
straight on *tout droit*
strawberry *la fraise f*
street *la rue*
strict *strict(e)*
studies *les études fpl*
student *l' élève m/f*
subject *la matière f*
suburbs *la banlieue f*
sugar *le sucre m*
suitcase *la valise f*
summer *l' été m*
sun *le soleil m*
sunbathe *se bronzer*
Sunday *dimanche m*
sunny *ensoleillé(e)*
supermarket *le supermarché m*
sweatshirt *le sweat m*
sweets *les bonbons mpl*
swimming *la natation f*
swimming costume *le maillot de bain m*
Swiss *suisse*
Switzerland *la Suisse f*

## T

table *la table f*
tablet *un comprimé m*
take *prendre*
take a shower *se doucher*
take an exam *passer un examen*
take classes *suivre des cours*
take drugs *se droguer*
take photos *faire des photos*
talk *parler*
talkative *bavard(e)*
tea *le thé m*
teacher *le professeur m, le/la prof m/f*
technical school *le lycée technique m*
technology *la technologie f*
teenager *l' adolescent(e) m/f*
teeth *les dents fpl*
telephone *1. téléphoner, 2. le téléphone m*
telephone number *le numéro de téléphone m*
television *la télé / la télévision f*
television programme *l' émission (de télé) f*
tennis *le tennis m*
tennis tournament *le tournoi de tennis m*
theatre *le théâtre m*
then *puis, ensuite*
there is / are... *il y a...*
things *les affaires fpl*
third *troisième*
throat *la gorge f*
throw *jeter*
Thursday *jeudi m*
ticket *le billet m*
tidy *ranger*
tidy one's room *ranger sa chambre*
tie *la cravate f*
time *1. le temps m, 2. la fois f, 3. l'heure f*
tiresome *pénible*
tiring *fatigant(e)*
to *jusqu'à*
toast *le pain grillé m*
toilet *la toilette f, les WC mpl*
too *trop*
tourist industry *le tourisme m*
tourist information office *l' office du tourisme m*
towel *la serviette f*
town *la ville f*
town centre *le centre-ville m*
town hall *l' hôtel de ville m, la mairie f*
tracksuit *le jogging m*
traffic *la circulation f*
traffic jam *l' embouteillage m*
traffic lights *les feux (rouges) mpl*
train *le train m*
train station *la gare f*
trainers *les baskets fpl*
transport *le transport m*
travel *voyager*
traveller's cheques *les chèques de voyage mpl*
tree *l' arbre m*
trip *l' excursion f*
trousers *le pantalon m*
T-shirt *le T-shirt m*
Tuesday *mardi m*
tyres *les pneus mpl*

## U

ugly *moche*
umbrella *le parapluie m*
unacceptable *inacceptable*
uncle *l' oncle m*
underground *le métro m*
unemployment *le chômage m*
uniform *l' uniforme m*
university *l' université f*
USA *les États-Unis mpl*
useful *utile*

## V

veal *le veau m*
vegetables *les légumes mpl*
vegetarian *végétarien(ne)*
very *très*
video *la cassette vidéo f*
video games *les jeux vidéo mp*
village *le village m*
village hall *la salle des fêtes f*
vinegar *le vinaigre m*
violent *violent(e)*
visit *visiter*
vocational school *le lycée professionnel m*
vocational training certificate *le BT (brevet de technicien) m*
volleyball *le volley m*

## W

wake up *se réveiller*
Wales *le pays de Galles m*
walk *la promenade f*
wall *le mur m*
wallet *le portefeuille m*
want *vouloir*
want to do... *avoir envie de faire...*
wardrobe *l' armoire f*
washbasin *le lavabo m*
washing machine *la machine à laver f*
washing-up *la vaisselle f*
watch *1. regarder, 2. la montre f*
watch TV *regarder la télé*
water *l' eau f*
water skiing *le ski nautique m*
wear *porter*
wear glasses *porter des lunettes*
weather *le temps m*
Wednesday *mercredi m*
week *la semaine f*
weekend *le week-end m*
Welcome! *Bienvenue!*
well *bien*
well paid (work) *bien payé(e)*
Welsh *gallois(e)*
west *l' ouest m*
which *quel(le)*
white *blanc(he)*
wind *le vent m*
window *la fenêtre f*
windsurfing *la planche à voile f*
wine *le vin m*
winter *l' hiver m*
with *avec*
woman's bike *le vélo de femme*
work *1. marcher, travailler, 2. le travail m*
work experience *le stage m*
write *écrire*
wrong *faux, fausse*

## Y

yes *oui*
yesterday *hier*
yoghurt *le yaourt m*
youth club *le club des jeunes m*

# Rubrics and instructions

All instructions are given in the *vous* form, except in conversations where you speak to a partner using *tu*.

Many of the instructions consist of combinations of those listed below.

**À deux** *In pairs*
**Adaptez...** *Adapt...*
la conversation *the conversation*
le dialogue *the dialogue*
les réponses *the answers*
le texte *the text*

**C'est quelle (adresse)?** *Which (address) is it?*
**C'est qui?** *Who is it?*
**Changez de rôles** *Swap roles*
**Changez les détails** *Change the details*
**Choisissez...** *Choose...*
la bonne réponse *the correct answer*
une phrase *a sentence*
**ci-dessous** *below*
**ci-dessus** *above*
**Complétez...** *Complete...*
la fiche *the form*
la grille *the grid*
le mail *the email*
les phrases *the sentences*
**Corrigez...** *Correct...*
les phrases fausses *the incorrect sentences*

**Décrivez...** *Describe...*
**Discutez de...** *Talk about...*
**Donnez votre opinion** *Give your opinion*

**Échangez...** *Exchange...*
**Écoutez** *Listen*
**Écrivez...** *Write...*
les mots *the words*
les phrases correctes *the correct sentences*
les réponses *the answers*
un mail *an email*
un paragraphe *a paragraph*
un résumé *a summary*
**Expliquez votre réponse** *Explain your answer*

**Faites...** *Make up / Write...*
des conversations some conversations
deux listes *two lists*
un résumé *a summary*

**Identifiez...** *Identify...*
l'affiche *the poster*
les objets *the objects*

**Jouez le dialogue** *Act out the dialogue*
**Justifiez votre réponse** *Give a reason for your answer*

**Lisez...** *Read ...*
l'article *the article*
la publicité *the advert*
les bulles *the speech bubbles*

**Mettez les mots / phrases dans le bon ordre**
*Put the words / sentences in the right order*

**Notez...** *Note down...*
en anglais *in English*
en français *in French*
le prix *the price*
le problème *the problem*
les bonnes lettres *the correct letters*
les (dessins) dans l'ordre mentionné
*the (drawings) in the order they are mentioned*
pourquoi *why*
son opinion *his / her opinion*
un autre détail *another detail*

**Posez les questions** *Ask the questions*
**Positif (✔) ou négatif (✗)?** *Positive or negative?*
**Pour vous aider,...** *To help you,...*
**Préparez une présentation** *Prepare a presentation*

**Quelles sont les différences entre...?**
*What are the differences between...?*
**Qui fait quoi?** *Who does what?*

**Recopiez** *Copy*
**Réécoutez** *Listen again*
**Réécrivez** *Write out again*
**Regardez...** *Look at...*
les dessins *the pictures*
**Reliez...** *Match up...*
les expressions anglaises aux expressions françaises
*the English phrases to the French ones*
les moitiés de phrases
*the halves of the sentences*
les personnes aux phrases
*the people to the sentences*
**Relisez** *Read again*
**Remplacez les mots soulignés**
*Replace the underlined words*
**Remplissez...** *Fill in...*
la fiche *the form*
les blancs *the blanks*
**Répondez...** *Answer...*
avec des phrases complètes
*in whole sentences*
en anglais *in English*

**Traduisez...** *Translate...*
**Trouvez...** *Find...*
la bonne image *the right picture*
la phrase française *the matching French sentence*
les différences *the differences*

**Utilisez...** *Use...*
les informations *the information*
vos réponses *your answers*

**Vrai (✔), faux (✗) ou pas mentionné (?)?**
*True, false or not mentioned?*
**Vrai ou faux?** *True or false?*

## Acknowledgements

The authors and publisher would like to thank the following people, without whose support they could not have created *Voilà! 4*:
Jenny Gwynne for editing the materials.
Naomi Laredo for project managing the editorial stages.
Thanks also to Birgit Gray, Tim Holt, Colette Bretagnolle and Thierry Plumey.

Front cover: Eiffel Tower by Iconotec P006 RF (NT)

Photographs courtesy of Martyn Chillmaid pp 6, 8, 10 (bottom), 11 (top), 12, 19 (top left, top right, bottom left), 23 (all except bottom), 25 (top left, bottom left), 27, 28, 30, 31, 32, 38, 40 (portraits, crisps), 41, 42 (top), 43 (top), 46, 47 (top), 48, 49, 50, 62, 63, 64 (top left), 70, 71, 72 (g, l), 86, 88, 91, 92, 96, 98, 99 (top), 101, 102, 106, 108, 111, 113, 114, 116 (portraits), 122, 131, 133 (left), 144 (bottom), 145, 148, 155, 158 e, 164, 165, 166, 167, 169 (bottom left, bottom right), 170, 172, 183; Marie-Thérèse Bougard pp 67, 95; Oliver Gray pp 33 (top), 72 (a, c), 87, 159 (top); Alamy pp 104 (centre right), 182 (top), Agence Images p 158 d, Allstar Picture Library p 15 (right), Marie-Louise Avery p 109 (right), BananaStock pp 168 (top), 186, Bill Bachmann p 77 (inset top left), E.J. Baumeister Jr. p 144 (top), craige bevil p 135 (top right), Comstock Images pp75 (bottom), 89, Ian Dagnall p 72 (i), Dynamic Graphics Group / IT Stock Free p 143, Robert Fried p 54 (bottom), Goodshoot p 78, Nick Hanna p 141, Jeremy Hoare p 132 a, D. Hurst p 40 (orange juice), Iconotec p 189, Index Stock p 40 (bread), imagebroker p 130 (left), images-of-france p 72 (j), Imageshop pp 74, 126 (right), 158 b, ImageState pp 51, 119, Ilene MacDonald p 134, Jeff Morgan p 190, David Noble Photography p 187, Slim Plantagenate p 42 (bottom), Pictorial Press Ltd p 133 (right), les polders p 75 (top), Redferns Music Picture Library p 136 e, Helene Rogers p 160, Stock Connection Distribution p 169 (top right), VStock p 129; Corbis pp 9 (left), 61, 77 (inset top right), 104 (bottom right), Bruce Adams: Eye Ubiquitous p 77 (inset bottom left), Birgid Allig/zefa p 163 (inset), Amet Jean Pierre/Corbis Sygma p58 (bottom), Yann Arthus-Bertrand pp 72 (h), 161, Manuel Bruque/EFE/epa p 43 (bottom), Stephane Cardinale p 185, Jack Fields p 173, Fine Art Photographic Library p 184, Robert Fiocca/PictureArts p 40 (salad), Owen Franken p 109 (left), Robbie Jack p 136 c, Wolfgang Kaehler p 85 (left), Attar Maher/Corbis Sygma p 72 (f), Giraud Philippe/Corbis Sygma p 85 (right), Photo B.D.V. p 153 (bottom), Stephane Reix/For Picture p 135 (bottom), Underwood & Underwood p 188, Nik Wheeler p 72 (b); Empics pp 56, Steve Cuff/Empics p 136 b, DPA/Empics p 136 a; Getty pp 10 (top), 15 (left), 25 (right), 57, 72 (d), 130 (right), 135 (top left), 168 (bottom), 169 (far left), 191; Photos12.com - Collection Cinéma p 137; Bananastock E (NT) p 125; Bananastock P (NT) pp 9 (right), 17, 52 (top left), 54 (top), 97; Bananastock T (NT) pp104 (top right), 179; Bananastock TF (NT) p 153 (top left); Comstock TF (NT) pp 59, 110, 115 (bottom), 151, 158 a (right), 171, 177 (top); Corel 96 (NT) p 81; Corel 160 (NT) pp 37 (inset right), 100; Corel 250 (NT) p 40 (cake); Corel 259 (NT) p 64 (bottom right); Corel 328 (NT) p 64 (bottom left); Corel 334 (NT) p 73; Corel 428 (NT) p104 (top left); Corel 465 (NT) p 40 (coffee); Corel 473 (NT) p 37 (inset left); Corel 506 (NT) p 132 e; Corel 640 (NT) p 132 d; Corel 777 (NT) p 34 (left); Digital Stock 6 (NT) pp34 (centre), 64 (top right), 72 (e); Digital Vision 12 (NT) p 139; Digital Vision 17 (NT) p 40 (fish); Tom LeGoff/Digital Vision HU (NT) p 153 (top right); Digital Vision TT (NT) pp 47 (top), 93, 157; Image 100 37 (NT) p 52 (bottom); Image 100 SD (NT) p 182 (bottom); Ken Lewis/Images of France p 158 a (left); Ingram IL V2 (NT) p 40 (potatoes); Ingram ILP V2 CD4 (NT) p 23 (bottom); Jack Star/Photodisc 17 (NT) p 158 c; Photodisc 17B (NT) pp 19 (bottom right), 22, 33 (bottom), 52 (top right); Photodisc 45 (NT) pp 99 (bottom), 132 c; Photodisc 50 (NT) p 11 (centre, bottom); Photodisc 51 (NT) p 132 f ; Amos Morgan/Photodisc 54B (NT) p 176; Photodisc 61 (NT) p 9 (centre); Photodisc 66 (NT) p 80; Jack Hollingsworth/Photodisc 73 (NT) p 126 (left); Photodisc 75 (NT) p 178; Ryan McVay/Photodisc 83 (NT) p 116 (right); Amos Morgan/Photodisc 116 (NT) pp 115 (top), 177 (bottom); Stockbyte 29 (NT) p 40 (toast); Stockbyte 34 (NT) p 40 (apple).

Every effort has been made to trace all copyright holders, but where this has not been possible the publisher will be pleased to make the necessary arrangements at the first opportunity.

The authors and publisher would also like to thank all the children who modelled for these pictures, especially: Simon Pulby, Morgane Bienaimé, Nicolas Ben Moussa, Cassandra Frenette, Mel Piran, Melanie Pamarot, Leslie Carreau, Morgane Ferrer, Maxime Prieto; their families for their tremendous help; the schools Collège St Pierre, Troyes, and Collège Paul Bert, Auxerre; all the people who helped and modelled for pictures, especially: Micheline Berger, Pierre Moussus, Thierry and Anne Plumey; and all the businesses and institutions featured in Troyes and Auxerre.

Recorded by Nordqvist Productions.